Rainer M. Bähr/Stefan Smid
Die Rechtsprechung des BGH
zur neuen Insolvenzordnung
1999–2006

Schriften zum deutschen,
europäischen und internationalen
Insolvenzrecht

S-INSO Band 6

Schriften zum deutschen, europäischen und internationalen Insolvenzrecht

Herausgegeben von

Professor Dr. Stefan Smid, Kiel
Rechtsanwalt Dr. Mark Zeuner, Hamburg
Rechtsanwalt Michael Schmidt, Berlin

S-INSO Band 6

W DE G RECHT

De Gruyter Recht · Berlin

Rainer M. Bähr/Stefan Smid

Die Rechtsprechung des BGH zur neuen Insolvenzordnung 1999–2006

Systematische Darstellung

W DE G RECHT

De Gruyter Recht · Berlin

♾ Gedruckt auf säurefreiem Papier,
das die US-ANSI-Norm über Haltbarkeit erfüllt.

ISBN-13: 978-3-89949-367-2
ISBN-10: 3-89949-367-2

Bibliografische Information der Deutschen Nationalbibliothek

Die Deutsche Nationalbibliothek verzeichnet diese Publikation in der Deutschen Nationalbibliografie; detaillierte bibliografische Daten sind im Internet über http://dnb.d-nb.de abrufbar.

Printed in Germany
Umschlaggestaltung: Christopher Schneider, Berlin
Datenkonvertierung/Satz: WERKSATZ Schmidt & Schulz GmbH, Gräfenhainichen
Druck und Bindung: Hubert & Co. GmbH & Co. KG, Göttingen

Vorwort

Die nachfolgenden Auseinandersetzungen mit der höchstrichterlichen Judikatur des BGH beruhen auf einer Folge von Beiträgen *Stefan Smids*, die in der „Deutschen Zeitschrift für Wirtschafts- und Insolvenzrecht“ unter der Überschrift „Struktur und systematischer Gehalt des deutschen Insolvenzrechts in der Judikatur des IX. Zivilsenats des Bundesgerichtshofs“ erschienen sind.[1] Diese Beiträge selbst beruhen auf Diskussionsvorlagen, auf deren Grundlage die mediterranen Insolvenzrechtlichen Studienseminare (die manchen als „insolé“ bekannt sind) in den vergangenen Jahren geführt worden sind. *Rainer M. Bähr* hat sowohl die Erstellung des durchgängigen Textes als auch seine Aktualisierung mit Blick nicht zuletzt auf Bedürfnisse der Praxis vorgenommen. Das „Endprodukt“ verantworten wir gemeinsam.

Gemeinsam mit Herrn Dr. *Michael Schremmer*, De Gruyter Rechtswissenschaften, haben die Verfasser beschlossen, diese Beiträge nachhaltig zu revidieren und sie zu einer systematischen Gesamtsicht der höchstrichterlichen Judikatur (nicht allein, aber überwiegend) des BGH zusammenzustellen. Die Gestalt und Praktikabilität der Insolvenzordnung selbst beruht auf dieser Judikatur, der wir – bei aller Kritik – die Wahrung der systematischen Einheit der InsO nicht minder als deren rechtsdogmatisch abgesicherte Einbindung in die Vorentscheidungen unserer Rechtsordnung als Ganzes zu einem erheblichen Teil verdanken.

Diese Darstellung soll daher den Zugang sowohl zur Judikatur als auch zur InsO erleichtern helfen. Ihr kritischer Ansatz stellt zugleich ein Angebot zur Diskussion dar.

Leipzig/Hannover und Kiel,
im August 2006

Rainer M. Bähr
Stefan Smid

---

1 DZWIR 2004, 1; DZWIR 2004, 265; DZWIR 2005, 89; DZWIR 2006, 1.

Inhaltsverzeichnis

I. Die Bedeutung der BGH-Judikatur

Im Folgenden wird kritisch nachgezeichnet, wie der BGH in seiner Rechtsprechung zum Insolvenzrecht diesem, im Verlauf der vergangenen sieben Jahre durch die Einführung neuer Rechtsinstitute und sogar die Übernahme von Regelungen aus anderen Rechtsordnungen durch vielfältige neue Gesetze und deren Änderungen in Unruhe versetztem Rechtsgebiet Konturen, ja systematische Strukturen verliehen hat.

Die nachfolgenden Auseinandersetzungen mit der Judikatur des BGH verfolgen nicht allein das Ziel, die Judikatur überhaupt noch einmal Revue passieren zu lassen, sondern sie als Ausdruck eines die Auslegung und damit die Praxis bestimmenden Systems des Insolvenzrechts zu rekonstruieren. Für die insolvenzrechtliche Praxis ist das deshalb wichtig, weil allein schon aus haftungsrechtlichen Gründen der Abschied von verbreiteten Kategorien wie der einer „verwalterfreundlichen Auslegung" empfehlenswert erscheint. Denn das Insolvenzverfahren zielt auf wirtschaftliche Optimierung im Rahmen der Krise eines Rechtsträgers, ist dabei aber eine Erscheinung des Rechts.

1. Reparaturen der Reform und Unübersichtlichkeit des Insolvenzrechts

a) *Brüche im Aufbau und der Auslegung der InsO*

Die Insolvenzordnung ist eine Großkodifikation, deren gesetzgeberischer Anspruch an den der Kodifikationen des 19. Jahrhunderts heranreicht. Der Gesetzgeber hat mit der InsO ausdrücklich eine nachhaltige Umgestaltung des bis dahin geltenden Konkurs- bzw. Gesamtvollstreckungsrechts beabsichtigt. Ziel der Reform war bekanntlich die Schaffung eines modernen Insolvenzrechts, dessen Funktionstauglichkeit namentlich durch die Erleichterung der Verfahrenseröffnung, durch die Einbindung der absonderungsberechtigten Gläubiger in das Verfahren und ihre Beteiligung an dessen Kosten, sowie nicht zuletzt durch die Einführung eines Reorganisationsverfahrens erreicht werden sollte.

Das Inkrafttreten der InsO zum Jahresanfang 1999 hat bei vielen Insolvenzpraktikern nicht anders als in der wissenschaftlichen Auseinandersetzung mit dem neuen Recht Verunsicherung hervorgerufen. Auch wenn vielerorts zu hören war, es werde hinfort an bewährten Praktiken festgehalten, die erfolgreich unter der Geltung von Konkurs-, Vergleichs- und seit 1990 der Gesamtvollstreckungsordnung angewandt worden waren, stellte sich doch bald heraus, dass dies nur mit erheblichen Einschränkungen möglich war. Dass die rechtlichen Regelungen der InsO erhebliche Veränderungen gegenüber dem überkommenen Konkursrecht nach sich ziehen würden, hatte sich bereits vor dem Inkrafttreten des neuen Gesetzes abgezeichnet, als der BGH in einer Reihe von Entscheidungen sich bereits auf bestimmte noch nicht in Kraft gesetzte Regelungen des neuen Rechts stützte.

Die Flut von Veröffentlichungen zum neuen Recht in Gestalt nicht allein von bald zahllosen Doktorarbeiten, Handbüchern und Kommentaren, sondern in der beispiellosen Schwemme von Aufsätzen in mittlerweile acht deutschsprachigen insolvenzrechtlichen Zeitschriften[2] ist ein Spiegel der Unsicherheit, wenn auch selten ein Mittel zu ihrer Abhilfe. Das inflatorische Auftreten nicht immer wirklich tragfähiger rechtsdogmatischer Meinungen zu Streitfragen des Insolvenzrechts hat zu einer nicht unerheblichen Verunsicherung beigetragen, zumal in den vergangenen Jahren rechtsdogmatische Klärung und berufständische Interessen nicht selten in einer wenig hilfreichen Weise ineinandergeflossen sind. Noch vor der bislang wenig förderlichen Debatte um eine staatliche Zugangskontrolle zum Beruf des Insolvenzverwalters und seiner konkreten Ausübung hat der topos einer „verwalterfreundlichen Auslegung" des Gesetzes an manchen Stellen Eingang in den Argumentationshaushalt gefunden, nicht ohne den Blick für die systematische Absicherung richtiger Entscheidungen zu verstellen.

Die Fülle von Einzelfragen, die mit dem neuen Recht aufgeworfen worden sind, hat sich dadurch noch erheblich vermehrt, dass der deutsche Gesetzgeber einem internationalen Trend folgend die materiellrechtliche Frage der Schuldbefreiung verschuldeter natürlicher Personen mit dem Instrument eines Verbraucherinsolvenzverfahrens behandelt hat. Das Schuldenbereinigungsverfahren und das Verbraucherinsolvenzverfahren mit den aus ihnen resultierenden nachhaltigen Belastungen von Insolvenzrichtern und als Treuhänder firmierenden Insolvenzverwaltern hat viel Aufmerksamkeit absorbiert.

Die Gesetzgebung hat die Versuche, der auftretenden Friktionen Herr zu werden, im Allgemeinen allenfalls nachvollziehen können. Offenkundige gesetzgebungstechnische Mängel des neuen Gesetzes hat der Gesetzgeber zu beseitigen unternommen; Unklarheiten oder Bruchstellen wie die Anwendung des § 55 Abs. 2 InsO auf die Ansprüche der Bundesanstalt für Arbeit (vgl. § 55 Abs. 3 InsO) oder die der Eröffnung der sofortigen Beschwerde gegen vorläufige Anordnungen des Insolvenzgerichts (vgl. § 21 Abs. 1 S. 2 InsO) sind durch Gesetzesänderungen korrigiert bzw. durch eine Änderung der Rechtslage im übrigen entschärft worden. Die InsO hat allein durch die zahlreichen Änderungen, die sie während der kurzen Zeit ihrer Geltung erfahren hat, ihre Gestalt nicht unerheblich verändert. Die Europäisierung des Insolvenzrechts mit Inkrafttreten der EuInsVO am 31.5.2002 und die Anpassung des deutschen europäischen und internationalen Insolvenzrechts an die dadurch geschaffene neue Lage hat die legislativen Eingriffe in das deutsche Insolvenzrecht noch vertieft. Und ein Stillstand des Getriebes der insolvenzrechtlichen Gesetzgebung zeichnet sich nicht ab.

2 Eine weitere Zeitschrift hat sich sogar die nichtwissenschaftliche, journalistisch-erbauliche Berichterstattung über das Geschehen rund um das Insolvenzrecht zur Aufgabe gemacht.

Unzählige Erkenntnisse der erstinstanzlich zur Entscheidung berufenen Insolvenzgerichte und der Instanzgerichte besonders zum Komplex des Verbraucherinsolvenzverfahrens, aber über dieses hinaus auch zu anderen Fragen des Insolvenzrechts füllen die Seiten der Fachzeitschriften und drohen unter ihrer Fülle die Sicht auf Struktur und System des Insolvenzrechts eher dadurch zu verdunkeln, dass die Praxis in den ratlosen Zustand versetzt wird, ob sie sich an den ständig publizierten Einzelfallentscheidungen zu orientieren hat oder diese zu vernachlässigen seien. Es geht dabei nicht nur um besonders aus dem Rahmen fallende Entscheidungen wie der Eröffnungsbeschluss des AG Duisburg in Sachen der Babcock-Borsig AG [3] – der freilich weniger süffisante Stellungnahmen erheischt als die *Überforderung* der Insolvenzgerichte deutlich macht – als um die Masse wenig ins Auge fallender, aber gleichwohl im Wald insolvenzrechtlicher Journale veröffentlichter Gerichtserkenntnisse.

Die Unübersichtlichkeit des in Bewegung gesetzten Insolvenzrechts wird noch dadurch erhöht, dass gleichsam „von außen" die Insolvenzpraxis in Unruhe versetzt wird. Entscheidungen fachfremder Gerichte wie die des BFH vom 12.12.2001 [4] zwingen freilich dazu, an die systematischen Grundlagen des Insolvenzrechts zu erinnern und auf sie zurückzugehen.

b) Stellung des BGH

Der Rechtsprechung des BGH kam und kommt in dieser Lage des anhaltenden „Umbruchs" des deutschen Insolvenzrechts eine besondere Bedeutung zu.

Jahrzehntelang hatte das Konkurs- und Vergleichsrecht unspektakulär funktioniert; höchstrichterliche Entscheidungen ergingen im Wesentlichen zu Fragen des materiellen Konkursrechts. Mit dem fragmentarisch geregelten Gesamtvollstreckungsrecht der neuen Bundesländer wurde der BGH zusehends vor die Aufgabe gestellt, aus der Systematik des Insolvenzrechts Konsequenzen für die Auslegung einer in sich nicht geschlossenen gesetzlichen Regelung abzuleiten.

Der Gesetzgeber hat mit der Änderung gerichtsverfassungsrechtlicher Zuständigkeiten durch die Neufassung des § 133 GVG im Rahmen der Umgestaltung des Zivilprozessrechts über den Bereich des materiellen Insolvenzrechts hinaus eine umfassende Kompetenz des BGH für alle Fragen des Insolvenzrechts erzwungen.

Der zuständige IX. Fachzivilsenat des BGH hat sich bereits in jener wie in der nach Inkrafttreten der InsO entstandenen Lage davor gehütet, mit auf jeweils nicht durch rechtsdogmatisch verallgemeinerungsfähige „Abwägungen" gestützte Einzelfallentscheidungen auf diese Lage zu reagieren.

3 AG Duisburg, B. v. 1.9.2002, 62 IN 167/02, DZWIR 2003, 522.

4 BFH, Urt. v. 12.12.2001, XI R 56/00, DZWIR 2002, 112 = ZIP 2002, 259; hierzu Smid DZWIR 2002, 265.

2. Normenkontrolle

a) *Probleme im Verhältnis von Rechtsprechung und Legislative und der Beachtung höchstrichterlicher Judikatur durch die Instanzgerichte*

In dem Bericht[5] über die Entwicklung der höchstrichterlichen Judikatur auf dem Gebiet des Insolvenzrechts ist auf die nachgerade entscheidende Bedeutung hingewiesen worden, die der Rechtsprechung des BGH für die Ausbildung eines in sich stimmigen Systems von Vorentscheidungen des Insolvenzrechts[6] zukommt. Die InsO als Gesetz ist wegen ihrer inneren Brüche und des daraus resultierenden Änderungsbedarfs ein Instrument, dessen Anwendung derzeit keineswegs weniger Probleme hervorruft als die der Gesetze auf anderen Gebieten des Zivilrechts; die vielfältigen Interdependenzen des Insolvenzrechts als zivilrechtliche Haftungsordnung sowohl mit anderen Bereichen des Zivilrechts als auch mit anderen Rechtsgebieten rufen Unsicherheiten hervor, derer die Eingangsgerichte nicht Herr werden können.

b) *Normenkontrolle durch den IX. Zivilsenat des BGH?*

So hat sich der IX. Zivilsenat mit der gesetzlichen Anordnung von Untergrenzen der Verwaltervergütung auseinanderzusetzen gehabt. An deren Eindeutigkeit ist nicht interpretatorisch zu rütteln.

Fall 1: Mit zwei Beschlüssen vom 15.1.2004[7] hat der BGH darauf erkannt, vom 1.1.2004 an, sei § 2 Abs. 2 InsVV nicht mehr anwendbar, der für massearme Verfahren eine Mindestpauschalgebühr von € 500 vorsieht. Da die InsVV eine Verordnung ist, deren Verfassungskonformität vom BGH geprüft werden kann, hat der IX. Zivilsenat dem Verordnungsgesetzgeber eine Frist zur Abwendung der Vorschrift gesetzt. Vom 1.1.2004 an gilt nach der Erkenntnis des BGH die Begrenzung auf die Mindestvergütung nicht mehr, vielmehr ist nach Maßgabe des tatsächlichen Aufwandes des Insolvenzverwalters zu rechnen. Bei dem Beschluss IX ZB 46/03 hat der Senat diese Grundsätze auch auf die Vergütung des Treuhänders gem. § 13 Abs. 1 S. 3 Halbs. 1 InsVV erstreckt.

Die beiden Entscheidungen begegnen Bedenken, wie sie z. B. *Graeber*[8] geäußert hat. Vordergründig scheint es, dass der IX. Zivilsenat des BGH dem Gesetzgeber seine zweifelsohne bestehende Befugnis streitig macht, im Verordnungswege Pauschalvergütungen festzusetzen, die sich – vergleichbar der Gebührensätze von Rechtsanwälten – in eine wirtschaftliche Gesamtbetrachtung einstellen.

Gegen eine solche Betrachtungsweise sprechen aber zwei Argumente: Geht man allein von der Mindestvergütung des Insolvenzverwalters in massearmen Regel-

---

5 DZWIR 2004, 1.

6 Vgl. zu den methodischen Prämissen *Pawlowski*, Methodenlehre für Juristen, 3. Auflage 1999, Rdnr. 421 ff.

7 BGH, B. v. 15.1.2004, IX ZB 96/03, DZWIR 2004, 165 = ZIP 2004, 417 = BGHZ 157, 282 und BGH, B. 15.4.2004, IX ZB 46/03, DZWIR 2004, 164 = ZIP 2004, 424.

8 *Graeber*, NZI 2004, 169.

insolvenzverfahren aus, bedarf die Prüfung der Verfassungswidrigkeit bzw. – Konformität des § 2 Abs. 2 InsVV vor dem Hintergrund des Art. 12 Abs. 1 GG einer Betrachtungsweise, die die Wirklichkeit der Tätigkeit des Insolvenzverwalters in ihre wertende Betrachtung mit einbezieht. Denn, wie der IX. Zivilsenat zutreffend feststellt, folgt aus dem Grundsatz der Verhältnismäßigkeit nicht etwa, dass für jedes Verfahren im Einzelfall eine kostendeckende und angemessene Vergütung bzw. ein Auslagenersatz dem Insolvenzverwalter gewährt wird; vielmehr ist die Möglichkeit einer Querfinanzierung zu berücksichtigen, da eine exakt nach dem konkreten Tätigkeitsaufwand berechnete Vergütung nicht sachgerecht und verfahrenswirtschaftlich errechnet werden könnte. Der IX. Zivilsenat stützt sich daher zutreffend auf zwei Säulen seiner Argumentation. Zum einen führt er aus, dass mit der Gesetzesänderung des Jahres 2001 und dem dort vorgesehen Stundungsmodell die Zahl massearmer Verfahren zugenommen und sich damit das Verhältnis von „massereichen zu massearmen“ Verfahren zu ungunsten ersterer verschoben hat. Das aber macht eine Querfinanzierung fraglich. Ferner stützt sich der BGH auf veröffentlichte Stellungnahmen von Gerichten ebenso wie Literaturstellen und schließlich die Angaben des statistischen Jahrbuchs für die Bundesrepublik Deutschland, um diese rechtstatsächliche Grundlage seiner Entscheidung zu unterlegen.

Die Entscheidungen rufen trotz der überzeugenden wirtschaftlichen Gesichtspunkte, die von den Gerichten angeführt werden, erhebliche rechtliche Bedenken hervor. Zunächst fragt sich nämlich, in welchem Umfang die (höchstrichterliche) Rechtsprechung an das positive staatliche Recht gebunden ist. Diese Bindung findet ihre Grenze in der Tat in einer Verfassungswidrigkeit der anzuwendenden Vorschrift. Im Falle formeller Gesetze führt dies dazu, dass ein Vorlagebeschluss zu erlassen ist, Art. 100 Abs. 1 S. 1 GG. Bei § 2 InsVV ist dies aufgrund des Verordnungscharakters der InsVV (vgl. § 65 InsO) ausgeschlossen. In derartigen Fällen ist das Gericht der jeweiligen Fachgerichtsbarkeit dazu gehalten, über die Verfassungswidrigkeit inzident im Rahmen seiner Entscheidungsbefugnis zu befinden. Für die Anwendung der fraglichen Vorschrift des § 2 InsVV ergeben sich daraus – gesetzt, man geht von ihrer Verfassungswidrigkeit aus – Schwierigkeiten. Die zu fällende Entscheidung kann nämlich allein darauf lauten, dass auf die Beschwerde des Insolvenzverwalters anstelle der vorgesehenen Mindestvergütung eine Vergütung nach Maßgabe der §§ 3 ff. InsVV zu bemessen sei. Für eine Fristsetzung des Gerichts der ordentlichen Gerichtsbarkeit, und sei es des IX. Zivilsenats des BGH, ist indessen durch die Gesetzesbindung der rechtsprechenden Gewalt (Art. 20 III GG) auf der einen Seite und der schlichten Unterscheidung von Legislative und Judikative auf der anderen Seite kein Raum gelassen. Während das BVerfG aufgrund seiner besonderen Stellung als Verfassungsorgan und durch die gesetzliche Ermächtigung des BVerfGG die ausdrückliche Möglichkeit hat, der Gesetz gebenden Gewalt zur Umsetzung der verfassungsrechtlich gebotenen Lage Fristen zu setzen, hat die ordentliche Gerichtsbarkeit auch im Falle der Bundesgerichtsbarkeit keine derartige Entscheidungsmöglichkeit.

Aber auch in der Sache begegnet die Judikatur sowohl des BGH als auch des AG Potsdam in dieser Angelegenheit nicht unerheblichen Bedenken. Dies zeigt ein Blick auf die übrige Judikatur des BGH dessen IX. Zivilsenat[9] ebenfalls im vergütungsrechtlichen Zusammenhang entschieden hat, dass die Staatskasse für die Vergütung des vorläufigen Verwalters in massearmen Verfahren nicht einzustehen hat, weil der Sachverständige mit seinem Gutachten erheblichen Einfluss auf die Dauer der vorläufigen Verwaltung und damit die Arbeitsbelastung des vorläufigen Verwalters zu nehmen in der Lage und hierzu auch rechtlich verpflichtet sei. Dieser Gesichtspunkt kommt indes auch im Rahmen der Diskussion um die Mindestvergütung des Insolvenzverwalters zur Geltung. Denn im Regelinsolvenzverfahren gilt jedenfalls, dass sich im Zusammenhang des Gesetzes (§ 2 InsVV auf der einen und § 5 Abs. 1 InsO auf der anderen Seite) verfahrensrechtliche Mechanismen ergeben, die es dem Betroffenen Insolvenzpraktiker ermöglichen, nicht für eine Mindestvergütung arbeiten zu müssen. § 2 InsVV stellt eher einen Anreiz dar, als Sachverständiger ordentlich zu arbeiten, als dass damit ein Grundrechtseingriff verbunden wäre. Soweit es daher das Regelinsolvenzverfahren angeht, ist die Entscheidung des BGH[10] deshalb abzulehnen, weil durch § 2 InsVV ein Eingriff in das Grundrecht des Insolvenzverwalters aus Art. 12 Abs. 1 GG nicht verwirklicht werden kann.[11] Von einer Verfassungswidrigkeit des § 2 InsVV ist insofern nicht auszugehen, so dass ein Einschreiten des Gesetzgebers allenfalls deshalb geboten ist, um die in diesem Zusammenhang ergangene rechtsfehlerhafte Judikatur für die Zukunft auszuschließen. Denn mit § 2 InsVV wird ein Verstoß gegen Art. 12 Abs. 1 GG deshalb nicht verwirklicht, weil der Insolvenzverwalter nicht zu einer im Ergebnis unentgeltlichen Zwangsarbeit verpflichtet wird.[12] Für Verbraucherinsolvenzverfahren scheint nur vordergründig etwas anderes zu gelten. Durch das Stundungsmodell sind von Gesetzes wegen auch für die typischerweise massearmen Verfahren Regelungen getroffen, die zur Eröffnung des Verfahrens führen, so dass der Treuhänder für seine Arbeit auf die Mindestvergütung verwiesen wird. Aber auch in diesem Fall liegt keine Verpflichtung zur unentgeltlichen Zwangsarbeit und damit ein Verstoß gegen Art. 12 Abs. 1 GG vor. Denn der Treuhänder kann – theoretisch – die Übernahme des Mandats verweigern.

Dieses Argument wird erhebliche Bedenken hervorrufen, zumal der IX. Zivilsenat des BGH in seiner Entscheidung[13] zumindest andeutet, das Recht tatsächlich die Übernahme von Treuhänderbestellungen im Rahmen von Verbraucherinsolvenzverfahren nicht zu verweigern von sehr vielen Gerichten als Voraussetzung dafür angesehen wird, dass ein Verwalter auch mit Insolvenzverwaltungen im Regelverfahren berücksichtigt wird. An dieser Stelle muss die heftige Diskussion um die Voraussetzung der Auswahl des Insolvenzverwalters nicht wieder aufgegriffen werden. Nach den vorliegenden Entscheidungen des BGH lässt sich nämlich jedenfalls

9 BGH, B. v. 22.1.2004, IX ZB 123/03, DZWIR 2004, 418 = ZIP 2004, 571 = BGHZ 157, 370.

10 BGH, B. v. 15.1.2004, IX ZB 96/03, DZWIR 2004, 165 = ZIP 2004, 417 = BGHZ 157, 370.

11 Zum Ganzen vgl. *Pawlowski* JZ 2004, 719 ff.

12 Diese Ansicht ist alles andere als „verwalterfreundlich“. Richtig verstanden und in ihren gesetzlichen Kontext gestellt, wird jedenfalls der Verwalter im Regelinsolvenzverfahren aber nicht belastet.

13 BGH, B. v. 15.1.2004, IX ZB 46/03, DZWIR 2004, 164 = ZIP 2004, 424.

sagen, dass die Insolvenzgerichte bei der Auswahl des Insolvenzverwalters die Bereitschaft des Prätendenten, Verbraucherinsolvenzverfahren zu betreuen, nicht als Maßstab heranziehen dürfen; es ist also ermessensfehlerhaft, wenn ein Insolvenzgericht ein Junktim zwischen Verbraucher- und Regelinsolvenzverfahren im Rahmen seiner Auswahlentscheidung statuiert.

Allerdings ist nicht zu verkennen, dass die zweite Entscheidung des BGH, die vielfältigen inneren Widersprüche des Stundungsmodells des § 4a InsO deutlich macht. Allerdings ist insofern der Gesetzgeber zum Tätigwerden aufgefordert; durch eine Überdehnung grundrechtlicher Kategorien in der Auslegung des einfachen gesetzlichen Insolvenzrechts mag vordergründig zunächst den Beteiligten Abhilfe von ihren Nöten gewährt werden. Sachprobleme lassen sich auf diese Art und Weise indes nicht stimmig beseitigen.

c) „Richtlinien" von Insolvenzgerichten und die Beachtung der Entscheidungen des BGH

Mitten in Minenfelder sind die Richter eines Insolvenzgerichts[14] geraten, die Richtlinien[15] für die vorläufige Verwaltung herausgegeben haben, die allein den Sinn haben können, dass die Verfasser als Insolvenzrichter von „ihren" (?) Insolvenzverwaltern deren Beachtung verlangen.[16] Das Verhältnis dieser Richtlinien zur höchstrichterlichen Judikatur[17] ist problematisch. Das Verhältnis von Insolvenzgericht und Verwaltern wird damit in eine Schräglage gebracht.

An dieser Stelle braucht die fragliche „Richtlinie" des AG Hamburg nur in Grundzügen wiedergegeben zu werden. Die „Richtlinie" besagt, dass in der Regel ein „schwacher" vorläufiger Insolvenzverwalter zu bestellen sei, was bereits mit dem Urteil des BGH vom 18.7.2002[18] nicht vereinbar ist. Vor dem Hintergrund der Forderung der „Richtlinie", vor einer Entscheidung nach § 21 InsO solle ein Sachverständigengutachten einzuholen sein, ist dies überdies selbst widersprüchlich. Die Richtlinie sieht weiter detailliert vor, dass im Falle einer Betriebsfortführung die Deckung des Finanzbedarfs sicherzustellen sei. Hierzu wird der Einsetzung eines „starken" vorläufigen Verwalters der Vorzug vor dem auf den Verhältnismäßigkeitsgrundsatz gegründeten Ansatz des BGH gegeben.[19] Die „Richtlinie" des AG Hamburg soll die Wirkungen des zitierten Urteils des BGH „abmildern". Nun ist die Inobedienz der Unter- gegenüber den der Oberinstanz immer schwierig, auch wenn es unabhängigen Richtern unbenommen bleiben muss, abweichende Rechtsmeinungen zu verfolgen. Was an der Hamburger Praxis nachgerade verstört, ist

---

14 *Frind/Rüther/Schmidt/Wendler* (AG Hamburg); vgl. ZInsO 2004, 24 mit krit. Besprechung durch *Marotzke* ZInsO 2004, 113 und einer darauf erwidernden Kommentierung der eigenen Richtlinie durch *Frind* ZInsO 2004, 470.

15 „Hamburger Leitlinien" vgl. ZInsO 2004, 24 ff.

16 Hamburger Kommentar zum Insolvenzrecht, 2006, § 56 Rdnr. 19

17 BGH, Urt. v. 18.7.2002, IX ZR 195/01, DZWIR 2002, 470 = ZIP 2002, 1625 = BGHZ 151, 353.

18 BGH, Urt. v. 18.7.2002, IX ZR 195/01, DZWIR 2002, 470 = ZIP 2002, 1625 = BGHZ 151, 353.

19 Vgl. bereits die Entscheidung AG Hamburg, B. v. 16.12.2002, ZIP 2003, 43, die in bewusstem Widerstand gegen den BGH ergangen ist; krit. dazu *Marotzke*, ZInsO 2004, 113.

deren Auswirkung auf die betroffenen Insolvenzverwalter. Es ist – im negativen Sinne – eindrucksvoll, dass dem vorläufigen Verwalter als „faktischer Verwalter" detailliert vorgeschrieben wird, wie er das Verfahren abzuwickeln hat, der Insolvenzrichter sich also gleichsam als „faktischer Verwalter" geriert.

Das Insolvenzgericht hat im Allgemeinen nicht allein die Ordnungsgemäßheit (Rechtmäßigkeit) der Maßnahmen des Verwalters zu überprüfen[20]. Vielmehr obliegt ihm im Rahmen seiner Amtsermittlungstätigkeit die Aufgabe, gerade auch die wirtschaftliche Zweckmäßigkeit der Maßnahmen des Verwalters zu überwachen[21]. Zwar ist dem Verwalter hinsichtlich der von ihm (in Abstimmung mit dem Gläubigerausschuss) zu treffenden Maßnahmen ein eigenes Ermessen eingeräumt[22]. *Jaeger* hat denn auch kategorisch das Verhältnis zwischen Insolvenzgericht und Verwalter in das Schlagwort „Aufsicht, nicht Leitung" gefasst[23]. Zweifel daran äußert *Hess*[24], der meint, das Insolvenzgericht habe nicht die Befugnis, die wirtschaftliche Zweckmäßigkeit des Verwalterhandelns zum Maßstab seiner Aufsicht zu machen; *Eickmann*[25] teilt diese Ansicht, meint aber, die Grenzen seien fließend und grobe Unzweckmäßigkeit des Verwalterhandelns könne zu dessen Rechtswidrigkeit und damit zu einem Aufsichtsfall führen. Man kann in der Tat erhebliche Zweifel daran äußern, ob das Insolvenzgericht befugt ist, dem Verwalter im Hinblick auf einzelne Maßnahmen Weisungen zu erteilen. Das suspendiert aber keinesfalls die gerichtliche Aufsichtspflicht, die sich gerade darauf richtet, masseschmälernde Maßnahmen des Verwalters zu verhindern.[26] Ob eine Maßnahme des Verwalters möglicherweise zu Schäden führt oder nicht, ist Frage einer ermessensfehlerfrei vom Insolvenzgericht anzustellenden Prognose, die aber immer Zweckmäßigkeitsgesichtspunkte einschließen muss.[27]

Die „Richtlinien" des AG Hamburg mögen auf dem Konsens der Betroffenen in dem Gerichtsbezirk des Insolvenzgerichts beruhen. Sie können und dürfen die Insolvenzverwalter aber weder rechtlich binden, noch können sie die betroffenen Verwalter haftungsrechtlich entlasten sofern diese in Gehorsam ihrem Insolvenzgericht gegenüber die höchstrichterliche Judikatur ignorieren.

---

20 *Heni*, Konkursabwicklungsprüfung, 1988, 82 ff.; einschränkend KS-*Naumann*, 443. (Rdnr. 26 ff.); *Kuhn/Uhlenbruck*, KO, § 83 Rdnr. 6; *Kilger/K. Schmidt*, KO, § 83 Anm. 1.
21 Anders ohne nähere Begründung *Hess/Binz/Wienberg*, GesO, § 8 Rdnr. 29.
22 *Kuhn/Uhlenbruck*, KO, § 83 Rdnr. 5, 6; *Kilger/K. Schmidt*, KO, § 83 Anm. 1.
23 *Jaeger/Weber*, KO, § 83 Rdnr. 1; vgl. auch *Heinze*, in: Leipold (Hrsg.), Insolvenzrecht im Umbruch, 31, 37; *Haarmeyer/Wutzke/Förster*, GesO, § 8 Rdnr. 96.
24 *Hess*, § 58 Rdnr. 25.
25 HK-*Eickmann*- § 58 Rdnr. 3. So im Ergebnis wohl auch K/P – *Lüke*, § 58 Rdnr. 11.
26 *Smid*, InsO-Kommentar, 2. Aufl. 2002 § 58 Rdnr. 8.
27 Zu dieser Konsequenz aus der verfahrensrechtlichen Einordnung vgl. näher *Smid*, Rechtsprechung, § 7 II 3, 4 (411 ff.), ferner § 2 II (164 ff.).

II. Struktur des Insolvenzrechts

Das neue Recht hat nicht nur Legionen von instanzgerichtlichen Entscheidungen hervorgerufen. Auch der BGH hat eine große Zahl von Entscheidungen getroffen. Allein deren Zahl trägt vordergründig nicht dazu bei, Klarheit zu steigern. Im Unterschied zur Kakophonie instanzgerichtlicher Erkenntnisse folgt die Judikatur des IX. Zivilsenats einer sich zusehends deutlicher abzeichnenden Linie. Deren Nachvollzug macht nicht nur klar, wohin sich die Rechtsprechung des IX. Zivilsenats entwickelt. Sie lässt vielmehr die Strukturen des deutschen Insolvenzrechts deutlich hervortreten.

1. Insolvenzzweck als Topos

Der IX. Zivilsenat des BGH geht aufgrund der Aufgabe des Insolvenzverfahrens[28], das Vermögen des Schuldners den (Insolvenz-)Gläubigern haftungsrechtlich zum Zwecke ihrer bestmöglichen gemeinschaftlichen Befriedigung (§ 1 S. 1, 1. Var. InsO) zu unterwerfen[29] davon aus, dass der Bestand der Masse durch das Insolvenzrecht in zweierlei Hinsicht geschützt wird. Von einer Systematisierung des Insolvenzrechts durch die Judikatur des IX. Zivilsenats des BGH zu schreiben ist durchaus kein Euphemismus.

Die Achse, auf der die Erkenntnisse des IX. Zivilsenats ihre systematische Grundlegung erfahren, ruht damit auf zwei Eckpunkten. Solche Rechtshandlungen, die vor Eröffnung des Insolvenzverfahrens geeignet sind, die Masse unrechtmäßig zu schmälern, unterliegen der Insolvenzanfechtung, die zugleich die Grenze der Befugnis des anderen Teils zur Befriedigung im Wege der Aufrechnung auch dann bildet, wenn er diese im Rahmen der Abwicklung noch nicht vollständig erfüllter gegenseitiger Verträge mit dem insolvenzschuldnerischen Unternehmen erklärt. Ist durch die Eröffnung des Insolvenzverfahrens eine den Gläubigern zugewiesene Masse konstituiert, die durch einen Insolvenzverwalter (§ 80 InsO) oder den Insolvenzschuldner (§ 270 InsO), jedenfalls aber aufgrund der Beschlüsse der Gläubigerversammlung gem. §§ 156, 157 InsO verwaltet wird, sind die Rechtshandlungen von Insolvenzverwalter oder debtor in possession nur insoweit wirksam, als sie sich auf der Grundlage einer wirtschaftlichen Betrachtungsweise[30] als rechtmäßig erweisen. Der gemeinsame Kern dieser beiden Eckpunkte ist die Organisation der Gleichbehandlung der Gläubiger (par conditio creditorum), die den „Hauptzweck“

---

28 Vgl. *Uhlenbruck*, InsO, § 1 Rdnr. 5; *Smid*, InsO, 2. Aufl. 2002, § 1 Rdnr. 32; dies verkennnend, machen zunehmend verschiedene Insolvenzgerichte jedoch das sachfremde Kriterium der „Sozialkompetenz“ eines Verwalters, in dem er nachweisen soll, wie bislang seine Statistik des Erhaltes von Arbeitsplätzen aussieht zu einem Kriterium der Verwalterbestellung.

29 Vgl. Jaeger, InsO, § 1 Rdnr. 3 ff.

30 Vgl. den Segelbootfall: *Uhlenbruck*, InsO, § 1 Rdnr. 1.

des Insolvenzrechts bildet.[31] Der Grundsatz der Gläubigergleichbehandlung verweist somit auf den „Insolvenzzweck" – die Aufgaben von Insolvenzrecht und Insolvenzverfahren. Umgekehrt wird grundsätzlich damit die Wirksamkeit einer jeden auf die Masse bezogenen Rechtshandlung daraufhin in Frage gestellt, ob sie in insolvenzzweckwidriger Weise die Gläubigergleichbehandlung angreift. Es liegt auf der Hand, dass mit dem Insolvenzzweck auf einen zutreffenden, aber doch sehr *allgemeinen* Gesichtspunkt verwiesen wird.

> **Fall 2:** Der IX. Zivilsenat hat auf die *Insolvenzzweckwidrigkeit* des Handelns des Insolvenzverwalters in einem Fall[32] zurückgegriffen, in dem einem Insolvenzgläubiger im Wege eines *Vergleichs* die Befriedigung seiner Forderung vom Insolvenzverwalter zugesagt worden war. Der Insolvenzverwalter hatte dem anderen Teil ein finanzielles Zugeständnis gemacht, ohne dass der Masse durch die damit verbundene Belastung ein Vorteil erwuchs. Das „Zugeständnis" bezieht sich darauf, dass die Forderung, deren Befriedigung aus der Masse „vorab" vergleichsweise vereinbart worden war, als Insolvenzforderung nur mit der auf sie entfallenden Dividende aufgrund der Quote zu berücksichtigen gewesen wäre.

Die Art der Argumentation des IX. Zivilsenats in seinem Urteil vom 25.4.2002 scheint nun nahezulegen, dass nicht allein die Ungleichbehandlung des Vergleichspartners gegenüber den übrigen Insolvenzgläubigern Grund für die Unwirksamkeit des Vergleichsschlusses ist, sondern in Ermangelung einer „Gegenleistung" die „Größenordnung" des Zugeständnisses dessen Unwirksamkeit zur Folge habe.

Folglich scheint diese Entscheidung Ausnahmen von der Unwirksamkeit von Rechtshandlungen wegen Insolvenzzweckwidrigkeit nahezulegen: Fließt der Masse durch das dem Gläubiger eine Vorrangstellung einräumende Geschäft ein ansonsten nicht realisierbarer Vorteil zu, der die Verwertung der Masse überhaupt oder in dieser Weise erst möglich macht, ließe sich aus alledem der Schluss ziehen, dass die Rechtshandlung des Insolvenzverwalters nicht unwirksam ist.[33] Insolvenzzweckwidrigkeit scheint damit *vordergründig* auf eine wirtschaftliche Abwägung zu verweisen, die eine Konturlosigkeit der Zwecke des Insolvenzrechts und -verfahrens nach sich ziehen würde.

Zieht man die vom BGH zitierte ältere Judikatur zu Rate, wird deutlicher, wie sich die Reichweite der Insolvenzzweckwidrigkeit unter Rückgriff auf die Aufgaben des Insolvenzrechts bestimmen lässt:

Die Rechtsfolge aus der Insolvenzzweckwidrigkeit einer Handlung des Insolvenzverwalters sah die zitierte ältere Judikatur in der ipso iure-Unwirksamkeit der

---

31 BGH, Urt. v. 13.3.2003, IX ZR 64/02, DZWIR 2003, 291 = ZIP 2003, 810 = BGHZ 154, 190; *Uhlenbruck*, InsO, § 1 Rdnr. 2–4.

32 BGH, Urt. v. 25. 4. 2002, IX ZR 313/99, DZWIR 2003, 20, 22 f. = ZIP 2002, 1093 = BGHZ 150, 153; Vgl. bereits RGZ 57, 195, 199 f.; 63, 203, 213; 76, 244, 249 f.; BGH, Urt. v. 8.12.1954, VI ZR 189/53, LM § 6 KO Nr. 3; BGH Urt. v. 3.2.1971, VIII ZR 94/69, WM 1971, 346, 347; BGH Urt. v. 28.10.1993, IX ZR 21/93, NJW 1994, 323, 326.

33 Vgl. OLG Hamm, Urt. v. 17.1.2002, 27 U 150/01, DZWIR 2002, 345 = ZIP 2002, 676.

Handlung.[34] Der BGH lässt in der vorliegenden Entscheidung offen, ob *Spickhoff*[35] zu folgen sei, der die Grundsätze des Missbrauchs der Vertretungsmacht mit der Folge anzuwenden vorschlägt, dass objektive Evidenz und grobe Fahrlässigkeit der Unkenntnis des Vertragspartners die Unwirksamkeit des Handelns des Insolvenzverwalters zur Folge habe.

Die Fallgestaltung des BGH taucht freilich an verschiedenen Stellen wieder auf, so bei der Frage, ob eine vom vorläufigen Zustimmungsverwalter gedeckte Abrede des Schuldners mit einem Dritten über die Begleichung von Insolvenzforderungen Bestand haben kann und ist für alle Fragen wichtig, die im Rahmen vergleichsweiser Einigungen auftreten:

Fall 3: Die D Bank AG hat als Gläubigerin und Beklagte in dem über das Vermögen der Baugenossenschaft Sch. eG eröffneten Gesamtvollstreckungsverfahren u.a. eine Forderung in Höhe von DM 1.772.223,89 Kapital und Zinsen angemeldet. Unstreitig stand diese Forderung der Gläubigerin zunächst gegen die ZBO „Aufbau“ T.dorf zu. Die ZBO war laut Beschluss ihrer Mitgliederversammlung vom 16.6.1990 liquidiert und aus dem Register gelöscht worden; die Gemeinschuldnerin ist nach § 1 ihrer Satzung aus der Umwandlung der ZBO hervorgegangen. Am 15.1.1993 haben die heutige Gemeinschuldnerin und die heutige Beklagte eine Rangrücktrittsvereinbarung wegen der im gegenwärtigen Rechtsstreit gegenständlichen Forderung geschlossen. Das Registergericht – Genossenschaftsregister – hat mit Schreiben vom 10.3.1995 mitgeteilt, dass eine Rechtsnachfolge im Wege der rechtsformwechselnden Umwandlung nach dem LandwAnpG nicht stattgefunden habe; infolge dessen hat das Registergericht die entsprechende Eintragung in das LPG-Register von Amts wegen am 19.12.1995 vorgenommen. Am 18.5.1993 wurde das Gesamtvollstreckungsverfahren über das Vermögen der Baugenossenschaft Schl. eG eröffnet. Im Prüfungstermin am 5.8.1993 bestritt der Gesamtvollstreckungsverwalter die von der heutigen Beklagten angemeldete Forderung, worüber er sie mit Schreiben vom 20.8.1993 unterrichtete. Zwischen dem zunächst bestellten, später verstorbenen Gesamtvollstreckungsverwalter (im Folgenden: Gesamtvollstreckungsverwalter A) bestand im Jahr 1994 Streit darüber, ob die Forderung der Gläubigerin auf einem sog. Altdarlehen beruhe, das u.U. keine im Gesamtvollstreckungsverfahren berücksichtigungsfähige Forderung begründe. Wie in anderen über das Vermögen von eG im Bereich ehemaliger LPG eröffneten Gesamtvollstreckungsverfahren hat der Gesamtvollstreckungsverwalter seinen Widerspruch gegen die Forderungsanmeldung formularmäßig auch darauf gestützt, dass eine Rechtsnachfolge aufgrund von Gründungsfehlern nicht vorliege. Am 9./14.12.1994 haben Gläubigerbank und der Gesamtvollstreckungsverwalter A einen Vergleich geschlossen, in der der Gesamtvollstreckungsverwalter A erklärte, die Forderung geprüft zu haben und sich verpflichte, sie zur Tabelle festzustellen. Dem war nach dem eigenen unstreitigen Vortrag der heutigen Beklagten vorangegangen, dass die heutige Beklagte beim Gesamtvollstreckungsgericht durch Beschwerden über den Gesamtvollstreckungsverwalter A diesen zur Aufgabe seines Widerspruchs zu veranlassen unternahm. Der Gesamtvollstreckungsverwalter A verstarb im Jahr 1998; das Gesamtvollstreckungsgericht bestellte Rechtsanwalt B. zum neuen Gesamtvollstreckungsverwalter (im Folgenden: Gesamtvollstreckungsverwalter B). Dieser forderte im Jahr 2001 die Gläubigerbank zur Rücknahme der Forderungsanmeldung auf; als dies nicht erfolgte, hat der Gesamtvollstreckungsverwalter B gegen den Vergleich entsprechend § 767 ZPO Vollstreckungsabwehrklage mit dem Antrag erhoben, dass festgestellt werde, dass der Beklagten keine Forderung gegen den Kläger zustehe.

---

34 *Uhlenbruck*, InsO, § 1 Rdnr. 101.

35 *Spickhoff* KTS 2000, 15 ff.; vgl. auch MünchKomm-*Ott*, InsO, § 80 Rdnr. 61 m.w.N.

Die Klage ist zulässig. Gegen die Feststellung zur Tabelle kann im Wege der Vollstreckungsgegenklage vorgegangen werden.[36] Die Klage wäre freilich unzulässig, wenn die streitbefangene Forderung nicht zuvor zur Tabelle angemeldet worden wäre. Die angemeldete Forderung wird zur Tabelle aufgenommen und gilt dann mit der Wirkung als festgestellt, dass der Tabelleneintrag für das Insolvenzverfahren einem Titel gleichsteht. Widerspricht der Verwalter oder ein Insolvenzgläubiger, kann der dann auftretende Streit nicht im Insolvenzverfahren ausgetragen werden. Der Inhaber der bestrittenen Forderung muss sie im allgemeinen Zivilprozess durchsetzen. Die Forderung wird nicht festgestellt, wenn der Verwalter oder ein Gesamtvollstreckungsgläubiger (§ 1 GesO) einer angemeldeten Forderung widerspricht; dies kann nur mündlich im Prüfungstermin erfolgen[37]. Der Widerspruch kann zurückgenommen werden[38]. Die Rücknahme muss als Verfahrenshandlung vorbehaltlos erklärt werden, da andernfalls der Widerspruch weiter beachtlich bleibt[39]. Dies ist im vorliegenden Fall ausweislich der Tabelle erfolgt, da der Rechtspfleger die Forderung vorbehaltlos eingetragen und dabei einen Vermerk darüber aufgenommen hat, dass der Gesamtvollstreckungsverwalter seinen Widerspruch nicht aufrechterhalte. Eine durch den Verwalter oder einen anderen Gläubiger gegen den Gläubiger, der die bestrittene Forderung angemeldet hat, erhobene negative Feststellungsklage ist allerdings im Allgemeinen unzulässig.[40] Denn es fehlt ihr an dem von § 256 Abs. 1 ZPO geforderten Feststellungsbedürfnis. Anders verhält es sich aber, wenn der Gesamtvollstreckungsverwalter die angemeldete Forderung anerkannt und zur Tabelle aufgenommen und der Rechtspfleger dies beurkundet hat. Aus dem Tabellenauszug kann der Gläubiger nach Aufhebung des Insolvenzverfahrens die Zwangsvollstreckung betreiben. Wegen der Feststellungsfunktion des Tabelleneintrags kann die Vollstreckung „wie aus einem vollstreckbaren Urteil" vorgenommen werden. Dabei fungiert nicht erst der Tabellenauszug als Titel, sondern der Eintrag in die Tabelle.[41] Ergeben sich nach Beurkundung der Anerkennung der Forderung neue Tatsachen, aufgrund derer sich ergibt, dass die durch Feststellung zur Tabelle erfolgte Titulierung der Forderung nicht rechtens ist, kann dagegen im Wege der Vollstreckungsabwehrklage gem. § 767 ZPO vorgegangen werden.[42] Die in diesem Zusammenhang von *Haarmeyer*, *Wutzke* und *Förster*[43] ver-

---

36 Vgl. statt aller allein MünchKomm-*K. Schmidt*, ZPO, 2. Aufl. 2002, § 767, Rdnr. 35.
37 RG, Urt. v. 3.3.1904, I 466/03, RGZ 57, 270, 274; Kölner Schrift zur Insolvenzordnung-*Eckardt*, 2. Aufl. 2000, 743, 756 Rdnr. 25; *Kuhn/Uhlenbruck*, KO, § 144 Rdnr. 2 e; Kübler/Prütting-*Pape*, Insolvenzordnung, § 176 Rdnr. 6; aA Nerlich-Römermann-*Becker*, § 176 Rdnr. 21; *Smid*, InsO, 2. Aufl. 2002 § 178 Rdnr. 2.
38 BGH, Urt. v. 25.6.1957, VIII ZR 251/56, WM 1957, 1225, 1226; Kübler/Prütting-*Pape*, § 176 Rdnr. 12; MünchKomm-*Nowak*, InsO § 176 Rdnr. 20.
39 RG, Urt. v. 26.11.1935, VIII 427/34, RGZ 149, 257, 264; *Smid*, InsO, 2. Aufl. 2002, § 178 Rdnr. 7.
40 *Kuhn/Uhlenbruck*, KO, § 146 Rdnr. 4, 9: einschränkend für den Fall eines anderen rechtlichen Interesses als an der Feststellung nach § 146; ähnlich *Kilger/K. Schmidt*, KO, § 146 Anm. 2a.
41 Statt aller MünchKomm-*Schumacher*, InsO, § 178 Rdnr. 67 ff.
42 Herrschende Lehre: MünchKomm-*Schumacher*, InsO, § 178 Rdnr. 77/78.
43 *Haarmeyer/Wutzke/Förster*, Gesamtvollstreckungsordnung, 4. Aufl. § 11 Rdnr. 85 b; differenzierend *Smid*, Gesamtvollsteckungsordnung, 3. Aufl. § 11 Rdnr. 91.

tretene Meinung, eine Tabellenkorrektur sei nur unter den strengen Voraussetzungen der Wiederaufnahmeklage gem. § 580 ZPO zulässig, ist hier nicht einschlägig. Denn die zitierten Autoren gehen davon aus, dass dies erst nach dem „letzten" Prüfungstermin der Fall sei.

Im vorliegenden Fall hat der Rechtspfleger die Eintragung in die Tabelle vorgenommen, der Verwalter habe seinen Widerspruch gegen die Forderungsanmeldung aufgegeben. Das Gesetz sieht freilich in § 11 Abs. 1 S. 1 GesO vor, dass der *Verwalter* die Tabelleneintragung vornimmt.[44] Gegen die Titulierungswirkung des Tabelleneintrags kann insofern die Vollstreckungsgegenklage erhoben werden, wenn die Einwendungen nach Rücknahme des Widerspruchs entstanden sind.[45] Dies ist hier jedenfalls deshalb der Fall, weil der klagende Gesamtvollstreckungsverwalter sich auf die nach Tabelleneintrag bzw. dem am 20.12.1994 erfolgten Eintrag der Rücknahme des Widerspruchs vorgenommene Löschung vom 19.12.1995 der Liquidation der ZBO „Aufbau" beruft.

Die Parteien sind in der Rangrücktrittsvereinbarung fraglos davon ausgegangen, dass die Forderung der heutigen Beklagten bestehe. Erkennbar lag es weder im Willen der damaligen Vertragsparteien, einen neuen Rechtsgrund für die Forderung noch Beweiserleichterungen für die Forderung zu schaffen. Es kommt daher entscheidend darauf an, ob im Wege der Vereinbarung vom 9./14.12.1994 die Parteien die Frage einer Rechtsnachfolge der Gemeinschuldnerin nach der ZBO „Aufbau" haben regeln wollen. Im vorliegenden Fall bestehen daran Zweifel, dass zum Zeitpunkt der Feststellung eine Vereinbarung über eine Rechtsnachfolge bestand. Denn der frühere Gesamtvollstreckungsverwalter A hat einen Vergleich geschlossen, in dem er erklärt hat, er habe die Forderung nach Grund und Höhe geprüft. Wäre davon auszugehen, dass der Gesamtvollstreckungsverwalter A im Jahr 1994 mit der heute beklagten Gläubigerin durch Vergleich vom Dezember 1994 auch die im vorliegenden Rechtsstreit gegenständliche Frage geklärt habe, die heutige Gemeinschuldnerin sei aus der Umwandlung aus der ZBO „Aufbau" hervorgegangen, wären Einwendungen aus Fehlern der Umwandlung der ZBO in die heutige Gemeinschuldnerin ausgeschlossen. Die auf der Grundlage dieser Erklärung erfolgte Feststellung der Forderung der heutigen Beklagten zur Tabelle könnte in dem Sinne „rechtskräftig" geworden sein, dass hiergegen allein eine Wiederaufnahmeklage nach § 580 ZPO gegeben wäre. Voraussetzung der Deutung der Vereinbarung vom 9./14. Dezember 1994 als Vergleich über die bezeichnete im heutigen Rechtsstreit gegenständliche Rechtsfrage wäre, dass der Gesamtvollstreckungsverwalter A einen mit der heutigen Beklagten geführten Streit über die Rechtszuständigkeit der heutigen Gemeinschuldnerin und die Frage von Umwandlung oder Neugründung bereinigen wollte.[46] Hierfür spricht, dass der Gesamtvollstreckungsverwalter A zum Gegenstand seines Widerspruchs vom 8.6.1994 den Pas-

---

44 Unstreitig: vgl. statt aller *Haarmeyer/Wutzke/Förster*, § 11 Rdnr. 81; *Smid*, § 11 Rdnr. 9; *Kilger/K. Schmidt*, Insolvenzgesetze, § 11 GesO Anm. 2.

45 MünchKomm-*Schumacher*, InsO, § 178 Rdnr. 79.

46 MünchKomm-Pecher, BGB, § 779 Rdnr. 63.

sus des 2. Absatzes des zitierten Schreibens gemacht und darin u.a. ausgeführt hat, die Genossenschaft sei „nicht Rechtsnachfolgerin im Sinne der Umwandlungsvorschriften des LwAnpG, sondern eine Neugründung“. Hieraus könnte der Schluss gezogen werden, dass durch die Vereinbarung vom 9./14.12.1994 nicht zuletzt auch diese Rechtsfrage geklärt werden sollte.

Denn die Vereinbarung vom Dezember 1994 entfaltet jedenfalls insoweit keine Rechtswirkungen, als sie der heutigen Beklagten eine Rechtsposition einräumt, die diese im Verhältnis zu den anderen Gesamtvollstreckungsgläubigern nicht hat beanspruchen dürfen. Dabei ist allerdings nicht fraglich, dass der Gesamtvollstreckungsverwalter A die Rechtsmacht hatte, *für die Masse* Vergleiche abzuschließen.[47] Das ist die unproblematische Folge seines Handelns, das von der höchstrichterlichen Judikatur als das einer Partei kraft Amtes qualifiziert wird. Die Rechtshandlungen des Gesamtvollstreckungsverwalters sind im Übrigen auch dann wirksam, soweit der Verwalter entgegen dem Gesetz eine zustimmende Entscheidung der Organe der Gläubigerselbstverwaltung nicht herbeiführt, vgl. § 160 InsO und § 164 InsO.[48] Ihre Grenze findet die Rechtsmacht des Verwalters dort, wo sein Handeln nur der Masse nachteilig ist, sondern gar einen gegenüber der vorkonkurslichen Lage sich als unrechtmäßig erweisenden Zustand legitimiert. Zu den der Masse zugute kommenden Vorteilen kann es auch gehören, wenn der Gesamtvollstreckungsverwalter durch vergleichsweises *Nachgeben* in einem Forderungsfeststellungsstreit iwS (unter Geltung der GesO: nach § 11 GesO[49]) die mit der Gefahr eines Prozessverlusts verbundenen Kostenrisiken für die Masse zu reduzieren versucht. Denn der Vergleich als Ausschluss rechtlicher Ungewissheit rechtfertigt den durch ihn begründeten Rechtszustand. In der Tat hat der Gesamtvollstreckungsverwalter A rechtliche Ungewissheit allein hinsichtlich der Qualifikation der Qualität der angemeldeten Forderung als „Altkredit“ durch eine detaillierte Regelung hinsichtlich des weiteren Vorgehens ausräumen wollen. *Insofern* besteht kein Zweifel an der Wirksamkeit der geschlossenen Vereinbarung. Folgt man – wie es das Landgericht vorliegend zu tun beabsichtigen scheint – der Rechtsauffassung der Beklagten, ergibt sich ein anderes Bild: Denn unterstellt, die Auslegung der Vereinbarung vom 9./14.12.1994 sei zutreffend und die Erklärungen des Gesamtvollstreckungsverwalters A seien in der Tat als deklaratorisches Schuldanerkenntnis auszulegen, mit dem Einwendungen gegen die angemeldete Forderung aus der Gründung der Gemeinschuldnerin bzw. der Umwandlung der ZBO „Aufbau“ ausgeschlossen werden sollten, ist die im vorliegenden Fall vorgebrachte Klageerwiderung der Beklagten in sich widersprüchlich und damit im prozessualen Sinne unerheblich. Denn in diesem Fall erweist sich das deklaratorische Schuldanerkenntnis als nichtig. Die Nichtigkeit des deklaratorischen Schuldanerkenntnisses ergibt sich aus der gesetzlichen Aufgabenstellung des Insolvenz- oder Gesamtvollstreckungsver-

---

47 Statt vieler: *Smid-Rattunde*, Gesamtvollstreckungsordnung, § 8 Rdnr. 162 ff.

48 *Smid*, Grundzüge des Insolvenzrechts, 4. Aufl. 2002, § 14 Rdnr. 51 ff.; *Uhlenbruck*, InsO, § 160 Rdnr. 10.

49 *Smid*, Gesamtvollstreckungsordnung, § 11 Rdnr. 92 ff.

walters. Die Wirksamkeit der Rechtshandlungen des Gesamtvollstreckungsverwalters finden nämlich ihre Grenze in der Funktion – dem Zweck – des Gesamtvollstreckungsverfahrens zu dienen.[50] Zu den zentralen Aufgaben des Insolvenzverfahrens gehört die Gleichbehandlung der Insolvenzgläubiger.[51] Diese Gleichbehandlungsfunktion wird empfindlich gestört, wenn ein Dritter eine Dividende erhält, der für sich rechtlich keine Insolvenzforderung beanspruchen kann. Der Insolvenzverwalter ist allerdings dazu berechtigt, die Masse zugunsten Dritter zu verpflichten. Dies kann namentlich zu dem Zweck geschehen, um Pfandrechte abzulösen oder der Masse andere wirtschaftliche Vorteile zu gewähren. Diese Gründe liegen im vorliegenden Fall nicht vor. Denn durch den Vergleich hat der Gesamtvollstreckungsverwalter A der anmeldenden Bank ausschließlich eine dieser nicht zustehende Rechtsposition zugewandt. Damit sollte nach dem eigenen Vortrag der heutigen Beklagten nicht eine den Parteien bestehende rechtliche Ungewissheit ausgeräumt werden. Vielmehr wollte der Gesamtvollstreckungsverwalter A nach eigenem Vortrag der Beklagten den von dieser gegen ihn mobilisierten Druck abwenden.

Die Insolvenzzweckwidrigkeit und damit Unwirksamkeit eines Vergleichsschlusses durch den Gesamtvollstreckungsverwalter A ergibt sich bereits aus der Nötigungslage, die seitens der D Bank aufgebaut worden ist und an eine Unwirksamkeit der Willenserklärung des Gesamtvollstreckungsverwalters aus Gründen des § 123 BGB denken ließe.

Es wird sich freilich noch im Fortgang (in den Ausführungen zu den Fällen 20 und 21) zeigen, dass über diese eher evidenten Fälle hinaus der Verweis auf Insolvenzzwecke in Grauzonen führen kann, die der Systematisierung auch dort bedürfen, wo die einzelne Entscheidung durch den IX. Zivilsenat des BGH in der Sache zu überzeugen vermag.

2. Verhältnismäßigkeit

a) *Mittel – Verhältnismäßigkeit der Eingriffe des Insolvenzgerichts in die Rechtsstellung des Schuldners*

Bislang galt es als erstrebenswert wenn nicht gar für die effiziente Verfahrensabwicklung geradezu unabweisbar erforderlich *und* von Gesetzes wegen gewollt, dass dem Schuldner die Zügel aus der Hand und einem erfahrenen Verwalter bereits im Eröffnungsverfahren übergeben werden sollten. Denn vom Schuldner wurde vermutet, er habe seine wirtschaftliche Krise wenigstens mitverursacht. Kaum ein Satz konnte mehr Überzeugungskraft ausstrahlen als der *Volker Grubs*, es dürfe mit dem Insolvenzschuldner durch Anordnung der Eigenverwaltung nicht der Bock zum

---

50 *Smid*, Insolvenzordnung, 2. Aufl. 2002, § 1 Rdnr. 48.

51 Vgl. alle in *Häsemeyer*, Insolvenzrecht, 3. Aufl. 2002 Rdnr. 2.17 ff.; *Smid*, Grundzüge, § 1 Rdnr. 22 ff., beide m.w.Nach.

Gärtner gemacht werden. Die Entwicklungen zeigen, dass dies für das deutsche Insolvenzrecht nur noch unter eingeschränkten Voraussetzungen gesagt werden kann. Denn bereits im vierten Jahr der InsO hat die höchstrichterliche Judikatur die Regeln der vorläufigen Anordnungen des Insolvenzgerichts und damit die vorläufige Verwaltung vom Kopf auf die Füße und damit auf den systematischen Boden des Rechts gestellt; zugleich haben Insolvenzgerichte in zwei ebenso spektakulär wie singulär anmutenden Großverfahren die Eigenverwaltung des Schuldners angeordnet. Beide Entwicklungen sind auf Bedenken gestoßen. Im Folgenden soll versucht werden, diese Entscheidungen als Ausdruck einer zwangsläufigen Entwicklung des deutschen Insolvenzrechts zu interpretieren und die Konsequenzen hieraus für das Verständnis des deutschen Insolvenzrechts anzudeuten. Es wird zu zeigen sein, dass damit nicht in dem Sinne ein Damm gebrochen ist, dass nunmehr Unheil über das deutsche Insolvenzrecht hereinbricht – wie vielfach vermutet und in Kritiken hin bis zu Persiflagen ausgeführt wird – ich denke dabei auch an den Hohn, den das AG Duisburg[52] in manchen Besprechungen mit seinem Eröffnungsbeschluss in Sachen *Babcock* auf sich gezogen hat.

Die damit verbundenen Fragen haben alles andere als nur akademische Bedeutung. Soweit es die vorläufigen Anordnungen nach den §§ 21, 22 InsO angeht, wird dies nicht allein aufgrund ihrer rechtstatsächlichen Bedeutung deutlich, sondern stellt sich nach der Einführung der Anfechtbarkeit vorläufiger Anordnungen aufgrund des durch das InsÄndG vom 12.12.2001 eingeführten § 21 Abs. 1 S. 2 InsO als Rechtsfrage dar, die in die Erwägungen des Insolvenzgerichts bei der Begründung seiner Entscheidung in erkennbarer Form einfließen müssen.

Nur vordergründig anders stellt sich dies bei der Entscheidung über die Anordnung der Eigenverwaltung durch das Insolvenzgericht nach § 270 InsO dar. Dort wird die Ansicht vertreten, dem Insolvenzschuldner stünde gegen die, seinen nach § 270 Abs. 2 Nr. 1 InsO gestellten Antrag ablehnende Versagung der Anordnung der Eigenverwaltung, keine Rechtsbehelfe zur Seite. Denn die InsO ordnet die Anfechtbarkeit der Versagung der Eigenverwaltung nicht an; im Übrigen kann man sich auf den Standpunkt stellen, diese Anordnung sei nicht isoliert anfechtbar, weil es sich um eine nicht gesondert anfechtbare Nebenentscheidung des Eröffnungsbeschlusses handle. Ob das so stimmt kann indes dahingestellt bleiben, denn der eigenantragstellende Insolvenzschuldner kann jedenfalls den Eröffnungsbeschluss nach § 34 Abs. 2 InsO anfechten – denn insofern kommt es nicht auf eine formelle, sondern auf die materielle Beschwer des Schuldners an – so dass die Wirkungen der Versagung der Eigenverwaltung durch das Beschwerdegericht beseitigt werden können.

Noch vor Inkrafttreten der InsO wurde vermutet, dass mit ihren neuen Rechtsinstituten ein „Paradigmenwechsel“ einhergehe.[53] Entgegen diesen Erwartungen oder Befürchtungen schien der Wechsel von KO, VerglO und GesO zur InsO in der Tat für

52 AG Duisburg, B. v. 1.9.2002 – 62 IN 167/02, DZWIR 2003, 522 = ZIP 2002, 1636.
53 MünchKomm-*Stürner*, InsO, Einleitung Rdnr. 39 ff.

die Praxis zunächst vordergründig wenig Neues gebracht zu haben – an die neuen „Hausnummern" des neuen Gesetzes konnten sich die Betroffenen alsbald gewöhnen und der heftig umstrittene Insolvenzplan hat sich in nur sehr wenigen Fällen als sinnvolles Instrument erwiesen – und ist auch dort der Kritik zu großer Schwerfälligkeit ausgesetzt, wo er wie im bekannt gewordenen *Herlitz*-Fall[54] sinnvoll angewandt worden ist. Dass ich hier darüber diskutieren werde, ob und wie sich im vierten Jahr Verfahren nach der InsO deren Eigenheit gegenüber dem Konkurs herausgearbeitet hat, ist nun in der Tat nicht allein an Einzelfällen wie *Kirch* und *Babcock* abzulesen, die aber doch durch ihre Einbindung in das Insolvenzrecht als rechtlichem System von sinnvoll aufeinander bezogenen Vorentscheidungen[55] eine über sich hinausweisende Bedeutung erlangen.

Tatsächlich bildet sich das deutsche Insolvenzrecht zusehends zu einer eigenständigen Materie heran, deren Regelungen selbständig neben die des bürgerlichen Rechts und des Zivilverfahrensrechts treten. Damit vollzieht sich in Deutschland eine Entwicklung, wie sie in anderen Rechtsordnungen, namentlich der nordamerikanischen, seit langem zu beobachten war. Das überkommene Konkursrecht war eng auf das allgemeine Zivil- und Zivilverfahrensrecht bezogen, dessen Rechtsinstitute für die des Konkursrechts von unmittelbarer Bedeutung waren. Der Konkurs wurde lange als Gesamtvollstreckung begriffen und war auf diese Weise mit dem Zivilprozessrecht verbunden; ebenso wie die Begrifflichkeiten des materiellen Konkursrechts ihren Inhalt und Sinn aus dem materiellen bürgerlichen Recht bezogen. An dieser Bindung des früheren Konkursrechts an das allgemeine Zivil- und Zivilverfahrensrecht hat der Gesetzgeber nichts ändern wollen. Es ist in Erinnerung, dass die Amtliche Begründung zum RegEInsO[56] beispielsweise davon spricht, mit der Neuordnung des Rechts der Verwertung von beweglichem Absonderungsgut solle keine Änderung des Sachenrechts bewirkt werden. Gleichwohl normiert § 51 Nr. 1 InsO ein Institut des Sicherungseigentums.[57] § 105 InsO weicht, um ein weiteres Beispiel zu nennen, von dem bürgerlich-rechtlichen Begriff der teilbaren Leistungen (§ 266 BGB) ab. Weitere Beispiele ließen sich nennen. Deutlicher wird diese Entwicklung im Verhältnis der InsO zur ZPO: Das neue Insolvenzrecht tritt auch aus dem Zusammenhang des allgemeinen Zivilverfahrensrechts heraus. Während das alte Konkursverfahren sich durch außerordentlich sparsame Regelungen auszeichnete, die zwanglos durch den Rückgriff auf zivilprozessuale Normen ergänzt werden konnten, hat bereits der Gesetzgeber eine Reihe eigenständiger Institute des Insolvenzverfahrensrechts geschaffen. Ins Auge fällt dabei besonders das Recht der

54 Vgl. dazu *Rattunde*, ZIP 2003, 596 ff.

55 Anders als die KO hat sich das neue Insolvenzrecht aus dem Begründungszusammenhang des allgemeinen bürgerlichen Rechts verselbständigt – zu dessen Ausbildung die KO ja beigetragen hatte; dies zeigt sich etwa an der Entwicklung des Begriffs teilbarer Leistungen in § 105 InsO, der sich vom bürgerlichen Recht (§§ 420, 427, 431, 432 BGB) stark gelöst hat; *Wiegmann*, Auslegung des § 105 InsO, Diss. Kiel 2003.

56 Amtliche Begründung zum RegEInsO.

57 *Smid*, Kreditsicherheiten in der Insolvenz des Sicherungsgebers, 2003, § 2, Rdnr. 4 ff. et passim.

vorläufigen Maßnahmen des Insolvenzgerichts nach den §§ 21ff. InsO, das im Unterschied zum alten § 106 KO nicht mehr auf Rechtsinstitute wie den Sequester nach den §§ 848, 855 ZPO zurückgreift, sondern eigenständige Funktionen im Eröffnungsverfahren vorsieht. Diese dem deutschen Insolvenzrecht gleichsam innewohnende Tendenz zur Verselbständigung erhält dadurch Auftrieb, dass es durch das bereits angesprochene europäische Recht der Verordnung 1346/2000 mitgeformt wird, die bekanntlich als in den Mitgliedstaaten der EU unmittelbar geltendes Recht anzuwenden und daher auch bei der Auslegung insolvenzrechtlicher Vorschriften zu beachten ist. Die EuInsVO lässt zwar das Recht der einzelnen Mitgliedstaaten unberührt. Dennoch beeinflusst sie die Auslegung der nationalen Rechte.

Der damit naturgemäß nur skizzierte Prozess einer Verselbständigung des Insolvenzrechts gegenüber bürgerlichem Recht und allgemeinem Zivilverfahrensrecht zieht Folgelasten nach sich. Die Auslegung der insolvenzrechtlichen Regelungen wird durch die Verselbständigung des Insolvenzrechts komplizierter. Diese Komplizierung trifft auf die Regelungen selbst zu, die gegenüber denen des überkommenen Konkursrechts zu schwierigen Einzelfallabwägungen zwingen. Solange das Konkursverfahren als Gesamtvollstreckung aufgrund der Feststellung der Exekutionsvoraussetzungen im Eröffnungsbeschluss verstanden werden konnte, stellte die Entmachtung des Gemeinschuldners durch die Eröffnung des Verfahrens kein Problem dar. Und solange ein Eröffnungsverfahren sich gleichsam neben dem Gesetz nicht zuletzt als Folge der Finanzierung des Konkurses durch das Instrument des früheren Konkursausfallgeldes entwickelte, musste über die Reichweite einer Entmachtung des Schuldners vor Verfahrenseröffnung durch einstweilige Maßnahmen des Insolvenzgerichts insofern nicht vertieft diskutiert werden, da der Sequester nicht an Stelle des Schuldners zu handeln berechtigt war.

Das neue Insolvenzrecht schafft eine Reihe von Tatbeständen, die Eingriffe in die Stellung der Verfahrensbeteiligten, namentlich in Statusrechte des Schuldners rechtfertigen. Im Insolvenzverfahren werden z.T. Eingriffe in Grundrechte des Schuldners verwirklicht, was die Frage nach der Verfassungskonformität solcher Regelungen und auf sie gestützter Maßnahmen hervorruft. Die Verfassung als „höherrangiges“ Recht wird damit Auslegungsmaßstab des Insolvenzrechts – was erhebliche Schwierigkeiten nach sich zieht.

Kaum eine Entscheidung kann einen höheren Bekanntheitsgrad für sich verbuchen als die des IX. Zivilsenat des BGH vom 18.7.2002[58] zur vorläufigen Verwaltung. Sie gilt manchen geradezu als Einschnitt: Die Anforderungen, unter denen der vorläufige Verwalter ermächtigt werden kann, die Masse zu verpflichten, wenn das Gericht ihn nicht zum vorläufigen Verwalter nach § 22 Abs. 1 InsO bestellt, sind vom BGH gegenüber der gerichtlichen Praxis jedenfalls in einem deutschen Bundesland genauer gefasst worden.

---

58 BGH, Urt. v. 18.7.2002, X 195/01, DZWIR 2002, 470 = ZIP 2002, 1625 = BGHZ 151, 353.

Fall 4: Die Insolvenzschuldnerin war Pächterin einer Gaststätte nebst Räumen der Wirtswohnung mit einem Pachtzins von monatlich ca. DM 10.000,–. Auf Eröffnungsantrag eines Gläubigers ordnete das Insolvenzgericht die Einsetzung eines vorläufigen Insolvenzverwalters an, der nicht allgemeiner Vertreter der Schuldnerin sein sollte. Gleichwohl ermächtigte das Insolvenzgericht den vorläufigen Verwalter dazu, für die Schuldnerin zu handeln. Er sei unbeschadet der Wirksamkeit seiner Handlung verpflichtet, diese Befugnis nur wahrzunehmen, wenn dies dringend erforderlich sei.

Die Voraussetzungen der Anordnung der vorläufigen Verwaltung ebenso wie die der Anordnung der Eigenverwaltung des Schuldners im eröffneten Insolvenzverfahren setzen voraus, dass das Insolvenzgericht prüft, ob sie „erforderlich erscheinen" (§ 21 Abs. 1 InsO[59]) oder ob die Anordnung zu keiner Verfahrensverzögerung oder sonstigen Nachteilen zu Ungunsten der Gläubiger führt, § 270 Abs. 2 Nr. 3 InsO.[60] Das Insolvenzgericht hat nach Antragstellung – ohne dass ihm ein Ermessenspielraum wegen des „ob" des Entscheidens zustünde[61] – eine Entscheidung darüber zu treffen, welche Eingriffe in die Rechtsstellung des Schuldners zum Zwecke des Schutzes seiner Vermögenslage und der Befriedigung seiner Gläubiger in einem zu eröffnenden Insolvenzverfahren (§ 21 Abs. 1 InsO[62]) erforderlich und daher anzuordnen sind. Für den Zeitraum zwischen Antragstellung und der Entscheidung über die Verfahrenseröffnung schreibt das Gesetz jedenfalls nicht vor, dass der Schuldner stets und immer in vollem Umfang zu entmachten sei. Und auch für die im Falle des Antrags des Schuldners auf Anordnung der Eigenverwaltung zu treffende Entscheidung über den Eröffnungsbeschluss gilt dies:

Ob das über sein Vermögen zu eröffnende Insolvenzverfahren die Entmachtung des Schuldners nach sich zieht, hängt davon ab, ob dies zum Schutz der Gläubiger „erforderlich" erscheint. Wenn denn die Verwertung der Masse für die Gläubiger wesenseigene Funktion des Insolvenzverfahrens ist[63], scheint damit unter der Geltung der InsO anders als unter der KO nicht zwingend die Entmachtung oder doch jedenfalls nicht die vollständige Entmachtung des Schuldners verbunden zu sein.

Nicht allein die insolvenzrechtliche Literatur[64], sondern keine geringere Autorität als der IX. Zivilsenat des BGH[65] hat dieses Tatbestandsmerkmal der „Erforderlichkeit" von gegen den Insolvenzschuldner verhängten Zwangsmaßnahmen für das Eröffnungsverfahren so verstanden, dass sie die *Verhältnismäßigkeit* der Entmachtung des Schuldners beschreibt. Mit den zitierten Vorschriften der §§ 21 Abs. 1, 270 Abs. 2 InsO hätte damit der Verhältnismäßigkeitsgrundsatz Eingang in das Insolvenzrecht gehalten.

---

59 *Smid/Thiemann*, InsO, § 21 Rdnr. 16.
60 *Hess/Weis/Wienberg*, InsO, § 270 Rdnr. 54 ff.
61 *Smid/Thiemann*, InsO, § 21 Rdnr. 14, 16.
62 Eingehend hierzu *Thiemann*, Die vorläufige Masseverwaltung, 2000, Rdnr. 17, 23 ff.
63 *Weisemann/Smid*, Handbuch Unternehmensinsolvenz, Kap. 1 Rdnr. 5 ff.; MünchKomm-*Ganter*, InsO, § 1 Rdnr. 20.
64 *Uhlenbruck*, § 21 Rdnr. 3; *Kübler/Prütting/Pape*, InsO, § 21 Rdnr. 15 ff.; MünchKomm-*Haarmeyer*, InsO, § 21 Rdnr. 19 ff., 23 ff.
65 BGH, Urt. v. 18.7.2002, IX 195/01, DZWIR 2002, 470 = ZIP 2002, 1625 = BGHZ 151, 353.

II. Struktur des Insolvenzrechts

Die Verhältnismäßigkeit von Entscheidungen und Maßnahmen als Voraussetzung der Rechtmäßigkeit gerichtlicher Entscheidungen in insolvenzrechtlichen Verfahren zu postulieren, ruft geradezu zwangsläufig Bedenken hervor. Mit seiner Entscheidung vom 18.7.2002 zur vorläufigen Verwaltung hat der IX. Zivilsenat[66] in der Tat eben dies getan, nämlich *expressis verbis* die Entscheidung des Insolvenzgerichts über die Maßnahmen nach den §§ 21 ff. InsO im Eröffnungsverfahren der Forderung unterworfen, dass sie *verhältnismäßig* sei. Die heftige Kritik, die an dieser Entscheidung von Teilen der Literatur geübt worden ist, hat sich freilich vordergründig praxisorientierten Erwägungen[67] verschrieben.

Die z.T. erregte Debatte um die Entscheidung des BGH hat indes deutlich gemacht, dass die daraus folgenden Konsequenzen nicht wirklich gesehen werden.

Liest man die Entscheidung vom 18.7.2002 allein unter dem Gesichtspunkt, dass der IX. Zivilsenat den Gerichten und Verwaltern in Nordrhein-Westfalen das Leben etwas schwerer gemacht hat[68], wird dies freilich nicht deutlich. Verfahrensrechtlich – „technisch-prozessual" betrachtet geht es in dem Beschluss darum, dass der BGH klarstellt, dass das Insolvenzgericht *entweder* eine Anordnung nach § 21 Abs. 2 Nr. 2, 1. Variante, § 22 Abs. 1 InsO erlässt und den sogenannten „starken" Insolvenzverwalter einsetzt – was die im Gesetz in § 55 Abs. 2 InsO ausdrücklich geregelte Folge nach sich zieht, dass der vorläufige Verwalter die Masse verpflichten darf und auch verpflichtet, wenn er mit Wirkung für und gegen sie handelt. Erlässt das Insolvenzgericht diese Anordnung nicht – bis zum InsÄndG 2001 besonders deshalb, weil es dem vorläufigen Verwalter angesichts einer wenigstens unklaren Rechtslage die schwerwiegenden Folgen des § 55 Abs. 2 InsO für die Verfahrensfinanzierung mittels Insolvenzgeld vermeiden helfen wollte –, darf es dem vorläufigen Insolvenzverwalter nicht die Entscheidung darüber überlassen, in welchem Umfang er anstelle des Schuldners bzw. der Organe der schuldnerischen Gesellschaft bis zum Erlass des Eröffnungsbeschlusses für die Masse zu handeln und zur Verpflichtung der Masse (zur Begründung von Masseverbindlichkeiten) berechtigt und verpflichtet sein soll. Das ist prozessrechtlich so selbstverständlich, dass allein die durch den Beschluss des IX. Zivilsenats ausgelöste Aufregung erstaunt.

Das Insolvenzgericht kann dem vorläufigen Verwalter nicht die Befugnis einräumen, den Umfang seiner Befugnisse in eigener Regie zu bestimmen. Das ist selbstverständlich. Denn unabhängig davon, dass der vorläufige Verwalter wirtschaftliche Entscheidungen zu fällen und gar – wie man bisweilen lesen kann – als global player weltläufig aufzutreten hat, nimmt der vorläufige Verwalter eine Stellung ein, die dem eines Vollstreckungsorgans strukturell vergleichbar ist; der vorläufige Verwalter fungiert in der Tat als *Sequester*, der unter bestimmten Voraussetzungen zur Fortführung der Geschäfte des Schuldners berechtigt und verpflichtet ist. Diese Befugnis bezieht sich aber immer auf den Erhalt des Schuldnervermögens. Die Reich-

---

66 BGH, Urt. v. 18.7.2002, IX 195/01, DZWIR 2002, 470 = ZIP 2002, 1625 = BGHZ 151, 353.

67 Vgl. *Haarmeyer/Pape*, ZInsO 2002, 845 ff.

68 So aber *Haarmeyer/Pape*, ZInsO 2002, 845 ff.; vgl. auch *Prütting*, Kölner Schrift zur InsO, S. 221.

weite des Zwangszugriffs gegen den Schuldner, der durch die einstweilige Anordnung vorgenommen wird, ist daher durch das Gericht festzulegen.

Die Frage, ob die insolvenzgerichtlichen Entscheidungen dem Verhältnismäßigkeitsgrundsatz unterworfen sind, betrifft die Struktur des Insolvenzverfahrens im Kern. Sie berührt damit nicht allein ein Problem des deutschen Insolvenzrechts, die vom BGH aufgegriffene Frage ist nicht deshalb typisch deutscher Provenienz, weil sie sich auf das Eröffnungsverfahren bezieht, dass es eigentlich in der hypertrophen Form der §§ 21 ff. InsO eben doch nur in Deutschland gibt, sondern weil das deutsche Verfassungsrecht aus verschiedenen Gründen in viel stärkerem Maße die Interpretation der unterverfassungsrechtlichen Rechtsnormen bestimmt, als dies in anderen europäischen Rechtsordnungen im Verhältnis zwischen Verfassungsrecht und einfachgesetzlichen Rechtsregeln der Fall ist.

Der Satz, dass das Insolvenzverfahren sich vor dem Urteil höherrangigen Verfassungsrechts zu bewähren habe[69], begegnet keinen Zweifeln. Daher hat die Organisation eines – im Sinne von Art. 6 MRK[70] „fairen" – Insolvenzverfahrens eine Reihe von Voraussetzungen. Wesentlich dabei ist, dass die materielle Rechtsstellung der Gläubiger, soweit sie vorkonkurslich in einer rechtlich nicht zu beanstandenden Weise erworben worden ist, anerkannt wird und die Gläubiger nach der durch ihre vorkonkurslich erworbenen Berechtigung konstituierten Vorrechtsstellung gleich behandelt werden. *Deutschen* Insolvenzpraktikern und Juristen im Allgemeinen erscheint dieser Rückgriff auf allgemeine grundrechtliche Gewährleistungen nicht zuletzt deshalb problematisch, weil das deutsche BVerfG zusehends die verfassungsrechtlichen Grundrechte dadurch zur Basis einer Art von *Gegenrechtsordnung* ausgebaut hat, dass aus ihnen Sätze des allgemeinen Rechts unterhalb des Ranges der Verfassung deduziert werden.[71] Die Regelungsgegenstände des Insolvenzrechts sind in ihrer Wechselbezüglichkeit hochkomplex. In ihnen verbinden sich schwierige materiellrechtliche und verfahrensrechtliche Fragen mit wirtschaftlichen Problemstellungen. Natürlich können die dabei auftretenden Rechtsprobleme auch grundrechtlich beleuchtet werden. Es liegt aber auf der Hand, dass es wenig sinnvoll wäre, das Insolvenzrecht gleichsam unter verfassungsrechtlichen Gesichtspunkten zu rekonstruieren. Aus der Verfassung lässt sich daher nur sehr begrenzt eine Struktur des Insolvenzverfahrens deduzieren, die sich aus dessen sachlichen Fragestellungen selbst ergeben muss.

Damit scheint aber eine Argumentation, die der Auslegung des § 21 Abs. 2 InsO den Verhältnismäßigkeitsgrundsatz unterlegt, der Stab gebrochen zu sein. Allerdings ist zu berücksichtigen, dass der IX. Zivilsenat nicht so weit gegangen ist, seine Aus-

---

69 Zur verfassungskonformen Auslegung *Pawlowski,* Methodenlehre für Juristen, 3. Aufl. 1999, Rdnr. 432 ff., 944 ff.

70 Eingehend *Puschner,* Konkurs und Europäische Menschenrechtskonvention, 2000, bes. 81 ff.; KölSch-*Prütting,* 221, 222 (Rdnr. 4); *Carl,* Teilnahmerechte im Konkurs, 1998, bes. 145 ff. Vgl. auch *Adam,* Ausgewählte Probleme des Konkursverfahrens in verfassungsrechtlicher Sicht, Diss. Frankfurt/M. 1986.

71 Krit. dagegen *Pawlowski,* Methodenlehre für Juristen, 3. Aufl. 1999, Rdnr. 51 a ff., 801 a, 802.

legung der gesetzlichen Regelungen der vorläufigen Verwaltung grundrechtlich zu begründen. Der erkennende Senat hat in der Frage, welche Form von vorläufiger Verwaltung anzuordnen ist, „allein" den Verhältnismäßigkeitsgrundsatz angewandt; der Verhältnismäßigkeitsgrundsatz ist allgemein bei jeder Form staatlicher Entscheidung zu beachten. Freilich ruft dieses verfassungsrechtliche Postulat *in praxi* erhebliche Schwierigkeiten hervor.

Die Skepsis gegen einen Ansatz, der die Verfahren der Rechtsdurchsetzung dem Verhältnismäßigkeitsgrundsatz unterwirft, hat indes mehr als berechtigte Gründe. Die Deduktion einfachgesetzlichen Rechts aus verfassungsrechtlichen Normen ist zweifelhaft.[72] Denn die Normen des Verfassungsrechts sind notwendig auf einer anderen Abstraktionsebene angesiedelt als die des einfachgesetzlichen Rechts.[73] Im Bereich des Rechts der Individualzwangsvollstreckung hat vor längerer Zeit die Judikatur des BVerfG[74] zum Vollstreckungsschutz gem. § 765a ZPO begründete Kritik auf sich gezogen, als dort aus dem verfassungsrechtlichen Verhältnismäßigkeitsgrundsatz Schlussfolgerungen für die Durchsetzung titulierter Forderungen zu ziehen versucht worden sind.[75] Das BVerfG hatte eine Rangordnung der Vollstreckungsarten aus dem verfassungsrechtlichen Verhältnismäßigkeitsgrundsatz aufgrund ihrer – angeblich – unterschiedlichen Intensität des Eingriffs in die betroffenen Grundrechte des Vollstreckungsschuldners abgeleitet.[76]

Die Bedenken gegen die Judikatur des BVerfG sind danach sehr ernstzunehmen. Es ist zu fragen, ob sie auch zu tragen vermögen, soweit es um die Entscheidung des BGH vom 18.7.2002 zur Begründung der Maßnahmen des Insolvenzgerichts geht.

Die Einwendungen gegen Verhältnismäßigkeit als Entscheidungsmaßstab sind wesentlich methodischer Art. Verhältnismäßigkeit ist als Maßstab zweifelhaft, da sie auf Abwägungen zielt. Beide, Verhältnismäßigkeit und die auf Herstellung der ersteren gerichtete Abwägung sind nach dem kritischen Wort eines Autors[77] Rechtsmodewörter, die nicht viel mehr als die Ernsthaftigkeit der Entscheidung im konkreten Fall – dem Einzelfall – versichern. Die Kritik richtet sich gegen die Abwägung als methodische Anweisung für die Rechtserkenntnis des Prozessgerichts: Sie lebt von begrifflicher Unschärfe[78], da sie unvergleichbare Belange gegeneinander stellt.[79] Abwägung setzt damit jenseits kontrollierbarer normativer Maßstäbe auf unüberprüfbare Fakten.[80] Das setzt die Abwägung als methodische Anweisung, das im Einzelfall streitige Recht zu erkennen, Zweifeln aus.

---

72 Hierzu insbesondere aus methodischen Gesichtspunkten *Pawlowski*, Methodenlehre für Juristen, 3. Aufl. 1999, Rdnr. 519 ff., 801 a, 802.
73 *Pawlowski*, Methodenlehre für Juristen, 3. Aufl. 1999, Rdnr. 51a ff., 801 a, 802.
74 BVerfG, B. v. 3.10.1979, 1 BvR 614/79, NJW 1979, 2607 = BVerfGE 52, 214.
75 Krit. dagegen *Bruns-Peters*, § 48 II 1; *Gerhardt*, ZZP 95 (1982), 467 ff.; Rosenberg/Gaul/*Schilken*, § 43 I 5 sowie § 3 III 4.
76 BVerfG, B. v. 3.10.1979, 1 BvR 614/79, NJW 1979, 2607 = BVerfGE 52, 214.
77 *Leisner*, Der Abwägungsstaat, 1997, 5.
78 *Leisner*, Der Abwägungsstaat, 1997, 96 ff.
79 *Leisner*, Der Abwägungsstaat, 1997, 72, 82.
80 *Leisner*, Der Abwägungsstaat, 1997, 114.

Dieser methodischen Hinweise soll hier genug sein. Sie beanspruchen ihre Berechtigung im Zusammenhang der Kritik der Begründung von gerichtlichen Streitentscheidungen.[81] Bei der vorläufigen Anordnung des Insolvenzgerichts nach den §§ 21 ff. InsO handelt es sich ohne jeden Zweifel nicht um die Rechtserkenntnis zwischen den Parteien eines Rechtsstreits. Mit den Anordnungen nach den §§ 21 ff. InsO greift das Insolvenzgericht in die Rechte eines Schuldners ein, weil ein Antrag auf Eröffnung des Insolvenzverfahrens über sein Vermögen gestellt worden ist. Die vom IX. Zivilsenat angemahnte Verhältnismäßigkeit der vorläufigen Entscheidung des Insolvenzgerichts bezieht sich in dieser Lage *nicht* auf die Abwägung der Rechte eines oder der Gläubiger auf der einen und des Schuldners auf der anderen Seite. Darin unterscheidet sich diese Lage von derjenigen, in der das BVerfG über § 765 a ZPO[82] zu entscheiden hatte.

Die geforderte Verhältnismäßigkeit der vorläufigen Anordnung nach §§ 21 ff. InsO beruht nicht auf einer Abwägung zwischen Gläubigerrechten und einem Schutz des Schuldners, sondern auf einer Abwägung zwischen den durch das Insolvenzgericht zu verfolgenden *Zielen* und den vom Gesetzgeber zu ihrer Erreichung bereitgestellten Mitteln. Dabei steht nicht etwa die Befriedigung der Gläubiger oder die Verwirklichung ihrer Rechte zur Diskussion oder die Erleichterung der Abwicklung des später zu eröffnenden Verfahrens durch den Insolvenzverwalter, sondern der Schutz der *Vermögenslage* des Schuldners. Dies erscheint selbstverständlich.

Der kollektive Erfahrungsschatz der deutschen Insolvenzverwalter spricht freilich vollständig gegen die Relativierung der Entmachtung des Schuldners durch Entzug seiner Verfügungsbefugnis und ihrer Übertragung auf einen Insolvenzpraktiker. Die vorläufige Anordnung darf nur dann in die Rechte des Schuldners eingreifen, wenn die Vermögenslage gefährdet erscheint: Die Gefährdung der Vermögenslage bezieht sich regelmäßig darauf, dass der *Schuldner* Vermögensgegenstände verschiebt oder einfach nicht mehr in der Lage ist, seine Geschäfte weiter wahrzunehmen. Aber § 21 Abs. 2 Nr. 3 InsO zeigt auch darauf, dass *Gläubiger* durch Individualzwangsvollstreckungsmaßnahmen die Masse schmälern; in beiden Fällen hat im Übrigen die Anfechtbarkeit oder gar Unwirksamkeit dieser Handlungen im eröffneten Verfahren außer Betracht zu bleiben. Die verschiedenen Fälle, die § 21 Abs. 2 InsO erfasst, machen dabei deutlich, dass die in der Literatur[83] vertretene Meinung mit der rechtmäßigen Funktionsweise dieser Regelungen nicht in Einklang zu bringen ist, die die Einsetzung eines vorläufigen Verwalters mit umfassender Verwaltungs- und Verfügungsbefugnis unter vollständiger Entmachtung des Schuldners für eine Art gesetzlichen Regelfall hält. Diese weitreichendste Entscheidung ist die *ultima ratio* im Katalog möglicher insolvenzgerichtlicher Maßnahmen. Die Anordnung der sogenannten starken vorläufigen Verwaltung gegen einen Schuldner, der mit dem insolvenzgerichtlich bestellten Sachverständigen kooperiert[84] und der

81 *Pawlowski,* Methodenlehre für Juristen, 3. Aufl. 1999, Rdnr. 51 a ff., 801 a, 802.

82 BVerfG, B. v. 3.10.1979, 1 BvR 614/79, NJW 1979, 2607 = BVerfGE 52, 214.

83 Z.B. MünchKomm-*Haarmeyer,* InsO, § 21 Rdnr. 46 ff.

84 *Engelhardt,* Die geschichtliche Entscheidung nach §§ 21 ff. InsO und ihre Auswirkung auf die vermögensrechtliche Stellung des Schuldners, 2002, 219 et passim.

nach Lage der Dinge weder im Verdacht steht, masseschädigende Handlungen begangen zu haben noch die Erwartung begründet, im weiteren Gang des Verfahrens derartige Handlungen zu begehen, wäre nicht erforderlich und damit wegen Verstoß gegen den Verhältnismäßigkeitsgrundsatz rechtswidrig.

Freilich liegen die Dinge im konkreten Fall meist differenzierter, was den Ausgangspunkt vom Verhältnismäßigkeitsgrundsatz außerordentlich unpraktisch und gefährlich erscheinen lässt. Die Erfahrung von Insolvenzverwaltern lehrt, dass es mit erheblichen Risiken verbunden sein kann, wenn der Schuldner *nicht* bereits im Eröffnungsverfahren entmachtet wird. Die dem vorläufigen Verwalter vorenthaltene Rechtsmacht kann die Vereitelung des Insolvenzverfahrens nach sich ziehen. Und doch spricht das weder gegen die Prämissen, die der IX. Zivilsenat seiner Entscheidung vom 18.7.2002 zugrunde gelegt noch die Folgerungen, die das Gericht aus ihnen gezogen hat.

Auch wenn es einem Zeitgeist entspricht, im Spannungsfeld zwischen „verwalterfreundlichen" und „verwalterunfreundlichen" Standpunkten/Unterscheidungen zu konstruieren, ist allein die Meinung verwalterfreundlich, die richtig ist – die in Einklang mit der Rechtsordnung als Ganzem, als System steht. Um diese rechtsdogmatische Frage, wieweit es richtig ist, insolvenzgerichtliche Entscheidungen der Herrschaft des Verhältnismäßigkeitsgrundsatzes zu unterwerfen, wird es im Folgenden gehen. Dabei ist die verfahrensrechtliche Struktur des Eröffnungsverfahrens zu berücksichtigen.[85]

Würde es sich, wie in der Literatur bisweilen vertreten wird[86], beim Eröffnungsverfahren um ein streitiges Verfahren handeln, an dessen Ende eine Entscheidung über Obsiegen oder Unterliegen von Antragsteller und Antragsgegner stehen würde – über die Durchführung der Gesamtvollstreckung in das insolvenzschuldnerische Vermögen – wäre es nicht sinnvoll, von einer Verhältnismäßigkeit insolvenzgerichtlicher Maßnahmen zu reden. Denn deren Verhältnismäßigkeit würde sich dann aus dem Vorliegen der Voraussetzungen der Verfahrenseröffnung ergeben. In dem Streit zwischen zwei Parteien lässt sich die Richtigkeit der Entscheidung gleichsam daran ablesen, ob der Antragsteller „im Recht" ist oder nicht. Darum aber geht es im Insolvenzeröffnungsverfahren nicht. Vielmehr wird durch den Eröffnungsbeschluss die Voraussetzung zur Eröffnung des Konkursverwaltungsverfahrens geschaffen. Wie *Friedrich Oetker*[87] eingehend nachgewiesen hat, ist durch die Art seiner Organisation durch die KO der Konkurs als Verfahren richterlicher Hilfestellung bei der Verwirklichung der Haftung des Gemeinschuldners zu qualifizieren, der sich weder von den Feststellungsprozessen (§§ 146 KO, 180 InsO) her erklären lässt noch sich darin erschöpft, dass in ihm (streitige) Rechte der Gläubiger festgestellt werden können.[88] Im Zusammenhang des Insolvenzverfahrens kann sich die Notwendig-

85 Vgl. bereits *Smid*, DZWIR 2002, 444 ff.
86 *Oetker*, Konkursliche Grundbegriffe, 1891, 13 ff.; *Hahn*, Mat., 40.
87 *Oetker*, Konkursliche Grundbegriffe, 1891, 13 ff.
88 *Spellenberg* passim., 81 ff.

keit einer prozessualen Feststellung des Rechts von Gläubigern ergeben. Das bedeutet aber *nicht,* dass der Konkurs eine besondere Form des Prozesses wäre. Im Gegenteil: Die Normierung eines besonderen Feststellungsprozesses im Zusammenhang des Insolvenzverfahrens ist gerade deshalb erforderlich, *weil* der Konkurs kein „Prozess“ ist. Das Insolvenzverfahren fungiert aber auch nicht *nur* einfach als Gesamtvollstreckung, als aus der spezifischen Insolvenzlage begründeter „Sonderfall“ der zivilprozessual normierten Individualvollstreckung. Gegenüber dieser verfahrensrechtlichen Beschreibung des Insolvenzverfahrens als besondere Form der Zwangsvollstreckung weist die in Deutschland besonders von *Fritz Baur*[89] vertretene Darstellung des Insolvenzverfahrens als eines nichtstreitigen Gerichtsverfahrens, das dem Gebiet der freiwilligen Gerichtsbarkeit zuzuordnen ist,[90] erhebliche Vorzüge auf. Sie kann nämlich deutlich machen, dass es im Insolvenzverfahren um die Regelung rechtlicher Beziehungen einer Vielzahl von Beteiligten durch das Insolvenzgericht und den Insolvenzverwalter als einen von ihm eingesetzten Amtsträger geht. Und auch die Vertreter eines „vollstreckungsrechtlichen“ Ansatzes weisen heute zu Recht darauf hin, dass diese „Ordnungs-“ und „Regelungsaufgaben“ besonders aufgrund der vielfältigen materiellrechtlichen Zusammenhänge, die im Zwangsvollstreckungsrecht im Rahmen des Vollstreckungsschutzes von Bedeutung sind, auch in der Gesamtvollstreckung im Insolvenzverfahren eine Rolle spielen.

b) Verhältnismäßigkeit des Eröffnungsbeschlusses und Eigenverwaltung

Die Geltung des Verhältnismäßigkeitsgrundsatzes greift über das Eröffnungsverfahren nunmehr auch in das eröffnete Verfahren. Dort wird die Begrenzung der Entmachtung des Insolvenzschuldners allerdings als Bedrohung empfunden – es hat sich aber gezeigt, dass die Anordnung einer Eigenverwaltung jedenfalls nicht Konkurszwecken widerstreitet.

Bis zum Inkrafttreten der InsO unterschied sich das Eröffnungsverfahren vom eröffneten Konkurs dadurch, dass die Reichweite der Wirkungen des Konkurses von Gesetzes wegen festgeschrieben waren: Konkurs bedeutete die Entmachtung des Gemeinschuldners. Das gilt im Insolvenzverfahren nach § 27 Abs. 1 S. 2 InsO nur, wenn nicht ein Antrag nach § 270 InsO gestellt worden ist und dessen Voraussetzungen vorliegen. In der Literatur wird dieses Verhältnis mit dem Begriff des „Regelinsolvenzverfahrens“ umschrieben: Da sich unter dem „Dach“ des einheitlichen Insolvenzverfahrens verschiedene Optionen eröffnen, stellt sich die Frage, ob und wieweit sich in dem eröffneten Insolvenzverfahren die Entscheidung des Insolvenzgerichts über die Anordnung der Eigenverwaltung des Schuldners nach Maß-

89 *Schönke/Baur,* Zwangsvollstreckungs-, Konkurs- und Vergleichsrecht; 9. Aufl. 1969, § 52 II, III; vgl. auch *Bötticher* ZZP 86 (1973), 373, 378. Aus der älteren Lit. vgl. auch *Berges* KTS 1960, 1, 2 ff.; *Münzel* ZZP 66 (1953), 334, 337 ff.

90 Zum Bezug zur freiwilligen Gerichtsbarkeit auch *Baur/Stürner,* Zwangsvollstreckungs-, Konkurs- und Vergleichsrecht Bd. II 12. Aufl. 1990, Rdnr. 1.11; *Brehm,* Freiwillige Gerichtsbarkeit, 1993, Rdnr. 18; *Häsemeyer,* Insolvenzrecht², Rdnr. 3.05; *NR-Becker* § 2 Rdnr. 8, § 5 Rdnr. 1; *Wagner,* Insolvenzordnung, 1998, § 1 Rdnr. 4.

gabe des Verhältnismäßigkeitsgrundsatzes beurteilt – unter der Voraussetzung, dass der Schuldner (die Organe der schuldnerischen Gesellschaft) einen entsprechenden Antrag nach § 270 InsO stellt bzw. im Falle der Fremdantragstellung der antragstellende Gläubiger entsprechende Erklärungen abgibt.

§ 270 Abs. 2 Nr. 3 InsO unterscheidet sich freilich in seinem Wortlaut von § 21 Abs. 1 InsO: Anders als bei den vorläufigen Anordnungen spricht das Gesetz nicht von der Erforderlichkeit von Maßnahmen, sondern macht die Anordnung der Eigenverwaltung davon abhängig, ob zu erwarten sei, dass sie nicht zu einer Verzögerung des Verfahrens oder zu sonstigen Nachteilen für die Insolvenzgläubiger führen werde. Dieser Unterschied rührt daher, dass die – vollständige – Beschlagnahme des Schuldnervermögens zugunsten der Gläubiger die Eigenverwaltung notwendig begleitet. Als Erscheinungsform des bürgerlichen Haftungsrechts bedeutet die Eröffnung des Insolvenzverfahrens, dass den Gläubigern das Vermögen des Schuldners haftungsrechtlich zugewiesen wird.[91] Dies gilt auch für den Fall, dass das Insolvenzgericht die Eigenverwaltung anordnet; der *debtor in possession* verwaltet das Vermögen als Insolvenzmasse für seine Gläubiger. Das zeigt die Rede von der Verwaltung der *Insolvenzmasse* durch den Schuldner – § 270 Abs. 1 S. 1 InsO – und folgt systematisch aus den §§ 35 f. InsO.

In der Sache – strukturell – drücken § 21 Abs. 1 InsO und § 270 InsO indes ein vergleichbares Verhältnis aus. Denn der Schuldner soll, sofern er seine Angelegenheiten weiter wahrnehmen will, dazu ermutigt werden, dies auch zu tun – sofern er es kann und im Verhältnis zu seinen Gläubigern deshalb darf, weil sich hieraus für ihre Befriedigungsaussichten keine Nachteile ergeben.

Dieser „Nachteilsbegriff" zieht für die Beteiligten, insbesondere für das Insolvenzgericht, gegenüber den formalisierten Voraussetzungen der Eigenverwaltung des Schuldners im früheren Vergleichsrecht eine Reihe von Lasten nach sich. Denn es muss nun über die Frage der Eigenverwaltung schon deshalb *entschieden* werden, weil der Verfahrensabschnitt, in dem sie angeordnet werden kann, nicht mehr allein der Abwendung eines liquidierenden Verfahrens (der Konkursabwendung) dient, sondern darüber hinaus in allen Erscheinungsformen des neuen deutschen einheitlichen Insolvenzverfahrens in Betracht kommt. Die Tatbestandsvoraussetzungen des § 270 InsO erlegen damit dem Insolvenzgericht weitreichende Prüfungsaufgaben auf; die bei der Beendigung der Eigenverwaltung einzuhaltende umständliche Prozedur des § 272 InsO macht demgegenüber deutlich, dass die Entscheidungsmöglichkeiten der Gläubiger in diesem Fall jedenfalls begrenzt sind.

Der Gesetzgeber hat mit der InsO das Insolvenzverfahren in das Zentrum aller Bemühungen um eine Reorganisation schuldnerischer Unternehmen gerückt.[92] Der IX. Zivilsenat des BGH[93] hat dies insbesondere in seiner Judikatur zur Verantwortlichkeit des Sanierers bei Versuchen außergerichtlicher Sanierungen betont. Wenn

---

91 *Häsemeyer*, Insolvenzrecht, 3. Aufl. 2002, Rdnr. 1.11 ff.
92 *Smid*, Grundzüge des Insolvenzrechts, 4. Aufl. 2002, § 24 Rdnr. 1 ff.
93 BGH, Urt. v. 26. 10. 2000, IX ZR 289/99, ZIP 2001, 161.

die Betroffenen aber durch das geltende Recht in weitem Maße auf das Insolvenzverfahren verwiesen werden, um – unter verfahrensrechtlich strukturierter und gewährleisteter Aufsicht der Gläubiger und in geringerem Umfang auch des Insolvenzgerichts – den Unternehmensträger zu restrukturieren und zu sanieren, kann diese von der höchstrichterlichen Judikatur nachvollzogene Grundentscheidung des Gesetzgebers für die Bestimmung der Stellung des Schuldners bzw. der Organe schuldnerischer Gesellschaften im Verfahren nicht folgenlos bleiben. Droht dem eigenantragstellenden Schuldner die Entmachtung, wie *Friedrich Oetker*[94] den Entzug des Verwaltungs- und Verfügungsverbots bildhaft beschrieben hat, dann stellt sich der Versuch einer Reorganisation mit Instrumentarien des Insolvenzrechts gleichsam als selbstmörderisch dar. Daher waren die vom AG Duisburg beklagten Stellungnahmen der Politik nicht allein legitim, sondern es wäre umgekehrt unverständlich gewesen, wenn sich die Politik einer Landesregierung angesichts eines folgenreichen Verfahrens völlig bedeckt gehalten hätte. Natürlich ist die Sorge um Arbeitsplätze berechtigt. Unabhängig von der in jeder Hinsicht unverständlichen Reaktion des Insolvenzgerichts im *Babcock*-Fall zeigt die politische Intervention in diesem Fall, dass ein erhebliches Interesse gerade auch der Großgläubiger, namentlich der beteiligten Banken an der Anordnung der Eigenverwaltung bestehen kann. Aber auch über den Bereich der Unternehmenssanierung kann die Eigenverwaltung Sinn haben, um z.B. Individualzwangsvollstreckungen auszuschließen und *zugleich* Raum für eine kostengünstige Verwertung einer Masse zu erlangen.

Ein praktischer Fall mag dies deutlicher machen:

Fall 5: Der Schuldner hat Anfang der neunziger Jahre des vergangenen Jahrhunderts fremdfinanziert Zinshäuser in einer deutschen Großstadt erworben und gewerblich vermietet. Das Niveau der Mieten ist nunmehr zusammenbruchartig gesunken. Die Verwertung der Immobilien deckt nur einen Teil der grundpfandgesicherten Darlehen. Wegen Zwangsvollstreckungsmaßnahmen einzelner persönlicher Gläubiger stellt der Schuldner Eigenantrag und beantragt die Eigenverwaltung; ein Verbraucherinsolvenzverfahren scheidet wegen § 304 InsO aus.

Nicht anders als im Hinblick auf das Eröffnungsverfahren hängt die mögliche Reichweite der Geltung des Verhältnismäßigkeitsgrundsatzes für das eröffnete Verfahren von dessen Struktur ab: *Verfahrensrechtlich* stellt sich die insolvenzrechtliche Haftungszuweisung des schuldnerischen Vermögens an die Gläubiger als Insolvenzmasse in einer differenzierteren Weise dar, als dies unter der Geltung der KO der Fall war.

Das eröffnete Insolvenzverfahren stellt sich als eine bestimmte Form nichtstreitigen Vertragshilfeverfahrens dar; es ist kein Erkenntnisverfahren und wird auch nicht aufgrund eines Erkenntnisverfahrens eröffnet[95]. Ob und wie das Verfahren insolvenzrechtlicher Gesamtvollstreckung in den Status des Schuldners eingreift, beruht daher nicht auf der richterlichen Kognition der Rechtsbeziehungen zwischen Gläu-

94 *Oetker*, Konkursliche Grundbegriffe, 1891, 1–23.
95 *Oetker*, Konkursliche Grundbegriffe, 1891, 1–23.

biger und Schuldner. Mit dem Konkurs wurde den Konkursgläubigern gerichtliche Hilfe bei der Verwirklichung der Haftung des Schuldners gewährt. Im Insolvenzverfahren nach der InsO kommt der Gesichtspunkt der gerichtlichen Hilfestellung bei der Reorganisation und Sanierung des Schuldners mit zum Tragen.

Die Geltung des Verhältnismäßigkeitsgrundsatzes auch für das eröffnete Insolvenzverfahren zieht nachhaltige verfahrensrechtliche Konsequenzen nach sich. Dies mag ein Beispielsfall illustrieren, der einem tatsächlich vorgefallenen Verfahren vereinfachend nachgebildet ist: Auf mit seinem Insolvenzantrag verbundenen Antrag des Schuldners auf Anordnung der Eigenverwaltung hin beauftragt das Insolvenzgericht den Sachverständigen X mit der Anfertigung eines Gutachtens unter ausdrücklicher Bitte um Beantwortung der Frage, ob die Voraussetzungen des § 270 Abs. 2 Nr. 3 InsO vorliegen.

Macht der Sachverständige hierzu Angaben, stellt sich kein nennenswertes Problem; schwierig wird die Lage, wenn er sich nicht äußert. Bislang ging man davon aus, dass in derartigen Lagen die Eigenverwaltung nicht anzuordnen sei. Denn die nach § 5 Abs. 1 InsO gebotene Ermittlung des Sachverhalts von Amts wegen hätte hier nicht zur Ermittlung des Vorliegens der Voraussetzungen der Eigenverwaltung geführt. Diese Art der Entscheidung setzt aber ihrerseits voraus, dass der Insolvenzschuldner im Insolvenzverfahren „regelmäßig" seiner Verfügungsbefugnis verlustig gehe – was im Übrigen ja auch auf die Anordnung der Eigenverwaltung zutrifft, da sie – wie *Häsemeyer* es prägnant ausgedrückt hat – den Schuldner zum Sachwalter in eigenen Angelegenheiten macht. Vor dem Hintergrund der KO hatte man nämlich noch sagen können, ein Antrag des Schuldners, der auf die Verbesserung seiner Rechtsposition ziele wie es der Antrag nach § 270 InsO darstellt, führe zur Darlegungslast des Schuldners trotz des Amtsermittlungsgrundsatzes. Nimmt man die Prämisse des IX. Zivilsenates ernst, nach der sich aus dem Verhältnismäßigkeitsgrundsatz ergibt, dass nur nach Maß des Vorliegens begründeter Umstände der Schuldner entmachtet wird, sieht dies anders aus. Da die Amtsermittlung hier aber den vom Gesetz geforderten negativen Nachweis nicht zutage gefördert hat, dass die Anordnung der Eigenverwaltung die in § 270 Abs. 2 Nr. 3 InsO genannten nachteiligen Folgen zeitigen werde, ist sie antragsgemäß anzuordnen.

Das lässt die Frage offen, wie zu verfahren ist, wenn das Insolvenzgericht unter Verletzung seiner Amtsermittlungspflicht die entsprechenden Fragen dem Sachverständigen aufzugeben unterlässt oder dieser die Frage nicht beantwortet. Hier gilt nichts anderes als in dem beschriebenen Fall.

Diese Art der Auslegung erlaubt es auch, § 272 InsO als sinnvolle Vorschrift zu begreifen. Sie bestimmt nämlich zunächst in Abs. 1 Nr. 1 nur, dass die hierzu berufenen Gläubiger den Schuldner in seiner Eigenschaft als Sachwalter in eigenen Angelegenheiten nur unter den Voraussetzungen loswerden, unter denen sie sich eines vom Insolvenzgericht eingesetzten Insolvenzverwalters nach § 57 InsO entledigen können – wobei § 272 InsO sie freilich nicht auf den Berichtstermin beschränkt. Im Übrigen muss im Falle des Antrags bestimmter Gläubiger nach § 272 Abs. 1 Nr. 2 InsO nicht nur dargelegt und im Zweifel nachgewiesen werden, dass die Voraussetzungen des § 270 Abs. 1 Nr. 3 vorliegen, sondern darüber hinaus der *Wegfall* der Voraussetzungen der früheren Entscheidung des Insolvenzgerichts, also facta supervenientiae vorgetragen werden.

c) Rechtsmittelrecht

aa) Reichweite des § 6 Abs. 1 InsO

Die Begrenzung von Rechtsmitteln durch die gesetzliche Anordnung einer Statthaftigkeit nur in solchen Fällen, in denen das Rechtsmittel gegen insolvenzgerichtliche Entscheidungen ausdrücklich gesetzlich zugelassen worden ist, hat bereits im Vorfeld des Inkrafttretens der Regelung des § 6 Abs. 1 InsO im Jahr 1999 Kritik hervorgerufen. Dagegen wurde darauf aufmerksam gemacht, das Insolvenzverfahren stelle ein Verfahren dar, das der Sache nach dem Bereich der nichtstreitigen freiwilligen Gerichtsbarkeit angehöre. Die Gerichte nehmen in den klassischen nichtstreitigen Verfahren aber keine Aufgaben materieller Rechtsprechung wahr. Vielmehr sind ihre Tätigkeiten als materielle Verwaltung zu qualifizieren. Dort, wo die Gerichte mit ihren Verrichtungen in Rechte der betroffenen Verfahrensbeteiligten eingreifen, stellt sich die Eröffnung eines Rechtsmittelzuges daher in einem anderen Lichte dar, als im streitigen Zivilprozess. Wo zwei Parteien um das zwischen ihnen geltende Recht streiten, dienen die Rechtsmittel im Wesentlichen dazu, Fehler der ersten Instanz bei der Feststellung der Tatsachengrundlage des Urteils zu korrigieren und im Übrigen die Gleichförmigkeit der Rechtsanwendung sicher zu stellen. Denn das Urteil in streitigen Zivilsachen greift nicht in dem Sinne in die Rechte der Parteien ein, wie dies bei Maßnahmen von Verwaltungsbehörden der Fall ist. Es stellt sich als Kognitionsakt dar, mit dem die Ungewissheit über das streitige Recht beseitigt wird (vgl. § 779 BGB zur Funktion des Vergleichs, an dessen Stelle, wird sein Abschluss verfehlt, das streitige Urteil tritt). Das Urteil, wenn der Rechtsstreit zweier Parteien beendet wird, ist der Rechtskraft fähig, d.h. es zielt auf den Abschluss des Streits durch eine endgültige Erkenntnis, die von den Parteien durch spätere Erhebung einer Klage über den betreffenden Streitgegenstand nicht mehr in Frage gestellt werden kann. Mit Entscheidungen in Verwaltungsverfahren und Entscheidungen in nichtstreitigen Gerichtsverfahren verhält es sich anders. So sieht § 18 FGG die Befugnis des Gerichts vor, in nichtstreitigen Sachen seine Verfügungen nicht allein dann abzuändern, wenn facta superveniencia eine abweichende Entscheidung nahe legen, weil sie eine andere rechtliche Subsumtion herbeiführen. Vielmehr kann das Gericht seine Entscheidungen abändern, weil es zu der Überzeugung gelangt ist, dass sie sich als nicht geboten – als unzweckmäßig – erweisen. Lange wurde verfassungsrechtlich die Auffassung vertreten, gegen Entscheidungen von Gerichten sei von Verfassungs wegen die Einrichtung eines Rechtsmittelzuges nicht erzwungen, da ein Rechtsschutz gegen Richter nicht gewährt werde; Art. 19 Abs. 4 GG sei insofern teleologisch zu reduzieren. Seit den 80er Jahren ist diese Ansicht einer differenzierenden Betrachtungsweise unterworfen worden. Der BGH[96] hat in diesem Zusammenhang über folgenden Sachverhalt zu entscheiden gehabt:

---

96 BGH, B. v. 4.3.2004, IX ZB 133/03, DZWIR 2004, 381 = ZIP 2004, 915 = BGHZ 158, 212.

Fall 6: Das Insolvenzgericht hat mit Beschluss vom 22.1.2003 die Einholung eines schriftlichen Sachverständigengutachtens angeordnet, nachdem gegen den schuldnerischen Rechtsanwalt vom Finanzamt wegen einer Steuerforderung von ca. 39.000 € die Eröffnung des Insolvenzverfahrens über das Vermögen des Schuldners beantragt worden ist. Mit seinem Beschluss hat das Insolvenzgericht den Sachverständigen u.a. ermächtigt, die Wohn- und Geschäftsräume des Schuldners zu betreten, soweit dies zur Aufklärung der Vermögensverhältnisse des Schuldners erforderlich sei. Mit auf Anregung des Sachverständigen erlassenen Anordnungsbeschluss vom 16.4.2003, ist der Sachverständige zum vorläufigen Insolvenzverwalter ernannt worden. Der Schuldner hat sich mit der als unzulässig verworfenen Beschwerde und Rechtsbeschwerde gegen diese Anordnung gewandt.

Der IX. Zivilsenat hat seine Entscheidung auf drei Säulen gestützt: Das insolvenzgerichtliche Eröffnungsverfahren ist als nichtstreitiges Verfahren zu qualifizieren, das der nichtstreitigen freiwilligen Gerichtsbarkeit angehört oder doch strukturell entspricht; in diesem nichtstreitigen Verfahren nehmen die Richter Aufgaben materieller Verwaltung wahr; soweit sie damit Grundrechtseingriffe verwirklichen, ist der Rechtsweg gegen ihre Maßnahmen und Entscheidungen gem. Art. 19 Abs. 4 GG eröffnet – was im Wege der Eröffnung des Rechtsmittelzuges geschieht.

§ 6 Abs. 1 InsO schränkt dies nicht ein, da nach Ansicht des IX. Zivilsenats das Gesetz nur dann Rechtsmittel ausschließt, soweit es sich um Entscheidungen und Maßnahmen handelt, zu denen das Gericht von Gesetzes wegen ausdrücklich befugt ist. Findet sich wie im vorliegenden Fall dagegen keine Ermächtigung des Insolvenzgerichts zu einer bestimmten Entscheidung im Gesetz und greift das Gericht mit seiner nicht von einer entsprechenden gesetzlichen Ermächtigung gedeckten Entscheidung in Grundrechte des betroffenen Adressaten der Entscheidung ein, eröffnet Art. 19 Abs. 4 GG hiergegen den Rechtsweg.

Im Einzelnen stellt sich der Argumentationsgang, den der IX. Zivilsenat wählt, folgendermaßen dar: Der IX. Zivilsenat des BGH hat die gegen die Anordnung des Insolvenzgerichts gerichtete Rechtsbeschwerde, mit der der Sachverständige zum Betreten der Wohnung des Schuldners ermächtigt wurde, entgegen der Rechtsauffassung der Vorinstanz als zulässig qualifiziert und sich dabei auf das aus Art. 19 Abs. 4 GG gefolgerte Gebot effektiven Rechtsschutzes gestützt. Denn die Anordnung des Insolvenzgerichts berührt das Grundrecht des Schuldners auf Unverletzlichkeit in seiner Wohnung aus Art. 13 GG. Art. 19 Abs. 4 GG wendet der IX. Zivilsenat einer Judikatur des BVerfG folgend an[97] und führt aus, auch die richterliche Tätigkeit im Insolvenzverfahren sei als Ausübung exekutiver, nicht judikativer Gewalt zu qualifizieren. Dass anders als z.B. in der Schweiz keine Konkursbehörde, sondern ein Gericht und dort im Eröffnungsverfahren der Richter die funktionale Zuständigkeit im Eröffnungsverfahren ausübe, habe allein den Grund, dass besondere „rechtsstaatliche Gründe“ für die Überantwortung derartiger Aufgaben an

97 BVerfG, B. v. 5.12.2001, 2 BvR 527/99, 2 BvR 1337/00, 2 BvR 1777/00, NJW 2002, 2456ff = BVerfGE 104, 220, 231ff.; B. v. 30.4.2003, 1 PBvU 1/02, NJW 2003, 1924ff. = BVerfGE 107, 395, 406.

Richter sprächen – was zutreffend ist, da der Gesetzgeber die statusrechtlich außerordentlich folgenreichen Entscheidungen im Eröffnungsverfahren nicht weisungsgebundenen Behörden, sondern unabhängigen Richtern anvertraut hat. Mit diesen Erwägungen grenzt sich der IX. Zivilsenat klar von der Gegenmeinung ab, die das Eröffnungsverfahren als Teil richterlicher Tätigkeit beschreibt, was im Wesentlichen ergebnisorientiert seinen Grund darin hat, dass diese Meinung damit auf die richterlichen Entscheidungen einschließlich des Erlasses des Eröffnungsbeschlusses das Richterspruchprivileg des § 839 Abs. 2 BGB anwenden will. Dagegen qualifiziert der BGH die Tätigkeit auch des Richters im Eröffnungsverfahren als materiell im Bereich der Verwaltung zugehörende Tätigkeit, die einer „Kontrolle“ im Wege der Überprüfung durch Rechtsmittel offen stehen müsse, damit Art. 19 Abs. 4 GG Rechnung getragen werde. Danach wird gegen insolvenzgerichtliche Maßnahmen und Entscheidungen, die materiell einen verwaltenden Charakter haben, der von Art. 19 Abs. 4 GG eröffnete Rechtsweg durch die Einräumung von Rechtsmitteln eröffnet, was schon deshalb plausibel ist, weil es sich verbietet, gegen die Entscheidungen einer Gerichtsbarkeit den Rechtsweg zu einer anderen Gerichtsbarkeit (etwa der Verwaltungsgerichtsbarkeit) zu eröffnen. Die Beschränkung der sofortigen Beschwerde auf diejenigen Fälle, in denen das Gesetz dieses Rechtsmittel gegen eine vom Insolvenzgericht angeordnete Maßnahme zulässt, steht folgerichtig nach Ansicht des IX. Zivilsenats dem nicht entgegen. Zur Begründung hierfür bedient sich der IX. Zivilsenat aber nicht des Argumentationsgangs, der im Verfahrensrecht unter der Überschrift der Zulassung von Rechtsmitteln wegen greifbarer Gesetzeswidrigkeit von Entscheidungen verhandelt wird. Der BGH fasst in seinem vorliegenden Beschluss die mannigfaltigen damit angesprochenen Probleme für die von ihm zu entscheidende Fallgestaltung konkreter: § 6 Abs. 1 InsO bestimmt, dass die sofortige Beschwerde zulässig ist, wenn insoweit die InsO überhaupt dem Insolvenzgericht die Befugnis einräumt, bestimmte Maßnahmen zu treffen und Entscheidungen zu fällen. Soweit sich gerichtliche Anordnungen in diesem gesetzlichen Rahmen bewegen, kann sich der Betroffene dagegen mit dem Rechtsmittel der sofortigen Beschwerde wehren – etwa um geltend zu machen, dass die gesetzlich geregelten Voraussetzungen für den Erlass der Anordnung im konkreten Fall nicht gegeben sind. Soweit die indes angegriffene gerichtliche Maßnahme „von vorneherein außerhalb der Befugnisse“ liegt, „die dem Insolvenzgericht von Gesetzes wegen verliehen sind, fehlt es an einer solchen insolvenzrechtlichen Regelung, auf die sich das Enumerationsprinzip beziehen könnte“, wie der IX. Zivilsenat wörtlich ausführt. Ist m.a.W. die Gesetzesverletzung, die der Beschwerdeführer rügt, deshalb „greifbar“, weil das Fehlen einer gesetzlichen Ermächtigung sie augenfällig macht, bewegt sich die Frage der Zulässigkeit der sofortigen Beschwerde außerhalb des Rahmens des § 6 Abs. 1 InsO, der ihre Zulässigkeit damit nicht einschränkt. Soweit sich der Beschwerde führende Rechtsanwalt gegen die Ermächtigung des nach § 5 Abs. 1 S. 2 InsO ernannten Sachverständigen zur Durchsuchung seiner Wohn- und Geschäftsräume gewandt hat, greift nach dem vorliegenden Beschluss des IX. Zivilsenats § 6 Abs. 1 InsO daher nicht ein. Denn die InsO ermächtigt das Insolvenzgericht allein zum Erlass einer vorläufigen Anordnung, mit der ein als Gutachter fungierender vorläufiger Insolvenzverwalter (§ 22 Abs. 3 InsO i.V.m. § 21 Abs. 2 Nr. 1

InsO) eingesetzt wird, der dann von Gesetzes wegen die Befugnis zum Betreten der Geschäftsräume des Schuldners hat – wobei der IX. Zivilsenat darauf hinweist, dass Wohnräume aufgrund der zitierten gesetzlichen Ermächtigung nur unter der Voraussetzung betreten werden dürfen, soweit in ihnen ein Teil des Geschäftsbetriebs des Schuldners stattfindet. Da eine solche gesetzliche Ermächtigung zum Betreten der Wohn- und Geschäftsräume des Schuldners durch den nach § 5 Abs. 1 S. 2 InsO bestellten Sachverständigen fehlt, sieht der IX. Zivilsenat den Beschwerdeführer gegen eine derartige Anordnung als beschwerdefähig an[98].

Die vom Insolvenzgericht zu treffenden vorläufigen Anordnungen gem. § 21 InsO waren bis zum Inkrafttreten des InsÄndG im Dezember 2001, legt man § 6 Abs. 1 InsO zugrunde, nicht anfechtbar; der Gesetzgeber hat allerdings, aufgrund der mit diesen vorläufigen Anordnungen verbundenen nachhaltigen Grundrechtseingriffen, sich von dem ebenfalls aus Art. 19 Abs. 4 GG hergeleiteten Argument überzeugen lassen und die sofortige Beschwerde gegen die vorläufigen Anordnungen des Insolvenzgerichts von Gesetzes wegen zugelassen. Wenn man so will, konnte der IX. Zivilsenat daher im vorliegenden Beschluss a maiore ad minus schließen: wenn sogar gegen eine Sicherungsmaßnahme, zu deren Erlass das Insolvenzgericht ausdrücklich gesetzlich ermächtigt ist, die sofortige Beschwerde von Gesetzes wegen zugelassen ist, dann muss gegen die insolvenzgerichtliche Ermächtigung des Sachverständigen zu intensiven Grundrechtsverletzungen erst recht dann die Beschwerde offen stehen, wenn der Gesetzgeber das Insolvenzgericht hierzu nicht ermächtigt hat.

Da es sich bei der angegriffenen Anordnung um einen möglichen Grundrechtseingriff durch das Insolvenzgericht im Rahmen des Eröffnungsverfahrens handelt, das seiner Natur als Eilverfahren nach so angelegt ist, dass sich die Anordnungen des Insolvenzgerichts rasch durch Zeitablauf erledigen – so wie sich die Ermächtigung des Sachverständigen durch den Erlass der vorläufigen Anordnung gem. § 21 InsO erledigt hat –, wirft sich die Frage auf, ob der Betroffene dadurch rechtsschutzlos gestellt wird. Dem BVerfG folgend[99] hat der IX. Zivilsenat darauf erkannt, nach Erledigung der angegriffenen Anordnung sei der Antrag des Schuldners im Sinne auf Feststellung der Rechtwidrigkeit hin auszulegen. Dem Beschwerdeführer wird somit die Befugnis zu einem Fortsetzungsfeststellungsantrag eingeräumt.

Der Verwalter in einem am 15.09.1992 eröffneten Gesamtvollstreckungsverfahren hat sich mit einer Rechtsbeschwerde gegen den insolvenzgerichtlichen Vergütungsbeschluss gewandt. Der IX. Zivilsenat[100] hat die Rechtsbeschwerde zugelassen, die er gem. § 574 Abs. 1 Nr. 2 ZPO als statthaft qualifiziert hat. Damit hat der IX. Zivilsenat zwar seine bisherige Judikatur zu § 568 Abs. 2 S. 1 ZPO a. F. nicht aufgegeben,

---

98 Die Gegenansicht des OLG Köln, B. v. 1.12.2000, 2 W 231/00, NZI 2001, 598 hat der BGH damit als unzutreffend verworfen.

99 BVerfG, B. v. 5.12.2001, 2 BvR 527/99, 2 BvR 1337/00, 2 BvR 1777/00, NJW 2002, 2456 ff = BVerfGE 104, 220, 232 ff.

100 BGH, B. v. 15.1.2004, IX ZB 62/03, NZI 2004, 279 = ZIP 2004, 1072.

nach der es an einer für die Statthaftigkeit der weiteren Beschwerde erforderlichen besonderen Bestimmung fehlte, da § 20 GesO gegen Entscheidungen des Erstgerichts nur eine sofortige Beschwerde und kein weiteres Rechtsmittel vorsieht.[101] Der BGH hat allerdings nunmehr aufgrund der Reform des Zivilprozessrechts[102] bereits früher darauf erkannt, der Gesetzgeber habe mit der Einführung des Rechtsbeschwerdeverfahrens die Vorschriften über sofortige weitere Beschwerde generell ersetzen wollen.[103] Sowohl für „Altverfahren", die nach der Konkursordnung als auch solche, die nach der GesO abgewickelt werden, ist das zum Zeitpunkt des Inkrafttretens des Zivilprozessreformgesetzes zugrunde liegende Gesetz gem. Art. 2 Nr. 7 EGInsO schon seit drei Jahren aufgehoben gewesen. Eines Rückgriffs auf die Rechtsweggarantie des Art. 19 Abs. 4 GG glaubte der IX. Zivilsenat im vorliegenden Fall nicht zu bedürfen, da er sich auf den erklärten Willen des Zivilprozessreformgesetzgebers berufen konnte.

bb) Rechtsschutz gegen insolvenzrichterliche Fehlentscheidungen

Mit einer weiteren Entscheidung rundet der BGH[104] seine Judikatur zum Rechtsschutz des Schuldners gegen Fehlentscheidungen des Insolvenzgerichts ab:

Fall 7: Die auf fehlende Deckung der Verfahrenskosten gestützte sofortige Beschwerde einer Schuldnerin gegen den Eröffnungsbeschluss des Insolvenzgerichts, der auf Antrag eines Gläubigers ergangen war, war abgewiesen worden, weil das Beschwerdegericht davon ausging, die Schuldnerin sei in ihrer Rechtsstellung durch den Eröffnungsbeschluss nicht beeinträchtigt, da es bereits an einer Beschwer fehle.

Der BGH hat dagegen auf das Vorliegen einer Beschwer erkannt und ausgeführt, im Eröffnungsbeschluss liege jedenfalls eine materielle Beschwer des Schuldners. Der IX. Zivilsenat meint zutreffend, im Falle eines Fremdantrages liege sogar eine formelle Beschwer vor. Allenfalls kann es an einem für die Zulässigkeit der Beschwerde erforderlichen besonderen Rechtsschutzbedürfnis fehlen. Dies wird z.T. angenommen, wenn der Schuldner sich im Falle eines Fremdantrages auf Masseunzulänglichkeit beruft. Dem ist der BGH nicht gefolgt, sondern meint mit überzeugenden Argumenten, dass ein Rechtsschutzbedürfnis des Schuldners für die Einlegung der sofortigen Beschwerde gegen den Eröffnungsbeschluss aufgrund mangelnder Kostendeckung vorliegt, da er in diesen Fällen schutzwürdig ist.

Der IX. Zivilsenat führt dies anhand der Folgen aus, die der Erlass des Eröffnungsbeschlusses über das Vermögen einer KG zeitigt, die keine natürliche Person als persönlich haftenden Gesellschafter aufweist. In diesen Fällen wird die Gesellschaft mit Rechtskraft des Abweisungsbeschlusses aufgelöst (§ 161 Abs. 2, § 131 Abs. 2 Nr. 1 HGB) und von Gesetzes wegen werden sämtliche Gesellschafter zu Liquidatoren berufen, die gemäß § 146 Abs. 1 Satz 1 HGB ihre Gesellschaft abwickeln. Die Eröff-

101 BGH, B. v. 14.11.1996, IX ZB 89/96, ZIP 1996, 2174, 2175 m. Anm. *Smid*, EWIR 1997, 125.
102 Zivilprozessreformgesetz v. 27.7.2001, BGBl. I, 18780.
103 BGH, B. v. 11.7.2002, IX ZB 80/02, DZWIR 2003, 198 = ZIP 2002, 1589.
104 BGH, B. v. 15.7.2004, IX ZB 172/03, DZWIR 2003, 387.

nung des Insolvenzverfahrens über das Vermögen der Gesellschaft hat demgegenüber zur Rechtsfolge, dass ein Insolvenzverwalter zu berufen ist, wenn nicht die Insolvenzschuldnerin Antrag gemäß § 270 InsO gestellt hat und die Voraussetzungen für die Anordnung der Eigenverwaltung gegeben sind. Der Schuldner hat daher in Fällen der Eröffnung des Insolvenzverfahrens trotz mangelnder Verfahrenskostendeckung im Sinne von § 26 Abs. 1 InsO ein Rechtsschutzbedürfnis zur Einlegung der sofortigen Beschwerde, da die Schuldnerin durch den Eröffnungsbeschluss regelmäßig daran gehindert wird, durch die hierfür gesetzlich vorgesehenen Organe gleichsam „eigenverwaltend" die Abwicklung ihres Vermögens zu betreiben. Die vorliegende Entscheidung reiht sich somit in die Tendenz der Judikatur des IX. Zivilsenats ein, dem Schuldner effiziente Rechtsbehelfe gegen die Verkürzung seiner Grundrechte durch das und im Insolvenzverfahren einzuräumen.

cc) Vorläufiger Rechtsschutz und insolvenzgerichtliche vorläufige Anordnungen im Insolvenzverfahren

Die – bei aller Bemühung des IX. Zivilsenates – Langwierigkeit des Rechtsmittelzuges in Insolvenzsachen stößt auf die Eilbedürftigkeit dieser Angelegenheiten; die Beteiligten werden daher häufig das Bedürfnis haben, in der Rechtsbeschwerdeinstanz Regelungen zu erlangen, um bis zur Entscheidung über ihr Anliegen eine Sicherung der Verhältnisse zu erwirken.

Mit der vorliegenden Entscheidung macht der IX. Zivilsenat deutlich, dass dem durch die §§ 570 Abs. 3, 575 Abs. 5 ZPO enge Grenzen gezogen sind.

Fall 8: In dem der vorliegenden Entscheidung zugrundeliegenden Fall hatte das Insolvenzgericht die Eröffnung eines Insolvenzverfahrens über das Vermögen eines Finanzdienstleistungsunternehmens abgelehnt. Dessen von der BAF eingesetzte Abwickler, der den entsprechenden Eröffnungsantrag gestellt hatte, legte gegen die insolvenzgerichtliche Entscheidung vergeblich die sofortige Beschwerde ein und beantragte schließlich zugleich mit seiner Rechtsbeschwerde die Anordnung von Sicherungsmaßnahmen gem. § 21 Abs. 2 Nr. 2 und 3 InsO durch den BGH.

Der BGH als Gericht der Rechtsbeschwerde entscheidet gem. § 7 InsO i.V.m. § 4 InsO nach den für die Beschwerde geltenden zivilprozessualen Vorschriften, was vorliegend auf die §§ 570 Abs. 3, 575 Abs. 5 ZPO verweist. Diese Vorschriften räumen dem Rechtsbeschwerdegericht die Befugnis zum Erlass einstweiliger Anordnungen ein. Mit diesem Instrument soll das Rechtsbeschwerdegericht die Möglichkeit haben, für die Dauer des Rechtsmittelverfahrens die Wirkung zu hemmen, die von den vorinstanzlichen Entscheidungen ausgeht.[105] Damit soll die für den Fall der Fortdauer der Wirkung der vorinstanzlichen Entscheidungen ausgehende schädliche Wirkung auf den Rechtsmittelführer vermieden werden – der BGH vergleicht daher § 570 Abs. 3 ZPO mit der Vollstreckungsaussetzung gem. § 707 ZPO. Über die Aussetzung der Vollziehung der angegriffenen Entscheidungen hinaus sollen sich

105 Vgl. allein *Wieczorek/Schulte/Jänich*, ZPO, 3. Aufl. 2005, § 570 Rdnr. 6.

indes keine weiteren einstweiligen Regelungsbefugnisse des Rechtsmittelgerichts aus diesen Vorschriften ergeben.

Im Insolvenzverfahren/Rechtsbeschwerdeverfahren zieht der IX. Zivilsenat hieraus den Schluss, dass der für das Insolvenz(eröffnungs)verfahren typische Schutz der Masse durch vorläufige insolvenzgerichtliche Anordnungen nicht im Rahmen der §§ 570ff. ZPO vorgenommen werden kann. Dem Rechtsbeschwerdesenat ist es daher versagt, vorläufige Anordnungen gem. § 21 Abs. 2 InsO im Rahmen seiner zivilprozessualen Regelungsbefugnisse zu treffen. Denn dabei handle es sich um Anordnungen, die „tatrichterliche" Entscheidungen des Insolvenzgerichts oder des Beschwerdegerichts beträfen und die dem Rechtsbeschwerdegericht versagt seien. Damit sei eine „Aufgabenverteilung" zwischen Insolvenzgericht und Rechtsbeschwerdegericht auch im Rahmen des § 21 Abs. 2 InsO vorgenommen, aufgrund derer eine restriktive Handhabung der §§ 570ff. ZPO geboten sei.

Der Verweis des erkennenden Senates auf die begrenzte Rechtsüberprüfungsaufgabe des Rechtsbeschwerdegerichts ist zwar nachvollziehbar; sein Hinweis auf die bislang restriktive Auslegung der §§ 570, 575 ZPO in der überkommenen Judikatur macht indes deutlich, dass eine differenzierende Art der Handhabung solcher Fragen nicht völlig ausgeschlossen gewesen wäre. So kann für den Fall, dass die erstinstanzliche Ablehnung der Verfahrenseröffnung allein auf Rechtsgründen beruht und aus den Akten im Übrigen zu folgern ist, dass die durch den Rechtsmittelzug bewirkte Verzögerung Schäden zu verursachen geeignet sein kann, insbesondere die Anordnung eines automatic stay (§ 21 Abs. 2 Nr. 3 InsO) als allgemeine Insolvenzvorwirkung auch ohne tatrichterliche Ermittlungen denkbar sein.

Die Praxis muss sich darauf einstellen, dass in einer Vielzahl von Fällen der bloße Zeitablauf die Rechtsbeschwerden erledigt oder doch wenigstens während der Verhandlung über Rechtsbeschwerden erhebliche Beeinträchtigungen von Insolvenzmassen eintreten, ohne dass von dem Rechtsbeschwerdegericht Abhilfe zu erwarten wäre.

dd) Einstweiliger Rechtsschutz gegen unberechtigte Insolvenzanträge?

Die Entscheidung des OLG Koblenz[106] basiert auf einem erstaunlichen Sachverhalt.

> **Fall 9:** Die Beziehungen zwischen Antrag stellender Bank und dem Bankkunden als Antragsgegner waren wohl so zerrüttet, dass die Bank mit einem Eröffnungsantrag gegen ihren Kunden vorging. Der Bankkunde wehrt sich gegen die Antrag stellende Bank mit Antrag auf Erlass einer einstweiligen Verfügung, mit der der Antragstellerin im einstweiligen Verfügungsverfahren verboten werden sollte, einen Insolvenzeröffnungsantrag zu stellen, was das OLG im konkreten Fall als unbegründet ansah.

---

106 OLG Koblenz, B. v. 17.11.2005, 10 W 705/05, ZInsO 2005, 1338 ff.

Grundsätzlich ist die Wahrnehmung der Rechtsbehelfe, die das geltende Recht einem Rechtsgenossen zur Verfügung stellt, eine legitime Form der Wahrnehmung der Rechte des Betreffenden. Grundsätzlich kann daher dem Kläger nicht verboten werden zu klagen, dem Antragsteller die Antragstellung nicht untersagt werden usw. Ob die Klage zulässig und begründet, der Antrag positiv zu bescheiden oder abzuweisen ist, gehört dem Verfahren an, in dem die Klage erhoben bzw. der Antrag gestellt worden ist. Im Allgemeinen verbietet es sich, gegen die Entscheidungsbefugnis des durch Klage oder Antrag angerufenen Gerichts oder Behörde ein anderes Gericht oder gar eine andere Behörde zu mobilisieren[107]. Der Grund dafür, einem Bürger das ihm rechtsstaatlich zu Gebote gestellte Handeln zu verbieten, könnte allein darin liegen, dass er damit unmittelbar und rechtswidrig in den geschützten Rechtskreis des Gegners eingreift. Dass überhaupt in einem rechtsstaatlichen Verfahren vorgegangen wird, gewährleistet nämlich hinreichend den Schutz des Betroffenen vor einer Beeinträchtigung seiner Rechte durch die Rechtsausübung des Klägers oder Antragstellers.

Dies gilt im Übrigen auch für den boshaften Kläger oder Antragsteller, dem es gerade recht ist, den Beklagten bzw. Antragsgegner mit dem in Gang gesetzten Verfahren zu überziehen und sich dem Gegner gegenüber gar zu entsprechenden Äußerungen hinreißen lässt. Denn wie es Immanuel Kant einmal ausgedrückt hat, gilt das Recht – auch das Verfahrensrecht – für eine Gesellschaft von Engeln, als auch von Teufeln. Auch derjenige, der ein Insolvenzverfahren einleitet, um den anderen „platt" zu machen und dies in schadenfroher Weise äußert, mag sich damit ein Stirnrunzeln zuziehen, nicht aber das Verbot, seine Rechte auszuüben. Das OLG Koblenz weist zu Recht darauf hin, dass in bestimmten Sonderfällen die Rechtsordnung allerdings Schadenersatzansprüche an die Rechtsausübung in staatlichen Gerichtsverfahren knüpft. Dies ist nach § 717 Abs. 2 ZPO bei der Vollstreckung aus einem später aufgehobenen oder abgeänderten vorläufig vollstreckbaren Urteil der Fall, weil der Vollstreckungsgläubiger weiß, dass seine Rechtsposition nur vorläufigen Charakter hat und er die dem Vollstreckungsgegner durch die Zwangsvollstreckung zugefügten Nachteile materiellrechtlich zu kompensieren verpflichtet ist. Gleiches gilt bei der Vollziehung eines von Anfang an ungerechtfertigten Arrests gem. § 945 ZPO. Im Übrigen aber stellt sich die Ausübung von verfahrensrechtlichen Positionen nicht als schadenersatzpflichtiger Eingriff in die Rechte des Gegners dar. Es sei denn, es handelt sich um eine vorsätzlich begangene sittenwidrige Schädigung i.S.v. § 826 BGB. Dies zu begründen reicht allerdings nicht. Die bereits angesprochene Boshaftigkeit des Klägers oder Antragstellers ist wohl allein dadurch begründet, dass der Kläger oder Antragsteller einen Prozessbetrug begeht oder mit unwahren Angaben erschlichene Vollstreckungsmaßnahmen bewirkt.[108]

Der „Drohantrag" von Sozialversicherungsträger oder Finanzamt stellt sich gewiss nicht als sittenwidrige Schädigung oder als Eingriff in den eingerichteten und aus-

107 Anders allerdings bei Insolvenzanträgen des Fiskus: vgl. Niedersächsisches Finanzgericht, B. v. 10.1.2006, 15 V 503/05, juris.

108 BGH, Urt. v. 3.10.1961, VI ZR 242/60 = BGHZ 36, 18, 21.

geübten oder erlaubten Gewerbebetrieb dar. Es ist indes nicht zu übersehen, dass der schädigende Antrag, der von einem Konkurrenten initiiert worden ist, in einer Reihe von Fällen in eine Grauzone trifft. Denn bedenkt man, dass ein gegen einen Unternehmensträger gerichteter Fremdantrag, dessen Insolvenz überhaupt erst zur Folge haben kann, dass unter den Bedingungen eines Fremdantrags die Bewertung des Unternehmens sich dramatisch verändern kann, wird deutlich, dass hier ein weites Feld angesprochen wird. Interessant sind weniger die Fragen, die sich im Vorfeld der Stellung des Eröffnungsantrags wie hier im Verfahren vorläufigen Rechtsschutzes ergeben können. Die Probleme setzen ein, wo der Gutachter im Eröffnungsverfahren zum Schluss kommt, dass ein Eröffnungsgrund nicht vorliegt bzw. vom Schuldner aus dem Weg geräumt werden kann oder auf Bewertungsproblemen bei Feststellung der Überschuldung beruht. In diesem Fall kann sich die Frage stellen, ob nicht der gegebenenfalls fahrlässig gestellte Eröffnungsantrag einen Akt des Eingriffs in den eingerichteten und ausgeübten Gewerbebetrieb darstellt. Die Judikatur des BGH[109] in Sachen Leo Kirch zur Verantwortlichkeit insbesondere der Banken wegen grob fahrlässiger Äußerungen zur Liquidität des Bankkunden macht deutlich, dass die Bedeutung der Entscheidung des OLG Koblenz nicht überbewertet werden sollte.

III. Insolvenzantrag

1. Eigenantrag

Besonders im Rahmen der Auslegung des § 18 InsO wird darüber gestritten, ob der eigenantragstellende Schuldner den Eröffnungsgrund glaubhaft zu machen habe. Der BGH[110] hat nunmehr die Anforderungen präzisiert, die an den schuldnerischen Eigenantrag zu stellen sind:

> **Fall 10:** Der Schuldner hatte zur Begründung seines Eigenantrags vortragen lassen, er sei bis vor kurzem als Gastronom Inhaber zweier Gaststätten gewesen. Er sei nun „masselos" und gegen ihn seien Forderungen in einem Umfang von DM 60.000,– gerichtet, die durch eine Gläubigerliste zu präzisieren er im Falle der Beiordnung seines Verfahrensbevollmächtigten als Rechtsanwalt in der Lage sei.

Der IX. Zivilsenat des BGH führt hierzu aus, der Eröffnungsgrund sei zwar nicht glaubhaft zu machen, sondern nur zu substantiieren. Denn im vom IX. Zivilsenat so bezeichneten „Zulassungsverfahren" – also dem Verfahren der Prüfung des *Antrags* durch das Insolvenzgericht – greife das Amtsermittlungsprinzip des § 5 InsO jedenfalls insoweit nicht, wie der eigenantragsstellende Schuldner es in der Hand hat, substantiiert – schlüssig – das Vorliegen von Eröffnungsgründen vorzutragen.

109 BGH, Urt. v. 24.1.2006, XI ZR 384/03, ZIP 2006, 317 ff.
110 BGH, B. v. 12. 12. 2002, IX ZB 426/02, DZWIR 2003, 246 = ZIP 2003, 358 = BGHZ 153, 205.

2. Fremdantrag

a) Fremdantrag gegen die durch Abweisung der Eröffnung des Verfahrens mangels Masse liquidierte GmbH

Der Insolvenzrechtsreformgesetzgeber hatte es sich zu einem besonderen Anliegen gemacht, die nach altem Konkursrecht mögliche „Flucht in die Masselosigkeit“ als Technik, der Eröffnung eines Insolvenzverfahrens und den damit verbundenen Weiterungen zu entgehen, den gesetzlichen Boden zu entziehen. Dass dieses Ziel der Insolvenzrechtsreform nicht dadurch vereitelt werden kann, dass die schuldnerische Gesellschaft durch einen abgewiesenen Eigenantrag aufgelöst wird, hat der BGH[111] in einer Entscheidung zur zweigliedrigen KG gezeigt. Hiernach kann, soweit eine schuldnerische Gesellschaft liquidiert und vollbeendigt ist, ein Insolvenzverfahren nicht mehr eröffnet werden[112]. Denn es fehlt sowohl an dem Subjekt, das Adressat verfahrensrechtlicher Pflichten sein könnte, als auch an dessen Haftungsverband: Ist das Vermögen der Gesellschaft auf einen anderen übergegangen, mag dieser insoweit für deren Verbindlichkeiten haften.

Im Übrigen kommt ein „subjektloses“ Insolvenzverfahren nicht in Betracht. Im Regelfall gilt aber, wie die vorliegende Entscheidung deutlich macht, im deutschen Recht etwas anderes: Solange eine Gesellschaft noch nicht vollständig liquidiert ist, sondern sich noch in Liquidation befindet, besteht nach § 11 Abs. 3 InsO noch die Möglichkeit, dass über ihr Vermögen ein Insolvenzverfahren eröffnet wird. Wird im Falle der Insolvenz ein Insolvenzverfahren nicht eröffnet (§ 26 Abs. 1 InsO), fällt die GmbH zwar in Liquidation (§ 60 Abs. 1 Nr. 5, § 65 Abs. 1 Satz 3 GmbHG), wobei die Auflösung nach der Neufassung durch Art. 48 EGInsO von Amts wegen einzutragen ist. Allerdings kann die GmbH bis zu ihrer Löschung weiter tätig sein, was den Reformgesetzgeber Missbräuche hat besorgen lassen. Die Insolvenzverfahrensfähigkeit juristischer Personen ergibt sich dabei daraus, dass sie (ebenso wie natürliche Personen) in ihrem Bestand (ihrer Identität: Firma) klar abgrenzbar sind (vgl. zur handelsregisterrechtlichen Erfassung § 8 HGB) und mit ihrem Vermögen über einen eindeutig zuzuordnenden Haftungsverband verfügen, auf den sich der gesamtvollstreckungsrechtliche Zugriff der Gläubiger richtet. Daher lässt sich in diesen Fällen eindeutig definieren, welches Vermögen vom Insolvenzbeschlag erfasst wird.[113]

Um mit seinem Antrag durchzudringen, muss der Gläubiger nach der vorliegenden Entscheidung schlüssig vortragen, dass die – aufgelöste – schuldnerische Gesellschaft (noch) über Vermögen verfügt. Nicht erforderlich ist, dass dieses Vermögen die zu erwartenden Verfahrenskosten deckt, denn auch in diesen Fällen greift § 26 Abs. 1 InsO und die dem antragstellenden Gläubiger eingeräumte Befugnis, einen Verfahrenskostenvorschuss einzuzahlen.

---

111 BGH, Urt. v. 15.3.2004, II ZR 247/01, ZIP 2004, 1047.

112 BGH, Urt. v. 10.5.1978, VIII ZR 32/77, BGHZ 71, 296 ff; Bähr in Festschrift für Helgi Heumann, 2005; anders: LG Dresden, B. v. 7.5. 2005, 5 T 0889/04, 5 T 889/04, ZInsO 2005, 384 f. und AG Hamburg, B. v. 30.5.2005, 67 a IN 222/05, ZInsO 2005, 838 ff.

113 *Smid*, Grundzüge des Insolvenzrechts, 4. Aufl., 2002, § 2 Rdnr. 3

Die Entscheidung wirft die Frage auf, wie mit dem Eigenantrag des Schuldners zu verfahren ist, dessen vorangegangener Eigenantrag kurze Zeit zuvor mangels Masse abgelehnt worden ist. Nach dem Gesetzeswortlaut muss nur der Fremdantrag des *Gläubigers* ein Rechtsschutzbedürfnis aufweisen; nach allgemeinen prozessualen Gesichtspunkten kann aber dann für den Schuldner nichts anderes gelten, wenn er schlüssig macht, dass gegenüber dem zuvor abgewiesenen Antrag die Verhältnisse sich geändert haben.

b) Glaubhaftmachung des Fremdantrags

Fall 11 [114]: Das Amtsgericht und auf die Beschwerde des Gläubigers hin das LG Siegen als Beschwerdegericht, hatten den Antrag eines Sozialversicherungsträgers auf Eröffnung des Insolvenzverfahrens über das Vermögen eines Arbeitgebers wegen rückständiger Sozialversicherungsbeiträge als unzulässig zurückgewiesen, da die zugrunde liegende Forderung nach Antragstellung erfüllt worden sei. Der Antrag werde nicht dadurch wieder zulässig, dass sich neue Forderungen ergeben hätten.

Der IX. Zivilsenat hat mit seinem vorliegenden Beschluss die Anforderungen näher bestimmt, die an die Glaubhaftmachung einer Forderung im Insolvenzantrag zu stellen sind. Die Forderungen seien, so der IX. Zivilsenat, im Falle des Antrags eines Sozialversicherungsträgers nach Arbeitnehmern und Monaten, aus denen sich die rückständigen Beiträge ergeben, aufzuschlüsseln. Die so einzeln aufgeschlüsselten Forderungen seien durch die Vorlage von Leistungsbescheiden oder Beitragsnachweisen der Arbeitgeber glaubhaft zu machen. Damit hat sich der IX. Zivilsenat einer verbreiteten amts- und landgerichtlichen Judikatur angeschlossen, nach der die bloße Vorlage eines Auszugs aus dem beim Sozialversicherungsträger über den Arbeitgeber geführten Kontos nicht ausreicht, um die behaupteten Forderungen im Sinne von § 14 Abs. 1 InsO glaubhaft zu machen. Denn durch die – in Zeiten wirtschaftlicher Krise häufige – Reduktion der Zahl von Arbeitnehmern oder in solchen Fällen, in denen der Arbeitgeber Ansprüche auf Ausgleich seiner Aufwendungen nach dem Lohnfortzahlungsgesetz hat, besteht die Möglichkeit, dass der Arbeitgeber nicht in dem vom Sozialversicherungsträger behaupteten Umfang beitragspflichtig war, was es richtig erscheinen lässt, die Anforderungen an die Glaubhaftmachung nicht abzusenken.

Durch Tilgung der Forderung des Gläubigers nach Antragstellung erlischt, wie der IX. Zivilsenat des BGH bestätigt, das Antragsrecht des Gläubigers. Das folgt einfach daraus, dass Eröffnungsgrund und die vom Gläubiger glaubhaft zu machenden Forderungen zwei unterschiedliche Voraussetzungen des Eröffnungsantrags sind, die nebeneinander und unabhängig voneinander vorliegen müssen, damit der Antrag zulässig ist. Fehlt es an einem dieser Erfordernisse, ist der Antrag als unzulässig zu verwerfen. Das Erlöschen der Forderung ist unabhängig davon, ob es auf eine Erfül-

114 BGH, B. v. 5.2.2004 – IX ZB 29/03, ZIP 2004, 1466.

lungshandlung des Schuldners zurückzuführen ist, die gegebenenfalls der Insolvenzanfechtung unterliegt. Der IX. Zivilsenat hält es allerdings für zulässig, dass der Gläubiger die im Eröffnungsverfahren geltend gemachte Forderung auswechselt – und zwar unabhängig davon, ob die zunächst vorgetragene Forderung erloschen ist oder nicht. Der IX. Zivilsenat führt aber weiter aus, dass es dem Sozialversicherungsträger nicht auferlegt ist, zunächst einen erfolglosen Vollstreckungsversuch nachzuweisen. Denn wird die dem Eröffnungsantrag zugrunde gelegte Forderung im Übrigen glaubhaft gemacht, fehlt es dem Eröffnungsantrag des Sozialversicherungsträgers als Gläubiger im Sinne von § 38 InsO doch nicht an dem von § 14 Abs. 1 InsO geforderten Rechtsschutzbedürfnis. Das Insolvenzverfahren als Form der Rechtsdurchsetzung (Exekution), ist anderen Vollstreckungsformen gegenüber nicht subsidiär, wie der IX. Zivilsenat zutreffend feststellt.

Fall 12: In einem Urteil aus dem Dezember 2005 hat der BGH[115] die Anforderungen näher spezifiziert, die an die Glaubhaftmachung von Steuerforderungen des einen Insolvenzantrag stellenden Finanzamts zu stellen sind. Ebenso wie Sozialversicherungsträger zur Glaubhaftmachung Leistungsbescheide oder Beitragsnachweise der Arbeitgeber vorzulegen haben[116], fordert der BGH für den Eröffnungsantrag der Finanzverwaltung, dass Steueranmeldungen der Schuldnerin gem. § 150 Abs. 1 S. 2, § 167 Abs. 1 S. 1, § 254 Abs. 1 S. 4 AO sowie Steuerbescheide nach § 244 Abs. 1 S. 2, § 118 AO vorzulegen sind.

Gegenüber dem Eigenantrag wird seit langem davon ausgegangen, dass eine eingehendere causa cognitio beim Fremdantrag anzustellen sei. An die Glaubhaftmachung sowohl des Insolvenzgrundes (§§ 16, 17, 18 InsO) als auch der den Gläubiger legitimierenden Forderung stellt das Gesetz geringere Anforderungen als an den vollen Beweis. Maßgeblich ist § 294 ZPO als Ausnahme von dem Grundsatz des Vollbeweises gem. § 286 ZPO. Während die Führung des Vollbeweises voraussetzt, dass die zu beweisende Tatsache aufgrund der Würdigung des Ergebnisses der Beweisaufnahme durch den Richter (§ 286 ZPO) „überzeugend wahrscheinlich“ ist, genügt gem. § 294 ZPO i.V.m. § 4 InsO zur Glaubhaftmachung die Vermittlung der Überzeugung „überwiegende Wahrscheinlichkeit“ des glaubhaft zu machenden Umstandes.[117] Nach § 14 Abs. 1 InsO ist grundsätzlich auch das Bestehen der Forderung des Antragstellers glaubhaft zu machen. Wegen einer noch nicht titulierten (einzelnen) Forderung kann noch nicht einmal die Individualvollstreckung betrieben werden. Auch wegen einer für vorläufig vollstreckbar erklärten titulierten Forderung kann es vorkommen, dass die Vollstreckung gem. §§ 707, 719 oder 769 ZPO für unzulässig erklärt wird. Darauf kommt es aber nicht an: Der Antragsteller begehrt nämlich in einem derartigen Fall regelmäßig keine Universalexekution gegen den Schuldner, sondern der Sache nach die Vollstreckung wegen seiner individuellen Forderung. Der Antrag auf Eröffnung eines Insolvenzverfahrens durch den Gläubiger ist nur dann zulässig, wenn ein Insolvenzgrund vorliegt. Der BGH und die

---

115 BGH, B. v. 8.12.2005, IX ZB 38/05, DZWIR 2006, 129 = ZIP 2006, 141.
116 BGH, B. v. 5.2.2004, IX ZB 29/03, ZIP 2004, 1466.
117 Vgl. *Smid*, InsO, 2. Aufl. 2002, § 14 Rdnr. 19.

Judikatur haben insoweit entschieden, dass auch bei einem vorläufig titulierten Anspruch der volle Beweis der Forderung verlangt werden müsse.[118]

c) Einseitige Erledigung des Fremdantrages in der Rechtsbeschwerdeinstanz

Die einseitige Erledigung eines Insolvenzeröffnungsantrags bereitet sowohl der forensischen Praxis als auch ihrer rechtsdogmatischen Aufbereitung nicht unerhebliche Probleme. Der IX. Zivilsenat des BGH[119] hat in folgendem Fall zu entscheiden gehabt, der jedenfalls in einem Teilbereich der angesprochenen Fragen Klärung herbeizuführen geeignet ist:

> **Fall 13:** Die antragstellende Gläubigerin hatte von der T. GmbH und der K. GmbH & Co. KG sämtliche Aktien der K. AG, der Schuldnerin, erworben. Dabei war vereinbart worden, dass die spätere Antragstellerin bis zu einem bestimmten Termin eine Bareinlage von 500.000 € direkt an die K. AG als Schuldnerin leisten sollte, andernfalls der Vertrag aufgelöst werde. Diese Zahlung erfolgte verspätet, so dass die Verkäufer geltend machten, die auflösende Bedingung sei eingetreten. Die Antragstellerin forderte die Schuldnerin sodann zur Rückzahlung der 500.000 € auf. Als diese daraufhin nicht zahlte, stellte die Antragstellerin Antrag auf Eröffnung eines Insolvenzverfahrens über das Vermögen der Schuldnerin. Die Vorinstanzen haben den Erlass eines Eröffnungsbeschlusses abgelehnt. Die Antragstellerin habe u.a. den von ihr behaupteten Eröffnungsgrund der Zahlungsunfähigkeit nicht glaubhaft gemacht. Schließlich hat die Antragstellerin sich gegen die Entscheidungen der Vorinstanzen mit ihrer Rechtsbeschwerde gewandt. Danach hat das Insolvenzgericht auf Antrag eines Dritten das Insolvenzverfahren über das Vermögen der Schuldnerin eröffnet, woraufhin die Antragstellerin das Rechtsbeschwerdeverfahren in der Hauptsache für erledigt erklärt hat.

Da sich im vorliegenden Fall der Insolvenzverwalter der K. AG nicht zu der Erledigungserklärung der Antragstellerin geäußert hatte, stellte sich die Frage, wie das Schweigen des für die Schuldnerin handelnden Insolvenzverwalters prozessual zu verstehen sei. Gegen eine Meinung, derzufolge das Schweigen als Zustimmung zur Erledigungserklärung des Antragstellers zu werten sei, hat der IX. Zivilsenat sich der Auffassung angeschlossen, das Schweigen könne nicht als Zustimmung angesehen werden. Die Erklärung der Antragstellerin in der Rechtsbeschwerdeinstanz ist aber als einseitige Erledigungserklärung anzusehen. Insofern aber konnte der Antragsteller sich mit der einseitigen Erledigungserklärung nicht der Kosten des Verfahrens entledigen, da die Tatsacheninstanzen festgestellt hatten, eine Forderung der Antragstellerin sei nicht glaubhaft gemacht worden. Der IX. Zivilsenat hat insofern festgestellt, dass wegen der zwischen den Beteiligten bestehenden ungeklärten bereicherungsrechtlichen Verhältnisse ein wirksamer Eröffnungsantrag nicht gestellt worden ist. Denn die Forderung, auf die die Antragstellerin ihren An-

118 Bedenken: *Smid* (Fn. 117) Rdnr. 21.
119 BGH, B. v. 11.11.2004, IX ZB 258/03, DZWIR 2005, 131 = ZIP 2005, 91.

trag gestützt hat, ist rechtlich ungeklärt. Damit aber ist sie zur Glaubhaftmachung eines Insolvenzgrundes ungeeignet.[120]

d) Zulässigkeit des Fremdantrages und „Neuforderungen“ in der Insolvenz Selbständiger

Zu den Neuerungen der InsO gegenüber dem überkommenen Konkurs- und Gesamtvollstreckungsrecht gehört es, dass der Gesetzgeber die Zulässigkeit des Fremdantrages eines Gläubigers auf Eröffnung des Insolvenzverfahrens über das Vermögen des Schuldners auf alle Gläubiger einer Person ausgedehnt hat, während nach früherem Recht allein Konkurs- bzw. Gesamtvollstreckungsgläubiger als Inhaber persönlicher Forderungen antragsbefugt waren. Damals hatte dies u.a. den Hintergrund, dass nach § 4 Abs. 2 KO absonderungsberechtigte Gläubiger ihre Befriedigung, von bestimmten Ausnahmen abgesehen, außerhalb des Insolvenzverfahrens vornehmen konnten. Die starke Ausdehnung des Kreises antragsbefugter Gläubiger durch den Wortlaut des § 14 Abs. 1 InsO hat der Gesetzgeber in dieser Vorschrift auf einer anderen Ebene dadurch zu begrenzen versucht, dass er die Zulässigkeit des Fremdantrages von einem rechtlichen Interesse des Antrag stellenden Gläubigers abhängig gemacht hat. Die Kommentarliteratur hat sich darum bemüht, dem vom Gesetzgeber eingeführten Begriff Konturen zu verleihen. Solche Anstrengungen müssen geradezu zwangsläufig solange farblos bleiben, wie nicht praktische Fälle die Reichweite legislatorischer Entscheidungen deutlich werden lassen. Dies macht ein Fall des BGH deutlich:[121]

Fall 14: Nach Eröffnung des Insolvenzverfahrens über das Vermögen des Schuldners hatte dieser mit Einverständnis des Insolvenzverwalters sein Restaurant fort betrieben. Daraus waren neue Verbindlichkeiten, namentlich Lohnansprüche seiner Mitarbeiter und weitere Forderungen von Gläubigern, aufgelaufen, die der Schuldner zu begleichen nicht in der Lage war. Einer der Mitarbeiter stellte darauf Antrag auf Eröffnung eines „zweiten“ Insolvenzverfahrens über das Vermögen des Schuldners. Insolvenzgericht und Beschwerdegericht wiesen den Antrag bzw. die sofortige Beschwerde des Antragstellers zurück.

Auch der IX. Zivilsenat hat in der Sache nicht entschieden, sondern die Rechtsbeschwerde als unzulässig verworfen. Die Rechtssache habe keine grundsätzliche Bedeutung. Das ist richtig, da der Antragsteller im vorliegenden Fall zwar „Gläubiger“ war, aber doch wenigstens soweit er auf das von § 35 InsO vom Insolvenzbeschlag erfasste Vermögen des Schuldners zugreifen wollte, als Massegläubiger auf die entsprechende Teilnahme am Insolvenzverfahren nach den §§ 53ff. InsO verwiesen war. Insoweit hatte der BGH aber entschieden, dass bei der selbständigen Tätigkeit von Schuldnern nach Eröffnung des Insolvenzverfahrens über ihr Vermögen nicht etwa allein ein wie auch immer zu bestimmender Nettoerwerb, sondern das

120 BGH, B. v. 19.12.1991, III ZR 9/91, ZIP 1992, 947.
121 BGH, B. v. 18.5.2004, IX ZB 189/03.

Bruttoeinkommen vom Insolvenzbeschlag gem. § 35, 2. HS InsO erfasst wird. Neugläubiger, wie der Antragsteller, sind damit grundsätzlich entweder Massegläubiger, soweit die selbständige Tätigkeit des Schuldners als Maßnahme der Insolvenzverwaltung anzusehen ist: dies ist im vorliegenden Fall deshalb nahe liegend gewesen, weil die Fortsetzung der selbständigen Tätigkeit des Schuldners zum einen mit Mitteln der Insolvenzmasse (nämlich in dem von ihm betriebenen Restaurant mit den dort vorhandenen sächlichen Ausstattungsmitteln), zum anderen mit ausdrücklichem Einverständnis des Insolvenzverwalters fortgesetzt wurde. Die Möglichkeit des „Neugläubigers", als Massegläubiger gem. § 55 Abs. 1 Nr. 1 InsO bzw. im Fall von fortbeschäftigten Mitarbeitern gem. § 55 Abs. 1 Nr. 2 InsO vorab aus der Masse Befriedigung zu verlangen (§ 53 InsO) führt zwangsläufig dazu, dass diese Neugläubiger kein rechtliches Interesse an der Eröffnung eines weiteren Insolvenzverfahrens haben können.

Der Beschluss des BGH führt freilich in die Wirrsale, die der Gesetzgeber durch die Beschlagnahme des Neuerwerbs gem. § 35, 2. Hs InsO auf der einen Seite zur Finanzierung der Verbraucherinsolvenz und die Beschränkung der Abtretung gem. § 287 InsO i.V.m. § 290 InsO auf der anderen Seite geschaffen hat. Denn es stellt sich die Frage, wie der Fall, der dem BGH vorgelegen hat zu beurteilen wäre, wenn der Antrag stellende „Neugläubiger" nicht etwa ein bereits vor Eröffnung des Insolvenzverfahrens über das Vermögen des Schuldners in dessen Betrieb beschäftigter Mitarbeiter gewesen wäre, sondern der Schuldner anstelle des in der Schlossallee betriebenen apulischen Spezialitätenrestaurants nach Eröffnung des Insolvenzverfahrens über sein Vermögen in der Badstraße eine Wurstbude betreiben würde und der „Neugläubiger" ihn mit Würsten, Senf und Dosenbier beliefert hätte, ohne dass ihm hierfür der Insolvenzverwalter sein Einverständnis erteilt hätte. Es liegt auf der Hand, dass in der hier karikierten Fallabwandlung die Frage des rechtlichen Interesses des „Neugläubigers" an einem zweiten Insolvenzverfahren u.U. anders zu beurteilen wäre, als in dem vom BGH entschiedenen Fall, weil sich die Beschlagswirkung dieses zweiten Verfahrens auf eine von der des ersten Verfahrens unterschiedenen Masse beziehen würde.

Fraglich ist im Übrigen, ob diese Fallgestaltungen anders zu beurteilen wären, hätte der Schuldner bei dem Warenbezug einen Eingehungsbetrug begangen, was zur Folge haben könnte, dass mit Blick auf § 850 f Abs. 2 ZPO freie Masse vorläge.

IV. Eröffnungsverfahren

Das Recht des Eröffnungsverfahrens und insbesondere das der vorläufigen Insolvenzverwaltung bis zum Erlass des Eröffnungsbeschlusses oder zur Abweisung der Eröffnung des Verfahrens mangels Masse gewinnt seit dem richtungsweisenden Urteil des IX. Zivilsenats des BGH vom 18.7.2002[122] immer stärker an Konturen. Das

122 BGH, Urt. v. 18.7.2002, IX ZR 195/01, DZWIR 2002, 470 = ZIP 2002, 1625 = BGHZ 151, 153.

IV. Eröffnungsverfahren

BAG[123] hat zur Reichweite der arbeitsrechtlichen Befugnisse und Pflichten des vorläufigen Insolvenzverwalters aufgrund des im Folgenden zusammengefasst wiedergegebenen Sachverhalts zu entscheiden gehabt.

Fall 15: Mit Anordnung vom 11.4.2002 hatte das Insolvenzgericht Maßnahmen gemäß § 21 Abs. 2 InsO getroffen und insbesondere angeordnet, dass der vorläufige Insolvenzverwalter gemäß § 22 Abs. 2 InsO das Unternehmen bis zur Entscheidung über die Eröffnung des Insolvenzverfahrens mit der Eigenantrag stellenden Schuldnerin fortführen solle. Die Begründung, Änderung und Beendigung bestehender Arbeitsverhältnisse bedürften der Zustimmung des vorläufigen Insolvenzverwalters. Wegen ausstehender Gehaltsforderung kündigte der spätere Kläger das Arbeitsverhältnis mit Schreiben vom 11.7.2002 fristlos. Das Insolvenzgericht eröffnete das Insolvenzverfahren über das Vermögen der Schuldnerin mit Beschluss vom 5.8.2002, in dem es den Beklagten zum Insolvenzverwalter bestellte.

Das BAG stellt zutreffend fest, dass der Insolvenzverwalter nicht Gegner des Anspruches des Klägers auf Erteilung eines Arbeitszeugnisses gemäß § 630 BGB bzw. § 109 Abs. 1 Satz 1 und 3 GewO ist. Da das Arbeitsverhältnis bereits vor Eröffnung des Insolvenzverfahrens gekündigt worden war, ist der Insolvenzverwalter nicht zum Arbeitgeber des Klägers geworden. Etwas anderes ergibt sich auch nicht aus § 108 Abs. 1 InsO, denn die gesetzliche Formulierung eines „Fortbestehens“ von Dienstverhältnissen verdeutlicht, dass vor dem Übergang des Verwaltungs- und Verfügungsrechts gemäß § 80 InsO auf den Insolvenzverwalter bereits beendete Dienstverhältnisse nicht erfasst werden. Insofern fingiert § 108 Abs. 1 InsO nach der zutreffenden Formulierung des BAG keine Arbeitgeberstellung des Insolvenzverwalters für bereits vor Eröffnung des Verfahrens beendete Arbeitsverhältnisse.

Grundsätzlich sind solche Ansprüche, die vor Eröffnung des Insolvenzverfahrens begründet worden sind, als Insolvenzforderung gemäß § 38 InsO geltend zu machen. Der vom Kläger geltend gemachte Anspruch auf Erteilung eines Zeugnisses ist jedoch kein Vermögensanspruch im Sinne von § 38 InsO und kann auch nicht nach § 45 InsO in einen Geldanspruch umgewandelt werden. Vielmehr handelt es sich um die Vornahme einer unvertretbaren Handlung im Sinne von § 888 ZPO, die schon deshalb keine Insolvenzforderung ist, weil sie vom Schuldner persönlich zu erfüllen und nicht auf eine aus seinem Vermögen beitreibbare Leistung gerichtet ist. Allerdings würde der Insolvenzverwalter sich nicht erfolgreicher gegen eine Inanspruchnahme auf Zeugniserteilung zur Wehr setzen können, wenn die Arbeitgeberstellung des Insolvenzschuldners mit Eröffnungsbeschluss wegen des Fortbestandes eines ungekündigten Dienstverhältnisses auf ihn übergegangen wäre. Zur Erfüllung des Zeugnisanspruches ist der Insolvenzverwalter daher verpflichtet, sich gegebenenfalls die hierfür erforderlichen Informationen beim Schuldner zu verschaffen, was ihm durch § 97 InsO möglich ist. Daraus ist der Schuldner verpflichtet, dem Insolvenzverwalter die erforderlichen Auskünfte zu verschaffen.

---

123 BAG, Urt. v. 23.6.2004, 10 AZR 495/03, DZWIR 2004, 505 = ZIP 2004, 1974 = BAGE 111, 135.

Im Eröffnungsverfahren wäre dies nur dann der Fall, wenn dem Insolvenzverwalter im Rahmen eines dem Schuldner auferlegten allgemeinen Verfügungsverbotes gemäß § 22 Abs. 1 InsO, die Verwaltungs- und Verfügungsbefugnis uneingeschränkt übertragen worden wäre. In diesem Fall rückt der vorläufige Insolvenzverwalter in die Arbeitgeberstellung des Schuldners ein. Nach der vorliegenden Entscheidung des BAG genügt hierfür aber auch eine Einzelberechtigung gemäß § 22 Abs. 2 InsO, wenn diese vorsieht, dass die arbeitsrechtlichen Gestaltungsbefugnisse allein dem vorläufigen Insolvenzverwalter zur Verfügung stehen sollen.

Zutreffend hat das BAG weiter festgestellt, dass es sich bei dem Zeugnisanspruch auch um keine Masseverbindlichkeit handelt, da er nicht durch eine Handlung des beklagten Insolvenzverwalters gemäß § 55 Abs. 1 Nr. 1 InsO herbeigeführt worden ist, sondern auf der Kündigung des klagenden Arbeitnehmers während des Laufs des Eröffnungsverfahrens beruht. Ebenso zutreffend ist es, dass das BAG es zurückweist, den Zeugniserteilungsanspruch auf § 55 Abs. 1 Satz 1 InsO zu gründen, da diese Vorschrift nur solche Verbindlichkeiten erfasst, die vom vorläufigen Insolvenzverwalter (im Rahmen seiner Rechtsmacht) durch eigene Handlungen begründet worden sind. Soweit es um die Erfüllung eigener Rechtspflichten des Schuldners – hier als Arbeitgeber – geht, wird damit die Masse nicht verpflichtet.

1. Eröffnungsverfahren und vorläufige Verwaltung

Die Diskussion um den vorläufigen Insolvenzverwalter und die Struktur des Eröffnungsverfahrens bleibt auch nach der weichenstellenden Entscheidung des BGH vom 18.7.2002 [124] ein zentrales Thema in Judikatur und Insolvenzrechtswissenschaft. Die Schwerpunkte der Diskussion haben sich verlagert – z.T. weil es um Fragen der Finanzierung einer Betriebsfortführung geht und dies in den Bereich der Auslegung des § 166 Abs. 2 InsO fällt.

Das LAG Hamm [125] hat sich mit der Reichweite der arbeitsrechtlichen Befugnisse des vorläufigen Zustimmungs-Insolvenzverwalters auseinanderzusetzen gehabt.

Fall 16: Der vorläufige Insolvenzverwalter war mit den Aufgaben nach § 21 Abs. 2 Nr. 2, 2. Var. InsO eingesetzt worden. In dem insolvenzgerichtlichen Beschluss heißt es ausdrücklich, der Beklagte sei nicht allgemeiner Vertreter der Schuldnerin. Der Geschäftsführer der Schuldnerin versagte sich nach dem späteren Vortrag des Beklagten einer Mitwirkung an einer ordnungsgemäßen Verfahrensabwicklung. Der Beklagte hat als vorläufiger Insolvenzverwalter einer Arbeitnehmerin der Insolvenzschuldnerin gekündigt, die sich dagegen erst nach dem Ablauf von drei Wochen mit ihrer Kündigungsschutzklage zur Wehr gesetzt hat.

124 BGHZ 36, 18, 21.
125 LAG Hamm, Urt. v. 10. 12. 2003, 2 Sa 1472/03, ZIP 2004, 727.

Mit der zutreffenden h.M.[126] stellt der erkennende Senat fest, dass die Dreiwochenfrist des § 113 Abs. 2 InsO auf eine vom vorläufigen Verwalter ausgesprochene Kündigung keine Anwendung findet. Die Frist bezieht sich auf die Kündigung durch den im eröffneten Insolvenzverfahren bestellten Insolvenzverwalter gem. § 113 Abs. 1 InsO[127] – der Senat führt aus, die Abs. 2 und 1 des § 113 InsO seien „kongruent".

Die durch den vorläufigen Zustimmungsverwalter ausgesprochene Kündigung ist unwirksam, da ihm keine (eigenen) Verwaltungsbefugnisse und damit auch keine arbeitsvertraglichen Gestaltungsrechte zustehen. Ob der vorläufige Verwalter später im eröffneten Verfahren Insolvenzverwalter wird, spielt für die Wirksamkeit seiner Handlungen keine Rolle; die Kündigung muss durch den arbeitsrechtlich zuständigen Rechtsträger erklärt werden, und das war nach Lage der Dinge aufgrund des insolvenzgerichtlichen Anordnungsbeschlusses jedenfalls nicht der Beklagte als vormals vorläufiger Insolvenzverwalter. Der Senat stellt in diesem Zusammenhang denn auch nur zur Abrundung fest, es komme bei alledem auch nicht darauf an, dass der Arbeitgeber aufgrund des Anordnungsbeschlusses nur mit Zustimmung des Beklagten die Kündigung wirksam habe erklären können.

Denn auch dies ist nicht erfolgt. Die Erklärung der Kündigung durch den Zustimmungsverwalter im Eröffnungsverfahren kann dem Arbeitgeber nicht als eigene zugerechnet werden. Dies würde nämlich ein vertretungsrechtliches Verhältnis zwischen beiden voraussetzen. Abgesehen davon, dass der insolvenzgerichtliche Anordnungsbeschluss hier expressis verbis etwas anderes sagt, kommt es insofern entscheidend auf das Auftreten des vorläufigen Verwalters an. Denn die durch das vertretungsrechtliche Offenkundigkeitsprinzip des § 164 Abs. 1 BGB normierten Voraussetzungen liegen ersichtlich dann nicht vor, wenn der vorläufige Zustimmungsverwalter nicht im Namen des schuldnerischen Arbeitgebers, sondern in eigenem Namen die Kündigung ausspricht. Das war hier der Fall, denn der vorläufige Zustimmungsverwalter ist gleichsam unter Anmaßung der Befugnisse als Partei kraft Amtes aufgetreten – die er nicht war! Für die Insolvenzschuldnerin (nicht: für die „Masse") handeln zu wollen hat der vorläufige Insolvenzverwalter nicht zum Ausdruck gebracht – zumal selbst der Insolvenzverwalter im eröffneten Insolvenzverfahren nicht als Vertreter des Gemeinschuldners angesehen wird.[128] Der Beklagte hat daher auch nicht als Insolvenzverwalter im eröffneten Verfahren sein Handeln als vorläufiger Zustimmungsverwalter gem. §§ 180, 177 BGB genehmigen können – woran wegen des Übergangs der Verwaltungsbefugnis gem. § 80 InsO auf ihn zu denken gewesen wäre: Denn es fehlte an einem Vertretungsverhältnis. Die Annahme einer Genehmigung durch die Organe der Insolvenzschuldnerin scheidet darüber hinaus auch deshalb aus, weil der beklagte Insolvenzverwalter vorgetragen hat, dass der Geschäftsführer an Verwaltungsmaßnahmen nicht mitgewirkt habe.

---

126 *Uhlenbruck/Berscheid* InsO § 113 Rdnr. 125 m.w.N.
127 *Uhlenbruck/Berscheid* InsO § 113 Rdnr. 125 m.w.N.
128 Die Vertretertheorie des 19. Jahrhunderts wird nicht mehr aufrechterhalten, vgl. allein *Smid*, InsO § 80 Rdnr. 21.

2. Arbeitsrechtliche Befugnisse des vorläufigen Insolvenzverwalters

Die Reichweite der Befugnisse des vorläufigen Insolvenzverwalters, auf den die Verwaltungsverfügungsbefugnis des Schuldners gem. § 22 Abs. 1 InsO übergegangen ist, hat der Gesetzgeber eindeutig geregelt, was nachhaltige Verunsicherung der Praxis nicht ausschließt, wie die vorliegende zutreffende Entscheidung des BAG [129] deutlich macht.

> **Fall 17:** In einer Bankinsolvenz [130] nach Aufhebung der Erlaubnis der Schuldnerin zum Betreiben von Bankgeschäften und Finanzdienstleistungen durch die Bafin und die Anordnung der Abwicklung der Schuldnerin hatte der vom AG Charlottenburg bestellte vorläufige Insolvenzverwalter mit Verwaltungsverfügungsbefugnis nach § 22 Abs. 1 InsO den Geschäftsbetrieb der Schuldnerin stillgelegt und das Arbeitsverhältnis mit der späteren Klägerin innerhalb der Frist des § 113 S. 2 InsO hilfsweise zum nächstmöglichen Termin gekündigt.

Das BAG hat in dem Streit, ob sich die Kündigungsfrist nach § 113 S. 2 InsO bemisst, dahingehend entschieden, dass die Vorschrift des § 113 InsO nicht auf den „starken“ vorläufigen Insolvenzverwalter anwendbar ist. Zwar ist auf den vorläufigen Insolvenzverwalter mit Verwaltungsverfügungsbefugnis die Rechtsmacht des Schuldners übergegangen. Der vorläufige Insolvenzverwalter hat aber auch in diesem Fall des § 22 Abs. 1 InsO eine mit der des endgültigen Insolvenzverwalters nicht vollständig deckungsgleiche Aufgabe und Befugnis. Dabei setzt sich das BAG mit dem Einwand auseinander, der vorläufige Insolvenzverwalter benötige zur Entlastung der Insolvenzmasse ein vorzeitiges Kündigungsrecht, da andernfalls nach § 55 Abs. 2 InsO als spezielle Vorschrift auf die Rechtsfolgen von Handlungen des vorläufigen Insolvenzverwalters mit Verwaltungsverfügungsbefugnis nach § 22 Abs. 1 InsO eine Haftung der Masse für Arbeitnehmerforderungen aus der Zeit der vorläufigen Insolvenzverwaltung begründet wäre. Das BAG stellt aber fest, dass dies nicht notwendig nach § 55 Abs. 2 S. 2 InsO zu Masseverbindlichkeiten führt. Denn die Einordnung der Forderung der Arbeitnehmer als sonstige Masseverbindlichkeit i.S.v. § 55 Abs. 2 InsO setzt die tatsächliche Inanspruchnahme der Arbeitsleistung des Arbeitnehmers durch den vorläufigen Insolvenzverwalter zu Gunsten der Masse voraus. Stellt der vorläufige Verwalter dagegen betriebsbedingt den Arbeitnehmer frei, wird die Masse nicht belastet. Eine ausdehnende „analoge“ Anwendung des § 113 InsO ist daher gesetzessystematisch nicht zulässig aber auch aus pragmatischen Gründen nicht geboten. Die Entscheidung des BAG verdient daher Zustimmung.

---

129 BAG, Urt. v. 20.1.2005, 2 AZR 134/04, DZWIR 2005, 422 = ZIP 2005, 1289.
130 Vgl. zu den Besonderheiten nunmehr: *Binder*, Bankeninsolvenzen im Spannungsfeld zwischen Bankaufsichts- und Insolvenzrecht, 2005, sowie *Pannen*, Krise und Insolvenz bei Kreditinstituten, 2005.

3. Forderungseinziehung durch den vorläufigen Insolvenzverwalter

> **Fall 18:** Am 26.10.1999 war der Beklagte zum vorläufigen Verwalter der späteren Insolvenzsschuldnerin mit insolvenzgerichtlichem Beschluss bestellt worden, in dem u.a. angeordnet wurde, dass Drittschuldnern die Zahlung an die Schuldnerin verboten und dem vorläufigen Verwalter Aufgabe und Rechtsmacht erteilt wurde, die Bankguthaben und Forderungen der Schuldnerin gegen Dritte einzuziehen. Beim Beklagten gingen seitdem bis zum Erlass des Eröffnungsbeschlusses am 13.1.2000 ca. DM 16.000,– und danach ca. DM 46.000,– ein, während die Klägerin, die Hausbank der Insolvenzschuldnerin, aufgrund einer nach Kündigung der Kredite offengelegten Globalzession nach der vorläufigen Anordnung, aber vor Verfahrenseröffnung ca. DM 39.000,–, danach ca. DM 72.000,– einzog. Der Beklagte führte Geldbeträge unter Abzug einer vierprozentigen Feststellungspauschale und einer fünfprozentigen Verwertungspauschale auch für die von der Bank nach Eröffnung eingezogenen Forderungen an die Klägerin ab.

Der IX. Zivilsenat des BGH hat in seinem Urteil vom 20.2.2003[131] wegen Einziehungen von Beträgen aus sicherungszedierten Forderungen durch den Sicherungszessionar *nach* Erlass des Eröffnungsbeschlusses ausgeführt, dass es sich bereits aus einem Schluss a maiore ad minus ergibt, dass der Masse bezogen auf diese Beträge Feststellungskosten zustehen. Denn der Masse hätte die Erstattung der Feststellungkosten zugestanden, wenn die Einziehung in Übereinstimmung mit § 166 Abs. 2 InsO – der IX. Zivilsenat spricht zutreffend von: „rechtmäßig" – durch den Insolvenzverwalter erfolgt wäre; zieht *unrechtmäßig* der Sicherungszessionar die Forderung ein, gilt nichts anderes. Durch das *objektiv rechtswidrige* Verhalten des Sicherungszessionars darf er nach Erkenntnis des BGH keine wirtschaftlichen Vorteile erlangen. Auch wenn der Insolvenzverwalter dem Sicherungszessionar die Forderungen zur Verwertung durch Einziehung oder Verkauf nach § 170 Abs. 2 InsO überlassen hätte, wären der Masse die Feststellungskosten zu erstatten gewesen; dies ergibt sich, ohne dass es eines „Analogieschlusses" bedürfte, unmittelbar aus dem Gesetz.

4. Anfechtung wegen Zustimmung des vorläufigen Verwalters zu Befriedigungshandlungen des Schuldners im Eröffnungsverfahren

Der X. Senat des BAG hat in einem Urteil aus dem Oktober 2004[132] die Anfechtbarkeit solcher Gehaltszahlungen bejaht, deren Auszahlung im Eröffnungsverfahren vom Schuldner mit Zustimmung des nach § 21 Abs. 2 Nr. 2, 2. Variante InsO eingesetzten vorläufigen Insolvenzverwalters vorgenommen worden sind. Dem lag, vereinfacht, folgender Sachverhalt zugrunde:

---

131 BGH, Urt. v. 20.2.2003, IX ZR 81/02, DZWIR 2003, 332 = ZIP 2003, 632 = BGHZ 154, 72.
132 BAG, Urt. v. 27.10.2004, 10 AZR 123/04, DZWIR 2005, 112 = ZIP 2005, 86 = BAGE 112, 266.

Fall 19: Im April 2002 stellte das Finanzamt einen Eröffnungsantrag gegen die MAG, woraufhin im Juni 2002 der spätere Kläger zum vorläufigen Insolvenzverwalter ohne Verfügungsbefugnis bestellt wurde. In einer Belegschaftsversammlung Ende Juni 2002 stellte sich der vorläufige Insolvenzverwalter den Mitarbeitern vor und sprach u.a. über das noch nicht gezahlte Märzgehalt 2002. Unabhängig von dem streitigen Inhalt der Belegschaftsversammlung wurde an den späteren Beklagten Mitte Juli 2002 das restliche Märzgehalt gezahlt; bereits zum 30.7.2002 wurde das Arbeitsverhältnis zwischen der Insolvenzschuldnerin und dem Beklagten beendet. Nach Eröffnung des Insolvenzverfahrens am 01.8.2002 begehrte der zum Insolvenzverwalter bestellte Kläger die Rückzahlung des ausgezahlten Märzgehaltes unter Anfechtung seiner Auszahlung.

Das BAG lässt offen, ob aufgrund Insolvenzzweckwidrigkeit die Tilgung der Altschulden unwirksam war, wofür die einschlägige Judikatur des BGH[133] erhebliche Anhaltspunkte liefert. Weiter lässt es der erkennende Senat offen, ob die in der Literatur[134] vertretene Auffassung zutreffend sei, wonach in bestimmten Ausnahmefällen die Zustimmung des so genannten Zustimmungsverwalters einen Ausschluss der Anfechtbarkeit von gläubigerbenachteiligenden Leistungen vor Erlass des Eröffnungsbeschlusses bewirke. Nach Ansicht des erkennenden Senats des BAG hindert die Zustimmung des vorläufigen Insolvenzverwalters die Anfechtung nach § 130 InsO jedenfalls in solchen Fällen nicht, in denen die Zahlung nicht dazu dient, die Fortführung eines erhaltungswürdigen Schuldnerunternehmens zu gewährleisten.

In seiner Entscheidung BGHZ 154, 119 hatte der IX. Zivilsenat bekanntlich dem Verwalter im eröffneten Verfahren für solche Rechtshandlungen des Schuldners im Eröffnungsverfahren die Deckungsanfechtung eingeräumt, mit denen der Schuldner gesetzliche Ansprüche oder Altverbindlichkeiten im Eröffnungsverfahren erfüllt hatte, ohne dass dies mit einer noch erbringenden eigenen Leistung in Zusammenhang stand. In dieser Entscheidung, die nachhaltige Aufmerksamkeit nach sich gezogen hat, war es um die Deckungsanfechtung durch den Insolvenzverwalter gegangen, der zuvor Zustimmungsverwalter gem. § 21 Abs. 2 Nr. 2, 2. Var. InsO war. Diese Judikatur hat der IX. Zivilsenat mit einer Ende 2004 ergangenen Entscheidung näher ausgeführt.[135] Dabei ging es um folgenden Sachverhalt:

Fall 20: Der Kläger war zum Insolvenzverwalter in dem über das Vermögen der Schuldnerin eröffneten Insolvenzverfahren eingesetzt worden. Zuvor hatte das Insolvenzgericht den Kläger zum Zustimmungsverwalter durch vorläufige Anordnung gem. § 21 InsO ernannt. In dieser Eigenschaft hatte der spätere Kläger zwar die Zustimmung zur Auszahlung von Nettolöhnen, nicht aber zur Auszahlung der hierauf entfallenden Sozialversicherungsbeiträge erteilt. Die beklagte Sozialversicherungsträgerin kündigte ihm gegenüber darauf an, gegen ihn wegen Verstoßes gegen § 266a StGB Strafanzeigen zu

133 BGH, Urt. v. 13.3.2003, IX ZR 64/02, DZWIR 2003, 291 = ZIP 2003, 810 = BGHZ 154, 190; hierzu *Smid*, DZWIR 2004, 1, 3.

134 MünchKomm/*Kirchhoff*, InsO, § 129 Rdnr. 46 m.w.N.

135 BGH, Urt. v. 9.12.2004, IX ZR 108/04, DZWIR 2005, 151 = ZIP 2005, 314 = BGHZ 161, 315; BGH, Urt. v. 9.12.2004, IX ZP 108/04, DZWIR 2005, 151 = ZIP 2005, 209 = BGHZ 161, 315.

erstatten; um diese abzuwenden stimmte der Kläger unter dem Vorbehalt späterer Anfechtung und Rückforderung der Auszahlung der Arbeitnehmer-Beitragsanteile durch die Schuldnerin im Eröffnungsverfahren zu.

Mit dem vorliegenden Urteil hat der IX. Zivilsenat noch einmal an die Judikatur des BGH unter Geltung der Konkursordnung angeknüpft, in der es unstreitig war, dass der Konkursverwalter solche Rechtshandlungen anzufechten berechtigt war, die er selbst in seiner Eigenschaft als Sequester vorgenommen hatte.[136] Denn die Rechtshandlungen des Sequesters vor Konkurseröffnung waren dem Gemeinschuldner „zuzurechnen“ und wurden deshalb in gleicher Weise wie die des Gemeinschuldners der Insolvenzanfechtung unterworfen.[137] Der IX. Zivilsenat stellt fest, dass dies jedenfalls soweit auch nach Inkrafttreten der InsO gilt, als der vorläufige Insolvenzverwalter nicht mit allgemeiner Verwaltungs- und Verfügungsbefugnis ausgestattet ist. Dabei parallelisiert der BGH die Anfechtungsbefugnis wegen der Zustimmung des vorläufigen Insolvenzverwalters zu Rechtshandlungen des Schuldners auf der einen Seite und die Reichweite der Haftung der Masse für Rechtshandlungen des vorläufigen Insolvenzverwalters in Ausübung seiner eigenen Verfügungsbefugnis gem. § 55 Abs. 2 InsO. Nur soweit die Mitwirkung des vorläufigen Insolvenzverwalters an Schuldnerhandlungen zu Masseverbindlichkeiten führen würde, wäre die Anfechtung seiner Rechtshandlungen bzw. der Rechtshandlungen, an die nach §§ 130, 131 InsO angeknüpft wird, ausgeschlossen. Insofern ist freilich die vorliegende Entscheidung zwar für die Praxis hilfreich, da der IX. Zivilsenat sie in eine „Summe“ münden lässt, wonach der maßgebliche Unterschied zwischen der Rechtshandlung des vorläufigen Insolvenzverwalters mit vollständiger Verwaltungs- und Verfügungsbefugnis gem. § 22 Abs. 1 InsO auf der einen Seite und großen Zustimmungsakten eines „Zustimmungsverwalters“ besteht. Gleichwohl ist es missverständlich, wenn der IX. Zivilsenat von der Anfechtung „seiner“ (Verf.) Rechtshandlungen spricht.

Bereits in der Vergangenheit unter Geltung der KO, aber um so mehr unter Geltung der InsO mit ihrer detaillierteren Regelung der Befugnisse des vorläufigen Insolvenzverwalters und der verschiedenen Arten der Ausgestaltung seiner Stellung wurde der Einwand erhoben[138], es werde ein berechtigtes Vertrauen des Vertragspartners und späteren Anfechtungsgegners verletzt, wenn dem Insolvenzverwalter wegen Schuldnerhandlung, die zur Befriedigung des Vertragspartners geführt hätten, eine Anfechtungsbefugnis eingeräumt wurde. Nach der früheren Judikatur[139] wäre die nahe liegende Konsequenz gewesen, zwischen befriedigten Altverbindlichkeiten und Neuverbindlichkeiten zu unterscheiden und bei letzteren den Gedanken eines Anfechtungsausschlusses wegen Bargeschäften gem. § 142 InsO heranzuziehen. Der IX. Zivilsenat ist aber diesen Weg im vorliegenden Urteil nicht gegan-

136 *Smid*, Grundzüge des Insolvenzrechts, 4. Aufl. 2002, § 4 Rdnr. 85.
137 BGH, Urt. v. 11.6.1992, IX ZR 255/9, ZIP 1992, 1005 = BGHZ 118, 374.
138 *Smid*, InsO, 2. Aufl. 2001, § 129 Rdnr. 23, 24.
139 BGH, Urt. v. 13.3.2003, IX ZR 64/02, DZWIR 2003, 291 = ZIP 2003, 810 = BGHZ 154, 190, 194.

gen ohne ihn allerdings auszuschließen. Vielmehr gibt der IX. Zivilsenat nunmehr dem Vertragspartner jedenfalls dann eine Einwendung gegen die spätere gegen ihn erhobene Anfechtungsklage, wenn der vorläufige Insolvenzverwalter gem. § 21 Abs. 2 Nr. 2 Var. 2 InsO Verträgen des Schuldners vorbehaltlos die Zustimmung erteilt hat, die der Schuldner mit dem Vertragspartner nach Anordnung von Sicherungsmaßnahmen schließt und in deren Zusammenhang mit noch zu erbringenden Leistungen des Vertragspartners Erfüllungszusagen für Altverbindlichkeiten gegeben werden. Die vorliegende Entscheidung bewegt sich in der gegenwärtigen Tendenz des IX. Zivilsenats, seine Judikatur der vergangenen Jahre auf dem Gebiet des Insolvenzanfechtungsrechts zu relativieren bzw. zu konkretisieren.

Die Entscheidung des IX. Zivilsenats ist in sich nicht vollständig konsistent. Zum einen meint der IX. Zivilsenat, die Anfechtung einer Zahlung sei dann ausgeschlossen, wenn der vorläufige Insolvenzverwalter durch sein Handeln einen schutzwürdigen Vertrauenstatbestand begründet hat. Dabei behandelt der IX. Zivilsenat freilich § 130 InsO. Es ist aber bereits fraglich, ob diese Vorschrift in dem vorliegenden Sachverhalt zur Anwendung gelangen kann. Denn es stellt sich nachhaltig die Frage, wenn bereits durch die Androhung der Zwangsvollstreckung gegenüber dem Schuldner eine schuldnerische Leistungshandlung inkongruent wird, wie es sich dann verhält, wenn die AOK den vorläufigen Insolvenzverwalter mit Strafdrohung nach § 266a StGB unter Druck zu setzen versucht. In vorliegendem Fall ist nämlich genau diese Druckausübung für den vorläufigen Insolvenzverwalter und sein Handeln maßgeblich gewesen. Daher scheint nicht § 130 InsO, sondern die inkongruente Deckung nach §§ 131, 133 InsO in Betracht zu kommen. Weiter ist zweifelhaft, was der IX. Zivilsenat unter „Anfechtung einer Zahlung" versteht. In der Tat weist dies in die richtige Richtung. Es kommt nämlich darauf an, wer im Eröffnungsverfahren handelt. Handelt der vorläufige Verwalter gem. § 22 Abs. 1 InsO (vulgo: der starke vorläufige Insolvenzverwalter), dann ist sein Handeln genauso zu sehen, wie das Handeln eines Insolvenzverwalters im eröffneten Verfahren. In diesem Fall stellt sich nicht die Frage der Insolvenzanfechtung seines Handelns, sondern die Frage, ob durch die einseitige Bevorzugung eines Insolvenzgläubigers, das im Übrigen für die Masse wirksame Handeln des vorläufigen Insolvenzverwalters insolvenzzweckwidrig mit der Folge ist, dass die Leistungshandlung nichtig und daher bereicherungsrechtlich rückabzuwickeln ist. Ist dagegen ein vorläufiger Zustimmungsverwalter gem. § 21 Abs. 2 Nr. 2, 2. Variante InsO bestellt worden, dann stellt sich die Frage, wem die der Anfechtung unterliegende Handlung zuzurechnen ist. Handelnder ist in diesen Fällen der Schuldner. Denn die Befugnis, über sein Vermögen (die spätere Masse) zu verfügen, liegt in diesen Fällen ausschließlich bei ihm. Der IX. Zivilsenat knüpft freilich die Anfechtung an die Zustimmungshandlung des vorläufigen Insolvenzverwalters an. Der Anfechtung soll daher die Zustimmung unterliegen, nicht die Leistungshandlung des Schuldners. Dabei meint der IX. Zivilsenat, der Schuldner habe ohne Zustimmung des vorläufigen Insolvenzverwalters nicht handeln können. Er übersieht aber, dass die Leistungshandlung des Schuldners auch ohne Zustimmung des vorläufigen Verwalters in diesen Fällen wirksam ist. Denn der Vertragspartner empfängt von dem Zuständigen die vertragsgemäße Leistung.

Der IX. Zivilsenat knüpft dagegen bei der Zustimmungshandlung an und fragt, ob durch die Zustimmung des vorläufigen Insolvenzverwalters ein Tatbestand geschaffen worden ist, der die spätere Anfechtung ausschließe. Dabei unterscheidet der IX. Zivilsenat zwei Fälle, in denen dies nicht der Fall ist und dem späteren Insolvenzverwalter im eröffneten Verfahren die Anfechtung vorbehalten bleibt. Das ist zum einen dann der Fall, wenn er als vorläufiger Verwalter keinen Vertrauenstatbestand begründet hat namentlich dadurch, dass er sich die spätere Anfechtung vorbehalten hat. Weiter dann, wenn der vorläufige Insolvenzverwalter einer Leistung des Schuldners zustimmt, die nicht im Zusammenhang steht, mit einer noch vom Empfänger zu erbringenden Leistung. Wenn daher der Vertragspartner alles getan hat, um seinerseits die ihm obliegende Leistung zu erfüllen und nur noch einen Anspruch gegen den Schuldner hat bzw. wenn keine eigene Leistung wie im Fall des Sozialversicherungsträgers zu erbringen ist. Es ist deutlich, dass dieser zweite Tatbestand auf die Inkongruenz der Erzwingung der Leistungshandlung verweist; der BGH verlässt aber mit der vorliegenden Entscheidung die Maßstäbe und Kriterien des Anfechtungsrechts und verweist auf allgemeine Vertrauenstatbestände – die im Insolvenzrecht aber durch das Anfechtungsrecht und die Tatbestände der kongruenten und inkongruenten Sicherung bzw. Befriedigung überlagert werden.

Damit gerät der IX. Zivilsenat in weitere systematische Turbulenzen. Seine These lautet nämlich, dass der Vertragspartner auf die Erfüllung der Verbindlichkeit des Schuldners insofern vertrauen darf, als er erwarten kann, dass die vorkonkurslich im Eröffnungsverfahren geleisteten Zahlungen nicht zurückgefordert werden können, soweit der vorläufige Verwalter einem Vertrag des Schuldners zugestimmt hat, der vom Vertragspartner noch zu erbringende Leistungen vorsieht. Der IX. Zivilsenat meint nun, dass seine Entscheidung aus dem Jahr 2002[140] allein das Hineindrücken von Altforderungen in einen Befriedigungszusammenhang betrifft. Damit übersieht der BGH freilich einen anderen Zusammenhang. Denn für die Fälle des während des Eröffnungsverfahrens (nach Antragstellung) Verbindlichkeiten eingehenden Schuldners, gilt § 142 InsO. Diese Vorschrift über das Bargeschäft definiert die Grenzen, innerhalb derer Leistungshandlungen des Schuldners anfechtungsfest bleiben. Man stelle sich einfach folgende Situation vor: Das Insolvenzgericht vertritt die Auffassung, dass wegen des, soweit es sich bislang abzeichnet, zutreffend auf § 18 InsO gestützten Eigenantrags des Schuldners und seines Antrags gem. § 270 InsO, die Bestellung eines vorläufigen Verwalters nicht erforderlich sei und bestellt allein einen Sachverständigen. Der Schuldner führt sein Unternehmen fort und begründet weiter Verbindlichkeiten. Soweit es dabei bis zur Verfahrenseröffnung über den Bereich von Bargeschäften hinaus zu maßgeblichen Kreditierungshandlungen von Gläubigern kommt und diese Gläubiger im Übrigen von der Eigenantragstellung des Schuldners Kenntnis haben, ist nicht zu ersehen, weshalb § 130 InsO im eröffneten Verfahren nicht greifen und der Sachwalter in seinen Befugnissen und Pflichten aus § 281 InsO dann beschränkt sein soll.

---

140 *Smid*, Struktur I, DZWIR 2004, 1 ff.; BGH, Urt. v. 13.3.2003, IX ZR 64/02, DZWIR 2003, 291 = ZIP 2003, 810 = BGHZ 154, 190.

5. Vertrauensschutz des Empfängers bei durch Leistungen im Eröffnungsverfahren befriedigten („Alt-“)Insolvenzforderungen

Mit dem vorliegenden Urteil setzt der BGH seine Judikatur zur Einschränkung der Anfechtbarkeit solcher Verfügungen über das schuldnerische Vermögen fort, die nach Eröffnungsantrag und vorläufiger Anordnung des Insolvenzgerichts mit Bestellung eines vorläufigen Zustimmungsverwalters vorgenommen worden sind.[141] Über die Frage wurde schon unter der Geltung der Konkursordnung gestritten. Die eingehenden Regelungen der §§ 21 ff. InsO haben diesen Streit nicht nur nicht beendet, sondern ihm neue Nahrung gegeben.

Der vorliegenden Entscheidung lag folgender, nicht untypischer Sachverhalt zugrunde:

Fall 21: Zwischen der Schuldnerin, die ein Unternehmen aus dem produzierenden Gewerbe betrieb und der späteren Beklagten bestand eine mehrjährige Geschäftsbeziehung, an der Schuldnerin und Beklagte auch nach Bestellung des vorläufigen Verwalters mit Zustimmungsvorbehalt durch das Insolvenzgericht festhalten wollten. Hierauf einigten sich Schuldnerin und Beklagte und es erfolgte eine Zahlung der Schuldnerin auf Altforderungen der Beklagten mit Zustimmung des Klägers.

In seinem Urteil vom 13.3.2003[142] hatte der IX. Zivilsenat des BGH die Bezahlung von Altforderungen als unmittelbare Gläubigerbenachteiligung i.S.v. § 132 InsO qualifiziert.[143] Im vorliegenden Fall hat der erkennende Senat diese Vorschrift freilich nicht angewandt, weil die beklagte Gläubigerin im Prozess unwiderleglich behauptet hatte, die Vereinbarung mit der Insolvenzschuldnerin sei deshalb zustande gekommen, um die Gläubigerin davon abzuhalten, Aus- oder Absonderungsrechte auszuüben. In diesem Fall kommt nach einem in der vorliegenden Entscheidung ausgesprochenen obiter dictum des BGH eine Anfechtung der Zahlung nur in Betracht, wenn der Wert dieser Rechte offenkundig weitaus geringer war, als die Höhe der befriedigten Altforderung, wofür vorliegend keine Hinweise sprachen.

Ausschlaggebend ist für Fallgestaltungen, die außerhalb des Bereichs des § 132 InsO liegen, Folgendes: Handelt ein vorläufiger Verwalter, auf den die Verwaltungs- und Verfügungsbefugnis des Schuldners übergegangen ist, und befriedigt er Altverbindlichkeiten, ist die damit verbundene Verfügung von der ihm insolvenzgerichtlich eingeräumten Ermächtigung grundsätzlich gedeckt; indes kann die Befriedigungshandlung insolvenzzweckwidrig und folglich nichtig sein. In den anderen Fällen, in denen ein vorläufiger Zustimmungsverwalter eingesetzt worden ist, ist zu berücksichtigen, dass der Schuldner grundsätzlich rechtlich befähigt bleibt, Ver-

141 BGH, Urt. v. 9.12.2004, IX ZR 108/04, DZWIR 2005, 151 = ZIP 2005, 314 = BGHZ 161, 315.
142 BGH Urt. v. 13.3.2003, IX ZR 64/04, DZWIR 2003, 291 = ZIP 2003, 810 = BGHZ 154, 190.
143 Hierzu vgl. *Güther*, Die Deckung von Altverbindlichkeiten durch den vorläufigen Insolvenzverwalter im Rahmen der Geschäftsfortführung als Gegenstand der Insolvenzanfechtung, Diss. Kiel 2005, Berlin 2006, S-INSO Bd. 4, passim.

pflichtungen auch ohne das Einverständnis des vorläufigen Zustimmungsverwalters einzugehen. Dessen „Autorität“ (so der IX. Zivilsenat in der vorliegenden Entscheidung wörtlich) gründet sich vielmehr darauf, dass Verfügungen über das schuldnerische Vermögen ohne sein Einverständnis nicht wirksam werden. Da gerade dies, die Versagung oder Erteilung der Zustimmung zu Vermögensverfügungen, die Aufgabe des vorläufigen Zustimmungsverwalters ist, kann der Gläubiger grundsätzlich darauf vertrauen, dass eine Anfechtung derjenigen Rechtshandlungen des Schuldners, denen der vorläufige Zustimmungsverwalter die Zustimmung erteilt hat, von vornherein ausscheidet, da der vorläufige Verwalter durch die Erteilung der Zustimmung einen Schutz für den Vertrauenstatbestand gesetzt hat (§ 242 BGB).

Der Empfänger darf daher damit rechnen, ein auch nach Eröffnung des Insolvenzverfahrens nicht mehr entziehbares Recht erhalten zu haben. Denn der Zustimmungsverwalter ist in die entsprechenden Erklärungen und Rechtshandlungen eingebunden, was eine spätere Entziehung der dem Gläubiger gewährten Vorteile ausschließt. Der BGH begründet dies damit, dass ohne einen solchen Vertrauensschutz bei Betriebsfortführungen es kaum möglich wäre, geeignete Vertragspartner zu finden und daher der Erhalt des Unternehmens gefährdet wäre. Dabei bleibt freilich außer Acht, dass sich die Vertragspartner des insolvenzschuldnerischen Unternehmens durch Formen des Bargeschäfts (§ 142 InsO; vgl. hierzu Bräuer, Ausschluss der Insolvenzanfechtung bei Bargeschäften nach Maßgabe des § 142 InsO, Diss. Kiel 2006) schützen. Der IX. Zivilsenat des BGH geht über diesen Bereich des Bargeschäfts indes hinaus und lässt das aus der Autorität der Zustimmung des vorläufigen Verwalters gegründete Vertrauen des Vertragspartners gegen eine Insolvenzanfechtung durchgreifen. Damit ist ein Regelfall formuliert. Auch Kreditierungen des Schuldners durch einen Gläubiger im Eröffnungsverfahren führen, wird über den Bereich des § 142 InsO hinaus auf sie geleistet, zur Erfüllung der Forderungen im Hinblick auf einen Vertrauensschutztatbestand. Die Ausnahme der Anfechtung der Erfüllung von Altverbindlichkeiten durch den Schuldner nach Eröffnung des Insolvenzverfahrens setzt voraus, dass der Gläubiger die Zustimmung des vorläufigen Verwalters nur aufgrund seiner wirtschaftlichen Machtstellung gegen den zunächst erklärten Widerstand des vorläufigen Verwalters durchsetzen konnte. Der Gläubiger kann nach Ansicht des BGH in derartigen Fallkonstellationen keinen Vorteil daraus ziehen, dass der vorläufige Verwalter den Widerstand, den er zunächst der Erfüllung von Altverbindlichkeiten entgegengesetzt hat, aufgrund wirtschaftlicher Zwänge wegen der besonderen Marktstärke bzw. Machtstellung des Gläubigers aufgegeben hat und insofern auch auf die Erklärung eines ausdrücklichen Anfechtungsvorbehaltes verzichten „mußte“. Dass eine solche Ausnutzung einer wirtschaftlichen Machtstellung vorliegt (z. B. durch die Drohung, die Weiterbelieferung der Schuldnerin einzustellen, sofern Altforderungen nicht erfüllt werden), hat der im Anfechtungsprozess klagende Insolvenzverwalter darzulegen und zu beweisen.

V. Eröffnung

1. Eröffnungsgründe – Zahlungsstockung und Zahlungsunfähigkeit

Der IX. Zivilsenat des BGH[144] hat mit einer Entscheidung aus dem Mai 2005 nicht allein die Maßstäbe einer Zahlungsstockung näher bestimmt, sondern den im Rahmen der Reform sehr weit gefassten Begriff der Zahlungsunfähigkeit (§ 17 InsO) konkretisiert und mit den Regelungen des § 64 Abs. 2 GmbHG harmonisiert. Dem lag folgender, hier vereinfacht, wieder gegebener Sachverhalt zugrunde:

Fall 22: Der über das Vermögen der K GmbH eingesetzte Insolvenzverwalter klagt auf Schadenersatz nach § 64 Abs. 2 GmbHG gegen den hälftigen Gesellschafter und alleinigen Geschäftsführer der GmbH. Die GmbH, vertreten durch den heutigen Beklagten, hatte mit einer Vertragspartnerin sich vergleichsweise geeinigt, dass die andere Seite an sie unter Einbehalt von 400.000 DM zusammen 1,4 Mio. DM zahlen sollte. Auf weitergehende Ansprüche von angeblich 2,6 Mio. DM hatte die GmbH im Rahmen dieses Vergleichs verzichtet. Zum Zeitpunkt des Vergleichsschlusses ermittelte die Buchhaltung der GmbH Verbindlichkeiten in Höhe von ca. 2,6 Mio. DM, denen liquide Mittel und kurzfristig einbringliche Forderungen in Höhe von 1,1 Mio. DM entgegenstanden, bei deren Bemessung die Zahlungen des Vergleichspartners bereits berücksichtigt waren. Nach diesem Zeitpunkt zahlte der Beklagte an verschiedene Gläubiger 1,1 Mio. DM aus. Kurze Zeit später stellte er für die Schuldnerin wegen „drohender Zahlungsunfähigkeit" Insolvenzantrag.

Nach § 17 Abs. 2 S. 1 InsO ist der Schuldner zahlungsunfähig, wenn er nicht in der Lage ist, die fälligen Zahlungspflichten zu erfüllen.[145] Während nach früherem Recht gem. § 102 KO die Zahlungsunfähigkeit des Schuldners voraussetzte, dass die wesentlichen Zahlungsverpflichtungen vom Schuldner nicht erfüllt werden konnten[146] und daher ermittelt werden musste, ob die Zahlung oder die Nichtzahlung Regel oder Ausnahme war, hat der Gesetzgeber der InsO auf die ausdrückliche Nennung der Merkmale der Dauer der Zahlungsunfähigkeit und der Wesentlichkeit der nicht erfüllbaren Zahlungsverpflichtungen verzichtet. Wie der IX. Zivilsenat zeigt, sollte damit der Begriff der Zahlungsstockung nicht aufgegeben werden, der nach altem, aber auch nach neuem Recht, einen Zustand vorübergehender, die Zahlungsunfähigkeit nicht begründender Nichterfüllung der fälligen Verbindlichkeiten beschreibt. Vielmehr sollte bei der Abgrenzung zu einer Zahlungsstockung und der darüber hinausgehenden Zahlungsunfähigkeit vermieden werden, einer untunlichen Einengung der Zahlungsunfähigkeit Vorschub zu leisten. Der IX. Zivilsenat zeigt dann auch, dass nach einer verbreiteten Auffassung davon ausgegangen wird, dass ein Schuldner zahlungsunfähig sei, wenn ihm die Erfüllung der fälligen Zahlungspflichten wegen eines objektiv kurzfristig nicht zu behebenden Mangels an Zahlungsmitteln nicht möglich ist. Dabei wird eine Quote, die eine Zahlungs-

144 BGH, Urt. v. 24.5.2005, IX ZR 123/04, DZWIR 2006, 25 = ZIP 2005, 1426 = BGHZ 163, 134.
145 Nerlich/Römermann-*Mönning*, § 17 Rdnr. 12–33; *Smid*, InsO § 17 Rdnr. 3; MünchKomm-*Eilenberger*, § 17 Rdnr. 6–31.
146 Hess-*Hess*, KO, § 102 Rdnr. 5.

stockung von der Zahlungsunfähigkeit abgrenzt von einer Reihe von Autoren für aus dem Gesetz nicht ableitbar gehalten[147], wogegen Quoten von 5 %[148], 10 %[149] oder 20[150] – 25 %[151] befürwortet wurden. In seiner bisherigen Judikatur[152] hat der BGH diese Frage bislang nicht erörtert. Mit der vorliegenden Entscheidung setzt sich der IX. Zivilsenat zunächst mit dem Zeitraum auseinander, innerhalb dessen es dem Schuldner möglich sein muss, eine Zahlungsstockung zu beseitigen, damit diese nicht als Zahlungsunfähigkeit anzusehen ist.

Dabei hat sich der IX. Zivilsenat von der Erwägung leiten lassen, dass der Gesetzgeber den von Judikatur und Lehre unter Geltung der KO entwickelten Maßstäben[153] eine Verkürzung des maßgeblichen Zeitraums entgegenhalten wollte. Maßgeblich ist daher der Zeitraum, den eine kreditwürdige Person benötigt, um sich die zur Behebung der Liquidität benötigten Mittel zu „leihen". Der IX. Zivilsenat hält hierfür einen Monat für zu lang und auf der anderen Seite den in der Literatur[154] angegebenen Zeitraum von 1–2 Wochen für zu kurz. Mit dem LG Bonn[155] meint der IX. Zivilsenat, innerhalb von 2–3 Wochen sei eine Kreditbeschaffung einem kreditwürdigen Schuldner möglich. Nicht anders als man sich bei der Lektüre der zitierten Literaturstelle fragt, wo die Autoren denn ihre Ansichten ableiten mögen, die sie ihren Zeitraumberechnungen zugrunde legen, muss sich der IX. Zivilsenat dieser Frage aussetzen.

Das private Wissen von Richtern – insbesondere Revisionsgerichten, denen Tatsachenerhebungen im allgemeinen verwehrt sind – ist sehr häufig nicht dazu geeignet, die Richtigkeit der gefällten Entscheidung überzeugend darzutun.

Im vorliegenden Fall ist dies aber grundsätzlich anders, denn der IX. Zivilsenat hat sich keinesfalls von Spekulationen aus einem wie auch immer gearteten Überzeugungshorizont der einzelnen Richter leiten lassen, sondern ist von einem für die Kreditbeschaffung erforderlichen Zeitraum von 2–3 Wochen deshalb ausgegangen, weil die Rechtsordnung selbst in § 64 Abs. 1 S. 1 GmbHG von einem solchen Zeitraum ausgeht. Denn diese Vorschrift zeigt, „dass das Gesetz eine Ungewissheit über die Wiederherstellung der Zahlungsfähigkeit der Gesellschaft längstens 3 Wochen hinzunehmen bereit ist", wie der BGH wörtlich ausführt.[156] Im Schrifttum ist freilich darüber gestritten worden[157], ob eine solche einschränkende Bestimmung

147 *Niesert,* ZInsO 2001, 738 f; MünchKomm-*Eilenberger,* § 17 Rdnr. 15, 22; *Uhlenbruck,* InsO, § 17 Rdnr. 10; Kübler/Prütting-*Pape,* § 17 Rdnr. 13.
148 AG Köln NZI 2000, 89, 91; *Smid,* Grundzüge des Insolvenzrechts, 4. Aufl., S. 71; Nerlich/Römermann-*Mönning,* § 17 Rdnr. 18.
149 HK-InsO/*Kirchhof,* § 17 Rdnr. 20.
150 Haarmeyer/Wutzke-*Förster,* Handbuch zur Insolvenzordnung, Kap. 1 Rdnr. 85.
151 LG Augsburg DZWIR 2003, 304; *Harz,* ZInsO 2001, 193, 196.
152 BGH, Urt. v. 20.11.2001, IX ZR 48/01, DZWIR 2003, 110 = ZIP 2002, 87 = BGHZ 149, 178.
153 Hess-*Hess,* KO, § 102 Rdnr. 5.
154 Haarmeyer/Wutzke-*Förster,* Kap. 1, Rdnr. 86.
155 LG Bonn, ZIP 2001, 342, 346.
156 vgl. im Übrigen *Niesert,* ZInsO 2001, 735, 738 f.
157 *Himmelsbach/Thonfeld,* NZI 2001, 11, 13; a.A. *Braun/Kind,* InsO 2. Aufl. § 17 Rdnr. 16.

des für eine Zahlungsstockung maßgeblichen Zeitraums mit den Vorgaben des bürgerlichen Rechts vereinbar sei, denn § 286 Abs. 3 BGB bestimmt, dass der Verzug des Schuldners spätestens nach 30 Tagen eintritt. Der IX. Zivilsenat verwirft diese Bedenken zutreffend. § 286 Abs. 3 BGB normiert in der Tat eine *Höchstfrist*[158], nach deren Ablauf die Fälligkeit einer Forderung eintritt, während es dem Gläubiger unbenommen bleibt, durch weitere Maßnahmen einen früheren Fälligkeitseintritt herbeizuführen. Demgegenüber steht der Zeitraum des § 64 GmbHG.[159] In der Tat hat dies mit der Frage, ob der Schuldner zahlungsunfähig ist oder ob nur eine ausräumbare Liquiditätsstockung vorliegt nichts zu tun. Für die Haftung des Geschäftsführers nach § 64 Abs. 2 GmbHG[160] kommt es daher darauf an, ob innerhalb der vom BGH nach dem Leitbild des § 64 Abs. 1 S. 1 GmbHG[161] bestimmten Frist zur Beseitigung der Zahlungsstockung Zahlungen an weitere Gläubiger vom Geschäftsführer vorgenommen werden dürfen. Dies ist der Fall, wenn keine Zahlungsunfähigkeit vorgelegen hat. Grundsätzlich muss nach Auffassung des IX. Zivilsenats der Geschäftsführer aber in dem 2–3 Wochen Zeitraum Zahlungen nicht zurückhalten, um sich einer Haftung nach § 64 Abs. 2 S. 2 GmbHG zu entziehen. Denn andernfalls läge bereits eine Zahlungseinstellung vor, die Eröffnungsanträge von Gläubigern nach § 14 InsO provozieren würde. Dieses wäre erkennbar jeder Beschaffung von Liquidität durch den Geschäftsführer nachhaltig schädlich und für eine Reorganisation des Unternehmens tödlich. Erst nach Ablauf der 3 Wochenfrist darf daher der Geschäftsführer nicht mehr Zahlungen leisten. Anders ist dies nur zu beurteilen, wenn der Geschäftsführer erkennen kann, dass seine Erwartung (Prognose) Liquidität innerhalb des 3 Wochenzeitraums beschaffen zu können sich als nicht haltbar erweist. In diesem Zusammenhang lehnt der BGH aber diejenigen Auffassungen ab, die davon ausgehen, der Schuldner (die GmbH), müsse innerhalb der 3 Wochenfrist in den Stand gesetzt werden, Liquidität zur 100-%igen Deckung ihrer fälligen Verbindlichkeiten zu beschaffen. In der sehr sorgfältig begründeten Entscheidung setzt sich der IX. Zivilsenat freilich mit den Aspekten auseinander, die für eine solche strenge Auslegung des Tatbestandsmerkmals der Zahlungsunfähigkeit sprechen würden. Damit würde der „Rechtssicherheit" deshalb Rechnung getragen, weil der Geschäftsführer ohne weiteres Kenntnis von der Reichweite seiner Antragspflichten und seiner Pflichten im Zusammenhang des § 64 Abs. 2 GmbHG hätte. Für die im vorliegenden Urteil vertretene Auffassung spricht nach der Meinung des IX. Zivilsenats nicht allein eine Betrachtung der Motive des Gesetzgebers, der ganz geringfügige Liquiditätslücken für die Annahme einer Zahlungsunfähigkeit nicht ausreichen lassen wollte, und damit nicht allein auf den Zeitrahmen, sondern auch auf quantitative Gesichtspunkte abgestellt hat. Maßgeblich ist, dass die Forderung der Beschaffung 100 %iger Deckung der fälligen Verbindlichkeiten sich mit der Wirklichkeit des „Geschäftslebens" nach Ansicht des IX. Zivilsenats nicht decken würde. In der Wirklichkeit wirtschaftlicher Betätigung

---

158 Palandt-*Heinrichs*, § 286 Rdnr. 26.
159 *Bähr/Smid*, DZWIR 2002, 455.
160 Roth/Altmeppen-*Altmeppen*, GmbHG, § 64 Rdnr. 74–90.
161 Roth/Altmeppen-*Altmeppen*, GmbHG, § 64 Rdnr. 45–47.

wechseln sich nach Ansicht des IX. Zivilsenats Phasen mit guter Umsatz- und Ertragslage und Rückschläge ab. Liquiditätskrisen werden häufig dadurch ausgelöst, dass größere Aufträge nicht oder nicht vollständig bezahlt würden. Sind Liquiditätslücken gering, begründet dies die Erwartung, dass es dem Schuldner gelingen werde, sich in absehbarer Zeit Liquidität wieder zu beschaffen. Eine Einleitung des Insolvenzverfahrens über das Vermögen des Schuldners würde diese nicht selten begründeten Erwartungen vereiteln. Dass den Gläubigern hierdurch ein Vorteil gewährt würde, begegnet den Zweifeln des IX. Zivilsenats, der darauf verweist, dass im Schrifttum[162] Zweifel am Rechtsschutzinteresse des Antrag stellenden Gläubigers in diesen Fällen geäußert werden. Es lohnt sich, an dieser Stelle ein wenig zu verweilen. Vorweg: Unsere Sympathien gehören durchaus dem IX. Zivilsenat. Er lässt die Kirche im Dorf und das ist gut so. Die Intentionen eines modernen Insolvenzrechts sollten aber andere sein. Bevor der Schuldner in die bedrohliche Lage gerät, die der IX. Zivilsenat ebenso vollkommen zutreffend wie auch euphemistisch als Realität des gegenwärtigen bundesdeutschen Geschäftslebens charakterisiert hat, stellt ihm der Gesetzgeber mit dem Instrumentarium des auf drohende Zahlungsunfähigkeit gestützten Eigenantrages vor Eintritt einer Liquiditätskrise die Möglichkeit der Einleitung eines Insolvenzverfahrens zur Verfügung, in dem er als eigenverwaltender Schuldner eine Reorganisation betreiben kann. Dies entspricht auch den Vorstellungen des Reformgesetzgebers, worüber im Übrigen keinerlei Zweifel besteht, betrachtet man die Judikatur des IX. Zivilsenats zur Frage der Haftung des Sanierungsberaters bei außergerichtlichen Sanierungen.[163] Aufgrund der nachhaltigen Skepsis der Instanzgerichte gegenüber der Eigenverwaltung, dem Fehlen eines Rechtsschutzes des Eigenantrag stellenden Schuldners gegen die Versagung der Eigenverwaltung[164] und angesichts der Schwerfälligkeit eines Insolvenzplanverfahrens, bei dem der Planinitiator Gefahr läuft, dass einzelne dissentierende Gläubiger, selbst solche, die am Verfahren nicht teilgenommen haben, sich gegen die Planbestätigung wenden und, ob sie denn im Ergebnis erfolgreich sein mögen oder nicht, allein durch die damit verbundene zeitliche Verzögerung eine beschlossene Reorganisation zu vereiteln geeignet ist, zeigen, dass der Schuldner gar keine andere Wahl hat, als den schmalen Grat zur Beschaffung von Liquidität zu gehen, der ihm durch den IX. Zivilsenat eröffnet ist.

Kleine Liquiditätslücken begründen danach keine Zahlungsunfähigkeit. Die Auffassung von *Pape* und anderen[165], wonach ein Schuldner, der schon geringe Verbindlichkeiten nicht mehr ausgleichen könne, „erst recht" außerstande sei, größere Beträge zu zahlen, ist wie der IX. Zivilsenat zutreffend und schlicht geschrieben hat, nicht zwingend richtig.

---

162 Nerlich/Römermann-*Mönning*, § 17 Rdnr. 18.

163 BGH, Urt. v. 26.10.2000, IX ZR 289/99, ZIP 2001, 33 m. Anm. durch *Smid*, WuB IV A § 675 BGB 3.01.

164 So jedenfalls die h.M. *Uhlenbruck*, InsO, § 270 Rdnr. 20; MünchKomm-*Wittig*, § 270 Rdnr. 118; *Gulde*, Die Anordnung der Eigenverwaltung durch das Insolvenzgericht im Eröffnungsbeschluss, 2005, 53 f., a.A. Flöther/Smid/Wehdeking, Eigenverwaltung, 2005, Kap. 1 Rdnr. 32 ff.

165 *Pape/Uhlenbruck*, Insolvenzrecht 2002, Rdnr. 300; *Uhlenbruck*, InsO § 17, Rdnr. 10.

Mit diesen hier nur skizzierten Erwägungen hat sich der IX. Zivilsenat folgerichtig ein erhebliches Problem aufgeladen. Nachdem der Gesetzgeber es unterlassen hat, eine betragsmäßige Grenze für die Abgrenzung von Zahlungsstockung und Zahlungsunfähigkeit zu bestimmen, fragt es sich, wieweit die Judikatur als „Ersatzgesetzgeber" auftreten kann.[166] Dabei tritt aber zunächst in den Blick, dass die Fragestellung des IX. Zivilsenats sich nicht auf einem Gebiet bewegt, das durch eine einfache Abwägung verschiedener vertretbarer Auffassungen lösbar wäre.

In Übereinstimmung mit der Judikatur der vergangenen Jahre des Senates stellt das vorliegende Urteil klar, dass sich die Bestimmung der für die Abgrenzung von Zahlungsstockung und Zahlungsunfähigkeit maßgeblichen Grenze aus verfassungsrechtlichen Gesichtspunkten begründet. Soweit nämlich die Auftragslage des Schuldners gut ist, mit weiteren anderen Zahlungseingängen gerechnet werden kann oder ein Vergleichsschluss des Schuldners Liquiditätszuflüsse erwarten lässt usw., wäre eine Unterdeckung von „wenigen Prozent", die nicht innerhalb der vom Gesetz vorgegebenen 3 Wochenfrist[167] des § 64 Abs. 1 S. 1 GmbHG beseitigt werden kann, deshalb kein tragender Insolvenzgrund, weil der damit verbundene Eingriff in die Rechte des Schuldners unter dem Gesichtspunkt der Verhältnismäßigkeit bedenklich wäre. Die Berufsausübungsfreiheit (Art. 12 GG) und das Eigentumsrecht des Schuldners (Art. 14 GG vom IX. Zivilsenat zutreffend verstanden als „property right"), werden daher unter dem allgemeinen rechtsstaatlichen Gesichtspunkt der Verhältnismäßigkeit auch im Kontext des Eröffnungsbeschlusses geschützt. Bislang ist dies im Rahmen der Judikatur des BGH für die vorläufige Anordnung des Insolvenzgerichts im Rahmen der §§ 21 ff. InsO thematisiert worden.[168]

Freilich braucht es für die Annahme einer Zahlungsunfähigkeit im Kontext des § 64 Abs. 2 GmbHG für die Rechtsanwendung eines „Schwellenwertes", wie es in dem vorliegenden Urteil heißt. Zwar ist es grds. Aufgabe des Gesetzgebers, derartige Schwellenwerte (der IX. Zivilsenat spricht auch von „starren Grenzen") zu setzen. Allerdings fühlt sich der IX. Zivilsenat zur Bestimmung dieser Grenzen legitimiert, da der Gesetzgeber der Rechtsanwendung wohl eine gewisse Flexibilität einräumen wollte, wie es im vorliegenden Urteil heißt. Der vom IX. Zivilsenat angenommene Schwellenwert liegt bei 10 %, da ein niedrigerer Wert von 5 % einem „rigorosen Null-Toleranz-Prinzip" zu sehr angenähert wäre. Der IX. Zivilsenat versagt es sich daher zunächst, einen eindeutigen Schwellenwert zu normieren, sondern bestimmt mit 5 % eine mit den verfassungsrechtlichen Vorgaben des Verhältnismäßigkeitsgrundsatzes nicht vereinbare Untergrenze. Denn sie würde dem betroffenen Geschäftsführer keine Wahl lassen, da sie zu nahe an dem Bereich einer 100 %-Deckung der Verbindlichkeiten angesiedelt wäre. Andererseits sei der BGH im Gegensatz zum Gesetzgeber auch nicht legitimiert, eine 10 %-Grenze als starre Grenze zu formu-

---

166 Zum Problemfeld, das naturgemäß ein weites ist, vgl. *Pawlowski*, Methodenlehre.

167 Wobei es sich hier nicht um eine Frist im verfahrensrechtlichen Sinn handelt, vgl. *Bähr/Smid*, DZWIR 2002, 455.

168 BGH, Urt. v. 18.7.2002, IX ZR 195/01, DZWIR 2002, 470 = ZIP 2002, 1625 = BGHZ 151, 353; Bespr. durch *Smid*, DZWIR 2002, 444.

lieren, da damit die Frage auftauchen würde, weshalb denn, wie im vorliegenden Fall, eine 9,82%ige Unterdeckung nicht zur Zahlungsunfähigkeit, eine 10,2%ige Unterdeckung aber zur Zahlungsunfähigkeit führen würde. Der IX. Zivilsenat nimmt daher die 10% als Annäherungswert und führt aus, dass je näher die konkret festgestellte Unterdeckung dem Schwellenwert komme, desto geringer seien die Anforderungen an das Gewicht besonderer Umstände, mit denen die Vermutung einer Zahlungsunfähigkeit entkräftet werden könne. Der betroffene Beklagte muss also anhand des 10% Schwellenwertes weitere, die Vermutung der Zahlungsunfähigkeit entkräftende Sachverhalte vortragen.

2. Eröffnungsbeschluss – Aussetzung der Vollziehung durch das Rechtsbeschwerdegericht

Nach verschiedenen Fällen, in denen vorläufige Anordnungen oder gar Eröffnungsbeschlüsse an erheblichen Rechtsfehlern gelitten haben, stellt sich nachgerade zwangsläufig die Frage nach den Rechtsbehelfen, die dem Betroffenen gegen solche Entscheidungen zur Seite stehen. Der Gesetzgeber hat dies mit den §§ 21 Abs. 1 S. 2, § 34 Abs. 2 i.V.m. § 6 InsO nur grundsätzlich beantwortet.

> **Fall 23:** Insolvenzschuldnerin und ein weiterer Antragsteller hatten die Eröffnung des Insolvenzverfahrens beantragt, die schließlich erfolgte. Dagegen wandte sich – im Instanzenzug erfolglos – die durch den geschäftsführungsbefugten Gesellschafter vertretene Insolvenzschuldnerin schließlich mit der Rechtsbeschwerde, die zu begründen sie sich indes im „derzeitigen Stand des Verfahrens" außerstande sah. Sie konnte auch nicht darlegen, im beschwerdegerichtlichen Verfahren einen Antrag nach § 572 Abs. 3 ZPO a.F. (heute: § 570 Abs. 3 ZPO n.F.) gestellt zu haben, begehrte aber vom BGH die Aussetzung der Vollziehung im Wege einstweiliger Anordnung.

Der IX. Zivilsenat[169] hat hierzu festgestellt, das Rechtsbeschwerdegericht sei im Allgemeinen dazu kompetent, die Aussetzung der Vollziehung des Eröffnungsbeschlusses bzw. anderer erstinstanzlicher Entscheidungen im Wege einstweiliger Anordnung zu beschließen. Es erstaunt nicht, dass der Senat erkannt hat, dass im vorliegenden Fall die Voraussetzungen hierfür jedoch nicht vorlagen.

3. Anforderungen an die Forderungsanmeldung

Eine Reihe von Insolvenzgerichten haben bislang für eine wirksame Forderungsanmeldung gem. § 174 InsO die Vorlage von Urkunden – namentlich im Falle titulierter Forderungen: des Titels – im Original verlangt.

---

169 BGH, B. v. 21.3.2002, IX ZB 48/02, DZWIR 2002, 284 = ZIP 2002, 718.

Fall 24: Im vorliegenden Fall[170] hatte der frühere Prozessbevollmächtigte der Schuldnerin seine Vergütung als deren Prozessbevollmächtigter in Höhe von ca. DM 200 gerichtlich festsetzen lassen und versuchte vergeblich die Vollstreckung. Im eröffneten Insolvenzverfahren meldete er seine Forderung zur Tabelle an, wobei er lediglich unbeglaubigte Fotokopien der vollstreckbaren Ausfertigung des Vergütungsfestsetzungsbeschlusses und der Gebührenrechnungen beifügte. Daraufhin bestritt die Insolvenzverwalterin im Prüfungsverfahren die Forderung mit der Begründung, ihr hätten weder der Titel noch sonstige Unterlagen im Original vorgelegen. Im daraufhin durchgeführten Feststellungsprozess hat das AG als Prozessgericht die Forderung zur Tabelle festgestellt, wogegen sich die beklagte Insolvenzverwalterin erfolglos mit der Berufung gewandt hat.

Auch mit ihrer Revision ist die Beklagte erfolglos geblieben. Nach dem Wortlaut des § 174 Abs. 1 InsO sind die Urkunden, aus denen sich die Forderung ergibt, im Abdruck beizufügen. Der IX. Zivilsenat geht davon aus, dass damit sowohl dem Insolvenzverwalter als auch den übrigen Insolvenzgläubigern zur Prüfung der Ausübung ihrer Widerspruchsbefugnis (§ 178 Abs. 1 InsO) die Möglichkeit der Prüfung der angemeldeten Forderung eröffnet werden soll. Hierzu genügen Ablichtungen der entsprechenden Belege, während vom Gesetz die Vorlage von Originalen weder verlangt wird, noch sich eine entsprechende Notwendigkeit der Sache nach ergibt. Zwar sieht § 178 Abs. 2 S. 3 InsO vor, dass vom Urkundsbeamten der Geschäftsstelle des Insolvenzgerichts für den Fall der Feststellung der zugrunde liegenden Forderung dies auf Wechseln und sonstigen Schuldurkunden zu vermerken ist, da deren Indossamentfunktion ansonsten einen Missbrauch durch den Gläubiger ermöglichen würde. Für übrige Urkunden ist in der Literatur zwar teilweise vertreten worden, der Gläubiger müsse sie spätestens im Prüfungstermin einreichen, was aber vom BGH in der vorliegenden Entscheidung mit zutreffenden Argumenten abgelehnt wird. Zutreffend weist der IX. Zivilsenat darauf hin, dass für den Fall einer bereits titulierten Forderung, wie im vorliegenden Fall, eine Doppeltitulierung im Verlauf des Insolvenzverfahrens dadurch vermieden werden kann, dass das Insolvenzgericht die spätere Erteilung des vollstreckbaren Auszugs von der Vorlage des Originaltitels zum Zwecke von dessen Entwertung abhängig macht. M.a.W. ist die Vorlage von Originalurkunden nach der nunmehr vorliegenden Rechtsprechung des BGH keine zwingende Voraussetzung für die Feststellung der Forderung zur Tabelle. Dies gilt im Übrigen auch im Feststellungsprozess nach § 180 InsO, wie der IX. Zivilsenat zutreffend feststellt. Auch hier bedarf es der Vorlage des Originaltitels keinesfalls, da der Forderungsnachweis im Feststellungsrechtsstreit nicht an die Instrumentarien des Urkundsbeweises gebunden ist. Vielmehr kann der Nachweis des Bestehens der Forderung mit sämtlichen Beweismitteln geführt werden, die nach der ZPO zugelassen sind. Soweit daher der Insolvenzverwalter, oder soweit ein Gläubiger der Feststellung der angemeldeten Forderung zur Tabelle nur deswegen widerspricht, weil ihm das Original der entsprechenden Urkunde nicht vorgelegt worden ist, ist in einem derartigen Fall der Klage auf Feststellung deshalb stattzugeben, weil das Bestehen der Forderung in diesem Fall auch nicht inzidenter bestrit-

170 BGH, Urt. v. 1.12.2005, IX ZR 95/04, DZWIR 2006, 125 = ZIP 2006, 192.

ten worden ist. M.a.W. ist der auf die Nichtvorlage der Urkunde gestützte Widerspruch kein erhebliches Bestreiten gegenüber der angemeldeten Forderung. Freilich weist der IX. Zivilsenat in der vorliegenden Entscheidung darauf hin, dass der anmeldende Gläubiger einen Widerspruch des Insolvenzverwalters oder anderer Gläubiger provoziert. Der IX. Zivilsenat hat im Übrigen festgestellt, dass, wenn der Insolvenzverwalter wegen der Nichtvorlage von Originalurkunden im Prüfungsverfahren von seinem Widerspruchsrecht Gebrauch macht, er sich mit den angemeldeten Forderungen des Klägers in der Sache auseinanderzusetzen hat. Hierfür gelten die allgemeinen Grundsätze. Der Insolvenzverwalter kann sich daher wegen des Bestehens der Forderung nicht gem. § 138 Abs. 4 ZPO pauschal mit Nichtwissen erklären. Vielmehr muss er sich aus den Geschäftsunterlagen des Schuldners über zugrunde liegende Vorgänge unterrichten und notfalls den Schuldner befragen. Da dem Insolvenzverwalter nach § 174 Abs. 1 InsO jedenfalls Fotokopien der Belege für die konkret bezeichneten Forderungen vorliegen, stellt sein Widerspruch dann ein Zugeständnis des klägerischen Begehrens auf Feststellung der Forderung gem. § 138 Abs. 3 ZPO dar, wenn er die Forderung im Übrigen nicht substantiiert bestreitet.

4. Wirkung auf Prozesse

a) *Abgrenzung von Aktiv- und Passivprozessen*

§ 85 InsO bestimmt, dass Aktivprozesse, die vom Insolvenzschuldner als Partei[171] über das zur Insolvenzmasse gehörige Vermögen geführt werden, in der jeweiligen Lage vom Insolvenzverwalter aufgenommen werden können, in der sie sich zum Zeitpunkt der Eröffnung des Insolvenzverfahrens befinden.[172] Um einen Aktivprozess handelt es sich, wenn ein Recht geltend gemacht wird, das der später zu verteilenden Masse zukommt. *Jaeger* hat insofern eindrucksvoll vom „Teilungsmassestreit“ gesprochen.[173] Der Insolvenzschuldner nimmt in diesen Streitigkeiten ein Recht in Anspruch, das der Masse zugute kommt;[174] der Gegner ist insofern „Angegriffener“. Es kann ihm zugemutet werden, auf die Entscheidung über die Aufnahme des Prozesses durch den Insolvenzverwalter eine angemessene Frist zu warten.[175] Wird der (spätere) Gemeinschuldner als Beklagter dagegen vom Kläger mit der Behauptung eines Rechts prozessual in Anspruch genommen, das – nach Insolvenzeröffnung – dem Kläger ein Recht auf Aussonderung oder auf Absonderung oder auf Befriedigung aus der Insolvenzmasse als Massegläubiger (vgl. § 55 Abs. 2

---

171 *Jaeger/Henckel,* KO, § 10 Rdnr. 5, 8; KP-*Lüke,* § 85 Rdnr. 22ff.; einschränkend *Gottwald/Gerhardt,* Insolvenzrechts-Handbuch, § 32 Rdnr. 21; auf Parteirolle kommt es nicht an, MünchKomm-*Schumacher,* InsO § 85 Rdnr. 4.

172 Dies gilt auch für das selbständige Beweisverfahren: OLG Hamburg ZInsO 2001, 132; *Uhlenbruck,* InsO § 85 Rdnr. 1, 8.

173 *Jaeger,* Lehrbuch des Konkursrechts, 49.

174 HK-*Eickmann,* § 85 Rdnr. 5.

175 *Jaeger,* Lehrbuch des Konkursrechts, 49; *Gottwald/Gerhardt,* Insolvenzrechts-Handbuch, § 32 Rdnr. 31; MünchKomm-*Schumacher,* InsO § 85 Rdnr. 35.

InsO) verschaffen würde, greift § 86 InsO ein.[176] Danach können sowohl der Insolvenzverwalter als auch der Gegner diesen Prozess aufnehmen.[177] In einer Entscheidung hat der V. Zivilsenat des BGH[178] den Geltungsbereich des § 85 Abs. 1 InsO näher bestimmt und den Aktiv- vom Passivprozess abgegrenzt; folgender vereinfacht wiedergegebener Sachverhalt liegt der Entscheidung zugrunde:

Fall 25: Die Beklagte – über deren Vermögen später das Insolvenzverfahren eröffnet worden ist, verkaufte an die Klägerin ein Grundstück für DM 2.200.000,–. Mit ihrer Klage begehrt die Klägerin Zustimmung der Beklagten zur Wandelung des Kaufvertrages. Widerklagend begehrte die Beklagte die Verurteilung der Klägerin zur Kaufpreiszahlung. Das Landgericht wies die Klage ab und verurteilte entsprechend dem widerklagend gestellten Antrag die Klägerin zur Zahlung. Daraufhin leistete die Beklagte entsprechende Sicherheit, während die Klägerin den Klagbetrag zuzüglich Kosten zahlte. Auf die Berufung der Klägerin hin verurteilte das OLG unter Aufhebung des erstinstanzlichen Urteils zur Erstattung des von dieser gezahlten Betrages Zug um Zug gegen Freigabe der hinterlegten Sicherheit. Kurz nach Einlegung der Revision gegen das Berufungsurteil durch die Beklagte wurde über deren Vermögen das Insolvenzverfahren eröffnet. Nach Freigabe der mit der Widerklage geltend gemachten Kaufpreisforderung durch den Insolvenzverwalter hat die Beklagte die Aufnahme des Verfahrens erklärt.

Mit seinem Beschluss hat der BGH die Entscheidung über die Annahme der Revision „derzeit" abgelehnt, da die Unterbrechungswirkung des § 240 ZPO anhalte. Denn der Rechtsstreit sei nicht als Aktiv-, sondern als Passivprozess zu qualifizieren.

Die *Klage* sei nämlich darauf gerichtet, durch Erlangung der Zustimmung zur Wandelung die gegen die Klägerin für die Insolvenzmasse gerichtete Kaufpreisforderung endgültig zum Erlöschen zu bringen (vgl. heute: Rücktritt vom Vertrag gem. § 437 Nr. 2 BGB). Zutreffend führt der V. Zivilsenat aus, es komme insofern für die Qualifikation des Prozesses als Aktiv- oder Passivprozess nicht darauf an, in welcher Parteirolle der Insolvenzschuldner (als Kläger, Beklagter, Widerkläger oder Widerbeklagter) stehe. Ausschlaggebend sei allein, ob darüber gestritten wird, ob eine Leistung in die Masse zu erbringen sei – dann handelt es sich um einen Aktivprozess i.S.v. § 85 InsO –, oder ob eine in die Masse gelangte Leistung aus dieser herauszugeben sei – dann ist das Verfahren als Passivprozess i.S.v. § 86 InsO zu qualifizieren.

Wenn die zugunsten des Insolvenzschuldners ausgeurteilte Leistung erbracht und nach Aufhebung des erstinstanzlichen Urteils in der Rechtsmittelinstanz über seine Rückerstattung gestritten wird (§ 717 Abs. 2 S. 2 ZPO) wird Gegenstand des Rechtsstreits, ob der in die Masse geleistete Gegenstand in dieser verbleibt. Der V. Zivilsenat führt eindrucksvoll aus, dass „die Zahlung der Urteilssumme vor Eröffnung des Insolvenzverfahrens ... insoweit den vorherigen Aktivprozess in einen Passivprozess" wandele. Die Erklärung des Beklagten, den Prozess aufnehmen zu wollen, genügte daher nicht.

---

176 *Gottwald/Gerhardt,* Insolvenzrechts-Handbuch, § 32 Rdnr. 35. Zu den prozessualen Fragen vgl. weiter *Garlichs,* Passivprozesse des Testamentsvollstreckers, 1995.
177 MünchKomm-*Feiber* ZPO § 240 Rdnr. 33.
178 BGH, B. v. 12.2.2004, V ZR 288/03, ZIP 2004, 769.

b) *Aktivprozesse zur Masse*

Mit einem Urteil aus dem April 2005 hat der IX. Zivilsenat des BGH seine Judikatur zur näheren Bestimmung des Bereichs von Aktivprozessen der Masse ausgebaut.[179] Dabei ging es um folgenden Sachverhalt:

Fall 26: Der heutige Kläger war Mitgesellschafter einer Gesellschaft Bürgerlichen Rechts, deren Zweck es war, ein Fachwerkhaus zu erwerben, umzubauen, in Wohnungseigentum aufzuteilen und die einzelnen Eigentumseinheiten zu veräußern bzw. selber zu nutzen. Hierzu erbrachte der heutige Kläger Architektenleistungen. Seine vorläufige Kostenzusammenstellung über ca. 850.000 DM wurde von den tatsächlichen Baukosten in Höhe von DM 1,5 Mio. um nahezu das Doppelte überschritten, weshalb ihn seine Mitgesellschafter auf Schadenersatz in Anspruch nahmen. Vor dem LG Göttingen wurde der Kläger durch Teilurteil zur Zahlung von DM 380.000 nebst Zinsen verurteilt; das Urteil war für die heutigen Beklagten gegen Sicherheitsleistung in Höhe von DM 540.000 vorläufig vollstreckbar, die auch durch eine Bürgschaft der Sparkasse erbracht wurde. Nach Zustellung der Bürgschaft an den Kläger zahlte dieser insgesamt 563.000 DM. Das landgerichtliche Urteil wurde durch Urteil des OLG Celle danach aufgehoben und die Bürgschaftssumme von 540.000 DM an den Kläger ausgezahlt. Der Kläger nahm daraufhin seine früheren Mitgesellschafter gem. § 717 Abs. 2 ZPO auf Schadenersatz in Anspruch, wegen des von der Bürgschaft nicht gedeckten Betrages in Höhe von DM 23.000. Auf das zu seinen Gunsten hin ergangene Urteil hat allein der Beklagte zu sechs Berufung eingelegt, die als unzulässig verworfen wurde. Hiergegen hat der Beklagte zu sechs rechtzeitig begründete Revision eingelegt. Der auf den 06.06.2002 anberaumte Termin zur mündlichen Verhandlung ist indes aufgehoben worden, nachdem bekannt geworden war, dass über das Vermögen des Beklagten am 4.6.2002 das Insolvenzverfahren eröffnet worden ist. Mit Schriftsatz des Insolvenzverwalters vom 1.7.2004 hat dieser dem erstinstanzlichen Prozessbevollmächtigten des Klägers gegenüber erklärt, dass er nicht beabsichtige, das Verfahren aufzunehmen. Darauf hat der Kläger mit Schriftsatz vom 29.11.2004 die Wiederaufnahme des Rechtsstreits erklärt und beantragt, das Verfahren fortzusetzen. Dabei trägt der Kläger vor, es liege ein Aktivprozess vor, denn der Kläger habe aufgrund des Instanzurteils zwar keine Zahlung erhalten, jedoch Sicherheitsleistung erwirkt. Dies begründet der Kläger mit einer seinem Aufnahmeschriftsatz in Ablichtung beigefügten Urkunde vom 15.12.1998, mit der die Sparkasse unter Bezugnahme eine Bankbürgschaft in Höhe von 147.000 DM zur Abwendung der Vollstreckung begründet.

Die gegen den Insolvenzschuldner gerichtete Klage auf Schadenersatz aus § 717 Abs. 2 ZPO ist als Schuldenmassestreit gem. § 87 InsO zu qualifizieren, der nach Eröffnung des Insolvenzverfahrens über das Vermögen des Beklagten einer Fortsetzung bzw. einer Aufnahme durch den Kläger nicht zugänglich ist. Vielmehr wird der Schuldenmassestreit gem. § 240 ZPO bis zur Beendigung des Insolvenzverfahrens unterbrochen; dem Kläger bleibt es unbenommen, seine Forderung durch Anmeldung zur Tabelle zu betreiben. Der IX. Zivilsenat des BGH stellt zutreffend fest, dass die Qualifikation eines Prozesses als Aktiv- oder Passivprozess nicht von der formellen Parteirolle abhängig ist, sondern danach zu beurteilen ist, ob in dem anhängigen Rechtstreit über die Pflicht zu einer Leistung gestritten wird, die in die Masse zu gelangen hat.[180]

---

179 BGH, B. v. 14.4.2005, IX ZR 221/04, DZWIR 2005, 512 = ZIP 2005, 952.
180 BGH, Urt. v. 27.3.1995, II ZR 140/93, ZIP 1995, 643 m. Anm. *Weipert*, EWiR 1995, 893.

Mit seiner Entscheidung aus dem Jahre 2004[181] hat der BGH bereits erkannt, dass, wenn der Titelschuldner im Rechtsmittelverfahren wegen seiner Leistung gem. § 717 Abs. 2 ZPO Ersatz verlangt, die er aufgrund eines vom Insolvenzschuldner vorinstanzlich titulierten Anspruchs erbracht hat, ein Aktivprozess nicht vorliegt. Die besondere Situation im vorliegenden Fall liegt darin, dass, anders als in dem vom V. Zivilsenat entschiedenen Fall es nicht um einen im Rechtsmittelverfahren anhängig gemachten Anspruch aus § 717 Abs. 2 ZPO geht, sondern der Schadenersatzanspruch in dem Verfahren, auf das hin das vorliegende Urteil ergangen ist, gesondert eingeklagt worden ist. Dies aber begründet – wie der IX. Zivilsenat des BGH überzeugend ausführt – keinen rechtserheblichen Unterschied für die Frage, ob ein Aktiv- oder Passivprozess vorliegt.

Der Umstand, dass der durch die vorangegangene Zwangsvollstreckung seitens des Beklagten geschädigte Kläger mit seinem Anspruch aus § 717 Abs. 2 ZPO durch die nach § 711 ZPO zu stellende Bürgschaft gesichert ist, begründet, wie der BGH im Jahr 2004 bereits ausgeführt hat, keine abweichende Betrachtung. Daher ist der Kläger zu einer Aufnahme nach § 86 InsO nicht befugt.

c) Prozesskosten als Masseforderungen oder Insolvenzforderungen

Das OLG Köln[182] hatte über folgenden Fall zu entscheiden:

Fall 27: Der Kläger hatte bei dem späteren Insolvenzschuldner ein Kraftfahrzeug erworben. Gegen den Beklagten erhob der Kläger Klage auf Wandlung des Kaufvertrags. Im Verlauf des Prozesses wurde über das Vermögen des Beklagten das Insolvenzverfahren eröffnet. Der Beklagte nahm das Verfahren als Insolvenzverwalter auf. Der Prozess wurde dann durch einen Vergleich beendet, in dem u.a. die Kosten des Rechtsstreits einschließlich des Vergleichs gegeneinander aufgehoben wurden. Der allein gebotene Ausgleich der Gerichtskosten erfolgte dadurch, dass von dem Beklagten Kosten i.H.v. 132,50 € an den Kläger zu erstatten seien. Der Insolvenzverwalter legte gegen den diesbezüglichen Beschluss sofortige Beschwerde ein, mit der er das Begehren verfolgte, die Gerichtskosten als Insolvenzforderung festzusetzen.

Das OLG Köln hat, nachdem das LG als Beschwerdegericht der Beschwerde nicht abgeholfen hat, ebenfalls die Beschwerde in der Sache abgewiesen. Im Vergleich war nämlich eine Trennung der Kosten nach Verfahrensabschnitten oder Rechtszügen nicht vorgenommen worden, so dass nicht mehr auszumachen war, wie weit sich die angefallenen Kosten auf die Zeit vor Eröffnung des Insolvenzverfahrens bezogen hatten. Eine solche Kostenspaltung bei der Kostengrundentscheidung macht es möglich, die angefallenen Kosten als Insolvenzforderung oder als Masseverbindlichkeit differenziert nachzuweisen. Ist diese Unterscheidung bzw. Kostenspaltung unterblieben, kann sie im Kostenfestsetzungsverfahren nicht nachgeholt werden. Denn dies würde einer unzulässigen Änderung des Kostentitels gleich kommen.

181 BGH, B. v. 12.2.2004, V ZR 288/03, ZIP 2004, 769 m. Anm. *Johlke/Schröder*, EWiR 2004, 813.
182 OLG Köln, B. v. 10. 9. 2004, 17 W 150/04, ZIP 2004, 2247.

Der BFH[183] hatte allerdings im Anschluss an die überwiegende Auffassung in Rechtsprechung und Lehre entschieden, dass über eine Aufteilung der Kosten bei Prozessaufnahme durch den Insolvenzverwalter nicht im Rahmen der Kostengrundentscheidung zu befinden sei. Vielmehr sei im Rahmen der Kostenerhebung durch den Kostenbeamten im Kostenfestsetzungs- und Kostenansatzverfahren zu befinden. Die Kostengrundentscheidung binde den Kostenbeamten insofern nicht. Das OLG Köln hat in seinem vorliegenden Beschluss offen gelassen, ob dies zutreffend ist. Denn im vorliegenden Fall sei die Kostenregelung nicht im Rahmen einer streitigen Entscheidung erfolgt, sondern Gegenstand eines von den Parteien einschließlich der Kostenfolge geschlossenen Vergleichs gewesen. Nicht nur den Streitgegenstand zur Hauptsache, sondern auch die Kostenfolge der gerichtlichen Entscheidung hätten die Parteien der Entscheidungsbefugnis des Gerichts entzogen. Daher sei in dem gerichtlichen Vergleich eine vertragliche Regelung zu sehen, der einer weiteren Differenzierung im Kostenfestsetzungsverfahren nicht zugänglich sei. Im vorliegenden Fall kam hinzu, dass sich der beklagte Insolvenzverwalter wegen der vergleichsweisen Hauptforderung ausdrücklich zu deren Feststellung zur Insolvenztabelle verpflichtet hatte. Eine entsprechende Einschränkung im Hinblick auf die Kosten war in den Vergleich nicht aufgenommen worden. Daher war die Beschwerde des Insolvenzverwalters als Petitum nach einer nachträglichen Änderung des Kostenbeschlusses anzusehen, dem nicht stattgegeben werden konnte. Die Vergleichskosten waren daher – im Übrigen zulässigerweise – als Masseverbindlichkeiten im Sinne von § 55 Abs. 1 Nr. 1 InsO anzusehen.

Die vom OLG Köln behandelte Frage der Kostenteilung im Hinblick auf Insolvenzforderung und Masseverbindlichkeiten war in einer anderen Konstellation Gegenstand eines Beschlusses des BGH.[184] Der Entscheidung lag folgender Sachverhalt zugrunde:

Fall 28: Während des Revisionsverfahrens war am 27.2.2003 über das Vermögen des früheren Klägers das Insolvenzverfahren eröffnet worden. Die auf Zahlung von Provisionen gerichtete Klage hatte in den Vorinstanzen keinen Erfolg. Wegen eines Teilbetrages war die Revision des Insolvenzschuldners durch Beschluss vom 28. 11. 2002 angenommen worden, im Übrigen verworfen und damit die Klageabweisung durch die Vorinstanzen bestätigt worden. Nach der entsprechenden Senatsentscheidung war das Verfahren durch den Insolvenzverwalter aufgenommen worden. Durch Senatsurteil vom 6.5.2004 wurde auf die Revision des Klägers hin, das Urteil der Vorinstanz im Kostenpunkt und insoweit aufgehoben, als es die Provisionsansprüche betraf, die mit der angenommenen Revision verfolgt wurden. Den Streitwert bemaß der Senat für die Zeit bis zur Teilannahme der Revision auf ca. 78.000 €, für die Zeit danach auf 32.000 €. Hieraus hat die Kostenbeamtin dem Insolvenzverwalter unter Verrechnung von ihm geleisteter Vorschüsse Verfahrensgebühren in Rechnung gestellt. Dagegen hat sich der Insolvenzverwalter mit der Erinnerung verwahrt und ausgeführt, Verfahrens- sowie Urteilsgebühr würden mit Einreichung der Rechtsmittelschrift fällig. Die Revision sei vor Eröffnung des Insolvenzverfahrens eingelegt und begründet worden, daher handelt es sich bei den Gebühren um Insolvenzforderungen gemäß § 38 InsO, die im Insolvenzverfahren anzumelden seien und mit einer Dividende berücksichtigt würden.

---

183 BFH, Urt. v. 10.7.2002, I R 69/00, ZIP 2002, 2225.
184 BGH, B. v. 28.10.2004 – III ZR 297/03, DZWIR 2005, 128 = ZIP 2004, 2293.

Nach Nichtabhilfe durch die Kostenbeamtin hat der III. Zivilsenat zu entscheiden gehabt. Die Aufnahme des Verfahrens durch den Insolvenzverwalter auf Klägerseite nach der Teilannahme der Revision durch den erkennenden Senat stellt sich als Handlung des Insolvenzverwalters dar, die, führt sie zu Gerichtskosten, diese als Masseverbindlichkeiten im Sinne von § 55 Abs. 1 Nr. 1 InsO qualifizieren lässt. Über diese, als Masseverbindlichkeiten zu qualifizierenden Kosten, ist aber mit den Gerichtskosten, die aus der Prozessführung des (späteren) Insolvenzschuldners herrühren, auf der Basis des Grundsatzes der Einheitlichkeit der Kostenentscheidung gemeinsam zu entscheiden. Gleichwohl bedarf es aber insolvenzrechtlich einer Differenzierung. Wollte man dies nicht vornehmen, würde ein zunächst als Insolvenzforderung begründeter Anspruch infolge der Aufnahme des Prozesses durch den Verwalter zu einer Masseverbindlichkeit „erstarkt“. Damit würde eine insolvenzrechtlich nicht gebotene Besserstellung jener Gläubiger gegenüber den anderen Insolvenzgläubigern bewirkt.[185] Der Senat hat sich daher einer verbreiteten Auffassung angeschlossen, dass auch kostenrechtlich Insolvenzforderungen und Masseverbindlichkeiten voneinander zu trennen seien.[186]

d) *Zulässigkeit der Insolvenzfeststellungsklage*

Im „Wandelungsfall“[187] hatte der Kläger hilfsweise beantragt, seinen Schadenersatzanspruch gem. § 103 Abs. 2 InsO zur Tabelle festzustellen. Ein Anmeldungs- und Prüfungsverfahren im Rahmen des über das Vermögen der Verkäuferin eröffneten Insolvenzverfahrens war dem nicht vorangegangen. Denn der Kläger hatte im Insolvenzverfahren nicht den nach § 103 Abs. 2 InsO zu berechnenden Differenzschaden[188] zur Tabelle angemeldet, sondern seinen wandelungsrechtlichen Rückgewähranspruch. Da die Forderungsanmeldung funktionales Äquivalent einer klagweisen Geltendmachung des Anspruchs ist, behandelt der BGH den vom Kläger erhobenen Hilfsantrag bezogen auf das Insolvenzverfahren – auf das mit dem begehrten Feststellungsurteil eingewirkt werden soll – als Klageänderung. Im *Allgemeinen* wird die Umstellung des vorkonkurslich erhobenen Leistungs- auf den insolvenzrechtlichen Feststellungsantrag gem. § 180 InsO mit der Judikatur des BGH[189] freilich für zulässig erachtet.[190]

Der ursprünglich erhobene, auf Leistung gerichtete Antrag wird unzulässig. Nach § 180 Abs. 2 InsO ist diese Klage „durch Aufnahme“ (§ 240 ZPO) zu verfolgen[191]. Mit der Minute der Eröffnung des Insolvenzverfahrens über das Vermögen des Schuldners beginnt die Unterbrechung des Prozesses[192]; mit der Einsetzung des Verwalters

---

185 A.A. OLG Düsseldorf, B. v. 23.1.2001, 10 W 1/01, ZInsO 2001, 560, 561.
186 OLG Rostock, Urt. v. 5.11.2001, 3 U 168/99, ZIP 2001, 2145 f.; OLG Hamm, ZIP 1994, 1547 f.
187 BGH, Urt. v. 23.10.2003, IX ZR 165/02, DZWIR 2004, 200 = ZIP 2003, 2379 m. Anm. von *Holzer,* EWiR 2004, 191.
188 *Smid,* InsO. Kommentar, 2. Aufl. 2002, § 103 Rdnr. 55.
189 BGH, Urt. v. 8.11.1961, VIII ZR 149/60, NJW 1962, 153, 154 f.
190 Vgl. statt aller allein MünchKomm-*Lüke* ZPO § 264 Rdnr. 32.
191 NR-*Wittkowski,* § 87 Rdnr. 8 ff.
192 MünchKomm/*Feiber,* ZPO, § 240 Rdnr. 28.

durch Wirksamwerden des Eröffnungsbeschlusses endet im Allgemeinen die Prozessführungsbefugnis des Insolvenzschuldners.[193]

Damit der Kläger aber anstelle der zunächst geforderten Leistung (Rückzahlung des Kaufpreises) Verurteilung des beklagten Insolvenzverwalters verlangen kann, eine Schadenersatzforderung zur Tabelle aufzunehmen, müssen für diesen neuen Antrag die Prozessvoraussetzungen gegeben sein. Die Unterbrechung des vorkonkurslich rechtshängig gemachten Leistungsprozesses, der nicht unter § 86 InsO fällt, sondern eine Insolvenzforderung zum Gegenstand hat (*Passivprozess zur Schuldenmasse*), bleibt bis zum Prüfungstermin unterbrochen.[194] Der klagende Insolvenzgläubiger kann den Prozess erst unter der Voraussetzung aufnehmen, dass seine angemeldete und geprüfte Forderung bestritten worden ist.[195]

Die Forderung wird nicht festgestellt, wenn der Verwalter oder ein Insolvenzgläubiger (§ 38 InsO) einer angemeldeten Forderung widerspricht[196]; dies kann nur mündlich im Prüfungstermin erfolgen[197]. Wird festgestellt, dass dem Gläubiger einer bestrittenen Forderung die Forderung zustehe, so muss nicht nur der unterlegene Bestreitende, sondern müssen alle Insolvenzgläubiger diese Entscheidung gem. § 178 Abs. 3 InsO gegen sich gelten lassen[198]; das Urteil tritt m.a.W. an die Stelle der Prüfung und Anerkennung der Forderung.[199]

Hatte wie in dem vom BGH entschiedenen „Wandelungsfall" der Kläger der Feststellungsklage gem. § 180 InsO eine von der streitgegenständlichen abweichende, *andere* Forderung zur Tabelle angemeldet, wird die Klage mit der Umstellung auf die andere Forderung unzulässig. Denn in dem vom IX. Zivilsenat entschiedenen Fall war die Schadenersatzforderung des Klägers nicht geprüft und bestritten worden.

e) *Unzulässigkeit der Insolvenzfeststellungsklage bei fehlender Anmeldung und Prüfung der Forderung*

Das BAG[200] hat ebenfalls darauf erkannt, dass eine Insolvenzfeststellungsklage unzulässig ist, wenn die Klageforderung im Insolvenzverfahren weder angemeldet, noch geprüft, noch bestritten worden ist. Anmeldung, Prüfung und Bestreiten seien Sachurteilsvoraussetzungen, die von Amts wegen in jeder Lage des Verfahrens zu prüfen seien. Dem lag folgender Sachverhalt zugrunde:

---

193 *Smid*, InsO. Kommentar, 2. Aufl. 2002, § 87 Rdnr. 5.
194 MünchKomm-*Feiber* ZPO § 240 Rdnr. 34.
195 MünchKomm-*Feiber* ZPO § 240 Rdnr. 34.
196 *Smid*, InsO. Kommentar, 2. Aufl. 2002, § 178 Rdnr. 2.
197 RG, Urt. v. 3.3.1904, I 466/03, RGZ 57, 270, 274; KS-*Eckardt* 743, 756 Rdnr. 25; *Kuhn/Uhlenbruck*, KO, § 144 Rdnr. 2 e; K/P-*Pape*, § 176 Rdnr. 6; a.A. Nr-*Becker*, § 176 Rdnr. 21.
198 *Jaeger/Weber*, KO, § 147 Rdnr. 1; *Kuhn/Uhlenbruck*, KO, § 147 Rdnr. 1; krit. mit Rücksicht auf eine mögliche Konstellation mehrerer erhobener Widersprüche und darauf gründenden Feststellungsklagen KS-*Eckardt*, 743, 775 f. Rdnr. 58.
199 RG, Urt. v. 1.7.1903, Rep. V 78/03, RGZ 55, 158, 160; RG, Urt. v. 4.7.1904, Rep. VI 309/93, RGZ 58, 369, 375; *Smid*, InsO. Kommentar, 2. Aufl. 2002, § 183 Rdnr. 2.
200 BAG, Urt. v. 16.6.2004 – 5 AZR 521/03, ZIP 2004, 1867.

Fall 29: Der Kläger, ein früherer Arbeitnehmer der insolvenzschuldnerischen GmbH, hat gegen den beklagten Insolvenzverwalter Feststellung begehrt, dass ihm eine Forderung gegen die insolvenzschuldnerische GmbH zustehe. Diese Forderung hatte der Kläger, der mit seiner Forderung Insolvenzgläubiger im Sinne von § 38 InsO ist, im Insolvenzverfahren nicht angemeldet. Folglich ist sie weder geprüft noch bestritten worden. Das BAG schließt sich mit seiner Erkenntnis der Judikatur des BGH zu den Sachurteilsvoraussetzungen der Insolvenzfeststellungsklage an.[201]

In diesem Zusammenhang tun sich für den klagenden Insolvenzgläubiger Risiken auf. Denn das Prozessgericht hat zwar von Amts wegen das Vorliegen der Anmeldung, Prüfung und des Bestreitens der Forderung im Insolvenzverfahren als Sachurteilsvoraussetzung zu prüfen. Dass aber diese Prozessvoraussetzungen vorliegen, ist von den Parteien darzutun. Die Parteien – also der Insolvenzgläubiger – haben die Zulässigkeitsvoraussetzungen darzutun und hierfür die erforderlichen Nachweise zu beschaffen. Die Verpflichtung des Prozessgerichts zur amtswegigen Prüfung hat demzufolge nicht die Konsequenz, dass er sich nicht darauf verlassen kann, es ergebe sich die Anmeldung, die Prüfung und das Bestreiten seiner Forderung etwa aus beizuziehenden Insolvenzakten. Trägt nämlich der klagende Insolvenzgläubiger nichts zu diesen Zulässigkeitsvoraussetzungen der Insolvenzstellungsklage vor und legt der beklagte Insolvenzverwalter spätestens in der Revision seinerseits dar, es sei keine Anmeldung zur Tabelle erfolgt, ist noch in der Revisionsinstanz die Klage als unzulässig abzuweisen.

5. Abweisung mangels Masse

a) *Masseunzulängliche Verfahren und Deckung der Vergütung durch die Staatskasse*

Fall 30: Mit Beschluss vom 22.1.2004[202] hat der BGH die Frage zu entscheiden gehabt, welche vergütungsrechtlichen Folgen sich daraus ergeben, dass ein vorläufiger Insolvenzverwalter nach Eigenantrag durch den Schuldner vom Insolvenzgericht bestellt worden ist und sich herausstellt, dass das Schuldnervermögen die Vergütung und die Auslagen des vorläufigen Insolvenzverwalters zu decken nicht ausreicht.

Unter Geltung der Konkursordnung hatte der BGH eine Ausfallhaftung der Staatskasse verneint[203]. Diese Entscheidung ist nicht unumstritten geblieben. Nachdem die streitige Frage von der InsO nicht beantwortet worden ist, hat ein erheblicher Teil in der Literatur[204] die Auffassung vertreten, der Staat müsse für die Vergütung und die Auslagen des vorläufigen Insolvenzverwalters in derartigen Fällen ein-

201 BGH, Urt. v. 23.10.2003, IX ZR 165/02, DZWIR 2004, 200 mit Anm. *Becker* = ZIP 2003, 2379.
202 BGH, B. v. 22.1.2004, IX ZB 123/103, DZWIR 2004, 418 = ZIP 2004, 571 = BGHZ 157, 370.
203 BGH, Urt. v. 5.2.1981, III ZR 66/80, ZIP 1981, 365.
204 Graeber, Die Vergütung des vorläufigen Insolvenzverwalters gem. § 11 InsVV 2003, 98 ff., m.w.N.

treten. Denn andernfalls werde der vorläufige Insolvenzverwalter vom Gericht bestellt und müsse zum Teil in erheblichem Umfang Leistungen erbringen, ohne einen gesicherten Anspruch auf Vergütung zu haben. Nachdem das Bundesverfassungsgericht die Tätigkeit des Insolvenzverwalters unter den Schutz des Art. 12 Abs. 1 GG gestellt hat, scheint dies eine derartige Ausfallhaftung des Staates für die Vergütung des vorläufigen Insolvenzverwalters nach gerade zu erzwingen. Denn andernfalls droht – so die Verfechter einer solchen Ausfallhaftung – der vorläufige Insolvenzverwalter zu Arbeiten herangezogen zu werden, für die er im Zweifelsfall eine Vergütung nicht durchsetzen kann.

Dem ist der BGH mit beachtlichen Gründen nunmehr auch zur Rechtslage unter der InsO entgegengetreten. Betrachtet man die Frage verfassungsrechtlich, ergibt sich die Ablehnung einer derartigen Ausfallhaftung aber nicht daraus, dass der vorläufige Insolvenzverwalter erwarten könne, wenn auch nicht aus dem konkreten Verfahren, so doch aus anderen, lukrativen Verfahren eine Vergütung erhalten zu können. Eine derartige Betrachtungsweise hat das Bundesverfassungsgericht[205] für den Bereich der beruflichen Inanspruchnahme von Berufsvormündern abgelehnt, während es aber ausgesprochen hat, dass im Rahmen der rechtsanwaltlichen Tätigkeit die Gebührensätze einer Mischkalkulation entsprechen dürfen[206]. Im Falle des Eigenantrags des Schuldners soll, so der IX. Zivilsenat des BGH, die Gefahr eines Ausfalls des vorläufigen Insolvenzverwalters dadurch verringert werden, dass das Insolvenzgericht bei erkennbarer Masseunzulänglichkeit von der Anordnung der vorläufigen Insolvenzverwaltung von vornherein abzusehen und anstatt dessen lediglich ein Gutachtenauftrag zu erteilen hat. Andernfalls bestehe eine Amtshaftung wegen der Vergütung der Auslagen des vorläufigen Insolvenzverwalters – wobei derartige Ansprüche, will der vorläufige Insolvenzverwalter bei dem Gericht weiter bestellt werden, wohl kaum realistisch durchsetzbar sein dürften.[207] Dagegen trägt eine weitere Erwägung des BGH mehr: Der IX. Zivilsenat weist nämlich darauf hin, dass gem. § 25 Abs. 2 S. 1 InsO der vorläufige Insolvenzverwalter, soweit auf ihn die Verfügungsbefugnis über das Vermögen des Schuldners gem. § 22 Abs. 1 InsO übergegangen ist, vor der Aufhebung seiner Bestellung aus dem von ihm verwalteten Vermögen die entstandenen Kosten zu berichtigen hat. Dies gilt auch dann, wenn der Eröffnungsantrag abgelehnt werden soll. Denn der vorläufige Insolvenzverwalter kann durch seine Gutachtertätigkeit den Zeitpunkt der Ablehnung beeinflussen, da er der vom Insolvenzgericht bestellte Gutachter ist, der die Entscheidungsgrundlage des Insolvenzgerichts herstellt. Die Erwägung verweist darauf, dass der dem vorläufigen Verwalter zugemutete Ausfall dadurch reduziert wird, dass seine gutachterliche Tätigkeit in jedem Fall aus der Staatskasse entlohnt wird. Dies folgt, wie der IX. Zivilsenat feststellt, aus den §§ 3, 8, 15, 16 ZSEG. Es ob-

---

205 BVerfG, B. v. 1.7.1980, 1 BvR 349/75, 1 BvR 378/76, NJW 1980, 2179 ff. = BVerfGE, 54, 251, 272 f.

206 BVerfG NJW 2003, 737, 738.

207 Vgl. hierzu die interessanten strafrechtlichen Ausführungen von *Weyand* ZInsO 2005, 635 f.

liegt daher im Wesentlichen dem Verantwortungsbereich des vorläufigen Insolvenzverwalters, durch eine rasche Erstellung eines Gutachtens, aus dem sich jedenfalls die Rahmenbedingungen für die vorläufige Anordnung nach § 21 InsO ergeben, dafür Sorge zu tragen, dass ein unverhältnismäßiger Aufwand mit der Anordnung einer vorläufigen Insolvenzverwaltung gar nicht erst getrieben und er daher dem Risiko eines Ausfalls nicht ausgesetzt wird. Ist dies nicht von vornherein in einem vorbereitenden Gutachten festzustellen, ist der vorläufige Insolvenzverwalter aber doch berechtigt und verpflichtet, seine Tätigkeit gar nicht erst aufzunehmen oder jedenfalls sofort einzustellen, wenn er erkennt, dass nicht einmal die Kosten der vorläufigen Verwaltung gedeckt sind, wie der BGH in der Entscheidung festgestellt hat.

Der Beschluss des IX. Zivilsenats ist aus zweierlei Gründen hilfreich. Er zeigt, dass die Diskussion um eine Ausfallhaftung des Staates für vergeblich aufgewandte Auslagen und Vergütungsansprüche des vorläufigen Insolvenzverwalters im Wesentlichen ein entscheidendes Problem betrifft. Eine Reihe von Fragen lässt die vorliegende Entscheidung allerdings teils unbeantwortet, teils hat sich der IX. Zivilsenat mit einem obiter dictum geäußert, das in seiner vollen Tragweite der Auslotung bedürfte. So hat der IX. Zivilsenat ausdrücklich offen gelassen, ob eine Ausfallhaftung des Staates dann eingreift, wenn dem vorläufigen Insolvenzverwalter die Durchführung von Zustellungen gem. § 21 Abs. 2 Nr. 1 i.V.m. § 8 Abs. 3 InsO vom Gericht übertragen worden ist. Hierbei handelt es sich um außerordentlich kostenträchtige Aufgaben, die der vorläufige Insolvenzverwalter im Unterschied zu dem Umfang seiner übrigen Auslagen und seiner Vergütung nicht kontrollieren kann. Allerdings ist auch in diesem Zusammenhang darauf aufmerksam zu machen, dass der vorläufige Insolvenzverwalter nach einer ersten Inaugenscheinnahme des schuldnerischen Betriebes (vgl. § 5 Abs. 1 S. 1 InsO) das Gericht darauf hinweisen sollte, von einer derartigen Beauftragung Abstand zu nehmen. Schwieriger ist die Frage zu beurteilen, was zu geschehen hat, wenn ein Fremdantrag eines Gläubigers gestellt worden ist. Der IX. Zivilsenat hat mit dem vorliegenden Beschluss in einem obiter dictum die Auffassung vertreten, dass jedenfalls für den Fall, in dem fehlende Verfahrenskostendeckung vorliegt, eine „Zweithaftung" des Antrag stellenden Gläubigers grundsätzlich nicht eingreife. Im Ergebnis spricht einiges für die Richtigkeit der vom BGH geäußerten Ansichten: denn eine Kostenhaftung des Gläubigers kommt nur dann in Betracht, wenn er einen unberechtigten Antrag gestellt hat (vgl. § 4 InsO i.V.m. § 91 ZPO). Das ist aber nur dann der Fall, wenn entweder die Forderung des Gläubigers nicht besteht oder ein Eröffnungsgrund auf der Seite des Schuldners nicht vorliegt.

b) § 26 I InsO

aa) Anforderungen an die Abweisung mangels Masse

Der IX. Zivilsenat hat die verfahrensrechtlichen Anforderungen konkretisiert, die an die Abweisung der Eröffnung des Verfahrens mangels Masse zu stellen sind.

Dem lag folgender Sachverhalt zugrunde:

> **Fall 31:** Die Schuldnerin wehrt sich mit der Rechtsbeschwerde gegen die Abweisung der Eröffnung des Verfahrens über ihr Vermögen mit dem Vortrag, ihr sei zuvor nicht hinreichend rechtliches Gehör gewährt worden. Denn sie habe zwar von dem Sachverständigen erteilten Gutachtenauftrag und davon Kenntnis erhalten, dass ein Massekostenvorschuss vom Gläubiger angefordert worden sei. Davon, dass die Zahlung des Massekostenvorschusses unterblieben sei, sei sie aber nicht unterrichtet worden.

Der IX. Zivilsenat hat die Rechtsbeschwerde als unzulässig verworfen, aber zur Sache ausgeführt, dem Schuldner werde durch die Mitteilung der Entscheidungen des Insolvenzgerichts gem. §§ 5 Abs. 1 S. 2 und 21 InsO sowie des Ergebnisses eines Gutachtens hinreichend rechtliches Gehör gewährt. Wäre dies nicht der Fall gewesen, wäre das Beschwerdeverfahren als geeignet anzusehen, die Gewährung rechtlichen Gehörs an den Schuldner nachzuholen.[208]

bb) Auskunftsrechte der Gläubiger

Das Insolvenzgericht hat den Gläubigern Auskunft zu erteilen[209]. Dies hat das OLG Celle in einem eindrucksvoll begründeten Beschluss[210] bestätigt. Dies gilt insbesondere in Fällen, in denen gem. § 26 InsO die Eröffnung des Verfahrens mangels Masse abgelehnt wird[211]. Ohne ein Akteneinsichtsrecht bliebe die Tätigkeit des vorläufigen Verwalters im Dunkeln; es wäre ein *Geheimverfahren* organisiert, gegen dessen Entscheidungen sogar – legt man den Wortlaut des Gesetzes zugrunde – Rechtsmittel nicht statthaft wären! Die Gläubiger müssten gegen einen Schuldner, dessen Armut mit dem Ablehnungsbeschluss offenkundig wäre, zunächst prozessieren, um im Vollstreckungsverfahren Auskünfte auf dem Weg der eidesstattlichen Versicherung zu erlangen. Gerade in das vom vorläufigen Verwalter erstellte Gutachten aber müssen die Gläubiger Einsicht nehmen können, um die Haftung des Schuldners, aber auch des vorläufigen Verwalters (!) realisieren zu können[212]. Demgegenüber mit einem „Persönlichkeitsschutz" des vorläufigen Verwalters zu argumentieren, verfehlt nicht nur die Reichweite des Grundrechtsschutzes, den natürlich nicht der Gutachter im gerichtlichen Verfahren wegen seiner Schriftsätze geltend machen kann, die gerade *für die Gläubiger* ausgearbeitet werden: Diese Auffassung öffnet Unterschleif, Missbrauch und kriminellen Verfehlungen Tür und Tor. Das Persönlich-

208 BGH, B. v. 16.10.2003, IX ZB 475/02, ZVI 2004, 24.
209 OLG Köln, B. v. 3.5.1999, 7 VA 6/98; ZIP 1999, 1445; Brandenburgisches OLG, B. v. 10.8.1998, 2 VA 11/97, DZWIR 1999, 80 m. Anm. *Holzer* = NZI 1999, 503; LG Potsdam, B. v. 25.3. 1997, 5 T 751/96, ZIP 1997, 987 m. zust. Anm. *Uhlenbruck*, EWiR 1997, 699. AG Cuxhaven, B. v. 1.3.2000, 12 IN 71/99, DZWIR 2000, 259; Falsch: AG Potsdam, B. v. 27.8.1997, 35 N 727/96, Rpfleger 1998, 37. Zum Zwangsverwaltungsverfahren: OLG Stuttgart, B. v. 3.6.1997, 19 VA 6/97, OLGR 1997, 66. A. A. *Haarmeyer*, InVo 1997, 254.
210 OLG Celle, B. v. 12.1.2004, 2 W 95/03, ZIP 2004, 368; vgl. weiter ZIP 2004, 370 = OLG Celle, B. v. 19.1.2004.
211 OLG Braunschweig, B. v. 8.11.1996, VAs 1/96, ZIP 1997, 894 m. Anm. *Pape*, EWiR 1997, 373; OLG Naumburg, B. v. 29.10.1996, 5 VA 4/96, ZIP 1997, 895 m. abl. Anm. *Haarmeyer*, EWiR 1997, 457.
212 *Pape*, ZIP 1997, 1369; HK-*Kirchhof*, § 4 Rdnr. 12.

keitsrecht des vorläufigen Verwalters wird nicht in schutzwürdiger Weise betroffen, wenn er gesetzestreu gearbeitet hat; er bedarf keines Schutzes, wenn er fehlerhaft gehandelt hat. Das Recht auf informationelle Selbstbestimmung[213] wird auch nicht im Ansatz dadurch betroffen, dass die Verfahrensbeteiligten Einsicht in die für ihre und des Gerichts Unterrichtung erstellten Gutachten nehmen. Die Gewährung von Akteneinsicht entspricht daher dem Grundsatz der Gewährung rechtlichen Gehörs (Art. 103 Abs. 1 GG) und dient der pragmatischen Durchführung des im Interesse der Gläubiger abzuwickelnden Verfahrens. Sowohl im eröffneten als auch im mangels Masse nicht eröffneten Verfahren ergibt sich das *Akteneinsichtsrecht* der Gläubiger gem. § 4 InsO aus § 299 Abs. 1 ZPO, für Dritte aus § 299 Abs. 2 ZPO[214]. Das Recht erstreckt sich auch auf das Gutachten, § 299 Abs. 3 ZPO ist nicht einschlägig[215]. Das Akteneinsichtsrecht besteht auch im Falle des Eigenantrages des Schuldners[216]. Ein nicht am Insolvenzverfahren Beteiligter kann demgegenüber kein Akteneinsichtsrecht geltend machen[217]. Demgegenüber kann ein Gläubiger Akteneinsicht begehren, um im Falle der Abweisung der Eröffnung mangels Masse mögliche Schadenersatzansprüche gegen den Geschäftsführer der schuldnerischen GmbH zu prüfen; wegen § 92 ZPO verkennt die Gegenansicht[218], dass damit nicht die Rechtsverfolgung gegen verfahrensrechtlich „Außenstehende" betrieben wird.

In dem oben zitierten Beschluss[219] hat das OLG Celle zudem ausgeführt, das Recht auf Akteneinsicht schließe auch das Recht des Betroffenen ein, nach Maßgabe der entsprechenden kostenrechtlichen Vorschriften die Übersendung von Abschriften, Fotokopien verlangen zu können, sofern ein unverhältnismäßiger Aufwand damit nicht verbunden ist.

VI. Umfang der Masse

1. Kenntnis des dritten Schuldners, der zur Masse schuldet, von insolvenzrechtlichen Verfügungsbeschränkungen

Mit einer im Jahr 2005 ergangenen Entscheidung des IX. Zivilsenats hat der BGH[220] die Voraussetzung näher geklärt, unter denen eine Bank haftet, wenn im Vorfeld der Eröffnung eines Insolvenzverfahrens zur Sicherung der Masse Verfügungs-

213 Nachw. und Kritik an der in diesem Konstrukt liegenden hypertrophen Fehlentwicklung bei *Smid*, Persönlichkeitsfreiheit durch Datenschutz?, in: Rechtsphilosophische Hefte Bd. 1 (1993), 43 ff.

214 OLG Köln, B. v. 3.5.1999, 7 VA 6/98, InVo 1999, 311 = NZI 1999, 502; OLG Naumburg, B. v. 19.8.1999, 2 VA 1/99, JMBl. LSA 2000, 76; *Graf Brockdorf*, in: *Huntemann/Graf Brockdorf*, Der Gläubiger im Insolvenzverfahren, 1999, 317 ff.; einschränkend K/P-*Prütting*, § 5 Rdnr. 30.

215 OLG Düsseldorf, B. v. 17.12.1999, 3 Va 11/99, ZIP 2000, 322.

216 Abzulehnen AG Göttingen, B. v. 24.11.1999, NZI 2000, 89.

217 OLG Celle, 28.10.1999, 16 VA 2/99, NZI 2000, 319.

218 OLG Brandenburg, B. v. 25.7.2000, 11 VA 7/00, ZIP 2000, 1541 = NZI 2000, 485.

219 OLG Celle, B. v. 12.1.2004, 2 W 95/03, ZIP 2004, 368.

220 BGH, Urt. v. 15.12.2005, IX ZR 227/04, ZIP 2006, 138.

beschränkungen über den Schuldner verhängt worden sind, aber gleichwohl das schuldnerische Konto auf Weisung des Schuldners belastet worden ist. Vereinfacht lag dieser Entscheidung folgender Sachverhalt zugrunde:

Fall 32: Nach Eingang eines Fremdantrages gegen den Schuldner, verhängte das Insolvenzgericht ein Verfügungsverbot nach § 21 Abs. 2 Nr. 2, 2. Var. InsO und bestellte zum vorläufigen Zustimmungsverwalter den späteren Kläger. Sechs Tage später wurde der Beschluss in den Veröffentlichungsblättern des Insolvenzgerichts publiziert. Zwei Tage danach eröffnete der Schuldner ohne Wissen des Klägers ein Girokonto bei der verklagten Bank. Bis zum Zeitpunkt der Eröffnung des Insolvenzverfahrens und in der darauf folgenden Woche, verfügte der Schuldner teils durch Barabhebung, teils durch Überweisungsaufträge über die auf das Konto gelangten Beträge. Der Kläger erlangte keine Kenntnis hiervon. Auf diese Weise erbrachte die beklagte Bank in Höhe von 64.000 € Leistungen an den Schuldner. In den Vorinstanzen blieb seine Klage erfolglos.

Der IX. Zivilsenat kommt dagegen zu einer differenzierenden Behandlung der vom Schuldner abverfügten Beträge. Grundsätzlich handelt es sich bei dem bei der Beklagten eingerichteten Konto um einen Gegenstand der Insolvenzmasse i.S.v. § 81 Abs. 1 S. 1 InsO. Die Bank ist durch die Ausführung der Verfügung des Schuldners nur dann von ihren Verpflichtungen aus dem Giroverhältnis frei geworden und kann daher von dem klagenden Insolvenzverwalter nicht auf nochmalige Leistung in Anspruch genommen werden, wenn sie nicht nach § 82 S. 1 InsO die Verfügungsbeschränkung des Schuldners zu beachten gehabt hätte. Entgegen einer Auffassung, die in den Verfügungsverboten des § 21 Abs. 2 InsO einen Ausschluss jeglichen Gutglaubensschutzes sieht, geht der BGH davon aus, dass dieser im Widerspruch zu § 24 Abs. 1 InsO steht, der auf die §§ 81, 82 InsO verweist. Insofern kann auch nicht aus der Verhängung des Verfügungsverbotes nach § 21 Abs. 2 Nr. 2, 2. Var. InsO daraus geschlossen werden, es fehle von vornherein an einer wirksam Anweisung zur Leistung, so dass deren Ausführung der Masse nicht zugerechnet werden könne. Denn sofern die Bank keine Kenntnis von der Verfügungsbeschränkung hatte und daher das kreditorische Konto des Schuldners mit befreiender Wirkung belastete, würde sie freikommen. Denn das Giroverhältnis wurde durch die Verfügungsbeschränkung nicht beendet. Daher geht der IX. Zivilsenat davon aus, die Beweislast dafür, dass sie keine Kenntnis von der Verhängung von Verfügungsbeschränkungen gegen den Schuldner gehabt habe, trifft die beklagte Bank. Genügend ist hierfür die Kenntnis eines Mitglieds eines Organs der juristischen Person. Es ist insofern nicht entscheidend, ob diese Person mit dem operativen Geschäft unmittelbar etwas zu tun hat.[221] Denn wie der V. Zivilsenat feststellt, ist das Wissen eines vertretungsberechtigten Organmitglieds als wissendes Organ anzusehen und damit auch der juristischen Person zuzurechen.[222] Aus alledem folgert der BGH für eine Bank auf die Notwendigkeit eines internen Informationsaustausches. Der IX. Zivilsenat führt aus, dass Informationen, die auf der Führungsebene vorhanden

221 BGH, Urt. v. 1.3.1984, IX ZR 34/83, ZIP 1984, 809.
222 BGH, Urt. v. 8.12.1989, V ZR 246/87, BGHZ 109, 327, 331.

sind, soweit sie für diejenigen bedeutsam sind, welche im direkten Kontakt mit den Kunden für die Bank Rechtsgeschäfte vornehmen, an diese weitergegeben werden müssen. Daher ist in der Organisation der Bank ein Informationsfluss von oben nach unten einzurichten. Umgekehrt ist sicherzustellen, dass Erkenntnisse die von einzelnen Angestellten gewonnen werden, jedoch auch für andere Mitarbeiter und spätere Geschäftsvorgänge erheblich sind, die erforderliche „Breitenwirkung“ erlangen, was durch die Organisation eines Informationsflusses von unten nach oben ebenso wie in einem horizontalen filialübergreifenden Austausch zu gewährleisten ist.[223]

2. Nachtragsverteilung trotz Abtretungserklärung gem. § 287 InsO

Fall 33: Im vorliegenden Fall war dem Treuhänder bekannt geworden, dass der Schuldner einer Gläubigerbank Rechte aus einer Lebensversicherung sicherheitshalber abgetreten hatte. Im Schlusstermin wurde auf eine Schlussverteilung verzichtet, da Teilungsmasse nicht vorhanden war. Nach Ankündigung der Restschuldbefreiung und Aufhebung des Verfahrens teilte die Gläubigerbank mit, einen Übererlös in Höhe von mehr als € 200 Tausend bei der Verwertung der Sicherheit erzielt zu haben, worauf hin das Insolvenzgericht auf Antrag des Treuhänders eine Nachtragsverteilung anordnete.

Nach § 203 Abs. 1 Nr. 3 InsO ordnet auf Antrag des Insolvenzverwalters oder eines Insolvenzgläubigers oder von Amts wegen das Insolvenzgericht eine Nachtragsverteilung an; dieser Fall lag hier vor. Das Gericht kann gem. § 203 Abs. 3 S. 1 InsO nur dann von der Anordnung absehen und den zur Verfügung stehenden Betrag oder den ermittelten Gegenstand dem Schuldner überlassen, wenn dies mit Rücksicht auf die Geringfügigkeit des Betrags oder den geringen Wert des Gegenstandes und den Kosten einer Nachtragsverteilung angemessen erscheint – was hier ersichtlich nicht in Betracht kam.

Dass im Übrigen hier der Treuhänder und nicht ein Insolvenzverwalter den Antrag gem. § 203 Abs. 1 Nr. 3 InsO stellte, ist unerheblich: Auf den Treuhänder sind die Vorschriften über Aufgaben und Befugnisse des Insolvenzverwalters weitgehend entsprechend anzuwenden. § 312 Abs. 3 InsO bestimmt für das vereinfachte Verbraucherinsolvenzverfahren, dass die Vorschriften über den Insolvenzplan (§§ 217 bis 269) und über die Eigenverwaltung (§§ 270 bis 285) nicht anzuwenden sind. Im Übrigen ordnet § 312 Abs. 1 InsO an, dass im Eröffnungsbeschluss nur der Prüfungstermin angeordnet wird. Darüber hinaus werden die Befugnisse des Treuhänders gegenüber denen des Insolvenzverwalters nur dadurch eingeschränkt, dass erstgenannter nur ein Anfechtungsrecht gem. § 313 Abs.2 Satz 3 InsO nach Beauftragung seitens der Gläubigerversammlung hat und nicht zur Verwertung von Sicherungsgut befugt ist, § 313 Abs. 3 InsO. Im Übrigen handelt es sich auch beim

223 BGH, Urt. v. 1.6.1989, III ZR 271/87, ZIP 1989, 1108; BGH, Urt. v. 15.1.2004, IX ZR 152/00, ZIP 2004, 843.

Verbraucherinsolvenzverfahren um ein Insolvenzverfahren, auf dass die allgemeinen Vorschriften – mithin auch die Regelung des § 203 InsO – anzuwenden sind.

Die vorliegende Entscheidung ist „eigentlich" selbstverständlich. Sie hilft aber der Praxis bei der Abwicklung von Insolvenzverfahren über das Vermögen natürlicher Personen durch die Klarstellung der Rechtslage weiter.

Fall 34: Über das Vermögen des Schuldners war am 24.10.2001 das vereinfachte Insolvenzverfahren eröffnet und ein Treuhänder bestellt worden[224]. Nach Durchführung des Schlusstermins erfolgte die Verfahrensaufhebung mit Beschluss vom 18.11.2003. Der bisherige Treuhänder wurde zum Treuhänder im Restschuldbefreiungsverfahren bestimmt. Für das Jahr 2003 stand dem Schuldner ein Einkommensteuererstattungsanspruch in Höhe von ca. 12.000 € zu. Nach Aufhebung des Insolvenzverfahrens am 18.11.2003 überwies das Finanzamt den auf die Zeit vor Aufhebung des Insolvenzverfahrens entfallenen Betrag in Höhe von ca. 1.000 € an die Gerichtskasse, den Restbetrag an den Schuldner. Nachdem das Amtsgericht von Amts wegen entschied, dass auch der an die Gerichtskasse überwiesene Betrag dem Schuldner zustehe und dass auf sofortige Beschwerde des Treuhänders das Landgericht diesen Beschluss abgeändert hat, hat der IX. Zivilsenat des BGH die erstinstanzliche Entscheidung wiederhergestellt.

Von der Abtretungserklärung gemäß § 287 Abs. 2 S. 1 InsO werden nur Einkünfte aus Arbeitseinkommen erfasst, nicht aber Einkommensteuererstattungen, da diese öffentlich-rechtlicher Natur sind und nicht den Charakter eines Einkommens haben, das den Berechtigten aufgrund eines Arbeits- oder Dienstverhältnisses zusteht.[225] Danach unterfällt der fragliche Betrag der Verwaltungs- und Verfügungsbefugnis des Schuldners. Gleichwohl ist die insolvenzgerichtliche Entscheidung nicht frei von Fehlern gewesen. Denn das Insolvenzgericht ist auch im Verbraucherinsolvenzverfahren verpflichtet, die Anordnung einer Nachtragsverteilung gem. § 203 Abs. 1 InsO zu prüfen, wenn nach dem Schlusstermin Vermögensgegenstände auftauchen, die als Massegegenstände zu behandeln sein könnten. In der Tat handelt es sich bei den Einkommensteuererstattungszahlungen um solche Massebestandteile, die vom Insolvenzbeschlag gem. § 35 InsO erfasst wurden. Zwar entsteht der Anspruch auf Steuererstattung erst mit Ablauf des Veranlagungszeitraums, § 38 AO i.V.m. § 36 Abs. 1 EStG. Ob aber ein Anspruch auf Steuererstattung vom Insolvenzbeschlag erfasst ist, ist nicht nach steuerrechtlichen, sondern nach Maßgabe insolvenzrechtlicher Regelungen zu beurteilen. Die Vollentstehung des Rechts, wie der IX. Zivilsenat zutreffend ausführt, ist in diesem Zusammenhang nicht maßgebend. Vielmehr kommt es darauf an, ob der Rechtsgrund für den Anspruch gelegt und die weitere Entstehung des Anspruchs nur noch vom Zeitablauf abhängt.[226] Danach ist der Rechtsgrund für den Erstattungsanspruch bereits mit der Abführung der Lohnsteuer entstanden. Mit der Vorauszahlung hat der Insolvenzschuldner daher eine Anwartschaft auf den am Ende des Veranlagungszeitraums entstehenden

224 BGH, B. v. 2.1.2006, IX ZB 239/04, DZWIR 2006, 174 = ZIP 2006, 340.
225 BGH, Urt. v. 21.7.2005, IX ZR 115/04, DZWIR 2006, 37 = BGHZ 163, 391.
226 BGH, Urt. v. 25.10.1984, IX ZR 110/83, ZIP 1984, 1501 = BGHZ 92, 339.

Erstattungsanspruch. Diese Anwartschaft fällt daher in die Insolvenzmasse, wenn vor Eröffnung des Insolvenzverfahrens oder während dessen Dauer der ihn begründende Sachverhalt verwirklicht ist.

3. Zugehörigkeit von Forderungen und Rechten zum Vermögen von Arbeitgeber oder Arbeitnehmer

Fall 35: Auf einem für die insolvente Arbeitgeberin geführten Bankkonto waren Beträge in Höhe des Wertes der auf einem Arbeitszeitkonto angesparten Arbeitsstunden gutgeschrieben. Der anwendbare Bundesrahmentarifvertrag sieht für die Sicherung von Arbeitszeitkonten sinngemäß vor, dass die bestimmungsgemäße Auszahlung u.a. durch Bankbürgschaften, Sperrkonten mit treuhänderischen Pfandrechten oder Hinterlegung der Beträge bei der Urlaubs- und Lohnkasse (hier) der Bauwirtschaft erfolgen kann, wobei den Arbeitszeitbeträgen ein Aufschlag von 45 % für Sozialabgaben zugeschlagen werden soll. Im vorliegenden Fall lag eine Betriebsvereinbarung vor, die regelte, dass das Arbeitszeitguthaben auf ein „extra einzurichtendes Treuhandkonto" eingezahlt werden sollte, was – allerdings ohne den Aufschlag von 45 % – geschah. Zwei klagende Arbeitnehmer begehren Auszahlung der sie betreffenden Beträge vom Insolvenzverwalter.

Der 10. Senat des BAG[227] hat auf die Unbegründetheit der Klagen erkannt. Denn den Arbeitnehmern steht in der vorliegenden Fallgestaltung kein Aussonderungsanspruch gem. § 47 InsO gegen den Insolvenzverwalter an den auf dem Konto gebuchten Beträgen zu. Vielmehr handelt es sich bei der geltend gemachten Forderung um eine Insolvenzforderung i.S.v. § 38 InsO. Die Buchung von Lohn- und Gehaltsansprüchen auf Arbeitszeitkonten diene allein der Sicherung gleichmäßiger Einkünfte.

Solange der Arbeitgeber nicht Zahlungen vorgenommen hat, bleiben die ihm zustehenden Vermögensgegenstände nach Feststellung des 10. Senats des BAG grundsätzlich frei von treuhänderischen Bindungen.[228] Erst die – dingliche – Übertragung von Gegenständen aus dem Vermögen des Arbeitgebers auf einen anderen Rechtsträger ändert dies. Ohne eine solche Rechtsänderung aufgrund unmittelbarer Vermögensübertragung ist auch die Führung des Arbeitszeitkontos als treuhänderisches Konto nicht geeignet, ein Aussonderungsrecht der Arbeitnehmer an den dort gebuchten Beträgen zu begründen.

Dieser Grundsatz erduldet in der Rechtsprechung des BGH Ausnahmen, die jedoch im vorliegenden Fall nicht zum Tragen kommen. So hat der IX. Zivilsenat des BGH vom Grundsatz der Unmittelbarkeit der Vermögensübertragung in solchen Fällen eine Ausnahme gemacht, in denen das Geld auf Anderkonten von Dritter Seite eingezahlt wird[229] oder wenn zwar kein Anderkonto vorliegt, aber die Forderung

227 BAG, Urt. v. 24.9.2003, 10 AZR 640/02, DZWIR 2004, 287 = ZIP 2004, 124.
228 Vgl. bereits BGH, Urt. v. 25.10.2001, IX ZR 17/01, DZWIR 2002, 119 = ZIP 2001, 2235 = BGHZ 149, 100.
229 BGH, Urt. v. 8.2.1996, IX ZR 151/95, NJW 1996, 1543.

gegen die kontenführende Bank nicht aufgrund Handlungen des Treuhänders, sondern unmittelbar durch solche des Treugebers begründet worden ist.[230]

Im vorliegenden Fall genügte nach alledem die Abrede zwischen Arbeitgeber und kontenführender Bank nicht aus, dass das Konto als treuhänderisches Konto geführt werden sollte, da die darauf gutgeschriebenen Beträge nicht von den Arbeitnehmern als Treugebern stammten. Damit ist nur eine schuldrechtliche Beschränkung der Verfügungsbefugnis des Arbeitgebers als Konteninhaber erreicht, die indes ein Aussonderungsrecht von Arbeitnehmern zu begründen nicht geeignet ist. Der Arbeitgeber hätte grundsätzlich diesem Erfordernis aber dadurch Rechnung tragen können, dass er mit den Arbeitnehmern Abtretungsverträge (§ 398 BGB) wegen der Kontenforderungen geschlossen hätte – die aber hier nicht vorlagen. Der X. Senat stellt dazu fest, es könne auch nicht von einem Abtretungsvertrag aufgrund Insichgeschäfts des Arbeitgebers ausgegangen werden, da keine Anhaltspunkte ersichtlich seien, die dafür sprächen, dass eine Befreiung vom Verbot des Selbstkontrahierens gem. § 181 BGB vorläge. Das ist schon deshalb richtig, weil ansonsten der Manipulation durch Arbeitgeber und Arbeitnehmer zum Nachteil der anderen Insolvenzgläubiger Tür und Tor geöffnet würde.

Da in dem vom BAG entschiedenen Fall die rahmentarifvertraglich angeführten rechtlichen Sicherungsmittel nicht eingesetzt worden sind, blieben die klagenden Arbeitnehmer auf die Teilnahme am Insolvenzverfahren verwiesen.

4. Massezugehörigkeit von Bezugsrechten aus für Arbeitnehmer geschlossenen Direkt-Lebensversicherungsverträgen

Der X. Senat des BAG[231] hat über die Rechtszuständigkeit für Rechte aus vom Arbeitgeber für den Arbeitnehmer abgeschlossenen Direkt-Lebensversicherungen zu entscheiden. Dem lag folgender Sachverhalt zugrunde:

> **Fall 36:** Der Arbeitgeber hat für den Arbeitnehmer bei Aufnahme des Arbeitsverhältnisses eine Lebensversicherung für den Todes- und Erlebensfall abgeschlossen, wegen derer nach Maßgabe des einschlägigen Rahmentarifvertrages dem Arbeitnehmer bei dessen Ausscheiden noch kein unwiderrufliches Bezugsrecht zustand. Im Monat vor Antrag auf Eröffnung des Insolvenzverfahrens über das Vermögen des Arbeitgebers hat dieser dem zuvor aus dem Arbeitsverhältnis ausgeschiedenen Arbeitnehmer die Rechte aus der Direktversicherung übertragen.

Der Arbeitnehmer hatte zum Zeitpunkt der Rechtsübertragung noch keine unverfallbare Anwartschaft i.S.d. §§ 1b, 30 f. BetrAVG an den Rechten aus der Direktversicherung erworben. Der X. Senat des BAG hat daher die Übertragung als inkongru-

---

230 BGH, Urt. v. 7.4.1959, VIII ZR 219/57, NJW 1959, 1223, 1225.
231 BAG, Urt. v. 19.11.2003, 10 AZR 110/03, DZWIR 2004, 236 = ZIP 2004, 229 = BAGE 108, 367.

ente Deckung qualifiziert, die im zu entscheidenden Fall der Anfechtung gem. § 131 Abs. 1 Nr. 1 InsO unterlag. Für die Geltendmachung des Anfechtungsanspruchs kommen nach der Erkenntnis des BAG tarifvertragliche Ausschlussfristen nicht zur Anwendung, da das aus der Anfechtung folgende Schuldverhältnis der Regelungsbefugnis der Tarifvertragsparteien entzogen ist – worauf der 1. Senat des BAG[232] bereits bei der Behandlung der Frage verneinend rekurriert hat, ob tarifvertragliche Ausschlussfristen auf die Geltendmachung von Konkursforderungen durch die Arbeitnehmer anwendbar seien.

5. Verpfändung von Lebensversicherungsverträgen

Die Alterssicherung der geschäftsführenden Gesellschafter von Personenhandelsgesellschaften ist in der Vergangenheit häufig durch den Abschluss von Lebensversicherungsverträgen durch die Gesellschaft bewirkt worden. In der Insolvenz der Gesellschaft führt dies zur Frage, ob und wieweit die Begünstigten aus den Verträgen Berechtigungen herleiten können. Folgender Fall[233], den der BGH zu entscheiden hatte, macht dies deutlich:

> **Fall 37:** Am 1.6.2001 ist über das Vermögen der schuldnerischen F-GmbH das Insolvenzverfahren eröffnet worden. Für ihre beiden zu je $^1/_2$ Anteil an ihr beteiligten Gesellschafter hat sie im Jahr 1993 bei der späteren Beklagten je eine Lebensversicherung abgeschlossen. Im Überlebensfall waren die Gesellschafter/Geschäftsführer bezugsberechtigt. Die Bezugsberechtigung war widerruflich ausgestaltet. Am 15.2.1993 verpfändete die Gesellschaft die Lebensversicherung an ihre Geschäftsführer/Gesellschafter und zeigte dies der Beklagten an. Damit sollten Pensionssicherungen vorgenommen werden, da die schuldnerische Gesellschaft ihren Geschäftsführern unverfallbare Pensionszusagen erteilt hatte. Der Insolvenzverwalter verlangt von der beklagten Versicherung die Zahlung der jeweiligen Rückkaufswerte, nachdem er die Lebensversicherungen gekündigt hatte. Das Berufungsgericht hat der Klage stattgegeben. Die Revision der beklagten Versicherung ist erfolglos geblieben.

Der IX. Zivilsenat des BGH geht mit dem Berufungsgericht davon aus, dass der klagende Insolvenzverwalter zur Einziehung der Rückkaufwerte berechtigt gewesen sei. Denn die Pfandreife der pfandrechtsgesicherten Forderungen aus der den Gesellschaftern von der schuldnerischen Gesellschaft gegebenen Pensionszusagen sei nicht eingetreten. Daher dürfe der für die gesicherte Forderung anfallende Betrag nicht an die Berechtigten ausgeschüttet werden. Vielmehr sei er gem. §§ 191, 198 InsO zu hinterlegen. Der IX. Zivilsenat bestätigt, dass dem die Vorschrift des § 166 Abs. 2 InsO nicht entgegensteht. Die Bezugsberechtigung ist im vorliegenden Fall lediglich widerruflich erteilt worden. Daher hatten die bezugsberechtigten Gesellschafter/Geschäftsführer hier keinen Anspruch aus dem Versicherungsvertrag erworben, § 166 Abs. 2 VVG. Der BGH lehnt im Übrigen auch den Erwerb einer sonsti-

232 BAG, Urt. v. 18.12.1984, 1 AZR 588/82, ZIP 1985 754 = BAGE 47, 343.
233 BGH, Urt. v. 07.04.2005, IX ZR 138/04, DZWIR 2005, 384 = ZIP 2005, 909.

gen gesicherten Rechtsposition in Form eines Anwartschaftsrechts ab, da die schuldnerische Gesellschaft Versicherungsnehmer geblieben war. Sie hatte sich die Befugnis vorbehalten, die Bezugsberechtigung jederzeit durch einseitige Erklärung auf sich selbst oder eine andere Person umleiten zu können. Vor Eintritt des Versicherungsfalls waren also alle vertraglichen Rechte bei der schuldnerischen Gesellschaft als dem Versicherungsnehmer verblieben. Diese Bezugsbefugnis hat der Insolvenzverwalter widerrufen, wozu er nach § 80 Abs. 1 InsO die Rechtsmacht hatte. Da die Gesellschafter/Geschäftsführer Pfandrechtsgläubiger an den bedingten Forderungen aus den Lebensversicherungsverträgen waren, hatte sich der erkennende Senat weiter mit der Frage auseinander zusetzen, wer zur Einziehung der nach Ausspruch des Widerrufs und der Kündigung der Versicherungsverträge durch den Insolvenzverwalter fällig werdenden Rückkaufswerte berechtigt war. Grundsätzlich gilt, dass die Gläubiger vertraglicher Pfandrechte nicht der Verwaltungs- und Verwertungsbefugnis des Insolvenzverwalters an dem Sicherungsgegenstand gem. § 166 Abs. 2 InsO unterworfen sind, sondern ein eigenes Verwertungsrecht auch im eröffneten Insolvenzverfahren haben. Denn unter § 166 Abs. 2 InsO fallen allein sicherungszedierte Forderungen. Im Falle der Sicherungszession von Ansprüchen aus Lebensversicherungsbeträgen kämen daher die §§ 166 Abs. 2 InsO mit der Folge zur Anwendung, dass Feststellungs- und Verwertungskostenpauschalen gem. § 171 InsO vom „Erlös" der Einziehung des Rückkaufwertes in Ansatz zu bringen wären.[234] So liegen die Dinge in dem der hier zu untersuchenden Entscheidung des BGH zugrunde liegenden Falles indes nicht. Denn als Pfandrechtsgläubiger hatten die Gesellschafter/Geschäftsführer zwar § 166 Abs. 2 InsO nicht gegen sich gelten zu lassen, der IX. Zivilsenat stellte aber gleichwohl fest, dass die Rückkaufswerte der Insolvenzmasse zustehen, da es sich bei den Ansprüchen aus dem Lebensversicherungsvertrag nicht um betagte Ansprüche i.S.v. § 41 InsO, sondern um aufschiebend bedingte Ansprüche handelt. Wenn die Voraussetzungen für die Fälligkeit noch nicht eingetreten sind, haben die Pfandrechtsgläubiger gegen den Insolvenzverwalter nur einen Anspruch auf Sicherung ihrer aus dem Pfandgegenstand folgenden Rechte. Nach §§ 191 Abs. 1, 198 InsO wird bestimmt, dass der auf eine aufschiebend bedingte Forderung entfallende Anteil nicht ausgezahlt, sondern hinterlegt wird. Hier stellt sich der Versorgungsfall als aufschiebende Bedingung des gegen die Insolvenzschuldnerin gerichteten Versorgungsanspruches dar. Grundsätzlich steht freilich nach § 50 Abs. 1 i.V.m. § 173 Abs. 1 InsO das Verwertungsrecht an dem Pfandgegenstand dem Pfandrechtsgläubiger zu. Da es aber wegen des fehlenden Eintritts der aufschiebenden Bedingung des Versorgungsfalls im vorliegenden Fall an der Pfandreife der durch das Pfandrecht gesicherten Forderung fehlte, würde § 173 Abs. 2 S. 2 InsO ins Leere gehen, der dem Insolvenzverwalter im Interesse einer zügigen Abwicklung des Insolvenzverfahrens das Recht einräumt, das Verwertungsrecht des Pfandrechtsgläubigers auf sich überzuleiten. Denn dem Pfandgläubiger kann im Falle fehlender Pfandreife keine angemessene Frist gesetzt werden, innerhalb welcher er zur Verwertung des Sicherungsgutes in der Lage wäre. Mit der vorliegen-

234 BGH, Urt. v. 11.7.2002, IX ZR 262/01, ZIP 2002, 1630.

den Entscheidung bestimmt der BGH, dass auch nach § 173 Abs. 1 InsO das Verwertungsrecht vor Pfandreife allein beim Insolvenzverwalter liegt. Dieser muss allerdings den Erlös in Höhe der zu sichernden Forderung, die nach § 45 S. 1 InsO zu ermitteln ist, zurückbehalten und vorrangig hinterlegen, bis die zu sichernde Forderung aus der Versorgungsanwartschaft fällig wird, oder die Bedingung ausfällt.[235]

6. Massefremdheit der zedierten Forderung nach unrechtmäßiger Zession an einen Dritten

Fraglich ist, wie die Ansprüche von Sicherungszessionaren zu behandeln sind, wenn der spätere Insolvenzschuldner vorkonkurslich die sicherungszedierte Forderung ein weiteres Mal an einen Dritten abgetreten, der Dritte die Forderung eingezogen und der Forderungsschuldner in Unkenntnis der Sachlage mit befreiender Wirkung geleistet hat.[236] Der Bank steht wegen Einziehung der Forderung gegen den Dritten ein Bereicherungsanspruch gem. § 816 Abs. 2 BGB zu.[237] Der IX. Zivilsenat des BGH hat dazu ausgeführt, diese Ansprüche „gründeten“ zwar in der Sicherungszession, seien aber kein Surrogat der sicherungszedierten Forderung. Grundsätzlich steht dem Insolvenzverwalter wegen derartiger bereicherungsrechtlicher Ansprüche des Sicherungszessionars daher kein Verwertungsrecht gem. § 166 Abs. 2 InsO zu. Das verdient Zustimmung. Denn der sicherungszedierte Anspruch ist durch Erfüllung erloschen, die Sicherungszession im Wortsinne gegenstandslos geworden.

Fall 38: In dem vom BGH entschiedenen Fall[238] hatte die Bank allerdings dem Insolvenzverwalter Auftrag und Vollmacht dazu erteilt, den Bereicherungsanspruch gegen den Dritten im eigenen Namen geltend zu machen. Damit wurde nichts anderes als eine vor Inkrafttreten der InsO übliche und von der ständigen Judikatur[239] für rechtlich zulässig erachtete Verwertungsvereinbarung zwischen Absonderungsberechtigtem und Insolvenzverwalter geschlossen.

Der IX. Zivilsenat des BGH[240] hat diese Vereinbarungen auch unter Geltung des neuen Rechts für zulässig erachtet, da insbesondere die Reichweite der gesetzlichen Verwertungsbefugnis des Insolvenzverwalters zweifelhaft sei und daher eine rechtsgeschäftliche Klärung zwischen Sicherheitengläubiger und Verwalter vorteilhaft sein kann.[241]

---

235 *Bitter*, NZI 2000, 399, 400, 405.
236 BGH, Urt. v. 15.5.2003, IX ZR 218/02, DZWIR 2003, 431 = ZIP 2003, 1256.
237 BGH, Urt. v. 16.12.1957, VII ZR 49/57, BGHZ 26, 185, 193; BGH, Urt. v. 30.5.1960, VII ZR 257/59; BGH, Urt. v. 7.3.1974, VII ZR 110/72, NJW 1974, 944 f.
238 BGH, Urt. v. 15.5.2003, IX ZR 218/02, DZWIR 2003, 431 = ZIP 2003, 1256.
239 BGH, Urt. v. 3.12.1987, VII ZR 374/86, ZIP 1988, 175 = BGHZ 102, 293, 297; BGH, Urt. v. 5.4.2001, IX ZR 216/98, ZIP 2001, 885 = BGHZ 147, 233, 239.
240 BGH, Urt. v. 15.5.2003, IX ZR 218/03, DZWIR 2003, 431 = ZIP 2003, 1256, 1257.
241 BGH, Urt. v. 15.5.2003, IX ZR 218/03, DZWIR 2003, 431 = ZIP 2003, 1256, 1258.

Da der Insolvenzverwalter ein eigenes (amtliches) Interesse an der Verwertung der Masse hat und die Reichweite seiner Verwertungsbefugnis durch die Vereinbarung mit der Bank als Bereicherungsgläubigerin gleichsam arrondiert wird, liegt in einem solchen Fall eine zulässige gewillkürte Prozessstandschaft vor. In dem vom BGH entschiedenen Fall ergibt sich dies bereits daraus, dass der Insolvenzverwalter für seine Verwaltungstätigkeit zugunsten der Masse einen Anteil in Höhe von 10 % von der einzuziehenden Forderung erhalten sollte.[242]

7. Mitwirkungspflichten des Schuldners zur Erleichterung der Verwertung von im Ausland belegenen Massegegenständen

Die EuInsVO hat mit Statuierung der automatischen Anerkennung der Rechtsmacht des Verwalters des Hauptinsolvenzverfahrens in allen Mitgliedstaaten der EU gem. Art. 16, 17 und 18 EuInsVO (mit Ausnahme Dänemarks) die Verwertung der im Ausland belegenen Masse durch den deutschen Insolvenzverwalter erheblich erleichtert. Befindet sich Masse in solchen Staaten, in denen die EuInsVO nicht zur Anwendung gelangt, bedarf es nicht selten zeitaufwendiger und kostenintensiver Verfahren im Ausland, damit der Insolvenzverwalter seiner Aufgabe der Inbesitznahme (§ 148 Abs. 1 InsO) und Verwertung (§ 159 InsO) der dort befindlichen Massegegenstände nachkommen kann. Einfacher als die im Ausland wirksame Legitimation durch Erlangung der „offiziellen“ Anerkennung als rechtszuständige Insolvenzverwaltung ist es für den Insolvenzverwalter in derartigen Fällen, sich umfassend vom Insolvenzschuldner bevollmächtigen zu lassen.

Der IX. Zivilsenat[243] hat darauf erkannt, dass der Insolvenzschuldner hierzu aufgrund seiner gesetzlichen Mitwirkungspflichten im Insolvenzverfahren gem. § 97 InsO verpflichtet ist:

> **Fall 39:** Der Insolvenzverwalter stieß auf Unterlagen, die ihm die Existenz von Kontenverbindungen der Schuldnerin zu schweizer Kreditinstituten nahelegten. Er forderte darauf von der Schuldnerin eine umfassende Vollmacht, mit allen schweizerischen Banken in Bezug auf das Vermögen der Schuldnerin handeln zu dürfen. Die Rechtspflegerin erließ einen Beschluss, mit dem der Schuldnerin die Erteilung einer derartigen Auslandsvollmacht aufgegeben wurde, wogegen die Schuldnerin Beschwerde einlegte, die vom AG als unbegründet zurückgewiesen wurde. Gegen den weiteren Beschluss des AG, mit dem die Zwangshaft gegen die Schuldnerin angeordnet wurde, legte diese Beschwerde und Rechtsbeschwerde ein.

Gegen die Anordnung der Haft sieht § 98 Abs. 3 S. 3 InsO die sofortige Beschwerde vor, die aber unbegründet war: Auch wenn die Existenz von Auslandsvermögen nicht feststeht, sondern nach Lage der Dinge (aufgrund der dem Insolvenzverwalter *im Inland zugänglichen* Informationen) nicht unwahrscheinlich ist, ist nach dem Be-

242 BGH, Urt. v. 15.5.2003, IX ZR 218/03, DZWIR 2003, 431 = ZIP 2003, 1256, 1258.
243 BGH, B. v. 18.9.2003, IX ZB 75/03, ZIP 2003, 2123 m. Anm. *Vallender,* EWiR 2004, 293.

schluss des IX. Zivilsenats der Schuldner zur Erteilung der geforderten Auslandsvollmacht verpflichtet. Dabei verdient es Zustimmung, dass der BGH die Ansicht vertritt, diese Pflicht bestehe auch in solchen Fällen, in denen das Recht des anderen Staates aufgrund des Universalitätsprinzips die Rechtsmacht des deutschen Insolvenzverwalters anzuerkennen bereit sei. So bedarf es in der Schweiz, deren internationales Insolvenzrecht auf dem Grundsatz der Universalität gründet, nach Art. 166 des schw IPRG[244], eines formellen Anerkennungsverfahrens, um die universellen Wirkungen des in Deutschland eröffneten Insolvenzverfahrens auf das in der Schweiz belegene Vermögen des Schuldners zu erstrecken. Der IX. Zivilsenat macht deutlich, dass die Mitwirkungspflichten des Schuldners die Pflicht einschließen, in derartigen Fällen Zeit- und Geldverluste bei der Masseverwertung im Ausland vermeiden zu helfen.

Zu Recht weist *Vallender*[245] in diesem Zusammenhang darauf hin, dass dies nicht nur Geltung in grenzüberschreitenden Insolvenzverfahren mit Bezug zu einem Staat außerhalb des Geltungsbereichs der EuInsVO[246] beansprucht. Die Pflicht des Schuldners, durch Erteilung einer Auslandsvollmacht zur Verfahrensbeschleunigung beizutragen und die Kosten zu senken, trifft ihn auch, wenn es darum geht, in denjenigen EU-Mitgliedstaaten Massegegenstände in Besitz zu nehmen und zu verwerten, in denen die EuInsVO gilt.

8. Der Masse gegen Dritte zustehende Schadenersatzansprüche

Mit Urteil vom 25.7.2005[247] hat der BGH darauf erkannt, dass eine über den Ersatz des sog. Quotenschadens hinaus gehende Insolvenzverschleppungshaftung des Geschäftsführers einer GmbH sich gem. § 74 Abs. 1 GmbHG nur auf den Vertrauensschaden erstreckt, der dem Neugläubiger dadurch entsteht, dass er der aktuellen insolvenzreifen GmbH Kredit gewährt oder eine sonstige Vorleistung an sie erbringt.

Fall 40: Im vorliegenden Fall ging es allerdings um die eigene Haftung eines Gehilfen, der den Geschäftsführer der insolventen GmbH zur Untreue angestiftet hatte und von einer Neugläubigerin auf Ersatz eines Teils ihres Schadens aus betrügerischen Doppelabtretungen in Anspruch genommen worden war, die die gemeinschuldnerische GmbH im Stadium der Insolvenzverschleppung vorgenommen hatte.

---

244 BGH, Urt. v. 18.7.2002, IX ZR 195/01, DZWIR 2002, 470 = ZIP 2002, 1625 = BGHZ 151, 353.
245 *Vallender,* EWiR 2004, 293.
246 *Smid,* Deutsches und Europäisches Internationales Insolvenzrecht, 2004, Art. 1 Rdnr. 6, 8; *ders.,* DZWIR 2004, 265, 281. Die EuInsVO betrifft grenzüberschreitende Insolvenzverfahren innerhalb der EU (Binnenmarkt); sofern der Schuldner den Mittelpunkt seiner Interessen in einem Mitgliedstaat der EU hat (*Morscher* EuInsVO, 2002, 19; *Huber,* ZZP Bd. 114 (2001), 133, 136 f.; *Herchen,* Das Übereinkommen über Insolvenzverfahren, 34 ff.; MünchKomm-*Reinhart* InsO, Art. 1 EuInsVO Rdnr. 7.). Gegenüber Drittstaaten entfaltet die EuInsVO keine Wirkungen (*Duursma-Kepplinger/Duursma/Chalupsky* Art. 1 Rdnr. 3; MünchKomm-*Reinhart* InsO Art. 1 EuInsVO Rdnr. 9 ff.).
247 BGH, Urt. v. 25.7.2005, II ZR 390/03, ZIP 2005, 1734 = BGHZ 164, 50.

Der II. Zivilsenat des BGH[248] hat darauf erkannt, die Haftung des Teilnehmers an einer Insolvenzverschleppung gem. § 830 Abs. 2 BGB erstrecke sich nicht auf Neugläubigerschäden, welche ohne sein Wissen durch kriminelle Machenschaften des Geschäftsführers im Stadium der Insolvenzverschleppung verursacht würden. Eine Täterschaft des Gehilfen komme deshalb nicht in Betracht, weil ein eigenständiges Handeln bei der Schädigung des Neugläubigers nicht vorgelegen habe. Die Bestimmung einer Gehilfenhaftung gem. § 830 Abs. 2 BGB richte sich nach strafrechtlichen Grundsätzen, wonach Beihilfe als vorsätzliche Hilfeleistung zur Vorsatztat eines anderen bestimmt wird (§ 27 Abs. 1 StGB). Der auf Schadensersatz in Anspruch genommene frühere Gesellschafter und Berater der GmbH hat u.a. erklärt, die vom Geschäftsführer der Schuldnerin vorgelegten Bilanzen zu akzeptieren. Der II. Zivilsenat schließt daraus, dass der in Anspruch genommene Berater keinen Gehilfenbeitrag i.S.v. einer psychischen Beihilfe durch Bestärken des Geschäftsführers der GmbH zur Insolvenzschleppung geleistet habe. Im Übrigen habe der in Anspruch genommene Berater in seinem Folgeverhalten eine Förderung der Eigenantragstellung der GmbH unterlassen. Mangels einer Garantenstellung des Beklagten sei dies haftungsirrelevant. Trotz der vorliegenden Entscheidung lässt sich freilich nicht darauf schließen, dass der BGH von seiner bisherigen Judikatur zur eigenen Gehilfenhaftung des Beraters insolventer Gesellschaften abgerückt ist. Denn der erkennende Senat erinnert in dem vorliegenden Urteil daran, dass der Schutzzweck der gesetzlichen Konkursantragspflichten darin bestehe, konkursreife Gesellschaften mit beschränkter Haftungsform vom Geschäftsverkehr fernzuhalten, damit durch das Auftreten solcher Gebilde nicht Gläubiger geschädigt oder gefährdet werden. Hierzu kann, insbesondere durch das aktive Mitwirken an außergerichtlichen Sanierungsbemühungen, psychische Beihilfe geleistet werden. Die vorliegende Entscheidung steht dem nicht entgegen. Bei einer entsprechenden Klage ist indes darauf zu achten, dass unterschieden werden muss, zwischen der Haftung wegen Konkursverschleppung bzw. der Beihilfe und weiteren deliktischen Handlungen des Geschäftsführers der GmbH, zu denen der Berater weder angestiftet noch Beihilfe geleistet hat. Denn die Insolvenzantragspflicht hat nicht den Zweck, potenzielle Deliktsgläubiger davor zu bewahren, nach Insolvenzreife Beteiligte des Delikts zu werden. Hierfür haften grundsätzlich der Geschäftsführer bzw. sonstige Beteiligte nach den Voraussetzungen der betreffenden Norm. Der Gehilfe einer Insolvenzverschleppung wird nicht ipso iure hierfür in Anspruch genommen.

VII. Aussonderung

1. Unterschied zum früheren Konkursrecht

Im alten Konkurs- und Gesamtvollstreckungsrecht glichen sich Absonderungs- und Aussonderungsrechte dadurch, dass die Berechtigten „außerhalb" des Konkurses ihre Rechte zu verfolgen legitimiert waren. Die InsO hat dies dadurch geändert, dass

248 BGH, Urt. v. 25.7.2005, II ZR 390/03, ZIP 2005, 1734 = BGHZ 164, 50.

die Absonderungsberechtigten in der Verfolgung ihrer Rechte in das Insolvenzverfahren eingebunden sind, wie oben im Rahmen der Auseinandersetzung mit den Verfahrenskostenbeiträgen angesprochen worden ist. Die Geltendmachung eines Aussonderungsrechts ist daher mit erheblichen Vorteilen verbunden. Es ist daher verständlich, dass die Zahl von höchstrichterlichen Entscheidungen zunimmt, die sich mit Voraussetzungen und Reichweite von Aussonderungsrechten auseinandersetzen.

2. Aussonderung und Insolvenzanfechtung

Fall 41[249]: Der Kläger ist Insolvenzverwalter in dem über das Vermögen der K. GmbH (Bauunternehmung) eröffneten Insolvenzverfahren. Der Kläger nimmt den Beklagten, Insolvenzverwalter in dem später über das Vermögen der Lieferantin eröffneten Insolvenzverfahren, auf Zahlung in Anspruch. Die Bauunternehmung hat der Lieferantin in anfechtbarer Weise durch Abtretung ihrer Ansprüche gegen den Besteller Befriedigung gewährt. Die Lieferantin zog als Zessionarin Gelder vom Besteller als Dritten ein. Vor Eröffnung des Verfahrens über das Vermögen der Lieferantin hatte der Kläger mit ihr einen Prozessvergleich geschlossen, in der sie sich zur Zahlung von DM 50.000,– in fünf gleichen Raten verpflichtet hatte. Nach Zahlung einer Rate wurde das Insolvenzverfahren über das Vermögen der Lieferantin eröffnet.

Im Schrifttum wird die vom IX. Zivilsenat zustimmend zitierte Ansicht vertreten, dass dem anfechtungsrechtlichen Anspruch (auf Rückgewähr des von dem Bauunternehmen an die Lieferantin abgetretenen Zahlungsanspruches gegen den Besteller) Aussonderungskraft beikomme.[250] Das ist nachvollziehbar, da der Anfechtungsgegner nach § 143 Abs. 1 S. 1 InsO den in anfechtbarer Weise erlangten Gegenstand an die Insolvenzmasse (hier: die des Verfahrens über das Vermögen des Bauunternehmens) zurückzugeben verpflichtet ist; m.a.W. stellt sich der Zahlungsanspruch als in dem über das Vermögen der Lieferantin eröffneten Insolvenzverfahren als schuldnerfremd und daher vorab gem. § 47 InsO herauszugeben bzw. rückabzutreten dar. Der Zahlungsanspruch geht durch Einziehung mit der Folge unter, dass ein Ersatzaussonderungsanspruch an seine Stelle tritt, sofern der eingezogene Betrag sich noch unterscheidbar in der Insolvenzmasse des Anfechtungsgegners befindet.

Der IX. Zivilsenat stellt fest, dass der Prozessvergleich nicht in der Weise „schuldumschaffend“ wirkt, dass der schuldrechtliche Anfechtungsanspruch den Vermögenswert, auf dessen Rückgewähr die Anfechtung zielt, zum schuldnerfremden Gegenstand werden lässt.

249 BGH, Urt. v. 24.6.2003, IX ZR 228/02, DZWIR 2004, 29 = ZIP 2003, 1554 = BGHZ 155, 199.
250 HK-Kreft, § 129 Rdnr. 72; MünchKomm-*Ganter*, § 47 Rdnr. 346; *Haas/Müller*, ZIP 2003, 49, 56 ff.

3. Aussonderung und Treuhand

> **Fall 42**[251]: Die THA (BvS) klagt gegen den Gesamtvollstreckungsverwalter einer GmbH, eine frühere Treuhandgesellschaft, deren Gesellschaftsanteile die THA an die Gesellschafter der heutigen Insolvenzschuldnerin mit der Maßgabe veräußert hatte, die Immobilien seien nicht Teil des Betriebsvermögens; die heutige Insolvenzschuldnerin sollte als „Treuhänderin" die Immobilien für die THA als „Treugeberin" verwalten. Ihre Veräußerung wurde der heutigen Insolvenzschuldnerin mit der Abrede gestattet, dass der Erlös der THA für eine Bürgschaft haften sollte, die die THA für einen Kredit der heutigen Insolvenzschuldnerin zur Finanzierung des Erwerbs der Gesellschaftsanteile bestellt hatte. Die Insolvenzschuldnerin hat vorkonkurslich den Kredit ordnungsgemäß getilgt. In dem über ihr Vermögen eröffneten Gesamtvollstreckungsverfahren verlangt die THA die Aussonderung des bei der Veräußerung der Immobilien erzielten Erlöses.

Vorab ist anzumerken, dass an diesem Fall erstaunt, dass die Vorinstanzen der Klage stattgegeben hatten. Denn Zweifel ruft nicht allein hervor, dass hier allein eine schuldrechtliche Treuhandabrede wegen der Immobilien vorlag, sondern dass die THA sich ihre Rechtsposition in grundbuchlich gehöriger Form zu sichern versäumt hat – was bereits für sich die Klageabweisung entscheidungsreif macht. Der IX. Zivilsenat hat dies so ausgedrückt, dass die Funktion des Grundbuchs weiter reicht als die Publizität des Besitzes und einen höheren Rang einnimmt.

Der IX. Zivilsenat des BGH hat diesen Fall zum Anlass genommen, genauer die Reichweite des Aussonderungsrechts gem. § 47 InsO zu bestimmen. Gegenstand der Aussonderung können nur individuell bestimmbare Sachen und Rechte sein; hier tritt der Ursprung der Aussonderung in der Ausübung dinglicher Rechte zu Tage, die dem Bestimmtheitsgrundsatz zu genügen haben.[252] Das Bestimmtheitserfordernis hat der BGH, wie der IX. Zivilsenat in der vorliegenden Entscheidung ausdrücklich ausführt, nicht aufgegeben, sondern allein in solchen Fällen Ausnahmen zugelassen, in denen von dritter Seite Zahlungen auf eine Forderung erfolgten, die nicht dem Kontoinhaber, sondern dem Treugeber zustand.[253] § 47 betrifft sowohl Rechte an beweglichen Sachen als auch solche an Immobilien[254]. Konkrete schuldnerfremde Geldzeichen können Gegenstand eines Aussonderungsrechts sein, solange sie sich individualisierbar und unterscheidbar in der Masse befinden[255]. Auf die Herausgabe von vertretbaren und verbrauchbaren Sachen kann sich die Aussonderung nur dann richten, wenn diese Sachen sich unterscheidbar in der Masse befinden.[256] Dabei weist der IX. Zivilsenat darauf hin, dass typischerweise die das Aussonderungsrecht begründende Massefremdheit auf der dinglichen Be-

---

251 BGH, Urt. v. 24.6.2003, IX ZR 75/01, DZWIR 2003, 510, ZIP 2003, 1613 = BGHZ 155, 227.
252 RG, Urt. v. 1.10.1907, Rep. VII 524/06, RGZ 67, 166, 167 f.; Urt. v. 2.12.1918, Rep. VI 296/18, 94, 191, 194; Urt. v. 19.2.1920, Rep. VI 184/19, 98, 143, 144 f.; BGH, Urt. v. 8.3.1972, VIII ZR 40/71, BGHZ 58, 257, 258.
253 Der IX. Zivilsenat verweist dabei u.a. auf die Entscheidungen: BGH, Urt. v. 19.11.1992, IX ZR 45/92, ZIP 1993, 213, 214; BGH, Urt. v. 8.2.1996, IX ZR 151/95, WM 1996, 662, 663.
254 *Kuhn/Uhlenbruck*, KO, § 43 Rdnr. 2.
255 *Häde*, KTS 1991, 365, 370.
256 *Smid*, Insolvenzordnung 3. Aufl. § 47 Rdnr. 7.

rechtigung, namentlich der Eigentümerstellung des Aussonderungsgläubigers beruht. Im vorliegenden Fall hat es der BGH dahingestellt bleiben lassen, ob dem Erfordernis von Bestimmtheit und Publizität des die Aussonderung begründenden Rechts durch notarielle Beurkundung hinreichend Rechnung getragen worden war, wie es das OLG Dresden als Vorinstanz gemeint hatte.

Nach wohl noch h.M. hat die Aussonderung die Aufgabe, das Eigentum des die Sache herausverlangenden Dritten unter den Bedingungen der Insolvenz des Schuldners zu schützen[257]. Diese Art der Begründung war solange plausibel, wie die kreditwirtschaftliche Praxis noch keine Formen der publizitätslosen Besicherung von Krediten hervorgebracht hatte, was die Begründung von Aussonderungsrechten aus dem zivilrechtlichen Eigentum fließend hat werden lassen. Die Aussonderungsbefugnis lässt sich aber nicht einfach aus dinglichen Herausgabeansprüchen ableiten; es ist zwischen dem die Aussonderungsbefugnis auslösenden haftungsrechtlichen Grund einerseits und den die Aussonderung realisierenden bürgerlichrechtlichen Ansprüchen andererseits zu unterscheiden. Während außerhalb der spezifischen insolvenzrechtlichen Haftungsordnung der Eigentumsschutz unbeschränkt gegenüber dem Zugriff anderer Gläubiger unabhängig davon eingreift, ob der Gläubiger auf das Eigentum eines Vermieters, eines Vorbehaltsverkäufers oder eines Sicherungseigentümers zuzugreifen versucht, stellt sich dies, wie die mittlerweile nicht mehr ernsthaft in Zweifel gezogene insolvenzrechtliche Behandlung des Sicherungseigentums als pfandrechtgleichen und daher „nur" zur abgesonderten Befriedigung berechtigenden Rechts zeigt, unter den Bedingungen der Insolvenz des Schuldners anders dar. Dem Begründungsansatz des Aussonderungsrechts als Instrument des Eigentumsschutzes wird daher besonders von *Häsemeyer*[258] entgegengehalten, die Begründung des Aussonderungsrechts aus dem Schutz des Eigentums könne nicht erklären, weshalb das Sicherungseigentum kein Aussonderungsrecht begründe, sondern nur zum Recht auf abgesonderte Befriedigung führe[259]. Die Unterscheidung zwischen Aussonderungs- und Absonderungsrechten sei danach vorzunehmen, ob der Gemeinschuldner nur als Mieter, Pächter oder einem vergleichbaren Rechtsverhältnis über den Nutzungswert der Sache verfügen könne oder ob ihm der „Substanzwert" der Sache durch ihren Eigentümer zur Verfügung gestellt werde. Im ersten Fall soll ein Aussonderungsrecht bestehen, im zweiten Fall nur ein Recht auf abgesonderte Befriedigung[260]. Aber der Wortlaut des § 47 selbst zeigt, dass die Aussonderung nicht hinreichend verstanden werden kann, wenn man versucht, sie auf das Eigentumsschutz-Argument zu gründen: § 47 S. 1 InsO[261] spricht davon, dass zur Aussonderung nicht allein dingliche Ansprüche, sondern auch bestimmte persönliche Ansprüche berechtigen: auch obligatorische Verhältnisse berechtigen, so der Anspruch des Treugebers oder Geschäftsherrn auf Übertragung des Treuguts oder des durch die Geschäftsführung Erlangten gegen

---

257 *Serick*, ZIP 1989, 409, 413; *Stracke*, KTS 1973, 102.
258 *Häsemeyer*, Insolvenzrecht, Rdnr. 11. 04 ff.
259 Zur Unterscheidung vgl. *Gottwald*, Insolvenzrechts-Handbuch, § 45 Rdnr. 6 ff., 12 ff.
260 *Häsemeyer*, Insolvenzrecht, Rdnr. 11. 05; *Smid*, Wirtschaftsrecht 1993, 256, 257 f.
261 *Smid*, Insolvenzordnung, 3. Aufl. § 47 Rdnr. 2 ff., 27 ff.

den Schuldner als Treunehmer oder Geschäftsführer, zur Aussonderung[262]. Das Sachumsetzungs-Argument stimmt mit der Aufgabe des Insolvenzverfahrens[263], Haftungsordnung für den Insolvenzfall zu sein, überein. Es vermag zu erklären, dass die durch den Insolvenzfall geschaffene spezifische haftungsrechtliche Zuweisung von Vermögenswerten – also die Konstitution der Masse – durch die unterschiedliche vorkonkursliche Einflussnahme der Gläubiger auf die wirtschaftliche Lage des Schuldners bedingt ist.[264]

Aussonderungsfähig kann daher auch der Anspruch auf Zahlung von Geld sein, nicht aber der auf eine Summe Geldes an sich[265]. Die Lehre von der sog. Wertvindikation[266] sagt, das Aussonderungsrecht erstrecke sich auf den Wert gewechselten oder eingezahlten Geldes, wenn der *Wert* noch unterscheidbar in der Masse vorhanden wäre. Das ist abzulehnen. Denn diese Lehre bevorzugt den Inhaber des Vindikationsanspruchs gegenüber anderen Konkursgläubigern in einer der Funktion des Insolvenzrechts widerstreitenden Weise[267]. Im Übrigen greift aber ein Aussonderungsanspruch auch für Rechte, wenn sie noch individualisierbar in der Masse ausgemacht werden können. Der Anspruch auf Rückerstattung einer schuldnerfremden Sache, der dem Schuldner gegen einen Dritten zusteht, unterliegt der ausgesonderten Befriedigung[268]. Dies kann der Fall sein, wenn der Dritte unmittelbarer Besitzer und der Schuldner mittelbarer Besitzer der Sache ist[269]. Auch jeder andere Anspruch des Schuldners gegen einen Dritten unterfällt der Aussonderung durch den Berechtigten, wenn der Anspruch dem Schuldner nicht zusteht, beispielsweise ein Zahlungsanspruch.

Im Allgemeinen gilt daher in dem über das Vermögen des Treunehmers eröffneten Insolvenzverfahren, dass, soweit die Massefremdheit des Treuguts auf die wirtschaftliche Zugehörigkeit zum Vermögen des Treugebers zurückzuführen ist, dies ein Aussonderungsrecht des Treugebers in der Insolvenz des Treunehmers bzw. Treuhänders begründet. Generelle Voraussetzung hierfür ist, dass der Treuhänder Vermögensrechte in einer Weise übertragen erhält, dass er nur nach der Treuhandvereinbarung von ihnen Gebrauch machen kann. Diese allgemeine Art der Darstellung hat der IX. Zivilsenat im vorliegenden Fall konkretisiert. Gehören danach Gegenstände dem Schuldner, hat er aber später in eine Beschränkung seiner Eigentümerrechte eingewilligt, begründet dies kein Aussonderungsrecht. Der IX. Zivilsenat macht zutreffend darauf aufmerksam, dass es auch an jedem Bedürfnis der Anerkennung der Aussonderungskraft einer solchen schuldrechtlichen Abrede fehlt, da der Berechtigte sich durch die Abtretung der Ansprüche aus der Veräußerung der Immobilien hätte schützen können. Der IX. Zivilsenat begründet dies

262 *Häsemeyer*, Insolvenzrecht, Rdnr. 16. 03.
263 *Smid*, Insolvenzordnung 3. Aufl. § 1 Rdnr. 33.
264 *Smid*, Insolvenzordnung 3. Aufl. § 47 Rdnr. 1.
265 BGH, Urt. v. 15.11.1988, IX ZR 11/88, ZIP 1989, 118, 119.
266 *H. Westermann/Pinger*, Sachenrecht, 5. Aufl. 1990, § 30 V 3, 193 ff.
267 *Liesecke*, WM 1975, 214, 217; MünchKomm-*Medicus*, BGB, § 985 Rdnr. 17.
268 BGH, Urt. v. 9.10.1958, II ZR 22/57, WM 1958, 1417, 1419.
269 RG, Urt. v. 16.2.1909, Rep VI 194/08.

mit dem Gläubigerschutz durch das Insolvenzrecht, der im vorliegenden Fall eine einseitige Bevorzugung der THA ausschließt.

4. Aussonderung von irrtümlich auf Treuhandkonten gezahlten Beträgen

Der BGH hat über die Frage der Aussonderung von irrtümlich noch nach der Kündigung des Treuhandverhältnisses auf ein Treuhandkonto geleisteten Geldbeträgen zu entscheiden.[270] Dem lag vereinfacht wiedergegeben folgender Sachverhalt zugrunde:

Fall 43: Die spätere Insolvenzschuldnerin war mit anderen Bauunternehmern Gesellschafterin einer ARGE, der die Vertretung in kaufmännischen Belangen, sowie die kaufmännische Geschäftsführung unter Einschluss der Eröffnung eines Bankkontos für die ARGE oblag. Sie eröffnete unter ihrer Firmenbezeichnung und der Objektbezeichnung WG ARGE I. ein Konto in laufender Rechnung bei der Volksbank S. Auf dieses Konto erfolgten Zahlungen der Klägerin an die ARGE, wobei jeweils diese als Zahlungsempfängerin angegeben war. Leistungen, die der späteren Insolvenzschuldnerin zustehen sollten, wurden auf ein anderes Konto überwiesen. Aufgrund der Insolvenz der Schuldnerin und der daraufhin erfolgten Beendigung der ARGE und des auf ihr gründenden Treuhandverhältnisses erfolgten gleichwohl noch Zahlungen der heutigen Klägerin auf das Treuhandkonto. Die ARGE nahm später die Klägerin erfolgreich auf nochmalige Zahlung des Werklohns in Anspruch und trat der Klägerin etwaige Aussonderungsansprüche gegen den Insolvenzverwalter der Schuldnerin ab. Aus diesem ging die Klägerin erfolgreich gegen den Verwalter vor.

Hier lag eine uneigennützige Verwaltungstreuhand vor, in deren Rahmen die spätere Insolvenzschuldnerin das Sonderkonto eingerichtet hatte. Der Treugeber ist in der Insolvenz des Treuhänders zur Aussonderung gem. § 47 InsO berechtigt, dem entspricht in der Einzelzwangsvollstreckung die Widerspruchsbefugnis gem. § 771 ZPO. Nach der Judikatur ist hierfür eine Publizität des Treuhandkontos anders als beim Anderkonto nicht zwingend erforderlich.[271] Sofern Forderungen nicht in der Person des Treuhänders sondern unmittelbar in der Person des Treugebers entstanden sind[272], erstreckt sich das Treuhandverhältnis auch auf die ihnen zugrunde liegenden von Dritter Seite eingegangenen Zahlungen, soweit das Konto offen ausgewiesen bzw. sonst nachweisbar ausschließlich zur Aufnahme von treuhänderisch gebundenen Fremdgeldern bestimmt ist.[273] Im vorliegenden Fall war freilich zu entscheiden, ob dies auch dann gilt, wenn in einem überschaubaren Zeitraum nach Beendigung des Treuverhältnisses „Irrläufer“ ebenfalls noch als Treugut zu behandeln und nicht zum Eigengut des Treunehmers werden. Der BGH hat bislang für

---

270 BGH, Urt. v. 7.7.2005, III ZR 422/04, DZWIR 2005, 472 = ZIP 2005, 1465.
271 BGH, Urt. v. 1.7.1993, IX ZR 251/92, ZIP 1993, 1185.
272 BGH, Urt. v. 24.6.2003, IX ZR 75/01, DZWIR 2003, 510 = ZIP 2003, 1613 = BGHZ 155, 227, 231.
273 BGH, Urt. v. 24.6.2003, IX ZR 120/02, ZIP 2003, 1404.

Treuhandverhältnisse die Unmittelbarkeit der Drittzahlungen verlangt.[274] Der III. Zivilsenat erstreckt mit dem vorliegenden Urteil die treuhänderische Bindung des Kontos auch auf im unmittelbaren zeitlichen Rahmen nach Beendigung des Treuverhältnisses eingehende Gutschriften.

5. Vergütungsrechtliche Fragen

Der IX. Zivilsenat des BGH[275] hat in einem Beschluss aus dem Juli 2003 entschieden, dass eine Vergütungserhöhung in Gestalt eines Zuschlags für die Bearbeitung von Aus- und Absonderungsrechten nur unter der Voraussetzung in Betracht kommt, dass der Insolvenzverwalter stärker als in entsprechenden Insolvenzverfahren üblich in Anspruch genommen wird. Weder die Anzahl der Sicherungsgläubiger noch die Höhe der Fremdrechte bewirkt abstrakt für sich genommen eine Vergütungserhöhung. Ob überhaupt ein Zuschlag infolge der Bearbeitung von Absonderungsrechten zu berücksichtigen ist, ergibt sich nach der Entscheidung des IX. Zivilsenats nicht daraus, dass überhaupt Absonderungsrechte in bestimmten Umfang bearbeitet worden sind. Vielmehr ist auch für den Fall, dass der Insolvenzverwalter in erheblichem Umfang Absonderungsrechte bearbeitet hat, eine „wertende" Gesamtbetrachtung anzustellen. Ergibt sich in dieser Gesamtbetrachtung, dass Erschwernisse aufgrund der Bearbeitung von Absonderungsrechten durch andere Umstände kompensiert werden, ist ein vergütungserhöhender Zuschlag nicht gerechtfertigt.

VIII. Absonderung

1. Reichweite von Absonderungsrechten

a) *Eintrittsrecht des Absonderungsberechtigten bei öffentlicher Versteigerung des Absonderungsgutes*

Im Schrifttum[276] ist seit langem die Frage umstritten, ob § 168 InsO zur Anwendung gelangt, wenn das Sicherungsgut im Wege freiwilliger öffentlicher Versteigerung verwertet wird. Das scheint aus zwei Gründen fraglich zu sein. Zum einen entstehen bei der öffentlichen Versteigerung Versteigerungskosten, zum anderen ist das *Ergebnis* der Versteigerung nicht vorhersehbar. Das OLG Celle[277] hat die Frage nach der Anwendbarkeit des § 168 InsO gleichwohl mit beachtlichen Gründen bejaht. Dem Urteil liegt folgender Sachverhalt zugrunde:

---

274 BGH, Urt. v. 24.6.2003, IX ZR 75/01, DZWIR 2003, 510 = ZIP 2003, 1613 = BGHZ 155, 227, 231.
275 BGH, B. v. 24.7.2003, IX ZB 607/02, DZWIR 2003, 476 = ZIP 2003, 1757.
276 *Smid*, Kreditsicherheiten in der Insolvenz des Sicherungsgebers, 2003, § 14, Rdnr. 7 a; *Uhlenbruck*, InsO § 168 Rdnr. 3.
277 OLG Celle, Urt. v. 20.1.2004, 16 U 109/03, DZWIR 2004, 243 = ZIP 2004, 725.

Fall 44: Die Klägerin nimmt die Beklagte auf Nachteilsausgleich gem. § 168 Abs. 2 InsO in Anspruch. Die beklagte Insolvenzverwalterin hatte ein Versteigerungshaus beauftragt, Maschinen des insolvenzschuldnerischen Unternehmens zu verwerten und teilte der klagenden Gläubigerin, der an den Maschinen Absonderungsrechte zustanden, den Versteigerungstermin mit. Zuvor hatte die Klägerin sich an die Beklagte gewandt und darauf hingewiesen, sie wolle einen Mindestpreis bieten, um eine Verwertung unter Wert zu verhindern. Die Klägerin gab denn auch auf die Ankündigung der Versteigerung hin ein Kaufpreisangebot über DM 34.000,– ab, auf das die Insolvenzverwalterin nicht reagierte. Im Schreiben der Klägerin heißt es weiter, dass sie für den Fall, dass die Insolvenzverwalterin das Angebot der Klägerin nicht annehme, diese den genannten Kaufpreis als Mindestpreis bei der Versteigerung zugrundezulegen habe. Im Versteigerungstermin wurde demgegenüber zu DM 30.500,– der Zuschlag erteilt.

Das Kaufangebot wertet das OLG Celle zutreffend als Angebot zum Selbsteintritt i.S.v. § 168 Abs. 3 S. 1 InsO. Der angebotene Kaufpreis stellt in der Tat die Untergrenze gleichsam als die vom Absonderungsberechtigten definierte „Schmerzgrenze“ dergestalt dar, dass der Versteigerungserlös diese nicht unterschreiten darf. Das OLG stellt in diesem Zusammenhang nachvollziehbar darauf ab, dass im Rahmen einer freiwilligen öffentlichen Versteigerung[278] der Insolvenzverwalter als Auftraggeber darin frei ist, dem Auktionator Anweisungen hinsichtlich des Mindestgebotes zu geben. Die Versteigerungskosten sind insoweit unproblematisch, da der Insolvenzverwalter die Kosten – im vom OLG entscheidenden Fall 7,5 % – dem Mindestgebot addieren muss, um den Anforderungen des § 168 InsO zu genügen.

b) *Auskunftspflichten des vorläufigen Insolvenzverwalters und Insolvenzverwalter gegenüber dem Absonderungsberechtigten*

Der BGH[279] hat zu Auskunftspflichten des vorläufigen Insolvenzverwalters und des Insolvenzverwalters gegenüber dem Absonderungsberechtigten über folgenden Sachverhalt zu entscheiden gehabt.

Fall 45: Die Klägerin hatte an die Insolvenzschuldnerin Räume vermietet, in der diese einen Möbeleinzelhandel betrieb. Zunächst war Rechtsanwalt R zum vorläufigen Insolvenzverwalter ohne Verfügungsmacht, dann in dem über das Vermögen der Schuldnerin eröffneten Insolvenzverfahren als Insolvenzverwalter bestellt worden. Daraufhin machte die spätere Klägerin ihr Vermieterpfandrecht geltend. Die Warenbestände waren mit Raumsicherungsübereignung an die Hausbank der späteren Insolvenzschuldnerin sicherungsübereignet. Während des Eröffnungsverfahrens wurden Waren von der Schuldnerin, nach Eröffnung des Insolvenzverfahrens von Rechtsanwalt R als Insolvenzverwalter veräußert, der ein viertel Jahr nach Verfahrenseröffnung Masseunzulänglichkeit anzeigte. Die Klägerin begehrt im Wege der Stufenklage von R Auskunft und eidesstattliche Versicherung wegen der Warenabgänge vom Zeitpunkt der Ausübung des Vermieterpfandrechts bis zur Eröffnung des Insolvenzverfahrens und für einen Zeitraum vom Erlass des Eröffnungsbeschlusses an, sowie darauf zu berechnende Zahlung. Nach erstinstanzlicher Verur-

278 BGH, Urt. v. 15.10.1989, IX ZR 265/88, NJW 1990, 899.
279 BGH, Urt. v. 4.12.2003, IX ZR 222/02, DZWIR 2004, 238 = ZIP 2004, 326.

teilung wurde Rechtsanwalt R in der Berufungsinstanz als Insolvenzverwalter entlassen. Der an seine Stelle getretene „neue“ Insolvenzverwalter verteidigt sich u.a. damit, er habe von den vor dem Beginn seiner Amtszeit liegenden Vorgängen keine Kenntnis erlangt und könne daher keine Auskunft erteilen.

Der IX. Zivilsenat hat dies nicht gelten lassen. Auch der nach Ausscheiden des früheren Insolvenzverwalters bestellte Insolvenzverwalter habe die Pflicht, sich über die geschäftlichen Verhältnisse der Insolvenzschuldnerin und die Vorgänge zu informieren, die bis zu seinem Amtsantritt geherrscht haben, wozu ihm Auskunftsansprüche gegen den vorzeitig aus dem Amt Entlassenen sowie aus den §§ 97, 98 InsO gegen den Schuldner bzw. die Organe der schuldnerischen Gesellschaft zustehen.

Soweit es sich um Vorgänge unter der vorläufigen Verwaltung handelt kommt es nach zutreffender Ansicht des BGH insbesondere nicht darauf an, ob ein vorläufiger Insolvenzverwalter mit oder ohne Verfügungsbefugnis gehandelt hat. Denn in beiden Fällen hat der vorläufige Insolvenzverwalter Überwachungsaufgaben wahrzunehmen, die eine Dokumentation der Geschäftstätigkeit des schuldnerischen Unternehmens gewährleisten.

Der neue Insolvenzverwalter hat vor diesem Hintergrund nicht die Befugnis, die Auskunft zu verweigern. Damit wird ihm aber keine Haftung für eine nicht selten unzureichende Dokumentation und Aktenführung seines Vorgängers zugemutet. Die Entscheidung des BGH macht vielmehr deutlich, dass eine „Negativauskunft“ in dem Sinne erteilt werden darf, dass der Insolvenzverwalter dem Auskunftsbegehrenden mitteilt, dass sich bestimmte Vorgänge, der Verbleib von Absonderungsgut usw. aufgrund der bis zu seinem Amtsantritt unordentlich geführten Verwaltung nicht ermitteln lassen. Der Insolvenzverwalter muss allerdings nachvollziehbar vortragen und ggf. unter Beweis stellen, dass Unterlagen nicht zu beschaffen und Auskünfte nicht zu ermitteln seien. Auch mit dieser Negativauskunft ist dem Absonderungsberechtigten im Übrigen gedient. Denn er kann dann (kein Fall des § 92 InsO!) gegen den entlassenen früheren Insolvenzverwalter Schadenersatzansprüche gem. § 60 InsO geltend machen.

c) *Verwertung von Sicherungsgut und die Rechtsstellung der Absonderungsberechtigten*

aa) *Verwertungserlös bei Freigabe nach § 168 Abs. 3 InsO*

Ende 2005 hat der BGH[280] eine Entscheidung zur Anrechnung eines Mehrerlöses bei Verwertung eines Gegenstandes durch Übernahme und Weiterveräußerung seitens des absonderungsberechtigten Insolvenzgläubigers gefällt. Dieser Entscheidung lag folgender – hier vereinfacht wiedergegebener – Sachverhalt zugrunde:

280 BGH, Urt. v. 3.11.2005, IX ZR 181/04, DZWIR 2006, 121 = ZIP 2005, 2214 = BGHZ 165, 28.

Fall 46: Die klagende Sicherungsnehmerin hatte der Schuldnerin einen Nettokredit über ca. 61.000 € gewährt. Das Darlehen diente der Finanzierung eines Mobilbaggers, der zur Sicherheit der Klägerin übereignet wurde. Der beklagte Geschäftsführer der Schuldnerin übernahm zudem eine selbstschuldnerische Bürgschaft bis zum Betrag von ca. 70.000 €. Später wurde das Insolvenzverfahren über das Vermögen der Schuldnerin eröffnet. Der Insolvenzverwalter traf mit der Klägerin eine Vereinbarung nach der die Sicherungsnehmerin den Bagger verwerten und an die Masse eine Feststellungs- und Verwertungskostenpauschale in Höhe von 9 % aus 12.000 € (also 1.080,– €) auskehren sollte. Im vorliegenden Fall hatte der Insolvenzverwalter den Bagger nicht der Klägerin nach § 170 Abs. 2 InsO zur Verwertung überlassen, sondern eine Vereinbarung dahingehend geschlossen, dass die Sicherungsnehmerin den sicherungsübereigneten Gegenstand übernehmen solle, § 168 Abs. 3 S. 1 InsO. Dabei waren vom Insolvenzverwalter und der Sicherungsnehmerin der Wert der Sache zur Bemessung der Feststellungs- und Verwertungskosten als Verfahrenskostenbeitrag der Klägerin auf 12.000 € bemessen worden. Die Restforderung der Klägerin betrug damals 26.000 €. Für den Bagger erzielte die Klägerin einen Erlös von 27.500 €. Sie will davon nur einen Betrag von 12.000 € auf die Hauptforderung anrechnen und hat den Beklagten auf der Grundlage folgender Abrechnung in Anspruch genommen. Restforderung 26.000 €, Feststellungs- und Verwertungskosten 1.080,– € = zusammen 27.080 €, abzüglich Verwertungserlös 12.000 €, bleibt eine Forderung in Höhe von 15.080 €. Die Klägerin ist in allen Instanzen erfolglos geblieben.

In diesem Fall sagt die h. L.[281], der Gläubiger müsse einen Erlös, der den Wert übersteige nicht auf die Forderung gegen den Schuldner anrechnen lassen. Dies wird aus der systematischen Stellung des § 168 Abs. 3 S. 1 InsO gefolgert, wonach die Übernahme durch den absonderungsberechtigten Gläubiger zu den Verwertungsmaßnahmen zählt, die das Gesetz dem Verwalter selbst ermöglicht. Von dieser Form der Verwertung ist die „Freigabe" des Sicherungsgegenstandes nach § 170 Abs. 2 InsO zur eigenen Verwertung durch den Gläubiger zu unterscheiden. Der IX. Zivilsenat meint, dass diese Auslegung des § 168 Abs. 3 S. 1 InsO dem Willen des Gesetzgebers entspricht[282]. Denn ein sachgerecht handelnder Verwalter, so hofft der IX. Zivilsenat, wird auf das Angebot des Gläubigers nur eingehen, wenn er nach Einholung entsprechender Auskünfte mit einem besseren Preis nicht rechnen kann.

In dem Vorgehen des § 168 Abs. 3 InsO wird daher die Masse nicht benachteiligt, insbesondere weil der absonderungsberechtigte Gläubiger nicht vom Verwalter dazu gezwungen werden kann, die Sache nach § 170 Abs. 2 InsO selber zu verwerten.

Die Vereinbarung, die zu der entsprechenden Behandlung der Masse führt, und die vom BGH gehaltene Auslegung des § 168 Abs. 3 InsO führt indes nicht dazu, dass der Bürge über das Akzessorietätsprinzip durch den Bestand der Insolvenzforderung nach § 168 Abs. 3 InsO gebunden wäre. Der Bürge hat nämlich keinen Einfluss auf den Gang des Insolvenzverfahrens, an dem er gem. § 44 InsO nicht teilnimmt, weil die Klägerin dort ihre Forderung geltend gemacht hat. Daher kommen allein die

281 MünchKomm-*Lwowski*, InsO, § 168 Rdnr. 65; *Smid*, InsO 2. Aufl., § 168 Rdnr. 14; *Uhlenbruck*, InsO 2. Aufl. § 168 Rdnr. 10.
282 Der Senat zitiert BRDrucks. 1/92, Begr. zu § 193 RegE S. 179.

§§ 765 ff. BGB zum Tragen. Der BGH meint insoweit, dass der von der Klägerin auf der Grundlage der Berechnungsweise nach § 168 Abs. 3 InsO berechnet Anspruch nicht im Einklang mit Sinn und Zweck des § 767 Abs. 1 S. 3 BGB steht. Vereinbarungen, die nachträglich zwischen Gläubiger und Hauptschuldner getroffen werden, können die Pflichten des Bürgen nicht zu seinem Nachteil verändern. Zwar begründet die Vereinbarung zwischen Insolvenzverwalter und Sicherungsnehmer keine Erweiterung des in der Höchstbetragbürgschaft festgelegten Haftungsrahmens. § 767 Abs. 1 S. 3 BGB bezweckt aber nicht nur, den Bürgen vor einer späteren Erhöhung seiner Verpflichtung zu schützen, sondern auch davor, dass Gläubiger und Hauptschuldner durch nachträgliche Absprachen das Haftungsrisiko des Bürgen in einer Weise verschärfen, die für ihn bei Abschluss des Bürgschaftsvertrages nicht erkennbar war.[283] Da die Verwertungsvereinbarung zwischen dem Insolvenzverwalter und der Sicherungsnehmerin bewirkt, dass die Hauptforderung der Klägerin nicht in Höhe des durch die Weiterveräußerung erzielten Erlöses abzüglich der entstandenen Unkosten sondern nur in Höhe von 12.000 € sinkt, wird der Bürge beeinträchtigt. Denn für den Bürgen ist dadurch ein Haftungsrisiko entstanden, mit dem er bei Abschluss des Vertrages mit der Klägerin nicht rechnen brauchte.

Der BGH stützt seine Entscheidung schließlich auf § 776 BGB. Die Vorschrift bestimmt, dass der Bürge frei wird, wenn der Gläubiger ein mit der Forderung verbundenes Vorzugsrecht aufgibt. Darum handelt es sich unter anderem auch an Sicherungseigentum.[284] Allerdings behandelt § 776 i.V.m. mit § 774 BGB nur den Fall, dass der Gläubiger auf das Recht verzichtet oder es einem Dritten überlässt und damit die Möglichkeit sich aus ihm zu befriedigen in zurechenbarer Weise nicht wahrnimmt. Der Fall des § 168 Abs. 3 S. 1 InsO, in dem die Sicherungsnehmerin den sicherungsübereigneten Gegenstand verwertet, den Erlös aber teilweise nicht auf die Bürgenforderung angerechnet hat, stellt sich aber im Ergebnis genauso wie in den Fällen der §§ 776, 774 BGB dar.

bb) Reichweite des § 166 Abs. 2 InsO

Nach § 166 Abs. 2 S. 1 InsO darf der Verwalter eine Forderung, die der Schuldner zur Sicherung eines Anspruchs abgetreten hat, einziehen oder in anderer Weise verwerten. Was unter diesen Handlungen der Einziehung oder Verwertung zu verstehen ist, kann hier dahingestellt bleiben. Im vorliegenden Fall ging es darum, ob der Sicherungsgegenstand der Verfügung des Insolvenzverwalters noch unterworfen ist:

Vereinfacht liegt der Entscheidung[285] folgende Fallgestaltung zugrunde:

---

283 BGH, Urt. v. 18.5.1995, IX ZR 108/94, ZIP 1995, 1244 = BGHZ 130, 19, 27, 33.
284 BGH, Urt. v. 24.9.1980, VIII ZR 291/79, ZIP 1980, 968 = BGHZ, 78, 137, 143; BGH, Urt. v. 11.1.1990, IX ZR 58/89, ZIP 1990, 222 = BGHZ 110, 41, 43; BGH, Urt. v. 2.3.2000, IX ZR 328/98, ZIP 2000, 656 = BGHZ 144, 52, 54 f.
285 BGH, Urt. v. 17.11.2005, IX ZR 174/04, DZWIR 2006, 245 = ZIP 2006, 91.

Fall 47: Vor Eröffnung des Insolvenzverfahrens wurde von der Drittschuldnerin ein Geldbetrag zugunsten der Schuldnerin und einer Bank hinterlegt, an die die Schuldnerin die Forderung gegen die Drittschuldnerin zuvor wirksam zur Sicherheit abgetreten hatte. Nach Eröffnung des Insolvenzverfahrens über das Vermögen des Schuldners verlangte der klagende Insolvenzverwalter die Erklärung der Freigabe der hinterlegten Gelder von der beklagten Bank.

Voraussetzung der Verwertung von Sicherungsgegenständen durch den Insolvenzverwalter ist, dass sich diese Sicherungsgegenstände noch in der Soll-Masse des Schuldners befinden. Bei zur Sicherheit abgetretenen Forderungen ist dies nur solange der Fall, wie sie dem Schuldner bzw. nach Maßgabe der Sicherungsabrede dem Sicherungszessionar zustehen und daher überhaupt vom Drittschuldner eingezogen werden können.

Die Leistung des Drittschuldners führt indes zum Untergang des Sicherungsgegenstandes – die Forderung erlischt gem. § 362 Abs. 1 BGB. Damit hört der Sicherungsgegenstand auf, im Rechtssinne zu existieren.

Eben dies geschieht auch bei der Hinterlegung des geschuldeten Betrages bei Verzicht auf die Rücknahme durch den Drittschuldner, vgl. § 378 BGB. In diesem Fall wirkt die rechtmäßige Hinterlegung schuldttilgend.[286]

Der IX. Zivilsenat hat freilich in der Begründung seines Urteils nicht auf diesen materiellrechtlichen Aspekt abgestellt, sondern „rein insolvenzrechtlich" argumentiert: Der hinterlegte Erlös sei nicht mehr Teil des Organisationsverbundes des schuldnerischen Unternehmens. Nun ist es nicht ganz unproblematisch, sich vorzustellen, welche Stellung im „Organisationsverbund schuldnerischer Unternehmen" deren Forderungen gegen Drittschuldner haben; die Forderung ist Mittel der Liquiditätsbeschaffung und damit sachlich etwas anderes als Maschinen oder andere Sachen i.S.v. § 90 BGB. Überdies ist die Erwägung des BGH bedenklich. Denn sie lässt die Stellung des Drittschuldners außer Acht, der durch die Hinterlegung freigekommen ist.

Überdies bleibt offen, wie im Falle des Vorbehalts der Rücknahme zu entscheiden wäre. Denn dann ist § 379 BGB anzuwenden, wonach der Drittschuldner den Schuldner auf den hinterlegten Betrag zu verweisen hat. Die der Hinterlegung notwendig vorangegangene Offenlegung der Abtretung ist dabei im Übrigen bedeutungslos, da sie die Verwertungsbefugnis des Verwalters grundsätzlich unberührt lässt: An die Stelle der Forderung, die zu verwerten der Verwalter berechtigt ist, tritt in diesem Fall der Anspruch des Schuldners (!) nach § 379 BGB.

Die Entscheidung hinterlässt den Eindruck, nicht wirklich durchdacht zu sein. Sie gibt für die Fälle des § 379 BGB Anlass für Verunsicherungen; eine „insolvenzrechtliche" Argumentation, die nicht an die Grundsätze des bürgerlichen Rechts rückgekoppelt wird, bleibt fragil.

---

286 MünchKomm-*Wenzel*, BGB, 3. Aufl. § 378 Rdnr. 1, 3.

cc) Grund und Grenzen der Zinszahlungspflicht gem. § 169 S. 1 InsO und ihr Ausschluss nach § 169 S. 3 InsO

Die Zinszahlungspflicht gem. § 169 InsO gehört zu den dunklen und streitverursachenden Vorschriften der Insolvenzordnung. Mit einem Urteil aus dem Februar 2006 hat der IX. Zivilsenat über Grund und Grenzen der Zinszahlungspflicht größere Klarheit geschaffen.[287] Dem lag – vereinfacht wiedergegeben – folgender Sachverhalt zugrunde:

Fall 48: Die Sicherungseigentümerin hatte die ihr übereigneten 185 Nutzfahrzeuge der Schuldnerin finanziert. Zum Teil hatten die Fahrzeuge eine nicht marktgängige Ausstattung wie z.B. Horizontalbohrsysteme nebst Versorgungseinheiten. Der Eröffnungsbeschluss war am 1.4.2000 erlassen worden, Berichtstermin fand am 23.5.2000 statt. Der beklagte Verwalter gab der Klägerin am 14.7.2000 88 Fahrzeuge zur Verwertung frei. Am 29.7.2000 gab der Verwalter der Klägerin einen marktgängig ausgestattenen Bus sowie 14 Fahrzeuge, die sich im Besitz von ausländischen Betriebsgesellschaften befunden hatten frei. Weitere 51 Fahrzeuge wurden am 29.1.2001 frei gegeben. 31 Fahrzeuge die an in- und ausländische Unternehmen vermietet waren, veräußerte der Beklagte mit Hilfe eines Verwerters im Jahr 2000. Die klagende Sicherungseigentümerin begehrte Zinsen für die Zeit vom Berichtstermin bis zum jeweiligen Zeitpunkt der Freigabe der Fahrzeuge. Landgericht und Berufungsgericht gaben der Klage statt und führten aus, der beklagte Insolvenzverwalter habe nicht hinreichend darlegen können, durch die spätere Rückgabe der Fahrzeuge an die Klägerin sei die Verwertung nicht verzögert worden. Bei einer unmittelbar im Anschluss an den Berichtstermin erfolgten Freigabe der Fahrzeuge hätte die Klägerin diese früher verwerten können. Zweifel ob dies der Klägerin wirtschaftlich zugute gekommen wäre, gingen zu Lasten des beweisbelasteten Beklagten. Nach dem Gesetz löse jede im Interesse der Masse eingetretene Verzögerung den Zinsanspruch aus, was im Übrigen auch für fruchtlose Verwertungsversuche des Insolvenzverwalters gelte.

Demgegenüber hat der IX. Zivilsenat ausgeführt, nach § 169 S. 1 InsO seien dem Gläubiger vom Berichtstermin zwar laufend die geschuldeten Zinsen aus der Insolvenzmasse zu zahlen. Voraussetzung sei, dass ein Gegenstand, zu dessen Verwertung der Insolvenzverwalter nach § 166 InsO berechtigt ist, nicht verwertet werde, wobei die Zinszahlung ein Ausgleich dafür sein soll, dass der gesicherte Gläubiger wegen des Verlustes seines Einziehungsrechts im Interesse der Insolvenzmasse auf die ihm zustehenden Verwertungserlöse warten müsse. Ausschlaggebend ist daher nicht die Verfahrenseröffnung, sondern der Berichtstermin, da erst von diesem Termin an, der Insolvenzverwalter die Pflicht und das Recht hat, die zur Insolvenzmasse gehörenden Vermögensgegenstände „unverzüglich“ zu verwerten. Denn erst im Berichtstermin ergehen entsprechende Beschlüsse der Gläubigerversammlung, die den Insolvenzverwalter legitimieren bzw. an die Stelle der Masseverwertung andere Maßnahmen der Insolvenzverwaltung treten lassen. Vom Berichtstermin an, greift indes keine gleichsam automatische Verzinsungspflicht. Denn es gehört nicht zu den Rechten des Sicherungsgläubigers, dass er von der Insolvenzmasse die Bewahrung der Werthaltigkeit des Sicherungsgutes verlangen kann. Aus der Insol-

---

287 BGH, Urt. v. 16.2.2006, IX ZR 26/05, ZIP 2006, 814.

venzmasse ist an den Sicherungsgläubiger nur insoweit zu zahlen, wie ihm Schutz vor einer Verzögerung der Verwertung gewährleistet wird. Dies schließt der BGH aus S. 3 des § 169 InsO. Danach kann der Sicherungsgläubiger keine Zinsen verlangen, soweit nach Höhe der gesicherten Forderung und dem Wert und der sonstigen Belastung des Gegenstandes mit einer Befriedigung des Gläubigers aus dem Verwertungserlös nicht gerechnet werden kann. Eine vergleichbare Regelung trifft § 30 e Abs. 3 ZVG. Der BGH hat dies bereits für sicherungszedierte Forderungen entschieden.[288] Deren fehlende Bonität führt dazu, dass die Verzinsungspflicht gegenüber dem Sicherungszessionar entfällt. Der BGH bestimmt die Grenzen der Verzinsungspflicht folgendermaßen:

Ist das Sicherungsgut überhaupt nicht verwertungsfähig, entfällt die Verzinsungspflicht vollkommen. Das kann der Fall sein etwa bei Spezialgeräten, die nur für die von der Schuldnerin betriebenen Produktionen einsatzfähig waren, aufgebrauchten Maschinen, Mobiliar, das in dieser Form nicht gebraucht wird usw. Weiter sind für den Zeitraum keine Zinsen geschuldet, der sich aus Verzögerungen bei der Verwertung ergibt, die in Gründen liegen, die sich unmittelbar aus der Beschaffenheit des Gutes ergeben. Denn auch der Gläubiger hätte in diesem Fall nicht schneller als der Insolvenzverwalter verwerten können. Schließlich entfällt eine Verzinsung, wenn der Verwalter zu einem Zeitpunkt nach dem Berichtstermin freigegeben hat, wenn dem Gläubiger eine frühere Verwertung nach dem Berichtstermin nicht möglich gewesen wäre.

Die Beweislast hierfür trägt in der Tat der Insolvenzverwalter. Dies leitete der BGH aus dem Wortlaut des § 169 S. 3 InsO ab, der als Ausnahmetatbestand ausgestaltet ist und etwa § 932 Abs. 2 BGB entspricht. Für das Eingreifen eines Ausnahmetatbestandes trägt derjenige die Darlegungslast, der sich auf ihn beruft.[289] Dies gilt nach allgemeiner Meinung auch für § 169 S. 3 InsO.[290] Sachlicher Grund hierfür ist, dass der Insolvenzverwalter regelmäßig die bessere Möglichkeit zur Verwertung des Sicherungsguts besitzt als der Sicherungsgläubiger, der außerhalb des Unternehmens steht. Die Darlegungs- und Beweislast des Insolvenzverwalters ist daher primär hinsichtlich des Fehlens von Verwertungsmöglichkeiten begründet. Erst soweit der Insolvenzverwalter den Gegenstand nicht selbst verwertet, sondern nach dem Berichtstermin an den Gläubiger das Sicherungsgut freigegeben hat, ist eine vom BGH als sekundäre Darlegungs- und Beweislast bezeichnete Last des Sicherungsgläubigers begründet, aufgrund derer er darzulegen hat, ob und mit welchem Ergebnis er nach erfolgter Freigabe Verwertungsbemühungen entfaltet hat. Entscheidend ist aber Folgendes: Der BGH geht davon aus, dass die Verzinsungspflicht einen Entschädigungscharakter hat.[291] Der Vollbeweis des Fehlens einer Verwertungsmöglichkeit ist für den Insolvenzverwalter mit unverhältnismäßigen Schwierigkeiten verbunden. Daher kommt ihm die Beweiserleichterung des § 287 ZPO zu-

288 BGH, Urt. v. 16.3.2000, I ZR, 214/97, ZIP 2000, 1098 = BGHZ 144, 72, 86 f.
289 BGH, Urt. v. 16.6.1983, VII ZR 370/82, ZIP 1983, 1050 = BGHZ 87, 393, 399 f.
290 *Uhlenbruck*, InsO, § 169 Rdnr. 14; Kübler/Prütting-*Kemper*, InsO, § 169 Rdnr. 10.
291 BGH, Urt. v. 20.2. 2003, IX ZR 81/02, DZWIR 2003, 332 = ZIP 2003, 632 = BGHZ 154, 72.

gute. Das Prozessgericht entscheidet daher unter Würdigung aller Umstände nach freier Überzeugung ob und in welchem Umfang eine Verzögerung der Verwertung auf insolvenzspezifischen oder nicht insolvenzspezifischen Ursachen beruht hat. Daraus ergeben sich eine Reihe von Maßstäben. Sicherungsgut durchschnittlicher Beschaffenheit und folglich gewöhnlicher Verwertungsfähigkeit begründet wegen jeder Verzögerung der Verwertung eine Verzinsungspflicht, im vorliegenden Fall hinsichtlich der am 14.7.2000 freigegebenen 88 Nutzfahrzeuge und den am 29.7.2000 zur Verfügung gestellten Bus. Insofern liegen nämlich keine besonderen Umstände vor, die vom Gericht als Begründung dafür hätten gewertet werden können, dass die Verzögerung der Verwertung auf der Beschaffenheit der Umstände beruht habe. Dem Insolvenzverwalter war es nämlich bereits vor dem Berichtstermin möglich, die Verwertungschancen abzusehen – er hatte sogar die Pflicht dazu, da dies Teil seines Berichts zu sein gehabt hätte. Demzufolge hätte er unverzüglich nach dem Berichtstermin die Freigabe erklären können. Im vorliegenden Fall freilich hatte die Insolvenzverwalterin geltend gemacht, die Parteien hätten aufgrund einer einheitlichen Verwertungsstrategie die Fahrzeuge als einheitliches Zentralbausystem verkaufen oder vermieten wollen. Hierfür hat der BGH keine hinreichenden Anhaltspunkte gesehen, was angesichts der Werthaltigkeit eines solchen Systems nicht vollständig überzeugt, betrachtet man die Würdigung der Beweisaufnahmen durch das Berufungsgericht.

Soweit Fahrzeuge vermietet oder verleast waren und sich daher im Besitz Dritter befunden haben, bestätigt der BGH in der vorliegenden Entscheidung zwar, dass den Insolvenzverwalter des Vermieters bzw. des mittelbaren Besitzers die Verwertungspflicht hinsichtlich dieser Sachen trifft. Hier kann sich jedoch eine Verzögerung der Verwertungsmöglichkeiten aus dem Rechtsverhältnis zu dem Dritten ergeben.

Schließlich hat der BGH im vorliegenden Urteil Anlass gehabt, sich mit der Höhe des Zinssatzes auseinander zusetzen. Die Vorinstanzen hatten sich bei der Bemessung des Zinssatzes an der Anhebung der Verzugszinsen auf 5 % über dem jeweiligen Basiszinssatz orientiert. Der IX. Zivilsenat weist zutreffend darauf hin, dass dies systematisch der Funktion des § 169 InsO nicht entspricht, denn diese Vorschrift soll keine schuldhafte Leistungsverzögerung durch den Insolvenzverwalter sanktionieren, so dass der Zweck des Verzugszinssatzes, dem Schuldner einer Leistung frühzeitig die Sanktionierung einer Pflichtverletzung (wie es im modernen Schuldrecht heißt) vor Augen zu führen, in diesem Zusammenhang nicht greift. Der BGH geht davon aus, die nach § 169 InsO geschuldeten Zinsen an dem ungestörten Hauptverhältnis zwischen Gläubiger und Schuldner zu bemessen. Nur für den Fall, das Zinsen als Hauptleistung nicht geschuldet oder der vereinbarte Zinssatz unter 4 % lag, soll in Anlehnung an den gesetzlichen Zinssatz des § 246 BGB eine Mindestverzinsung von 4 % im Rahmen des § 169 InsO vorgenommen und aus der Masse geschuldet werden.

dd) Die Kosten des vom Insolvenzverwalter beauftragten Auktionators sind Teil der tatsächlich angefallenen Verwertungskosten i.S.v. § 171 Abs. 2 S. 2 InsO

Voraussetzungen und Reichweite der nach § 171 Abs. 2 S. 2 InsO in Ansatz zu bringenden tatsächlichen Verwertungskosten ergeben sich nicht unmittelbar aus dem Gesetz; die Judikatur des BGH hat insoweit zur Klärung beigetragen.

Fall 49: Der BGH[292] hat in Sachen einer Nichtzulassungsbeschwerde entschieden, dass die Kosten des vom Insolvenzverwalter beauftragten Auktionators Teil der tatsächlich angefallenen Verwertungskosten sind.

Sie sind daher nicht vorab vom Bruttoverwertungserlös abzuziehen, sondern Teil der tatsächlich angefallenen Verwertungskosten gem. § 171 Abs. 2 S. 1 InsO. Eine vereinzelt dagegen erhobene Gegenmeinung hat der BGH verworfen.

ee) Schutzpflichten des Insolvenzverwalters gegenüber dem Absonderungsberechtigten

Im vorliegenden Urteil[293] hat der IX. Zivilsenat zwei außerordentlich wichtige Fragenkreise zu entscheiden gehabt, die von großem Einfluss auf die Abwicklung von Insolvenzverfahren seien können. Zum einen hat der IX. Zivilsenat über die Reichweite der haftungsrechtlich relevanten Pflichten des Insolvenzverwalters gegenüber absonderungsberechtigten Gläubigern (hier: Sicherungszessionar) entschieden; zum anderen bringt die Entscheidung Aufschlüsse über die Reichweite der Insolvenzfestigkeit schuldrechtlicher Verpflichtungen des Schuldners durch Vormerkungen.

Fall 50: Der Schuldner hatte vor Eröffnung des Insolvenzverfahrens sein Hausgrundstück vermietet und später an eine Käuferin verkauft und die Eintragung einer Auflassungsvormerkung zugunsten der Käuferin bewilligt und beantragt. Den Kaufpreisanspruch hat die Schuldnerin später an die G., diese später an die Klägerin abgetreten. Wegen einer verspäteten Kündigung des Mietverhältnisses durch den Insolvenzverwalter setzte die Käuferin später den Kaufpreis mit Zustimmung der klagenden Sicherungszessionarin herab, die diesen Betrag schadenersatzweise gem. § 60 InsO vom Insolvenzverwalter begehrt. Im Kaufvertrag war vereinbart gewesen, dass die Immobilie frei von Rechten Dritter zu übereignen sei.

Auch nach der neuen Judikatur des BGH zu § 103 InsO sind Sicherungszessionen von Forderungen des Schuldners aus solchen Verträgen, deren Erfüllung von einer entsprechenden Erklärung des Verwalters abhängt, auch dann nicht insolvenzfest, wenn der Verwalter die Erfüllung des Vertrages wählt, wie der erkennende Senat in der vorliegenden Entscheidung bestärkt.[294] Die Sicherungszession des Kaufpreisanspruchs konnte daher nur insoweit insolvenzfest sein, wie die Ansprüche des

292 BGH, B. v. 22.9.2005, IX ZR 65/04, DZWIR 2006, 84 = ZIP 2005, 1974.
293 BGH, Urt. v. 2.3.2006, IX ZR 55/04, DZWIR 2006, 302 = ZIP 2006, 859.
294 BGH, Urt. v. 20.12.1988, IX ZR 50/88, ZIP 1989, 171 = BGHZ 106, 236, 241 f.; BGH, Urt. v. 21.11.1991, ZIP 1992, 48 = BGHZ 116, 156, 159 f.; BGH, Urt. v. 4.5.1995, ZIP 1995, 926 = BGHZ 129, 336, 338 f.; BGH, Urt. v. 27.2.1997, ZIP 1997, 196 = BGHZ 135, 25, 26 f.

Käufers aus dem Kaufvertrag durch Vormerkung gesichert waren. Dies ist nicht bereits mit Bewilligung und Beantragung der Vertragsparteien im Kaufvertrag, sondern mit der anweisungskonformen Antragstellung durch den beauftragten Notar der Fall.

Mit der vorliegenden Entscheidung wiederholt der IX. Zivilsenat des BGH, dass der Sicherungszessionar zu dem Kreis der Beteiligten des Insolvenzverfahrens zählt, demgegenüber der Verwalter für schuldhafte Pflichtverletzungen haftet. Eine solche Haftung des Insolvenzverwalters kommt indes nur unter der Voraussetzung in Betracht, dass er solche Pflichten verletzt hat, die „insolvenzspezifisch" sind, also nicht allein dem Verwalter wie jedem anderen Vertreter fremder Interessen gegenüber Vertragspartnern bei oder nach Vertragsschluss obliegen.[295] Die Begründung dafür, weshalb dies im vorliegenden Fall zutreffen soll, entbehrt freilich nicht einer gewissen Zirkularität. Der BGH argumentiert nämlich, nach §§ 166ff. InsO habe der Insolvenzverwalter sicherzustellen, dass dem Absonderungsberechtigten der Erlös abzüglich bestimmter gesetzlicher Pauschalen zufließe. Bei einem Wertverlust, den das Sicherungsgut dadurch erleide, dass der zur Masseverwaltung gem. § 80 InsO und damit wie im konkreten Fall zur Kündigung von Mietverhältnissen, die den Wert der Kaufsache mindere und damit zu einem Wertverlust des Sicherungsobjekts, nämlich der sicherungszedierten Kaufpreiszahlung führte, handele es sich um eine insolvenzspezifische Pflicht, die der Verwalter verletzt habe. Nun könnte man dagegen erinnern, es handele sich dabei doch nur um einen Reflex wegen der Abwicklung des Kaufvertrages. Ansatzpunkt ist freilich § 80 InsO, der dem Verwalter die optimale Masseverwaltung auferlegt.

ff) Sonderproblem: Insolvenzsicherung von Arbeitnehmern

Die Absicherung von Arbeitnehmern durch Direktversicherungen zur betrieblichen Altersvorsorge, ist im Falle der Insolvenz des Arbeitgebers dann nicht gegeben, wenn der Arbeitgeber sich den Widerruf des Bezugsrechts vorbehalten hat. Der IX. Zivilsenat des BGH hat nunmehr[296] sich der Rechtsprechung des IV. Senats[297] angeschlossen. Soweit das im Übrigen unwiderrufliche Bezugsrecht unter den Vorbehalt gestellt worden ist, dass das Arbeitsverhältnis nicht vor Eintritt der Unverfallbarkeit ende, steht nach dieser Judikatur bei einer durch die Insolvenz des Arbeitgebers erfolgten Beendigung des Arbeitsverhältnisses dem Arbeitnehmer ein Aussonderungsrecht zu.

---

295 BGH, Urt. v. 4.12.1986, IX ZR 47/86, ZIP 1987, 115 = BGHZ 99, 151, 154; BGH, Urt. v. 14.4.1987, IX ZR 260/86, ZIP 1987, 650 = BGHZ 100, 346, 350.
296 BGH, B. v. 22.9.2005, IX ZR 85/04, ZIP 2005, 1836.
297 BGH, Urt. v. 8.6.2005, IV ZR 30/04, ZIP 2005, 1373, 1374.

d) *Verfahrenskostenbeiträge*

Der BGH[298] hatte in folgendem Fall zu entscheiden:

> **Fall 51:** Die spätere Insolvenzschuldnerin hatte an ihre Kunden Heizkessel nebst Zubehör verkauft, die von der späteren Beklagten unter verlängertem und erweitertem Eigentumsvorbehalt geliefert worden waren. Am 13.6.2000 stellt die Schuldnerin Eigenantrag, woraufhin der spätere Kläger am selben Tag vom Insolvenzgericht zum vorläufigen Insolvenzverwalter bestimmt worden war. Nach einer Besprechung zwischen dem vorläufigen Insolvenzverwalter und der späteren Beklagten forderte die Lieferantin die Abnehmer der Insolvenzschuldnerin mit Schreiben vom 26.6.2000 auf, nicht mehr an diese, sondern an sie als Lieferantin zu zahlen. Die Lieferantin hat hieraus insgesamt ca. 280.000 DM erlangt, woraus sie als Feststellungspauschale ca. 11.000 DM an die Masse abgeführt hat. Der Insolvenzverwalter hat gegen die Beklagte auf Zahlung einer Verwertungskostenpauschale in Höhe von ca. 7.000 € geklagt. Zur Begründung hat er ausgeführt, die Beklagte habe durch ihr eigenmächtiges Vorgehen ihm die Einziehung der Forderung unmöglich gemacht und damit die Masse verkürzt.

Der IX. Zivilsenat hat erneut festgestellt, dass der Masse Verfahrenskostenbeiträge der absonderungsberechtigten Gläubiger soweit nicht zustehen, wie vor Insolvenzeröffnung durch Zahlung an den absonderungsberechtigten Gläubiger abgetretene Forderungen eingezogen worden sind. Da es sich bei der Lieferantin im vorliegenden Fall um eine absonderungsberechtigte Gläubigerin handelte (vgl. § 51 Nr. 1 InsO, da erweiterter und verlängerter Eigentumsvorbehalt unstreitig der Sicherungsabtretung im Falle des verlängerten und der Sicherungsübereignung im Falle des erweiterten Eigentumsvorbehalts gleichstehen[299]) und aufgrund von mit der Schuldnerin getroffenen Sicherungsvereinbarungen regelmäßig die Eigentumsvorbehaltslieferanten im Falle des verlängerten Eigentumsvorbehalts vertraglich berechtigt sind, nach Offenlegung der Abtretung die Forderung bei den Drittschuldnern einzuziehen[300] konnte der IX. Zivilsenat davon ausgehen, dass jedenfalls für die vor Eröffnung des Insolvenzverfahrens über das Vermögen der Insolvenzschuldnerin eingezogenen Forderungen eine Einbindung dieser Forderungen in das Insolvenzverfahren nicht vollzogen worden war und daher Verfahrenskostenbeiträge nicht geschuldet waren. Demgegenüber stellte sich für den Senat die Frage, wie es mit der Verwertungskostenpauschale wegen einer eigenmächtigen Einziehung nach Eröffnung des Insolvenzverfahrens über das Vermögen des Schuldners durch den Absonderungsberechtigten stehe. Ausgangspunkt der Erwägungen des Senats ist dabei § 166 Abs. 2 S. 1 InsO, nach dem das Einziehungs- und Verwertungsrecht an sicherungshalber abgetretenen Forderungen umfassend auf den Insolvenzverwalter übergeht[301]. Aufgrund dieser umfassenden Verwaltungs- und Verwertungsbefugnis des Insolvenzverwalters hat dieser die Möglichkeit, dem Absonderungsberechtigten

---

298 BGH, Urt. v. 20.11.2003, IX ZR 259/02, DZWIR 2004, 205 = ZIP 2004, 42.
299 BGH, Urt. v. 9.11.1978, IX ZR 54/77, BGHZ 72, 308, 312.
300 BGH, Urt. v. 6.4.2000, IX ZR 422/98, DZWIR 2004, 428 = ZIP 2000, 895 = BGHZ 144, 192, 197.
301 BGH, WM 2003, 694, 695.

die Forderung gem. § 170 InsO zur Verwertung im eigenen Namen zu überlassen. Sofern dies nicht erfolgt ist, handelt – wie der IX. Zivilsenat mit seinem Urteil vom 20.11.2003 erneut feststellt – der Absonderungsberechtigte objektiv rechtswidrig. Der Masse, der jedenfalls die Kosten der Feststellung des Absonderungsrechts erwachsen sind, schuldet der Absonderungsberechtigte daher die Feststellungspauschale, die im Fall des Urteils vom 20.11.2003 allerdings jedenfalls an die Masse gezahlt worden ist, nicht jedoch die Verwertungskostenpauschale.

Der IX. Zivilsenat klärt nunmehr in der vorliegenden Entscheidung, ob sich aus dem rechtswidrigen Verhalten des Absonderungsberechtigten rechtliche Folgen ergeben, aus denen die Forderung einer Verwertungskostenpauschale gerechtfertigt werden könnte. Dabei greift der Senat auf die Struktur zurück, die der Gesetzgeber dem Recht der Kostenbeteiligung im Insolvenzverfahren gegeben hat. Ausschlaggebend ist insofern, dass der Gesetzgeber den Vorstellungen der Kommission für Insolvenzrecht nicht gefolgt ist. In deren Berichten, dem Gedanken einer Vorrangstellung der Absonderungsberechtigten im Insolvenzverfahren Rechnung tragend, sollte den gesicherten Gläubigern ein Anteil am Verwertungserlös als Verfahrensbeitrag zu Gunsten der freien Masse abgezogen werden. Demgegenüber ist der Reformgesetzgeber dem Veranlassungsprinzip jedenfalls insoweit gefolgt, als die Verfahrenskostenbeiträge dazu dienen sollen, den Abfluss zu kompensieren, den die freie Masse dadurch erleidet, dass von ihr die Kosten getragen werden, die durch die Feststellung und bei der Verwertung von Gegenständen mit Absonderungsrechten entstehen. Soweit der absonderungsberechtigte Gläubiger gegen die durch § 166 InsO statuierte Zuständigkeitsordnung verstößt und somit rechtswidrig handelt, greift der Absonderungsberechtigte in die Soll-Masse ein. Der IX. Zivilsenat hat in diesem Zusammenhang § 166 InsO ausdrücklich als Schutzgesetz zu Gunsten der Gläubigergesamtheit qualifiziert, so dass der Insolvenzverwalter für die Masse solche Vermögensschäden gegen den Absonderungsberechtigten geltend machen kann, die dieser durch die eigenmächtige Verwertungshandlung verwirklicht hat. Im Rahmen sowohl des § 166 Abs. 1 als auch des Abs. 2 InsO lässt sich dabei daran denken, dass der Absonderungsberechtigte durch seine Verwertungshandlung einen geringeren Erlös erzielt hat, als er durch den Insolvenzverwalter hätte erzielt werden können. Einen entsprechenden Differenzbetrag soll der Absonderungsberechtigte der Masse als Schadenersatz schulden. Diese Hilfserwägung des BGH überzeugt nicht vollständig. Denn die Masse wird bei einer eigenmächtigen Verwertungshandlung des Absonderungsberechtigten weder mit höheren Verwertungskosten belastet noch entgeht ihr ein Differenzbetrag zwischen einem möglicherweise zu erzielenden und dem tatsächlich vom gesicherten Gläubiger erzielten Erlös. Für einen nach § 823 Abs. 2 BGB zu ersetzenden Schaden lässt sich insofern wenig erkennen. Nachvollziehbarer ist dagegen die Erwägung des IX. Zivilsenats, der ausführt „der eigenmächtig vorgehende Gläubiger handele insoweit auf eigene Gefahr“. Denn insofern kann es allein darauf ankommen, dass für den Fall einer ungünstigeren Form der Verwertung der Absonderungsberechtigte das Quoteninteresse der ungesicherten Gläubiger nicht dadurch beeinträchtigt, dass er gegebenenfalls gem. § 52 InsO einen höheren Ausfall als im Falle der Verwertung durch den Insolvenzverwalter zur Tabelle anmeldet. Interessant sind die Ausführungen des IX. Zivilsenats dagegen im Fall des § 166 Abs. 1 InsO. Verwertet nämlich der gesicherte Gläubiger Gegenstände, an denen er Sicherungseigentum hat, eigenmächtig – beispielsweise dadurch, dass er sie gegen den Willen des Insolvenzverwalters an sich bringt und weiter veräußert – hilft die vorliegende Entscheidung des BGH weiter. Es wird dadurch nämlich klar, dass der Absonderungsberechtigte gem. § 823 Abs. 2 BGB i.V.m. § 166 Abs. 1 InsO der Masse all diejenigen Schäden zu ersetzen hat, die daraus erwachsen, dass der Insolvenzverwalter mit dem Absonderungsgut nicht weiter verfahren kann. Hierzu aber zählt unter anderem auch die „Verwertung" durch Gebrauch des Absonderungsgutes.

e) *Verfahrenskostenbeiträge bei stillen Sicherungszessionen*

Der BGH[302] hat darauf erkannt, dass § 166 Abs. 2 InsO sicherungszedierte Forderungen im eröffneten Verfahren, nicht aber im vorläufigen Verfahren der Verwaltungs- und Verwertungsbefugnis des Insolvenzverwalters unterstellt; gleich, ob die Sicherungszession „still" geblieben oder ob sie dem Dritten offen gelegt worden ist. Ferner hat der BGH am eindeutigen Text des § 171 Abs. 1 InsO festgehalten, demzufolge der pauschalierte Ersatz der Feststellungskosten nicht vom Umfang des Feststellungsaufwandes im Einzelfall abhängt. Das OLG Hamm als Vorinstanz[303] hat dies anders gesehen.

Fall 52: Der Entscheidung des BGH lag folgender Sachverhalt zugrunde: Die spätere Insolvenzschuldnerin hatte 1995 Ansprüche aus einem bestimmten Lebensversicherungsvertrag an die von dem später eingesetzten Insolvenzverwalter verklagte Sparkasse abgetreten. Nach Eröffnung des Insolvenzverfahrens erteilte der klagende Insolvenzverwalter schriftlich seine Zustimmung dazu, dass die Rückvergütung an die Beklagte ausgezahlt werden sollte.

Mit der Entscheidung durch den IX. Zivilsenat des BGH steht fest, dass, wenn der Insolvenzverwalter Kapitallebensversicherungsverträge des Schuldners kündigt, die dieser an eine Bank zur Sicherung abgetreten hat, der Masse jedenfalls Feststellungskosten nach § 171 Abs. 1 InsO in Höhe von 4 % des zur Auszahlung gebrachten Betrages zustehen. Dies gilt auch, wenn die Zahlung nach einer aufgrund des Verwertungsrechts des Insolvenzverwalters unter Verstoß gegen § 166 Abs. 2 InsO und damit unrechtmäßig erfolgenden Kündigung seitens des Sicherungszessionars unmittelbar an diesen erfolgt ist.

In der zitierten Entscheidung ist die Frage offen geblieben, ob und in welchem Umfang in derartigen Fällen der Masse Verwertungskosten entstehen und diese durch den Sicherungszessionar zu tragen sind, etwa dann, wenn der Insolvenzverwalter die Kündigung der Lebensversicherung ausspricht oder einer Auszahlung des Betrages an den Sicherungszessionar die Zustimmung erteilt. Hier ist zum Teil die Auf-

302 BGH, Urt. v. 11.07.2002, IX ZR 262/01, ZIP 2002, 1630.
303 OLG Hamm, Urt. v. 20.9.2001, DZWIR 2002, 286; vergl. hierzu *Weis*, ZInsO 2002, 170, 174 f.

fassung vertreten worden, dass es sich bei der Kündigung der Lebensversicherung bzw. der Zustimmung zur Auszahlung an den Sicherungszessionar um die Wahrnehmung eines Rechtsgeschäfts i.S.v. § 118 BRAGO handle und damit aus dem zur Auszahlung gebrachten Betrag eine Anwaltsgebühr die Höhe der Verwertungskosten bestimme – was im Übrigen allerdings nur dann sein kann, wenn ein Rechtsanwalt zum Insolvenzverwalter bestellt worden ist bzw. ein Rechtsanwalt mit diesem Rechtsgeschäft mandatiert wurde. Dagegen ist in der amtsgerichtlichen Judikatur[304] entschieden worden, dass § 171 Abs. 2 S. 1 und 2 InsO auf konkrete Verwertungskosten abheben und diese nicht selbst durch Rückgriff auf eine Pauschalgebühr zu bestimmen seien. Das ist plausibel. Denn der Insolvenzverwalter bedarf grundsätzlich zur Vornahme derartiger Verwertungshandlungen keines anwaltlichen Beistandes, der nach BRAGO- bzw. RVG-Sätzen in Rechnung zu stellen wäre[305].

Der IX. Zivilsenat hat damit allen Versuchen einer „Korrektur" des Gesetzestextes eine Abfuhr erteilt, wonach die Offenlegung der Sicherungszession dazu führe, dass die zedierte Forderung einer verpfändeten gleichzustellen sei. Aus Gesetz und Gesetzesmaterialien ergibt sich eindeutig etwas anderes, wobei dem Gesetzgeber die Vermeidung von nachkonkurslichen Manipulationen und die Herstellung einer zweifelsfreien Zuständigkeit des Insolvenzverwalters vorgeschwebt hat, wie der IX. Zivilsenat zutreffend ausführt. Missverständlich freilich bleibt an der vorliegenden Entscheidung die Rede des BGH davon, die sicherungszedierte Forderung sei Teil der Ist-Masse; das sind schuldnerfremde Gegenstände auch. Denn der Insolvenzverwalter muss beispielsweise auch prüfen, ob Dritte in der Tat aussonderungsberechtigt sind oder ob der Inhaber eines Pfandrechts an einer Forderung dieses zu Recht geltend macht usf. Die durch den Gesetzgeber mit § 166 InsO neu geschaffene Lage besteht vielmehr darin, dass der Insolvenzverwalter nicht nur das Bestehen fremder Rechte an in seinem Besitz befindlichen Gegenständen zu prüfen hat, sondern dass ihm die Verwertung dieser Gegenstände obliegt – herkömmlich spricht man daher davon, dass diese Gegenstände Teil der so genannten Soll-Masse seien[306].

2. Freigabe

a) *Freigabe von Massegegenständen*

Da der Insolvenzverwalter nicht Organ des schuldnerischen Unternehmens, sondern Inhaber eines privaten, hoheitlich begründeten Amtes des Inhalts der Abwicklung des Insolvenzverfahrens ist, steht auch im Fall des über das Vermögen einer juristischen Person eröffneten Insolvenzverfahrens der Freigabe von Vermögensbestandteilen des schuldnerischen Unternehmensträgers an diesen, soweit diese dem Insolvenzbeschlag unterliegen, nichts im Wege. Dies hat der IX. Zivilsenat des

304 Amtsgericht Bonn, Urt. v. 11.10.2000, NZI 2001, 50.
305 Vgl. insoweit *Smid*, Eigene Aufgaben des Insolvenzverwalters, DZWIR Heft 7, 2002.
306 Vgl. hierzu eingehend *Smid*, Grundzüge des Insolvenzrechts, 4. Aufl. 2002, § 7 Rdnr. 9 ff.

BGH[307] mit dem vorliegenden Urteil vom 21.4.2005 im Anschluss an die überwiegende Lehre erkannt.

Die entgegenstehenden Annahmen der sog. modifizierten Organtheorie hat der IX. Zivilsenat damit als unzutreffend verworfen. Der IX. Zivilsenat meint, die Befugnis zur Freigabe mit der Folge, dass der Insolvenzbeschlag erlischt und der Schuldner die Verfügungsbefugnis zurückerhält, sei in der Insolvenzordnung nicht näher geregelt. Man kann dahingestellt bleiben lassen, ob das so stimmt. Zweifel folgen insbesondere aus § 80 Abs. 1 InsO, nachdem ein Übergang der Verwaltungs- und Verfügungsbefugnis vom Schuldner auf den Verwalter statuiert wird, was dem Verwalter Befugnisse einräumt, die im Lichte seiner Kernaufgabe, nämlich der Verwertung der Masse gem. § 159 InsO zu sehen sind. Diese Verwertung der Massegegenstände hat „unverzüglich" also ohne schuldhaftes Zögern des Verwalters nach Beschlussfassung durch die Gläubiger im Berichtstermin gem. §§ 156, 157 InsO zu erfolgen. Obwohl einem jeden bekannt ist, dass es sich beim Insolvenzverfahren, sobald denn einmal der Eröffnungsbeschluss erlassen worden ist, um ein langwieriges Verfahren handeln kann, sind die Bestrebungen des Gesetzgebers doch auf eine möglichst zügige Verfahrensabwicklung gerichtet. Schon deshalb schließt die Befugnis, Massegegenstände freizugeben, die Berechtigung ein, solche Massegegenstände freizugeben, deren Verwertung einen unverhältnismäßigen Zeitaufwand und die Masse über Gebühr belastende Kosten hervorrufen würde. Insofern hat der BGH zutreffend bereits in zahlreichen früheren Entscheidungen darauf erkannt, der Verwalter sei berechtigt, nicht werthaltige, sondern aufgrund von Umweltverschmutzungen etc. sogar die Masse mit Kosten belastende Grundstücke an den Schuldner freizugeben. Bekanntlich ist im Jahr 2004 das BVerwG[308] dem BGH im Ergebnis, in der Begründung leicht abweichend aber doch jedenfalls die Freigabebefugnis des Verwalters bejahend, gefolgt.

Seine Kernaufgabe macht deutlich, dass der Insolvenzverwalter als Amtsträger, so gleichsam als Dritter, auftritt. Dies war im Übrigen zwischen der althergebrachten Amtstheorie und der sog. modifizierten Organtheorie jedenfalls soweit nicht im Streit, als es die Insolvenz natürlicher Personen betraf. Im Falle des über juristische Personen und Gesellschaften ohne Rechtspersönlichkeit eröffneten Insolvenzverfahrens meint die modifizierte Organtheorie[309], dass an die Stelle der gesellschafts- oder organschaftlichen Abwicklung das Insolvenzverfahren mit der Folge tritt, dass der Insolvenzverwalter gleichsam ein Zwangsorgan der juristischen Person oder Personenhandelsgesellschaft wird. Eine „Freigabe" würde daher rechtslogisch ins Leere gehen – der Verwalter würde gewissermaßen an sich selbst freigeben, was deutlich macht, dass nach den Prämissen der modifizierten Organtheorie die Freigabe rechtslogisch ausgeschlossen ist. § 1 Abs. 2 S. 3 RegE. InsO, den der IX. Zivilsenat im vorliegenden Urteil zitiert, sprach dann in der Tat von einer Ablösung

307 BGH, Urt. v. 21.4.2005, IX ZR 281/03, DZWIR 2005 387 = ZIP 2005, 1034 = BGHZ 163, 32.
308 BVerwG, Urt. v. 23.9.2004, 7 C 22/03, DZWIR 2005, 25 = ZIP 2004, 2145 = BVerwGE 122, 75.
309 *K. Schmidt*, KTS 1984, 345, 356; *K. Schmidt*, NJW 1987, 1905; krit. Smid-*Smid*, InsO, 2. Aufl. 2001, § 80 Rdnr. 28, 29.

gesellschaftsrechtlicher Entwicklung durch das Insolvenzverfahren; diese Vorschrift ist indes gestrichen worden. Da die gesamte Gesetzgebungsgeschichte der schließlich in Kraft getretenen Fassung der InsO von Hektik, Unklarheit und Ungenauigkeit geprägt war, hat der IX. Zivilsenat gut daran getan, die Frage offen zu lassen, was den Gesetzgeber – namentlich den Rechtsausschuss des Deutschen Bundestages – in der Tat bewogen haben mag, die zitierte Vorschrift zu streichen. Sie würde jedenfalls nichts für ein Freigaberecht oder seine Versagung durch den Gesetzgeber hergeben. Denn der IX. Zivilsenat macht deutlich, dass selbst ein „Bekenntnis" des Gesetzgebers zur modifizierten Organtheorie, wollte man die nicht in Kraft getretene Vorschrift so deuten, die Rechtsanwendung nicht zu binden vermöchte. Das tragende Argument ist insofern nicht die Vorschrift des § 32 Abs. 3 InsO, in der der Gesetzgeber fraglos von der Möglichkeit einer Freigabe ausgegangen ist, und die auch vom Bundesverwaltungsgericht zur Begründung seiner „Wende" aus dem Jahr 2004 herangezogen worden ist. Denn läge in der Tat eine Richtungsentscheidung des Gesetzgebers vor, mit der die modifizierte Organtheorie favorisiert würde, wäre es immerhin vorstellbar, dass § 32 Abs. 3 InsO für solche Fälle zur Anwendung zu bringen wäre, in der ein Insolvenzverfahren über das Vermögen natürlicher Personen eröffnet wird. § 32 Abs. 3 InsO wäre dann teleologisch zu reduzieren, da die Vorschrift etwas über die Folgen der erfolgten Freigabe, nicht aber über die Reichweite einer Freigabebefugnis des Insolvenzverwalters im allgemeinen aussagt. Wäre eine Freigabe im Bereich der Insolvenz juristischer Personen- und Handelsgesellschaften nämlich strukturell ausgeschlossen, hätte § 32 Abs. 3 InsO überhaupt nur einen sinnvollen Anwendungsbereich für die Insolvenz natürlicher Personen. Dies wäre im Übrigen – um gleichsam hier als *advocatus diaboli* zu argumentierten – insofern nicht völlig inkonsistent, als § 313 Abs. 3 InsO den absonderungsberechtigten Gläubigern, die sich im Bereich der Insolvenz natürlicher Personen im wesentlichen aus dem Kreis der Grundpfandgläubiger rekrutieren, die Möglichkeit der Befriedigung außerhalb des Insolvenzverfahrens eröffnet. Wenn aber wesentliche Vermögensbestandteile in der Verbraucherinsolvenz ohnedies der Verwertungsbefugnis des Insolvenzverwalters entzogen sind, mag eine Freigabe insofern sinnvoll sein.

All diese Argumente sind aber irrig. Dies hat der IX. Zivilsenat des BGH in der zitierten Entscheidung systematisch vollkommen überzeugend nachgewiesen. Entscheidend ist, dass der IX. Zivilsenat insoweit auf § 85 Abs. 2 InsO verweist. Diese Vorschrift sieht vor, dass der Insolvenzverwalter die Aufnahme eines bei Verfahrenseröffnung anhängigen Aktivprozesses abzulehnen berechtigt ist. Diese Vorschrift behandelt nun nicht einen Sonderfall der Insolvenz natürlicher Personen, sondern regelt positiv-rechtlich einen konkreten Fall des Freigaberechts des Insolvenzverwalters. Denn soweit der Insolvenzverwalter einen Aktivprozess aufzunehmen ablehnt, wird der Schuldner wieder befugt, den Prozess aufzunehmen. Die Rückerlangung der Prozessbeführungsbefugnis wegen der streitigen Forderung durch den Schuldner setzt nämlich voraus, dass diese wieder zum massefreien Vermögen wird.

b) Freigabe kontaminierter Massegegenstände

In seinem Urteil vom 23.9.2004[310] hat das Bundesverwaltungsgericht daran festgehalten, der Insolvenzverwalter könne nach § 4 Abs. 3 Satz 1 BBodSchG als Inhaber der tatsächlichen Gewalt für die Sanierung von massezugehörigen Grundstücken herangezogen werden, die bereits vor der Eröffnung des Insolvenzverfahrens kontaminiert waren. Es hat insofern seine ältere Rechtsprechung vom Ende der 90er Jahre des vergangenen Jahrhunderts aufrechterhalten, als er daran festhält, die Verpflichtung des Insolvenzverwalters sei als Masseverbindlichkeit im Sinne des § 55 Abs. 1 Nr. 1 InsO zu qualifizieren. Dem lag folgender Fall zugrunde, der hier vereinfacht wiedergegeben wird:

Fall 53: Nachdem die Gemeinde Kontaminationen auf einem massezugehörigen Grundstück festgestellt hatte, nahm sie den Insolvenzverwalter zu Untersuchungs- und Sanierungsmaßnahmen in Anspruch und stellte fest, dass die Anordnungen vom Insolvenzverwalter wie Masseverbindlichkeiten im Sinne von § 55 InsO zu behandeln seien. Außerdem wurde der Insolvenzverwalter verpflichtet, eine Detailuntersuchung zur abschließenden Gefährdungsabschätzung auf den Grundstücken an ein qualifiziertes Fachbüro auf Kosten der Masse in Auftrag zu geben. Der Insolvenzverwalter gab durch Erklärung gegenüber dem Liquidator der Gemeinschuldnerin die betroffenen Grundstücke vom Insolvenzbeschlag frei.

Zunächst hat das Bundesverwaltungsgericht in seiner Entscheidung sich gegen die Kritik der Judikatur des BGH an der bisherigen Rechtsprechung des Bundesverwaltungsgerichts gewandt. Der BGH hatte die Ansicht vertreten, allein die sicherstellende Inbesitznahme störender Sachen des Gemeinschuldners durch einen Insolvenzverwalter könne eine Haftung der Masse für die Kosten der Störungsbeseitigung nicht begründen. Demgegenüber hält das BVerwG an seiner Judikatur fest, wonach der Insolvenzverwalter bereits mit der Besitzergreifung ordnungspflichtig werde. Nur dort, wo wie in § 5 und § 22 BImSchG die Pflicht an die Stellung als Betreiber einer Anlage anknüpft, und nicht an den bloßen Besitz, ist fragwürdig, ob schon die Inbesitznahme als solche für die ordnungsrechtliche Verantwortlichkeit des Insolvenzverwalters ausreicht. Soweit aber die Ordnungspflicht sich schließlich nicht aus der Verantwortlichkeit für den aktuellen Zustand von Massegegenständen ergibt, sondern an ein in der Vergangenheit liegendes Verhalten anknüpft, wie etwa die Verursachung einer schädlichen Bodenveränderung oder Altlast gemäß § 4 Abs. 3 Satz 1 BBodSchG oder die Erzeugung von Abfall im Sinne von § 11 Abs. 1 i.V.m. § 3 Abs. 5 KrW-/AfG durch den Gemeinschuldner, kann die Besitzergreifung von vornherein nicht zur Inanspruchnahme des Insolvenzverwalters führen, da seine Sachherrschaft zu den Voraussetzungen, die das Ordnungsrecht in diesen Fällen an die Störereigenschaft stellt, in keinem Bezug steht.

Das Bundesverwaltungsgericht erkennt nunmehr aber an, dass der Insolvenzverwalter nach der Freigabe der betroffenen Grundstücke, zu deren Sanierung nicht

310 BVerwG, Urt. v. 23.9.2004, 7 C 22/03, DZWIR 2005, 25 = ZIP 2004, 2145 = BVerwGE 122, 75.

mehr herangezogen werden darf. Denn nach dem durch die Freigabe begründeten Verlust der tatsächlichen Gewalt über die Flächen erfüllt er nicht mehr die bodenschutzrechtlichen Voraussetzungen für eine Inanspruchnahme. Das Bundesverwaltungsgericht stellt fest, (bislang) sei die Freigabe von Gegenständen aus der Insolvenzmasse durch den Insolvenzverwalter nicht ausdrücklich einer gesetzlichen Regelung unterworfen worden. Sie sei aber bereits unter Geltung der Konkursordnung ebenso wie nunmehr nach der InsO anerkannt. Gesetzliche Regelungen wie früher § 114 KO und heute § 32 Abs. 3 Satz 2 InsO setzten und setzen die Existenz der Freigabe als – so der erkennende VII. Senat des Bundesverwaltungsgerichts – „gewohnheitsrechtlich anerkanntes Institut" voraus. Mit der Freigabe lebt die Verwaltungs- und Verfügungsbefugnis des Schuldners über die betreffenden Gegenstände wieder auf. Zweck der Freigabe ist es, wie das Bundesverwaltungsgericht ausdrücklich feststellt, solche Gegenstände aus der Masse zu entlassen, deren Verwertung keinen Gewinn ergeben oder die Masse sogar zusätzlich belasten würden. Pflicht des Insolvenzverwalters aber ist es, die Masse mit dem Ziel zu schonen, eine möglichst hohe Quote für die Insolvenzgläubiger zu erzielen. Daher kann es einer Amtspflicht des Insolvenzverwalters nach § 60 InsO entsprechen, die Freigabe zu erklären. In diesem Zusammenhang distanziert sich der erkennende Senat ausdrücklich von der von K. Schmidt vertretenen Meinung, eine Handelsgesellschaft könne eine insolvenzfreie Masse nicht haben. Dem ist bereits der BGH entgegengetreten[311]. Außerhalb des Insolvenzverfahrens kann daher bei der Abwicklung der insolventen Gesellschaft nach ihrem jeweiligen Gesellschaftsrecht eine insolvenzfreie Masse bestehen.

Das Bundesverwaltungsgericht räumt in seiner Entscheidung aber auch mit weiteren Bedenken auf. Die Freigabe sei nicht deshalb nach § 138 Abs. 1 BGB sittenwidrig, weil sie allein dem Zweck diene, sich der Gefahrbeseitigung zu entziehen und diese der Allgemeinheit aufzubürden. Denn gerade dies ist von Gesetzes wegen – aus dem insolvenzrechtlichen Haftungskontext heraus – legitimes Ziel der Freigabe. Es ist außerordentlich zu begrüßen, dass in der vorliegenden Entscheidung ausdrücklich erklärt wird: „Eine differenzierte Bewertung danach, ob die Freigabe den Interessen privater Dritter oder dem staatlich wahrgenommenen Allgemeininteresse zuwider läuft, lässt sich jedenfalls ohne eine entsprechende gesetzliche Regelung mit einer freiheitlichen Rechtsordnung schwerlich vereinbaren."

---

311 BGH, Urt. v. 5.7.2001, IX ZR 327/99, DZWIR 2002, 199 = ZIP 2001, 1469 = BGHZ 148, 252, 258.

IX. Insolvenz selbständig tätiger natürlicher Personen

1. Mitwirkungspflichten des Schuldners

Die Eröffnung des Insolvenzverfahrens über das Vermögen Selbständiger[312] löst besondere Fragen aus, da mit ihr in besonderem Masse Eingriffe in Grundrechte des Schuldners vorgenommen werden. Ohne die Mitwirkung des Schuldners lässt sich das Verfahren vielfach nicht sinnvoll abwickeln; die zwangsweise Durchsetzung der Mitwirkungspflichten des Schuldners (§§ 97, 98 InsO) durch das Insolvenzgericht werfen Schwierigkeiten eigener Art auf, da diese Pflichten mit allgemeinen gegenläufigen Rechtspflichten des Schuldners kollidieren können, wie eine Entscheidung des BGH[313] deutlich macht:

> **Fall 54:** Ein Arzt, über dessen Vermögen das Insolvenzverfahren eröffnet worden war, hatte trotz Androhung von Zwangsmaßnahmen auf Anfrage des Insolvenzverwalters nur anonymisierte Auskünfte wegen von ihm behandelter Privatpatienten erteilt. Darauf erließ das Insolvenzgericht Haftbefehl gegen den Schuldner, der zugleich darauf gestützt wurde, der Schuldner habe weitere Mitwirkungspflichten verletzt, die nicht näher angegeben, sondern u.a. durch Verweis auf ein Schreiben des Insolvenzverwalters bezeichnet wurden.

Der erkennende IX. Zivilsenat hat darauf erkannt, der gegen den Schuldner erlassene Haftbefehl sei rechtmäßig, da der Schuldner verpflichtet gewesen ist, dem Insolvenzverwalter die begehrte Auskunft über die von ihm behandelten Privatpatienten in nachvollziehbarer Form zu erteilen. Deshalb aber erübrige sich eine Prüfung der Rechtmäßigkeit des Haftbefehls und seine Teilaufhebung nicht, soweit er auf weitere Gründe gestützt werde. Wegen der Reichweite des mit dem Haftbefehl verbundenen schwerwiegenden Grundrechtseingriffs bedürfen die einzelnen Pflichten, deren Erfüllung mit ihm erzwungen werden sollen, hinreichender Bestimmtheit. Ist dies nicht gewährleistet, ist der Haftbefehl teilweise rechtswidrig und daher insoweit aufzuheben.

§ 97 Abs. 1 InsO bestimmt, dass der Schuldner verpflichtet ist, dem Insolvenzgericht, dem Insolvenzverwalter, dem Gläubigerausschuss und auf Anordnung des Gerichts der Gläubigerversammlung über alle das Verfahren betreffenden Verhältnisse Auskunft zu geben. Nach § 98 Abs. 1 InsO ordnet das Insolvenzgericht an, dass der Schuldner zu Protokoll an Eides Statt versichert, er habe die von ihm verlangte Auskunft nach bestem Wissen und Gewissen richtig und vollständig erteilt, wenn es zur Herbeiführung wahrheitsgemäßer Aussagen erforderlich erscheint. Das Gericht kann nach § 98 Abs. 2 InsO den Schuldner zwangsweise vorführen und nach Anhörung in Haft nehmen lassen, wenn der Schuldner eine Auskunft oder die eidesstattliche Versicherung oder die Mitwirkung bei der Erfüllung der Aufgaben des

312 *Smid*, WM 2005, 625 ff. zur Reichweite des Insolvenzbeschlags in derartigen Fällen.
313 BGH, B. v. 17.2.2005, IX ZB 62/04, DZWIR 2005, 336 = ZIP 2005, 722 = BGHZ 162, 187.

Insolvenzverwalters verweigert, wenn der Schuldner sich der Erfüllung seiner Auskunfts- und Mitwirkungspflichten entziehen will, insbesondere Anstalten zur Flucht trifft, oder wenn dies zur Vermeidung von Handlungen des Schuldners, die der Erfüllung seiner Auskunfts- und Mitwirkungspflichten zuwiderlaufen, insbesondere zur Sicherung der Insolvenzmasse, erforderlich ist.[314] Für den Insolvenzverwalter ist zu beachten: Der IX. Zivilsenat nimmt eine wichtige Unterscheidung vor. Die grundrechtlich geschützten Interessen des Patienten eines Arztes oder des Mandanten eines Rechtsanwaltes an der Geheimhaltung seiner Daten erstreckt sich neben den für die Wahrnehmung des Mandates oder die Durchführung der Behandlung im engeren Sinne erforderlichen Daten im allgemeinen zwar auch auf den Umstand, dass der Betreffende überhaupt einen Arzt oder Rechtsanwalt usf. aufgesucht hat. Der erkennende Senat hat – dem BVerfG[315] folgend aufgrund einer Güterabwägung die Interessen der Patienten bzw. der Mandanten des Schuldners hinter die seiner Gläubiger unter Verweis auf deren Grundrecht gem. Art. 14 Abs. 1 GG zurücktreten lassen. Mit der Offenlegung dieser Geheimnisse verstösst der Schuldner nicht gegen § 203 Abs. 1 StGB, da er im Rahmen der individualzwangsvollstreckungsweisen Forderungspfändung und -überweisung durch § 836 Abs. 3 ZPO, im Insolvenzverfahren durch § 35 InsO und § 97 Abs. 1 InsO legitimiert wird. Die Entscheidung macht freilich deutlich, dass dies im Hinblick auf die Daten gilt, derer der Insolvenzverwalter sich zwingend bedienen muss, um die Forderung gegen Patienten oder Mandanten durchzusetzen; ob dies für Patienten- oder Mandantendaten im engeren Sinne gilt, begegnet danach eher Zweifeln.

Für die Abwicklung von über das Vermögen Selbständiger eröffneter Insolvenzverfahren ist weiter wichtig, dass der BGH hier erneut[316] darauf erkannt hat, die Abtretung von Honoraransprüchen an Dritte sei jedenfalls dann nichtig, wenn damit die Offenlegung solcher dem Schuldner anvertrauter Geheimnisse erfolge, die nach § 203 Abs. 1 StGB geschützt sind; diese Honoraransprüche sind und bleiben Teil der Insolvenzmasse.[317]

2. Umsatzsteuer auf Einkünfte aus freiberuflicher selbständiger Tätigkeit des Insolvenzschuldners

Die freiberufliche Tätigkeit des selbständig tätigen Schuldners, über dessen Vermögen ein Insolvenzverfahren eröffnet worden ist, hat bekanntlich im Jahr 2004 nach allerlei Aufgeregtheiten und nicht unberechtigten Sorgen von Insolvenzverwaltern in die persönlich Haftung genommen zu werden, den Referentenstab des Bundesgesetzgebers auf den Plan gerufen. Im Referentenentwurf aus dem September 2004 sollte durch eine Änderung des § 35 InsO festgestellt werden, wieweit die Aufnahme neuer gewerblicher Tätigkeit des Insolvenzschuldners Masseverbindlichkeiten zu

314 *Smid*, Grundzüge des Insolvenzrechts, 4. Aufl. 2002, § 14 Rdnr. 17.
315 BVerfG, B. v. 14.9.1989, 2 BvR 1062/87, BVerfGE 80, 367, 373.
316 BGH, Urt. v. 5.12.1995, X ZR 121/93, WM 1996, 928, 929.
317 BGH, B. v. 4.3.2004, IX ZB 133/03, DZWIR 2004, 381 = ZIP 2004, 915 = BGHZ 158, 212.

begründen geeignet sei, für die gegebenenfalls der Verwalter einzustehen habe. Dabei hat insbesondere die Frage eine Rolle gespielt, wer für die durch eine solche neue gewerbliche Tätigkeit des Insolvenzschuldners begründete Umsatzsteuer einzustehen habe.[318] Der BFH hat nunmehr entschieden, dass diejenigen Umsatzsteuerverbindlichkeiten, die dadurch begründet werden, dass der Schuldner während des über sein Vermögen eröffneten Insolvenzverfahrens eine neue selbständige Erwerbstätigkeit aufnimmt in deren Rahmen er durch seine Arbeit und mit Hilfe von nach § 811 Nr. 5 ZPO unpfändbaren Gegenständen steuerpflichtige Leistungen erbringt, nicht zu den nach § 55 Abs. 1 Nr. 1 InsO zu zählenden Masseschulden gehören.[319] Dem lag folgender, hier vereinfacht wiedergegebener, Sachverhalt zugrunde:

Fall 55: Der Insolvenzverwalter war vom Finanzamt für eine Umsatzsteuersondervorauszahlung in Höhe von 3.000 € in Anspruch genommen worden, der zugrunde lag, dass der Schuldner, dem eine Steuernummer für ein neu von ihm angemeldetes Gewerbe erteilt worden war, die Umsatzsteuervoranmeldung abgegeben, aber daraufhin nicht gezahlt hatte. Der Insolvenzverwalter S. war aufgefordert worden, den pfändbaren Neuerwerb an die Masse abzuführen, dies war aber nicht geschehen.

Der erkennende Senat des BFH hat zunächst einmal festgestellt, dass unstreitig von S. Leistungen gegen Entgelt ausgeführt worden waren, was den Tatbestand des § 1 Abs. 1 Nr. 1 UStG erfüllt. Darauf schuldet der S. Umsatzsteuer nach § 18 UStG und §§ 46, 47 UStDV. Zwar kann eine Masseverbindlichkeit auch dadurch begründet werden, dass neben eigenen Handlungen des Insolvenzverwalters in anderer Weise durch die Verwaltung der Insolvenzmasse Verbindlichkeiten ausgelöst werden. Dies ist aber nur dann der Fall, wie der BFH ausführt, wenn Umsatzsteuerschulden neben eigener Leistungen der Masse vertreten durch den Insolvenzverwalter im Wege einer ertragbringenden Nutzung der zur Insolvenzmasse gehörenden Vermögensgegenständeumsätze, die die Steuerpflicht auslösen, verwirklicht worden sind. Soweit Personen, die aus ihrer körperlichen oder geistigen oder sonstigen persönlichen Leistung ihren Erwerb ziehen, dabei Gegenstände einsetzen, die dieser Erwerbstätigkeit dienen, sind diese der Zwangsvollstreckung nach § 811 Abs. 1 Nr. 5 ZPO nicht unterworfen und fallen daher nach § 36 Abs. 1 InsO nicht in die Insolvenzmasse. Soweit natürliche Personen daher mit derartigen Gegenständen ihren Erwerb verwirklichen und Umsätze erzielen, werden damit nach § 55 Abs. 1 Nr. 1 InsO keine Masseverbindlichkeiten ausgelöst.

318 Zum ganzen eingehend *Smid*, WM 2005, 625.
319 BFH, Urt. v. 7.4.2005, V R 5/04, ZIP 2005, 1376 = BFHE 210, 156.

X. Insolvenzverwalter

1. Insolvenzverwalter als Partei kraft Amtes

Gemeinhin gilt die rechtstheoretische Qualifikation des Insolvenzverwalters als wenig signifikant für die Lösung rechtlicher Probleme in praxi. In den vorangegangenen Überlegungen ist darauf aufmerksam gemacht worden, dass der IX. Zivilsenat des BGH aus methodischer Sicht es völlig zu Recht ablehnt, begriffliche Deduktionen an die Stelle von Funktionsanalysen („Interessenabwägungen" bzw. „Wertungen") treten zu lassen.

Im Schrifttum[320] ist dagegen darauf aufmerksam gemacht worden, dass die rechtliche Qualifikation der Stellung des Insolvenzverwalters zwar kein Posten begrifflicher Deduktion ist, aber Problemstellungen klarer handhabbar macht. Das macht folgender vom BAG[321] entschiedener Fall deutlicher:

Fall 56: Der mit fristgerechter Kündigung am Tage der Insolvenzeröffnung über das Vermögen der Arbeitgeberin durch den Insolvenzverwalter gekündigte Arbeitnehmer hatte seine Kündigungsschutzklage gegen die insolvente Arbeitgeberin mit dem Rubrum „Fa. V GmbH, Insolvenz, Anschrift" gerichtet und erst im Fortgang mitgeteilt, die Klage solle sich auch gegen den Insolvenzverwalter richten. Eine Zustellung der Klage an den Insolvenzverwalter war dementsprechend nicht erfolgt. Der Klage war das Kündigungsschreiben des Insolvenzverwalters nicht beigefügt.

Der II. Senat des BAG hat entschieden, dass der Kläger die dreiwöchige Klagefrist nach § 4 KSchG versäumt hat. Eine Klage gegen die Insolvenzschuldnerin hingegen mache den Insolvenzverwalter nicht zur Partei.[322]

Hätte der Kläger das Kündigungsschreiben des Insolvenzverwalters seiner Klage beigefügt oder hätte er im Übrigen erkennen lassen, dass er nicht die insolvente Gesellschaft, sondern den Insolvenzverwalter verklagen wollte, wäre nach Ansicht des erkennenden Senates eine Rubrumsberichtigung oder -ergänzung möglich gewesen. Die Klage gegen die insolvenzschuldnerische Gesellschaft genügt den gesetzlichen Anforderungen nicht, denn der Insolvenzverwalter handelt als Partei kraft Amtes, und nicht als gleichsam durch Auswechslung per gerichtlichen Hoheitsakts für die Insolvenzschuldnerin tätiges Zwangsorgan.

2. Befugnisse und Pflichten des Insolvenzverwalters

Der Insolvenzverwalter hat die ihm obliegenden Aufgaben grundsätzlich in eigener Person, gegebenenfalls durch eigenes Personal wahrzunehmen. Umstritten war lange, wieweit er „externe Fachleute" zur Erledigung besonderer Aufgaben beauf-

320 *Rattunde*, in: *Smid*, Insolvenzordnung, § 80 Rdnr. 16.
321 BAG, Urt. v. 17.1.2002, 2 AZR 57/01, DZWIR 2002, 419 = ZIP 2002, 1412.
322 Unter Verweis auf BGH, Urt. v. 5.10.1994, XII ZR 53/93, BGHZ 127, 156.

tragen und aus der Masse bezahlen darf, ohne dass er sich dies bei der Festsetzung seiner Vergütung anrechnen lassen muss.[323] Eine Entscheidung des IX. Zivilsenates des BGH[324] hat hier für Klarheit gesorgt:

> **Fall 57:** Der Insolvenzverwalter hatte die Festsetzung seiner Vergütung auf ca. 36.000 € beantragt. Das Insolvenzgericht hat mit Beschluss vom Oktober 2003 die Vergütung auf 26.000 € festgesetzt. Zu diesem Betrag ist das Gericht dadurch gelangt, dass es von der beantragten Vergütung die Kosten der vom Insolvenzverwalter beauftragten Rechtsanwälte in Höhe von ca. 6.000 € sowie der ebenfalls vom Insolvenzverwalter beauftragten Steuerberatungsgesellschaft in Höhe von ca. 4.000 € abgezogen hatte, der Insolvenzverwalter hatte diese Kosten jeweils aus der Masse bezahlt. Nachdem der Insolvenzverwalter gegen die Vergütungsfestsetzung erfolglos sofortige Beschwerde eingelegt hatte, hat er sein Begehren weiter mit der Rechtsbeschwerde verfolgt, auf die hin der BGH die Beauftragung Externer näher in den Blick genommen hat.

Nach einer in Judikatur und Literatur vertretenen Auffassung[325] hat das Insolvenzgericht im Rahmen der Vergütungsfestsetzung entweder die festzusetzende Vergütung entsprechend zu kürzen, wenn es zu der Auffassung gelangt, die Beauftragung von aus der Masse vergüteten Fachleuten sei nicht notwendig gewesen; es kann nach dieser Meinung den Insolvenzverwalter aber auch anweisen, den entnommenen Betrag in die Masse zurückzuzahlen. Eine andere Meinung geht davon aus, dass eine Rechtmäßigkeitsprüfung der Beauftragung von externen Fachleuten und ihre Bezahlung aus Mitteln der Masse im Vergütungsfestsetzungsverfahren nicht zu erfolgen habe. Die Berichtigung von Beauftragung und der Entnahme von Massemitteln sei hingegen im ordentlichen Rechtsweg zu klären.[326] Der IX. Zivilsenat des BGH[327] hat sowohl die verfahrensrechtlichen Fragen der Berücksichtigung der Beauftragung externer Fachleute durch den Insolvenzverwalter im Vergütungsfestsetzungsverfahren geklärt, als auch die Voraussetzungen selbst näher bestimmt, unter denen der Insolvenzverwalter Externen Aufträge im Rahmen der Entwicklung eines Insolvenzverfahrens zu erteilen mit der Folge berechtigt ist, dass er die dadurch entstehenden Auslagen aus der Masse zu entnehmen befugt ist.

Grundsätzlich gilt, dass mit der Vergütung des Insolvenzverwalters gem. § 4 Abs. 1 S. 1 InsVV die dem Insolvenzverwalter bei der Abwicklung des Verfahrens mit zur Last fallenden allgemeinen Geschäftskosten abgegolten werden. Soweit besondere Aufgaben zu erledigen sind, ist der Verwalter berechtigt, für und zu Lasten der Masse Dienst- oder Werkverträge abzuschließen. In diesem Fall darf er die für den Dienst- oder Werknehmer anfallende angemessene Vergütung mit Mitteln beglei-

---

323 Vgl. noch eine Entscheidung des AG Hamburg zur Beauftragung eines Steuerberatungsbüros durch den Insolvenzverwalter, dem vorkonkurslich bereits vom Schuldner die Lohnbuchhaltung übertragen worden war: B. v. 30.9.2004, 67g IN 228/04, ZInsO 2004, 1093.

324 BGH, B. v. 11.11.2004, IX ZB 48/04, DZWIR 2005, 129 = ZIP 2005, 36; vgl. bereits, BGH, B. v. 22.7.2004, IX ZB 161/03, DZWIR 2004, 468 = ZIP 2004, 1717 = BGHZ 160, 176.

325 OLG Köln, KTS 1977, 56, 61; *Eickmann*, Vergütungsrecht, 2. Aufl., § 5 InsVV Rdnr. 22.

326 MünchKomm-*Nowack*, InsO, § 5 Rdnr. 4, § 8 InsVV Rdnr. 7.

327 BGH, B. v. 11.11.2004, IX ZB 48/04, DZWIR 2005, 129 = ZIP 2005, 36.

chen, die er der Masse zu entnehmen berechtigt ist, § 4 Abs. 1 S. 3 InsVV. Die Regelung des § 4 Abs. 1 InsVV wird durch die des § 5 Abs.1 InsVV für die besonderen Fällen konkretisiert, in denen der Insolvenzverwalter entweder selbst nicht als Rechtsanwalt zugelassen ist, aber Tätigkeiten angemessenerweise einem Rechtsanwalt übertragen hat und diesen nach Maßgabe der geltenden Rechtsvorschriften über die Vergütung von Rechtsanwälten wegen der anfallenden Gebühren und Auslagen aus der Insolvenzmasse vergütet (§ 5 Abs. 1 InsVV). Entsprechendes gilt, wenn der Insolvenzverwalter eine andere Qualifikation aufweist, wie etwa die eines Steuerberaters. Entscheidend ist, ob die besonderen Aufgaben, die entweder einem Externen übertragen worden sind oder die der Insolvenzverwalter aufgrund seiner spezifischen Qualifikation in eigener Person wahrnimmt, sich als allgemeine Geschäfte der Insolvenzverwaltung darstellen oder ob hierin besondere Aufgaben abgewickelt werden, die gesondert aus der Masse zu vergüten gerechtfertigt sind. Der IX. Zivilsenat stellt in diesem Zusammenhang fest, dass die Regelung des § 8 Abs. 2 InsVV, die es dem Insolvenzverwalter auferlegt, in seinem Vergütungsfestsetzungsantrag die zur Überprüfung dieser Frage erforderlichen Angaben zu machen, einen Anlass dafür gibt, dass die Berücksichtigung der Entnahme der Vergütung Externer aus der Masse bei der Vergütungsfestsetzung im Vergütungsfestsetzungsverfahren selbst zu erfolgen hat.

Bereits vor Inkrafttreten der InsVV hatte der IX. Zivilsenat mit Urteil vom 17.9.1998[328] ausgeführt, dass ein Konkursverwalter zusätzliche Gebühren nach der BRAGO neben seiner Vergütung als Konkursverwalter in Rechnung stellen dürfe, wenn er zugleich als Rechtsanwalt zugelassen sei und in seiner amtlichen Tätigkeit als Konkursverwalter eine Aufgabe wahrgenommen habe, die besonderer rechtlicher Fähigkeiten bedurft habe. Hätte ein Konkursverwalter gehandelt, der nicht selbst Volljurist gewesen sei, und hätte in dem Fall bei sachgerechter Arbeitsweise in der Regel die Angelegenheit einem Rechtsanwalt übertragen werden müssen, dann könne der Insolvenzverwalter, der zugleich Rechtsanwalt und/oder Steuerberater sei, eine Sondervergütung beanspruchen.

In diesem Zusammenhang ist es nicht entscheidend, ob die Angelegenheit die gerichtliche oder außergerichtliche Tätigkeit eines Rechtsanwalts oder Steuerberaters betrifft. Der vom BGH entschiedene Fall lässt eine Reihe von Konstellationen erkennen, die eine Beauftragung Externer erlauben; im Allgemeinen stellt sich dabei die Verwertung der Masse als Kernaufgabe – in der Diktion der InsVV als „allgemeine Aufgabe“ – des Insolvenzverwalters dar, worauf bereits § 159 InsO zu verweisen scheint. Im Rahmen der Vermögensverwertung können sich aber Schwierigkeiten ergeben, die ein Insolvenzverwalter ohne volljuristische Ausbildung zu lösen nicht imstande ist. In der zitierten Entscheidung aus dem Jahr 1998 war bei der Verwertung einer Immobilie der schließlich abgeschlossene Vertrag das Ergebnis umfangreicher und schwieriger Verhandlungen, in deren Verlauf die Käuferin anwaltlich vertreten war. Dabei waren mehrere Vertragsentwürfe gefertigt und Besprechungen

328 BGH, Urt. v. 17.9.1998, IX ZR 237/97, ZIP 1998, 1793 = BGHZ 139, 309.

durchgeführt worden. In dem nunmehr vom IX. Zivilsenat entschiedenen Fall lag die Besonderheit der Veräußerung darin, dass der Insolvenzverwalter nicht ein Grundstück der Schuldnerin zu verwerten hatte, sondern ein Erbbaurecht verkauft wurde. In diesem Zusammenhang bedurfte es der Einholung der Zustimmung des Grundstückseigentümers und der Regelung des Eintritts in den schuldrechtlichen Erbbaurechtsvertrag. Erschwerend kam hinzu, dass der Insolvenzverwalter allein das Vermögen eines Vertriebsunternehmens verwaltete, während das Produktionsunternehmen zum Vermögen eines ebenfalls insolventen anderen Schuldners gehörte, der sich auf dem Erbbaugrundstück eingemietet hatte. Bei der Veräußerung des Erbbaurechts waren dann im Hinblick auf rückständige Erbbauzinsen und für das Bestehen von Altlasten Regelungen zu treffen. Auch in diesem Fall wurde eine Reihe von Vertragsentwürfen gefertigt. Soweit Steuerberatungskosten der Masse entnommen worden sind, die wie in dem vom IX. Zivilsenat des BGH entschiedenen Fall durch die im Rahmen der Umsatzsteuervoranmeldung vorgenommene Aufbuchung angefallen sind, hat es der erkennende Senat darauf ankommen lassen, ob bereits vor der Insolvenzeröffnung die Buchhaltung innerhalb oder außerhalb des Schuldner-Unternehmens wahrgenommen wurde. Hatte der Schuldner nämlich seine Buchhaltung bereits vorkonkurslich einem Externen überantwortet, ist es dem Insolvenzverwalter nicht zuzumuten, eine neue Buchhaltung anzulegen oder sie selbst oder von eigenen Mitarbeitern zu führen.[329] Die Einschaltung von Hilfskräften oder die Beauftragung externer Fachleute darf sich daher nicht vergütungsmindernd auswirken.

Die Beauftragung eines externen Rechtsanwalts allein zum Forderungseinzug ist vom Senat dagegen skeptisch beurteilt worden, obwohl dies in der Literatur zum Teil so gesehen worden ist. In dem vom BGH entschiedenen Fall war ein Rechtsanwalt zu dem Zweck eingeschaltet worden, die Rückkaufswerte dreier von der Insolvenzschuldnerin abgeschlossener Lebensversicherungen schnellstmöglich zur Masse zu ziehen. Hierzu besteht in der Tat kein hinreichender Anlass, liegen nicht weitere Umstände vor, die es erforderlich machen, eine derartige Angelegenheit einem Rechtsanwalt zu übertragen. Die Kündigung der fraglichen Lebensversicherungsverträge gegenüber dem Versicherer kann mit einem einfachen Schreiben erfolgen, zu dessen Abfassung es über die Beherrschung der geltenden Orthografie hinaus jedenfalls keiner intrikaten juridischen Fertigkeiten bedarf. In diesem Zusammenhang ist daran zu erinnern, dass der IX. Zivilsenat dies bereits in einem anderen Zusammenhang, nämlich dem der Verwertungskosten im Rahmen der Verfahrenskostenbeiträge, die der Sicherungszessionar in einem vergleichbaren Fall abführen sollte, so gesehen hat.[330] Diese Entscheidung ist zu begrüßen. Sie macht nämlich deutlich, dass der Insolvenzverwalter als Generalist (die im Einzelfall geeignete natürliche Person) grundsätzlich die Tätigkeiten im Rahmen des Insolvenz-

---

329 BGH, B. v. 22.7.2004, IX ZB 161/03, DZWIR 2004, 468 = ZIP 2004, 1717, 1720 = BGHZ 160, 176.

330 BGH, Urt. v. 11.7.2002, IX ZR 262/01, DZWIR 2004, 464 mit Anm. *Becker* = ZIP 2002, 1630; vgl. auch *Smid*, DZWIR 2004, 1, 19.

verfahrens in eigener Person[331] wahrzunehmen hat. Wo er aufgrund besonderer eigener Fähigkeiten besondere Aufgaben erledigt, wird er hierfür gesondert entlohnt; wo dies durch externe Fachleute erfolgt, wirkt deren aus der Masse bezahlte Belohnung nicht vergütungsmindernd.[332]

3. Befugnisse des Sachverständigen

Der IX. Zivilsenat[333] hat aus dem Fehlen einer ausdrücklichen gesetzlichen Ermächtigung zur Durchsuchung von Wohn- und Geschäftsräumen des Schuldners im Falle der Bestellung eines Sachverständigen gem. § 5 Abs. 1 S. 2 InsO gefolgert, dass dem Sachverständigen nur die im §§ 402 ff. ZPO normierten Befugnisse zustehen, da in Ermangelung einer eigenen Regelung der InsO gem. § 4 InsO auf die allgemeinen Bestimmungen der ZPO zurückzugreifen ist. Danach darf der Sachverständige die Wohn- und Geschäftsräume des Schuldners nur mit dessen Einverständnis betreten. Die dagegen gerichtete Auffassung[334] hat sich jedenfalls dadurch erledigt, dass die §§ 21, 22 InsO für den vorläufigen Verwalter eine ausdrückliche Ermächtigung zum Betreten und der Durchsuchung der *Geschäftsräume* (nicht: der Wohnräume) des Schuldners vorsehen.

Um eine Durchsuchung der Geschäftsräume des Schuldners zu einem frühen Zeitpunkt zu ermöglichen, muss das Gericht daher einen vorläufigen Verwalter bestellen; um dies unter möglichst geringem Kostenrisiko und Wahrung des Verhältnismäßigkeitsgrundsatzes (BGH, Urt. v. 18.7.2002) zu tun, kann es den Beschluss darauf beschränken, den vorläufigen Verwalter allein zur Anfertigung eines Gutachtens zu beauftragen, zumal es diesen Beschluss abändern und erweitern kann, wenn das Gutachten eine Notwendigkeit hierfür zu Tage treten lässt.

Auch in einem vom OLG Köln[335] entschiedenen Fall ging es um die Befugnisse des vom Insolvenzgericht im Zuge seiner Amtsermittlungen nach § 5 Abs. 1 S. 2 InsO beauftragten Sachverständigen:

Fall 58: Wegen aus arbeitsgerichtlichem Prozessvergleich geschuldeten rückständigem Arbeitslohn hatte der Kläger den Insolvenzverwalter in dem Insolvenzverfahren über das Vermögen seiner früheren Arbeitgeberin, einer GmbH, auf Schadenersatz in Anspruch genommen. Der Beklagte war vom Insolvenzgericht zunächst als Sachverständiger gem. § 5 Abs. 1 S. 2 InsO bestellt worden und hatte in dieser Eigenschaft die schuldnerische GmbH aufgefordert, durch Zahlung an den Kläger den Antragsgrund zu beseitigen. Zu diesem Zweck nahm der spätere Beklagte einen entsprechenden Betrag von der Schuldnerin in Empfang, den er aber nicht an den Kläger weiterleitete. In der Folgezeit wurde das Insolvenzverfahren über das Vermögen der GmbH eröffnet.

---

331 Vgl. zur Reichweite der Höchstpersönlichkeit der Aufgaben des Insolvenzverwalters auf der einen Seite und der Möglichkeit der Delegation auf Hilfskräfte *Smid*, DZWIR 2002, 265ff.
332 Die zitierte Entscheidung des AG Hamburg ist damit überholt.
333 BGH, B. v. 4.3.2004, IX ZB 133/03, DZWIR 2004, 381 = ZIP 2004, 915 = BGHZ 158, 212.
334 *Wessels*, DZWIR 1999, 230, 231 f.
335 OLG Köln, Urt. v. 16.3.2004, 22 U 148/03, ZIP 2004, 919.

Es ist nach zutreffender Feststellung des OLG Köln allein Aufgabe des Sachverständigen, den Sachverhalt für das Insolvenzgericht soweit zu ermitteln, dass dieses in den Stand gesetzt wird, seine Entscheidung nach §§ 21 f. InsO zu fällen. Bereits von dem Erlass vorläufiger Anordnungen wäre aber dann abzusehen gewesen, wenn ein Eröffnungsgrund (§ 16 InsO) evident nicht vorgelegen bzw. der Eröffnungsantrag des Gläubigers gem. § 14 Abs. 1 InsO sich erledigt hätte. *Der Tatbestand der Zahlungsunfähigkeit* gem. § 17 InsO ist – nach Maßgabe der vom BGH aufgestellten Kriterien (oben V 1 Fall 41) bereits dann erfüllt, wenn der Schuldner den wesentlichen Teil seiner Verbindlichkeiten nicht erfüllen kann.[336]

a) *BVerfG zur Vergütung des Sachverständigen*

> **Fall 59:** Das BVerfG[337] hat eine Verfassungsbeschwerde nicht zur Entscheidung angenommen, mit der sich der beschwerdeführende vorläufige Insolvenzverwalter gegen die Bemessung seiner Vergütung als Sachverständiger im Insolvenzverfahren mit einem Stundensatz i.H.v. 65,– € gem. § 9 Abs. 2 JVEG gewandt hat. Der Beschwerdeführer meinte, die Stundenvergütung sei deshalb unangemessen niedrig und verstoße gegen Art. 12 Abs. 1 S. 2 GG, weil damit seine Aufwendungen nicht gedeckt werden könnten.

Dagegen hält das BVerfG, es sei in diesen Fällen zu berücksichtigen, dass eine Gesamtschau der Vergütung der Tätigkeiten des vorläufigen Insolvenzverwalters zugrunde zu legen sei. Danach erschöpfe sich seine Vergütung nicht in dem Stundensatz nach dem JVG im gebotenen Multiplikator, sondern es sei die Vergütung für die Tätigkeit als vorläufiger Insolvenzverwalter in die Betrachtung mit einzubeziehen.

Diese Entscheidung verdient uneingeschränkte Zustimmung.

b) *Widerruf von Lastschriften*

Vor der Ende des Jahres 2004 erlassenen Entscheidung des BGH[338] ist in der Wissenschaft nachhaltig über die Frage der Genehmigung von Lastschriften bzw. der Versagung der Genehmigung der Lastschriften durch den vorläufigen Verwalter bzw. den Insolvenzverwalter im Eröffnungs- bzw. eröffneten Insolvenzverfahren gestritten worden. Dabei ist die Ansicht vertreten worden, der vorläufige Verwalter bzw. der Insolvenzverwalter im eröffneten Verfahren handle pflichtwidrig, wenn er die Genehmigung der Lastschrift versage.[339] Der BGH hat über folgenden Sachverhalt zu entscheiden gehabt:

---

336 *Smid*, Grundzüge des Insolvenzrechts, 4. Aufl. 2002, § 3 Rdnr. 34; vgl. BGH, Urt. v. 24.05. 2005, IX ZR 123/04, DZWIR 2006, 25 = ZIP 2005, 1426 = BGHZ 163, 134.
337 BVerfG, B. v. 29.11.2005, 1 BvR 2035/05, ZIP 2006, 86.
338 BGH, Urt. v. 4.11.2004, IX ZR 22/03, DZWIR 2005, 80 = ZIP 2004, 2442 = BGHZ 161, 49.
339 *Bork*, ZIP 2004, 2446.

Fall 60: Am 1. 8.2002 stellte die Schuldnerin Eigenantrag, woraufhin noch am selben Tag das Insolvenzgericht den späteren Beklagten zum vorläufigen Zustimmungsverwalter gem. § 21 Abs. 2 Nr. 2 InsO bestellte. Zuvor hatte die spätere Klägerin mehrfach Kraftstoffe an die Schuldnerin geliefert. Die deswegen in Rechnung gestellten Beträge zog sie aufgrund einer ihr erteilten Einzugsermächtigung von einem Bankkonto der Schuldnerin ein. Dadurch wurde im Juli und August 2002 das Konto der Schuldnerin dreimal mit Beträgen von insgesamt € 25.000 belastet. Ohne Einwendungen gegen die Forderungen der Klägerin zu erheben, versagte der beklagte vorläufige Zustimmungsverwalter die Zustimmung zur Genehmigung dieser Lastschriften. Daher gab die Bank diese Lastschriften zurück. Nach Eröffnung des Insolvenzverfahrens am 29.9.2002 und der Bestellung des Beklagten zum Insolvenzverwalter begehrte die Klägerin vom Beklagten in Höhe der Rücklastschrift Schadenersatz gem. § 826 BGB, da zu erwarten war, dass sie mit ihren Forderungen ausfällt.

Der BGH hat den Widerruf der Lastschrift durch den Verwalter für rechtmäßig, ja: der Pflicht des Verwalter entsprechend qualifiziert. Die Auffassung konnte sich auf eine bankrechtliche Meinung stützen, derzufolge die Einziehungsermächtigung unter der auflösenden Bedingung des Widerspruchs stehe. Diese Auffassung stand im Widerspruch zu der sog. „Genehmigungstheorie" der Bankrechtssenate, der sich der IX. Zivilsenat angeschlossen hat. Der IX. Zivilsenat meint daher, die Einziehungsermächtigung bedürfe, um wirksam zu werden, der Genehmigung des Schuldners. Daher ist nicht etwa unter auflösender Bedingung, sondern gar nicht geleistet, und damit die Forderung nicht erfüllt, solange der Schuldner die Genehmigung nicht erklärt hat. Daher steht dem Gläubiger nur eine Insolvenzforderung und nicht etwa ein Anspruch auf eine Genehmigung durch den Insolvenzverwalter zu, wenn die Genehmigung bei Insolvenzeröffnung noch nicht erteilt worden ist.

Im radikalen Gegensatz zu der Gegenmeinung ist der IX. Zivilsenat der zutreffenden Auffassung von *Rattunde*[340] gefolgt, der bereits seit einiger Zeit nachgewiesen hatte, dass der Insolvenzverwalter seine insolvenzspezifischen Pflichten verletzt, der der Einziehungsermächtigung seine Genehmigung erteilt. Der Zustimmungsverwalter im Eröffnungsverfahren ist entsprechend berechtigt und verpflichtet, einer Genehmigung des Schuldners die Zustimmung zu versagen, wenn dies dazu dient, eine Befriedigung der Forderung des Gläubigers mit Einziehungsermächtigung im Eröffnungsverfahren zu verhindern. Dies ist immer dann geboten, wenn diese Befriedigung der Insolvenzanfechtung unterliegen würde, was wegen kongruenter oder inkongruenter Deckung im Eröffnungsverfahren nach Antragstellung der Fall wäre. Durch die Versagung der Genehmigung wird dem Gläubiger im Übrigen keine vorkonkurslich begründete Rechtsstellung genommen, da der Widerspruch bei einem im Soll geführten Konto des Schuldners nur ein Anspruch auf Korrektur der Belastung bewirkt. Diese Korrektur führt nicht zu einer Verrechnung durch das Kreditinstitut, sondern nur zur Beseitigung einer Buchung.

340 *Rattunde*, DZWIR 2003, 185.

c) *Bestreiten angemeldeter Forderungen durch den Insolvenzverwalter als Ausübung seiner Befugnis zur Masseverwaltung*

Das Bestreiten des Insolvenzverwalters gegen von Insolvenzgläubigern angemeldeten Forderungen stellt sich als Form seiner Rechtsverfolgung für die Masse und damit zugleich in Ansehung der nach Abschluss des Insolvenzverfahrens greifenden Haftung gem. § 201 InsO für den Schuldner dar. Freilich hat der Schuldner selbst die Möglichkeit, gegen die Forderungsanmeldung Widerspruch zu erheben (die Forderung zu bestreiten, § 184 InsO), was die Zwangsvollstreckung aus dieser Forderung nach Abschluss – und Aufhebung – des Verfahrens hindert, § 201 Abs. 2 InsO. Das ändert indes nichts an dem Rechtschutzinteresse des Insolvenzverwalters, Forderungen, deren Rechtmäßigkeit er bezweifelt, im Prüfungstermin zu bestreiten. Dies gilt, wie der BFH in einem Urteil vom Ende des Jahres 2004 feststellt, auch für solche Fälle, in denen die Realisierbarkeit der Forderungen im und nach Beendigung des Insolvenzverfahrens als aussichtslos erscheint.[341]

Dem lag folgender Fall zugrunde:

> **Fall 61:** Das Finanzamt hatte gegen den Insolvenzverwalter einen Feststellungsbescheid gem. § 221 Abs. 3 AO erlassen. Dem lagen Forderungen gegen den Insolvenzschuldner gem. § 71 AO aus Hinterziehung der von der schuldnerischen GmbH geschuldeten Steuern zugrunde. Hiergegen legte der Insolvenzverwalter Einspruch ein, der als unbegründet zurückgewiesen wurde. Die dagegen gerichtete Klage des Insolvenzverwalters blieb erfolglos.

Der BFH teilte die Auffassung des Finanzgerichts nicht, das Rechtschutzbedürfnis des Insolvenzverwalters und damit die Zulässigkeit einer gegen den Feststellungsbescheid gerichteten Klage entfalle, soweit auf die im Prüfungstermin bestrittene Forderung voraussichtlich keine Quote entfällt. Überdies sei dem Insolvenzverwalter das Rechtschutzbedürfnis abzusprechen, wenn auch nach Abschluss des Insolvenzverfahrens eine Realisierung der Forderung nicht zu erwarten sei.

Dem ist der BFH mit beachtlichen Argumenten entgegengetreten, die Zustimmung verdienen:

Ausgangspunkt der Erwägungen des BFH ist die „in Rechtsprechung und Literatur vorherrschende Amtstheorie" – wofür der erkennende Senat amüsanterweise den Schöpfer und Verfechter der „modifizierten Organtheorie" *K. Schmidt* zitiert. Nach der Amtstheorie nimmt der Insolvenzverwalter die Stellung eines im eigenen Namen und im Interesse aller am Insolvenzverfahren Beteiligten, also sowohl der Gläubiger als auch des Schuldners, handelnden Amtstreuhänders ein. Dieser ist für sein Handeln allen Beteiligten verantwortlich (§ 60 InsO). Insofern tritt der Insolvenzverwalter in die Rechte und Pflichten einschließlich der steuerlichen Pflichten des Insolvenzschuldners ein, weshalb ihm auch die Berichtigung von Steuer-

341 BFH, Urt. v. 30.11.2004, VII R 78/03, ZIP 2005, 954.

erklärungen abverlangt werden kann, die vom Insolvenzschuldner für die Zeit vor der Eröffnung des Verfahrens abgegeben worden sind. Da die Eintragung in die Tabelle in ihren Rechtswirkungen einer Steuerfestsetzung gleichkommt, gegen die grundsätzlich ein Rechtsbehelf nicht mehr gegeben ist, gehört zu den Befugnissen des Insolvenzverwalters (§ 80 Abs. 1 InsO) aber auch zu seinen haftungsrechtlich bewährten Pflichten gegebenenfalls, sich gegen einen Feststellungsbescheid, mit dem die Finanzverwaltung die Aufnahme der Steuerforderung zur Tabelle und damit ihre Titulierung begehrt, entsprechende Rechtsbehelfe einzulegen. Gegenüber der in der Tat eigentümlich anmutenden Auffassung des vorinstanzlich entscheidenden Finanzgerichts hat der erkennende Senat des BFH zutreffend ausgeführt, es könne dem Insolvenzverwalter „schwerlich ein Interesse daran abzusprechen sein, im Prüfungstermin Forderungen, deren Rechtmäßigkeit er in Zweifel zieht, auch dann entgegen zu treten, wenn ihre Realisierbarkeit im und nach Beendigung des Verfahrens nahezu aussichtslos erscheint.“ Denn andernfalls wäre die Rechtsauffassung des vorinstanzlich entscheidenden Finanzgerichts, dass der Insolvenzverwalter „sehenden Auges“ hinnehmen müsste, dass mit dem Tabelleneintrag sowohl zum möglichen Nachteil der Gläubiger als auch dem des Insolvenzschuldners ein Vollstreckungstitel geschaffen würde. Zu Recht führt der BFH aus, dass u.U. zum Zeitpunkt der Einlegung von Rechtsmitteln – hier: der Klage des Insolvenzverwalters gem. § 179 Abs. 2 InsO – sich abzeichnen mag, dass eine Quote nicht ausgeworfen werden könne. Da der Insolvenzverwalter treuhänderisch die Rechte der Gläubiger an der ihnen haftungsrechtlich zugewiesenen Masse wahrnimmt, kann sein Rechtschutzbedürfnis auch nicht dadurch in Abrede gestellt werden, dass auf die Möglichkeiten des Insolvenzschuldners zum Bestreiten nach § 189 InsO verwiesen wird; denn damit schützt der Insolvenzschuldner nur sich, nicht aber das gemeinsame Interesse der Insolvenzgläubiger.

d) *Öffentlich-rechtliche Pflichten des Insolvenzverwalters*

Hinter den öffentlich-rechtlichen Pflichten des Insolvenzverwalters verbergen sich Probleme, die besonders *Häsemeyer*[342] auf den Begriff gebracht hat: Im Falle der Insolvenz des Schuldners greift die insolvenzrechtliche Haftungsordnung rigide ein. Sie betrifft alle Gläubiger. Damit bricht sich an der Rigidität des Insolvenzrechts die Unnachgiebigkeit öffentlich-rechtlicher (polizeilicher) Pflichten. Vor allen weiteren Überlegungen ist es daher entscheidend, im Auge zu behalten, dass sich für die Gläubiger öffentlich-rechtlich begründeter Forderungen aus ihrer hoheitlichen Stellung kein Vorrecht ergibt, zumal der Reformgesetzgeber den § 61 KO bewusst gestrichen hat.[343] Das erlaubt es, zwischen denjenigen öffentlich-rechtlichen Handlungspflichten des Insolvenzverwalters, die aus seinem Besitz der Massengegenstände bzw. dem Fortbetrieb des schuldnerischen Unternehmens folgen, und öffentlich-rechtlich begründeten Forderungen gegen die Masse zu unterscheiden. So muss es der Insolvenzverwalter z.B. unterlassen, Luft durch den Fortbetrieb kon-

342 *Häsemeyer* Insolvenzrecht, Rdn. 2.04.
343 Amtl. Begr. zum RegEInsO, BT-Drs. 12/2443, 80 f.

taminierender Anlagen zu verunreinigen; öffentlich-rechtliche Beseitigungspflichten wegen in der Masse vorgefundenen Mülls führen demgegenüber nicht zu Masseverbindlichkeiten aufgrund Ersatzvornahmen. Da der Insolvenzverwalter rechtlich die Aufgaben wahrzunehmen hat, die der Schuldner zu erledigen hätte, wäre er nicht durch die Wirkungen des Eröffnungsbeschlusses nach § 80 Abs. 1 InsO hieran gehindert, treffen ihn im allgemeinen auch solche Pflichten, die aus öffentlich-rechtlichen Rechtsverhältnissen gegenüber Hoheitsträgern zu erfüllen sind. Zwei Bereiche sind insofern von Interesse, nämlich der Bereich steuerrechtlicher Pflichten aus der Masseverwaltung einerseits und die abfall- und umweltrechtlichen Verantwortlichkeiten, die aus einer Kontamination von massezugehörigen Grundstücken resultieren oder aufgrund vorgefundener Gift- und Abfallstoffe herrühren andererseits. Beide Bereiche sind insofern für den Ablauf eines Insolvenzverfahrens höchst wichtig, als eine Beachtung öffentlich-rechtlicher Pflichten unabhängig von dem Eintritt der Insolvenz des Schuldners nachgerade zwangsläufig in die Masseunzulänglichkeit der §§ 207, 208 ff. InsO führt. *Dass* es steuer- und abfallrechtliche Pflichten im Allgemeinen gibt, steht daher nicht zur Debatte; von vitalem Interesse für die Funktionstüchtigkeit des Insolvenzrechts als Haftungsordnung ist aber, ob und wieweit die öffentlich-rechtliche Verantwortlichkeit des Insolvenzverwalters zu einer Vorab-Haftung aus Massemitteln führt oder ob die insolvenzrechtliche Haftungsordnung zur Reichweite dieser Pflichten Modifikationen zur Folge hat.

Eine Reihe öffentlich-rechtlicher Umweltschutzvorschriften normieren Pflichten von Privaten zur Stilllegung gefährlicher Betriebsvorgänge oder Produktionsabläufe.[344] Andere Vorschriften normieren die Pflicht zur Reststoffbeseitigung,[345] die zur Unterlassung der Lagerung bestimmter Stoffe[346] oder zur ordnungsgemäßen Lagerung bzw. Beseitigung von Abfällen.[347] Die Einhaltung dieser Pflichten ist z.T. strafsanktioniert (§§ 324 ff. StGB[348]). Staatsanwaltliche Ermittlungen können daher durchaus einen „Anreiz“ für den Insolvenzverwalter darstellen, die Kosten der Entsorgung der Abfallstoffe aus der Masse zu begleichen. Entscheidend ist, ob der Verwalter verpflichtet ist und daher gegenüber den übrigen Gläubigern berechtigt wäre, die Abfallentsorgung nach § 55 Abs. 1 Nr. 1 InsO aus der Masse zu finanzieren.

Insoweit sind aber Zweifel daran geboten, ob die polizeirechtliche Verantwortlichkeit des Insolvenzverwalters für Kontaminationen auf dem Grundstück des gemeinschuldnerischen Unternehmens in der Tat zu einer Masseforderung der öffentlichen Hand im Falle einer Ersatzvornahme führt. So ist in der Literatur[349] mit überzeugenden Argumenten darauf aufmerksam gemacht worden, dass die polizeirecht-

344 Vgl. § 20 BImSchG, §§ 17, 19 Abs. 3 AtomG, § 7 Abs. 1 und 12 WHG, §§ 17 und 23 ChemieG, um nur einige Vorschriften zu nennen.

345 Etwa §§ 5 Abs. 1 Nr. 3 und 20 Abs. 2 Satz 2 BImSchG.

346 § 26 Abs. 2 WHG.

347 §§ 2 Abs. 2, 4 Abs. 3, 11 AbfallG.

348 In den einschlägigen Umweltgesetzen finden sich eine Reihe von nebenstrafrechtlichen Bestimmungen: Vgl. § 13 StrahlenschutzvorsorgeG; § 27 ChemiekalienG; §§ 37, 42 f. GefahrstoffVO, um nur einen kurzen Ausschnitt zu nennen.

349 *Petersen*, NJW 1992, 1202, 1205; KölSch/*Lüke*, 875 Rdn. 44; *Tetzlaff*, ZIP 2001, 10 m.w.N.

liche Verantwortlichkeit des Insolvenzverwalters nicht erst durch seine Verwaltertätigkeit begründet worden ist, sondern auf dem vorkonkurslichen Handeln des Gemeinschuldners beruht. Danach sind diese Forderungen als (einfache) Konkursforderungen zu behandeln. Etwas anderes – nämlich die Behandlung seiner Pflichten als Masseschuld – soll danach nur dann gelten, wenn der Insolvenzverwalter den Betrieb (umweltbelastend) *fortführt.*[350]

4. Gewerbeuntersagung im Falle der Insolvenz selbständig tätiger Schuldner

Das VG Gießen[351] hat eine, für die Abwicklung insbesondere von Insolvenzverfahren über natürliche Personen, Entscheidung auf dem Gebiet des Gewerberechts zu fällen gehabt. Dem lag folgender Sachverhalt zugrunde:

Fall 62: Im Verwaltungsrechtsstreit wehrte sich eine GmbH als Klägerin gegen die Untersagung des von ihr ausgeübten Gewerbes. Nach Einlegung der Klage gegen die Gewerbeuntersagung wurde über das Vermögen der Klägerin das Insolvenzverfahren eröffnet und der im Verwaltungsgerichtsprozess beigeladene Rechtsanwalt zum Insolvenzverwalter bestellt.

Das VG Gießen hat die Auffassung vertreten, eine Verfahrensunterbrechung gem. § 173 VwGO i.V.m. § 240 ZPO sei nicht eingetreten. Denn der Prozess werde aufgrund der Eröffnung des Insolvenzverfahrens über das Vermögen einer Partei nur unter der Voraussetzung unterbrochen, dass er die Insolvenzmasse betreffe. In diesem Falle könne der Insolvenzverwalter als Partei kraft Amtes den Prozess aufnehmen.

Das VG Gießen meint, dass Gewerbeuntersagungsverfahren betreffe nicht die Insolvenzmasse. Sie ist auf Beendigung der persönlichen Tätigkeit der gewerbebetreibenden GmbH gerichtet. Etwas anderes ergebe sich nicht aus § 12 GewO. Diese Vorschrift trifft eine Regelung allein darüber, dass während eines bereits laufenden Insolvenzverfahrens eine Gewerbeuntersagungsverfügung nicht erlassen werden darf. Prozessuale Rechtsfolgen für einen laufenden Verwaltungsgerichtsprozess hinsichtlich der Sachentscheidung über eine vorkonkurslich erlassene Gewerbeuntersagung enthält § 12 GewO nicht.

Im Übrigen folgt das VG Gießen der sowohl vom BGH als auch BVerwG und BFH vertretenen Amtstheorie: Es führt aus, der Insolvenzverwalter sei nur berechtigt, für die Insolvenzmasse zu handeln. Die nach der GewO erteilte förmliche Erlaubnis stellt ein höchstpersönliches Recht dar, dass personengebunden an den Schuldner geknüpft ist. Daher wird das gemeinschuldnerische Unternehmen auch nach Eröffnung des Insolvenzverfahrens über sein Vermögen in einem Prozess, in dem die Ge-

350 Nerlich/Römermann/*Andres,* InsO, § 55 Rdn. 76; KölSch/*Lüke,* 876 Rdn. 47; *Petersen,* NJW 1992, 1202, 1206.
351 VG Gießen, Urt. v. 4.10.2005, 8 E 2110/04, ZIP 2005, 2074.

werbeuntersagung streitgegenständlich ist, nicht etwa von dem Insolvenzverwalter als Zwangsorgan der Gesellschaft vertreten. Da seine Amtsstellung sich allein auf die Masse bezieht und im Übrigen durch die Eröffnung des Insolvenzverfahrens die GmbH zwar aufgelöst, aber nicht vollständig beseitigt sondern in das Liquidationsstadium überführt wird, bleiben die organschaftlichen Strukturen der GmbH bestehen. Das BVerwG[352] hat die Sprungrevision zwar aus formellen Gründen als unzulässig zurückgewiesen jedoch folgendes ausgeführt: Das Verwaltungsgericht habe zutreffend dargelegt, dass eine Gewerbeuntersagungsverfügung nicht unmittelbar die Insolvenzmasse beträfe, sondern sich gegen die Gesellschaft wegen eines in ihrer Person gegebenen Unzuverlässigkeitsgrundes richtet und dass darum der Prozess nicht vom Insolvenzverwalter, sondern von der Gesellschaft selbst weiterzuführen sei.

5. Kein Rechtsmittel des bisherigen Insolvenzverwalters gegen seine Abwahl

Seit Inkrafttreten der InsO im Jahr 1999 wurde darüber gestritten, ob sich der (bisherige) Insolvenzverwalter gegen seine Abwahl mit der sofortigen Beschwerde zur Wehr setzen kann.

Fall 63: Nach Feststellung des Stimmrechts wurde der bisherige Insolvenzverwalter durch Neuwahl einer anderen Person zum Insolvenzverwalter abberufen. Der bisherige Insolvenzverwalter legt dagegen sofortige Beschwerde ein.

Der IX. Zivilsenat[353] hat die Rechtsbeschwerde als nicht statthaft zurückgewiesen. Denn gegen die Wahlentscheidung der Gläubigerversammlung steht dem abgelehnten Betroffenen ein Rechtsbehelf nicht zu. Dafür gibt es überzeugende Gründe:

Der Fall der Abwahl des Insolvenzverwalters unterscheidet sich von anderen Fallgestaltungen, in denen das Insolvenzgericht zur Abwehr quotenschädigender Beschlüsse der Gläubigerversammlung angerufen wird. Während im Allgemeinen § 78 Abs. 1 InsO dem Insolvenzverwalter ein Antragsrecht einräumt, fragt es sich, ob dies auch im Zusammenhang der Abwahl des „vorläufigen" Insolvenzverwalters gemäß § 57 Satz 1 InsO der Fall sein kann. Geht man vom Wortlaut des § 78 Abs. 1 InsO aus, dann wäre in der Tat der bisherige Insolvenzverwalter befugt, einen Antrag beim Insolvenzgericht auf Aufhebung des Beschlusses, mit dem er abgewählt worden ist, zu stellen. Denn in der Gläubigerversammlung – dort muss der Antrag nach § 78 Abs. 1 InsO gestellt werden – ist der neue Insolvenzverwalter zunächst noch nicht bestellt, so dass sich auch die Frage einer „Priorität" nicht stellt. Geht man nun aber davon aus, dass die Abwahl des „vorläufigen" Insolvenzverwalters u.a. wegen des erheblichen Gewichts absonderungsberechtigter Gläubiger nach

352 BVerwG, B. v. 18.1.2006, 6 C 21/05, ZIP 2006, 530.
353 BGH, B. v. 7.10.2004, IX ZB 128/03, DZWIR 2005, 124 = ZIP 2004, 2431.

neuem Recht keinen diskriminierenden Charakter hat[354], ergeben sich daraus Konsequenzen für die Antragsbefugnis des bisherigen Insolvenzverwalters nach § 78 Abs. 1 InsO. Denn anders als mit der sofortigen Beschwerde gegen seine Abberufung nach § 59 Abs. 2 InsO würde ein Antrag des bisherigen Insolvenzverwalters nach § 78 Abs. 1 InsO evident nicht das Ziel verfolgen, sein Recht (Art. 12 Abs. 1 GG) zu verteidigen. Denn der Insolvenzverwalter kann mit Rechtsbehelfen das Ziel verfolgen, eine seine Berufsausübung behindernde oder gefährdende Diskriminierung abzuwehren. Demgegenüber hat er – entgegen einer im Vordringen befindlichen, aber nichts desto trotz abzulehnenden Auffassung[355] keinen Anspruch auf Bestellung zum Insolvenzverwalter: Bei dem Antrag des Insolvenzverwalters nach § 78 Abs. 1 InsO geht es denn auch um die Wahrnehmung der ihm gegenüber den Insolvenzgläubigern obliegenden Schutzpflichten. Dabei liegt aber auf der Hand, dass mit seiner Abwahl mit dieser Pflicht zum Schutz der gemeinsamen Interessen der Insolvenzgläubiger auch die prozessuale Befugnis des bisherigen Insolvenzverwalters endet, hierzu Anträge zu stellen.[356]

Sowohl die bisherige Judikatur des BGH als auch die des Bundesverfassungsgerichts hat indessen immer deutlich gemacht, dass die verfassungsrechtlich geschützte Berufausübungsfreiheit des Insolvenzverwalters ihre Grenze in dem Charakter des Insolvenzverfahrens als eines treuhänderisch für die Gläubiger durchgeführten Verfahrens findet, der seinen Ausdruck in der Selbstbestimmung der Gläubiger – der Gläubigerautonomie – im Hinblick auf die Art der Abwicklung des Verfahrens findet.[357] Sowohl der BGH als auch nunmehr das gegen den Beschluss des BGH angerufene Bundesverfassungsgericht[358] haben diese rechtliche Grenze ausdrücklich nachgezeichnet: in dem konkreten Fall ging es darum, dass der zunächst vom Insolvenzgericht zum Insolvenzverwalter bestellte Beschwerdeführer sich dagegen wandte, dass eine andere Person zum Insolvenzverwalter nach einem entsprechenden Beschluss der ersten Gläubigerversammlung gem. § 57 InsO bestätigt worden war. Zunächst hatte der Beschwerdeführer die Aufhebung der Wahlentscheidung nach § 78 InsO vom Insolvenzgericht begehrt. Insolvenzgericht und Landgericht als Gericht der sofortigen Beschwerde verwarfen das Rechtsmittel als unzulässig. Dem hat sich der BGH gegen die vom Beschwerdeführer eingelegte Rechtsbeschwerde angeschlossen. Soweit der Beschwerdeführer meine, durch eine fehlerhafte Festsetzung der Stimmrechte durch den Rechtspfleger sei die Entscheidung der Gläubiger-

354 Die *Motivationslagen*, die zur Abwahl führen können (referiert von *Graeber*, ZIP 2000, 1470, 1471), mögen einer Ab- bzw. Neuwahl des Insolvenzverwalters zugrunde liegen; ihre Darstellung ist aber nicht Voraussetzung des Verfahrens nach § 57 InsO.

355 OLG Koblenz, B. v. 16.12.1999 – 12 VA 5/99, NZI 2000, 276 = ZIP 2000, 507, mit Kurzkomm. *Holzer*, EWiR 2000, 175; krit. *Lüke*, ZIP 2000, 485; gegen ein Rechtsmittel zur Erlangung der Verwalterbestellung mit überzeugenden Erwägungen: *Kesseler*, ZIP 2000, 1565, 1573 ff.; dagegen *Lüke*, ZIP 2000, 1574.

356 Undifferenziert aA *Muscheler/Bloch*, ZIP 2000, 1474, 1480.

357 Vgl. meine kritischen Bemerkungen gegen die Ansichten, wie sie z.B. der Hamburger Insolvenzrichter *Dr. Schmidt* vertritt, in: *Berger/Bähr*, u.a. in Sechster Leipziger Insolvenzrechtstag, 2006, 47 ff.

358 BVerfG, B. v. 9.2.2005, 1 BvR 2719/04, DZWIR 2005, 242 = ZIP 2005, 537.

versammlung gem. § 47 InsO beeinflusst worden, habe er die Möglichkeit gehabt, einen Antrag auf Neufestsetzung des Stimmrechts gem. § 77 InsO zu stellen. Damit sei der Garantie des effektiven Rechtsschutzes genüge getan.

Das BVerfG hat auch in diesem Fall die gegen die Rechtsbeschwerdeentscheidung des BGH gerichtete sofortige Beschwerde nicht zur Entscheidung angenommen. Damit ist mit allen törichten in der Vergangenheit formulierten Auffassungen Schluss gemacht, wonach Insolvenzverwalter eine Form der sine cure darstellen würden bzw. ein Versorgungsanspruch von Insolvenzverwaltern vorliegt, wie ihn der Hamburger Insolvenzrechtler Schmidt unlängst immer noch befriedigen zu müssen meinte.[359] Das BVerfG führt vollkommen überzeugend aus, die Tätigkeit des Insolvenzverwalters sei durch den Insolvenzrechtsgesetzgeber im Rahmen der InsO (und man muss wohl auch sagen: der EuInsVO) definiert; hieraus ergebe sich das Berufsbild des Insolvenzverwalters. Das unterscheidet im Übrigen den Insolvenzverwalter nicht von dem Arzt, dem Rechtsanwalt oder dem Gastwirt – in all diesen Fällen definiert nämlich der Gesetzgeber, wie die Tätigkeit des jeweiligen Berufsträgers von Gesetzes wegen aussieht und definiert damit zugleich ein „Berufsbild".[360] Dies findet *Lüke* „zumindest überraschend". Er sieht damit die Gefahr begründet, dass jede Veränderung der Verfahrensrechte eine Änderung des Berufsbildes „werde" und damit den Verwalter nicht in seinen Rechte verletze – der Verwalter daher schutzlos gestellt werde. Das ist aber eine unzutreffende Simplifikation. *Lüke* unterscheidet nicht hinreichend zwischen solchen Änderungen des Verfahrensrechts, die die Abwicklung des Insolvenzverfahrens im Allgemeinen betreffen, und solchen, die überhaupt Einfluss auf die Rechtstellung des Verwalters nehmen könnten. Da von altersher – nämlich seit der preußischen KO von 1855/1856 – die Wahl des Insolvenzverwalters durch die Gläubigerversammlung zum überkommenen Bestand des Berufsbildes des Konkurs- und heute des Insolvenzverwalters gehört, würde wohl eine Änderung allenfalls dazu führen, dass der Insolvenzverwalter, bleibt man in der Diktion *Lükes*, „besser gestellt" würde. Der Einwand verfängt daher nicht. Vielmehr ist es überzeugend, was die erste Kammer des Bundesverfassungsgerichts ausführt: bei der Definition des Tätigkeitsbereiches des Insolvenzverwalters sei die Funktion des Insolvenzverfahrens in den Mittelpunkt zu stellen. Und diese liege in der bestmöglichen gemeinschaftlichen Befriedigung der Gläubiger des Schuldners, wobei das Bundesverfassungsgericht zutreffend auf § 1 InsO verweist. Dies, und nicht etwa die Versorgung oder die Eitelkeit des einzelnen Insolvenzverwalters, hätten „entscheidende Auswirkungen auf das Berufsbild des Insolvenzverwalters". Die Beteiligung der Gläubiger an der Abwicklung des Insolvenzverfahrens sei (nach deutschem Recht) nach dem Bundesverfassungsgericht „nicht nur erwünscht, sondern auch geboten". Die erste Entscheidung des Insolvenzgerichts über die Bestellung des Insolvenzverwalters nach § 56 InsO stellt daher lediglich eine vorläufige Maßnahme im eröffneten Insolvenzverfahren dar. Die Diktion unseres Gesetzes, das zwischen vorläufigen Anordnungen im Eröffnungs-

359 Grundzüge des Insolvenzrechts, 4. Aufl. 2002, § 24 Rdnr. 1 ff.
360 *Lüke*, ZIP 2005, 539.

verfahren und Anordnungen im Eröffnungsbeschluss unterscheidet, verwischt diesen Tatbestand, der im Übrigen in anderen Rechten wie dem österreichischen oder dem tschechischen, um nur zwei Beispiele von EU-Insolvenzrechten zu nennen, den Fachleuten völlig vertraut ist. Vollkommen zutreffend führt das Bundesverfassungsgericht aus, es sei Bestandteil des Berufsbildes, dass der Insolvenzverwalter eine gesicherte Stellung erst nach der ersten Gläubigerversammlung erlange. Auch insoweit ist die Kritik *Lükes*[361] nicht überzeugend. *Lüke* verweist darauf, der vorläufige Verwalter habe nach der vorliegenden Entscheidung eine „stärkere" Stellung als der im eröffneten Verfahren nach § 56 InsO eingesetzte Insolvenzverwalter. Denn der im Eröffnungsverfahren eingesetzte vorläufige Verwalter, aber auch der durch das Insolvenzgericht im eröffneten Verfahren eingesetzte und vom Bundesverfassungsgericht als „vorläufig" angesehene Insolvenzverwalter habe bis zu seiner Abwahl eine verfassungsrechtlich gesicherte Position gegen das Insolvenzgericht, das ihn nicht ohne Vorliegen von Gründen absetzen könne. Auch insofern ist zu unterscheiden, was *Lüke* freilich unterlässt. In beiden Fällen, dem vorläufigen Verwalter im Eröffnungsverfahren und dem „vorläufigen" Insolvenzverwalter im eröffneten Verfahren gem. § 56 InsO – ist es nachgerade selbstverständlich, dass das Insolvenzgericht die bestellte Person nicht willkürlich abberufen darf, sondern dass hierfür die gesetzlich normierten Gründe berücksichtigt werden müssen. Der verfassungsrechtliche Schutz des sich auf seine Berufsausübungsfreiheit berufenden Insolvenzverwalters wird also bereits durch die Abberufungstatbestände gesichert, die das positive Recht in der InsO normiert. Es geht dabei im Übrigen um das Verhältnis zwischen Verwalter und Insolvenzgericht mithin einem sowohl nach der Judikatur des BGH als auch nach der des Bundesverfassungsgerichts administrativ tätigen Gerichts, gegen dessen materielle Verwaltungsmaßnahmen der Rechtsweg i.S.v. Art. 19 Abs. 4 GG eröffnet ist. Darum aber geht es nicht, wenn der i.S.v. § 56 InsO „vorläufig" bestellte Insolvenzverwalter im eröffneten Verfahren durch die erste Gläubigerversammlung gewählt oder abberufen wird. Denn hier geht es nicht um eine die Rechte des vorläufigen Insolvenzverwalters diskriminierende Abberufung wie in der Vergangenheit mehrfach gezeigt worden ist.[362] Was bleibt, ist die Frage nach der fehlenden Abwählbarkeit eines „vorläufigen" Insolvenzverwalters im Eröffnungsverfahren. *Lüke* mobilisiert dies als Argument gegen den vorliegenden Beschluss des Bundesverfassungsgerichts. Das indes stellt die Dinge auf den Kopf. In der Tat ist es ein nachhaltiges Desideratum des geltenden Insolvenzrechts, die Gläubigerautonomie nicht dadurch auszuhöhlen, dass wegen heteronomer Ursachen – der Inanspruchnahme von Insolvenzgeld über einen Zeitraum von max. drei Monaten – die Würfel des Verfahrens durch einen vorläufigen Verwalter geworfen werden, der von den Entscheidungen der Organe der Gläubigerautonomie weithin entbunden ist. Der BGH hat insofern in einem anderen Zusammenhang, nämlich dem der Frage nach einer Vergütung des vorläufigen Verwalters aus der Staatskasse, deutlich gemacht, dass der Gesetzgeber an einer zügigen Eröffnung des Insolvenzverfahrens interessiert ist. Letztere Frage mag hier dahingestellt bleiben;

---

361 *Lüke*, ZIP 2005, 539, 540.
362 Vgl. hier allein m.w.N. *Smid/Wehdeking*, InVO 2001, 81.

die Grauzone, in die auch nach der Detailregelung der Rechtsstellung des vorläufigen Verwalters durch die Insolvenzrechtsreform der 90er Jahre des vergangenen Jahrhunderts der vorläufige Verwalter gestellt ist, darf nicht argumentativ gegen die Gläubigerautonomie im eröffneten Verfahren mobilisiert werden.

6. Keine Konkurrentenklagen wegen Bestellung einer anderen Person unter Übergehung des Prätendenten zum Insolvenzverwalter

Mit seiner ersten *Senats*entscheidung des BVerfG zu Fragen der Auswahl und der Bestellung des Insolvenzverwalters durch das Insolvenzgericht hat der 1. Senat die bisherige Judikatur der Kammer des BVerfG[363] in diesen Angelegenheiten aufgegriffen und bestätigt.

Dem vorliegenden Beschluss liegt folgender hier abgekürzt wiedergegebener Sachverhalt zugrunde:

Fall 64: Der Verfassungsbeschwerde führende Rechtsanwalt war vom Jahr 1998 an vom Insolvenzgericht in etwa 350 Verfahren zum Insolvenzverwalter bestellt worden und hielt zu der Bewältigung der damit verbundenen Aufgaben einen umfangreichen Mitarbeiterstab vor. Das fragliche Amtsgericht nahm den Beschwerdeführer im Übrigen in die zentrale Kartei des Gerichts auf, in der die Namen derjenigen Personen gelistet sind, deren Eignung als Insolvenzverwalter von den zuständigen Richtern allgemein bejaht wurde. Mitte 2004 wurde der Beschwerdeführer als Sachverständiger in einem Eröffnungsverfahren und dann zum vorläufigen Insolvenzverwalter bestellt. Mit dem Eröffnungsbeschluss wurde aber nicht er, sondern ein früher bei ihm beschäftigter Rechtsanwalt zum Insolvenzverwalter bestellt und der Beschwerdeführer seit diesem Zeitpunkt vom Insolvenzgericht in nahezu 100 Verfahren nicht berücksichtigt. Beim zuständigen OLG hatte der Beschwerdeführer dann nach §§ 23 ff. EGGVG beantragt, die Bestellung seines früheren Mitarbeiters aufzuheben und das Insolvenzgericht anzuweisen, ihn bei künftigen Bestellungsentscheidungen nicht zu übergehen. Das OLG verwarf diese Anträge, da die Entscheidung über die Bestellung und Auswahl des Insolvenzverwalters Akte der Rechtsprechung im funktionellen Sinne zum Gegenstand hätten und daher nicht dem Anwendungsbereich des § 23 Abs. 1 EGGVG unterlägen.

Dem ist das BVerfG mit zutreffenden Erwägungen entgegengetreten. Die Verwalterauswahl unterfällt dem Bereich materieller Verwaltungstätigkeit der Insolvenzgerichte[364], gegen die nach Art. 19. Abs. 4 GG grundsätzlich der Rechtsweg eröffnet wird.[365] Das BVerfG sieht in diesem Zusammenhang insbesondere, dass die Er-

---

363 BVerfG, B. v. 9.2.2005, 1 BvR 2719/04, DZWIR 2005, 242.

364 *Smid*, Rechtsprechung. Zur Unterscheidung von Rechtsfürsorge und Prozeß, 1990, 397 ff., 473 ff., 555 ff.

365 Es ist erstaunlich, dass der VID ein Gutachten hat erstellen lassen, das in eklatanter Weise der Judikatur des BGH und des BVerfG widerspricht, die in dieser Angelegenheit mit zutreffenden Argumenten seit 3 Jahren festgelegt sind. Aus rechtstheoretisch-rechtswissenschaftlichen Gründen mag man ja einem formellen Rechtsprechungsbegriff folgen, wie er etwa in Österreich vertreten wird. Dass dies in Deutschland nicht der Rechtslage entspricht, ist lange vor der Judikatur des BVerfG in einer Reihe von Untersuchungen nachgewiesen worden.

öffnung des Rechtsweges gegen die materiell zum Bereich verwaltender Tätigkeit der Insolvenzgerichte gehörenden Entscheidungen über Auswahl und Bestellung des Insolvenzverwalters nicht durch § 6 Abs. 1 InsO beschränkt wird. Denn als Regelung des einfachen Gesetzesrechts kann § 6 Abs. 1 InsO aber den Rechtsweg nicht verstellen, wenn dieser von Verfassung wegen eröffnet sein sollte. Auch dies entspricht im Übrigen der Judikatur des BGH in der bekannt gewordenen Sachverständigenentscheidung.[366] Art. 19 Abs. 4 GG eröffnet den Rechtsweg gegen Entscheidungen, die materiellen Verwaltungscharakter haben, zum Schutz der subjektiven Rechte des Betroffenen. Im vorliegenden Fall sieht der erkennende Senat, dass der betroffene Insolvenzverwalter als Prätendent der Bestellung in einem konkreten Verfahren ein Recht auf willkürfreie Entscheidung des Insolvenzgerichts aus Art. 3 Abs. 1 GG habe. Grundrechtlich betrachtet verlagert das BVerfG mit der Fokussierung auf Art. 3 Abs. 1 GG in einer nachgerade rhetorisch anmutenden Weise weg von der eher materiellen Betrachtungsweise, die sich seit der frühen Entscheidung des BVerfG aus dem Jahr 1993 zum Rang der Vergütungsansprüche des Verwalters in masseunzulänglichen Verfahren aus Art. 12 Abs. 1 GG ergeben hat. In der Tat haben noch die Kammerentscheidungen[367], die dem vorliegenden Beschluss vorangegangen sind, nicht anders als die rechtsdogmatische Diskussion sich auf den Schutz der Ausübung des Berufes des Insolvenzverwalters aus Art. 12 Abs. 1 GG konzentriert.[368] Wenn der erkennende Senat Art. 12 Abs. 1 GG auch nicht im Ansatz anspricht, ist dies freilich kein Kunstfehler[369], sondern die notwendige Folge daraus, dass die Berufsausübungsfreiheit des Insolvenzverwalters allenfalls durch solche Erklärungen des Insolvenzgerichts betroffen sein kann, die ihm abstrakt und allgemein die Fähigkeiten absprechen, bei der Entscheidung über die Bestellung zum Insolvenzverwalter überhaupt berücksichtigt werden zu können. Insofern hatten die Kammerentscheidungen bereits Eckpfähle eingezogen, wonach die Gerichte eine Begründungspflicht trifft, wenn sie einen Verwalter im Allgemeinen als nicht berücksichtigungsfähig ansehen. Es liegt aber auf der Hand, dass die insolvenzgerichtliche Ermessensentscheidung im konkreten Fall durch Art. 12 Abs. 1 GG nicht gebunden ist, sondern allein durch das Willkürverbot bestimmt wird.

Daraus ergeben sich geradezu zwangsläufig die Maßstäbe, nach denen sich eine insolvenzgerichtliche Auswahl- und Bestellungsentscheidung als sachgerecht und damit nicht willkürlich erweist. Das BVerfG leitet diese aus der Funktion des Insolvenzverfahrens ab, dass es nach § 1 S. 1 InsO wegen seiner Aufgabe der gemeinschaftlichen Befriedigung der Gläubiger[370] dem Feld des Zwangsvollstreckungs-

---

366 BGH, B. v. 4.3.2004, ZIP 2004, 915; hierzu eingehend *Smid*, DZWIR 2004, 359 ff.
367 BVerfG B. v. 3.8.2004, 1 BvR 135/00 und 1 BvR 1086/01, DZWIR 2004, 370 m. Anm. *Wieland* ZIP 2005, 233 und *Römermann* ZInsO 2004, 937.
368 So im Übrigen auch die Literatur, vgl. etwa *Wieland* (Fn. 5); *Holzer/Kleine-Cosack/Prütting*, Die Bestellung des Insolvenzverwalters, 2001, passim.
369 So meint es aber zu Unrecht *Römermann* ZIP 2006, 1332, 1334 f.
370 Krit. hierzu *Baird*, The Elements of Bankruptcy Law, 1992, p. 14; ihm für das deutsche Recht folgend *Smid*, Grundzüge des Insolvenzrechts, 4. Aufl. 2002, § 1 Rdnr. 11 ff., 18 ff.

rechts zuordnet[371], auch wenn der Erhalt des Unternehmens durch einen Insolvenzplan Gegenstand des konkreten Verfahrens ist. Daher geht es im Insolvenzverfahren um Eigentümerpositionen zum einen der Gläubiger, deren Rechte durch das Insolvenzverfahren geschützt und verwirklich werden, zum anderen solche des Schuldners. Betrachtet man allein die Rechte des Insolvenzverwalters, wäre eine – wie das BVerfG es ausdrückt – bipolare Lage zwischen Verwalter und Gericht zugrunde zu legen. Hier aber geht es um eine multipolare Konfliktlage, in dem die Interessen der Bewerber an chancengleichem Zugang zum Insolvenzverwalteramt in den Hintergrund treten, da in erster Linie das Interesse der Gläubiger und des Schuldners an einem reibungslosen und zügigen Fortgang des Insolvenzverfahrens in der Auswahlentscheidung des Gerichts zugrunde zu legen ist. Um dem Gebot einer willkürfreien Entscheidung in dem eilbedürftigen Verfahren der Auswahl und Bestellung zunächst des vorläufigen Insolvenzverwalters und dann des Insolvenzverwalters im eröffneten Verfahren entsprechen zu können, kann nach Erkenntnis des BVerfG keine Bestenauslese[372] wie z.B. in Berufungsverfahren auf ein öffentliches Amt vorgenommen werden – da damit der Eilbedürftigkeit[373] der zu treffenden Entscheidung nicht hinreichend Rechnung getragen und die Interessen von Gläubigern und Schuldner nicht in der gebotenen Weise berücksichtigt werden könnten.

Um die nach § 56 Abs. 1 InsO zu bestellende geeignete Person herausfinden zu können, sieht das BVerfG das Verfahren von Vorauswahlmechnismen durch Erstellung von Auswahllisten als geeignetes Instrument an, dem Insolvenzgericht Maßstäbe für die Findung des geeigneten Insolvenzverwalters an die Hand zu geben. Eine geschlossene Liste, die die Zahl der aufgenommenen Bewerber begrenzt und nur bei Ausscheiden einer bereits geführten Person neuen Bewerbern Aufnahme in den Kreis möglicher Insolvenzverwalter gewährt, verstößt dabei gegen den Grundsatz der Chancengleichheit; beispielsweise das „Hamburger Modell“ erweist sich damit als verfassungswidrig.[374] Als verfassungswidrig erweisen sich wegen Verstoß gegen das Willkürverbot auch solche Listen, aus denen rein formal und turnusmäßig einer Reihenfolge der Anmeldung zur Auswahlliste entsprechend eine Bestellungsentscheidung pauschaliert vorgenommen wird.

Verletzt das Insolvenzgericht nach Meinung eines übergangenen Prätendenten Art. 3 Abs. 1 GG folgt aus Art. 19 Abs. 4 GG gleichwohl kein „Rechtsschutz“ des übergangenen Bewerbers in Gestalt von Konkurrentenklagen. Der erkennende Senat leitet dies u.a. aus dem Grundsatz praktischer Konkordanz[375] ab, der bei der

---

371 Zum Insolvenz- als Gesamtvollstreckungverfahren *Henckel*, in: Merz-Festschr., 1992, 197 ff.; vor dem Hintergrund der Struktur der InsO im Ergebnis zustimmend, aber moderater *Smid/Rattunde*, Der Insolvenzplan, 2. Aufl. 2005, Rn. 1 ff., 18 ff. et passim.

372 Wie sie in der Literatur z.B. von *Haarmeyer/Schaprian*, ZInsO 2006, 673 gefordert wird; dort freilich immer mit Blick auf Evaluierungen, die von Instituten vorgenommen werden, die freilich selbst zu evaluieren wären.

373 Zum Eilcharakter des Insolvenzverfahrens vgl. *Smid*, DZWIR 2004, 359 ff.

374 So bereits die Kritik *Smids*, in: Berger u.a. (Hrsg.), Sechster Leipziger Insolvenztag 2005, 47 ff. gegen *Schmidt* a.a.O. 31 ff.

375 Statt vieler *Jarass/Pieroth*, GG, Einl. Rdn. 10; *Hesse*, Verfassungsrecht, 20. Aufl. 1999, Rdn. 317 ff.

Auslegung der Grundrechte zu berücksichtigen sei und den er im vorliegenden Fall aus der Abwägung des Interesses des Prätendenten an willkürfreier Entscheidung auf der einen Seite und den grundrechtlich geschützten Eigentumsrechten von Gläubigern und Schuldner auf der anderen Seite ableitet. Letzteren spricht der erkennende Senat Vorrang zu.

7. Insolvenzgerichtliche Aufsicht, Entlassung und Haftung des Insolvenzverwalters

a) *Voraussetzungen der Entlassung gem. § 59 InsO*

Die Voraussetzungen der Entlassung des Insolvenzverwalters wegen Pflichtverletzungen gem. § 59 InsO war in der Vergangenheit Gegenstand von Meinungsstreitigkeiten in der Literatur. So ist die sehr weite Auffassung vertreten worden, wegen der besonderen Treuestellung, die der Insolvenzverwalter einnimmt, genüge es, dass die begründete Besorgnis der Parteilichkeit oder der Pflichtwidrigkeit des Insolvenzverwalters beim Insolvenzgericht bestehe.[376] Die Gegenansicht hatte die Meinung vertreten, die Entlassung dürfe nur dann ausgesprochen werden, wenn die Umstände, die einen wichtigen Grund i.S.v. § 59 InsO für die Entlassung darstellen könnten, zur vollen Überzeugung des Insolvenzgerichts festgestellt seien. Die bloße Auslösung des bösen Scheins einer Pflichtverletzung genüge indes nicht, um die Entlassung des Insolvenzverwalters zu rechtfertigen. Zwischen diesen Extrempositionen bewegten sich Auffassungen, wonach konkrete Verdachtsgründe für Verfehlungen schwerster Art, insbesondere die Verursachung größerer Ausfälle zu Lasten der Gläubiger oder der Verdacht von gegen die Masse gerichteten oder gelegentlich der Verwaltung begangener Straftaten vorliegen müssen.[377]

Der IX. Zivilsenat[378] hat mit der vorliegenden Entscheidung die Maßstäbe näher bestimmt, aufgrund derer die Entlassung des Insolvenzverwalters sich als begründet erweist. Die aus der früheren Art der Darstellung gewonnene Ansicht, wonach es auch einen wichtigen Grund darstelle, den Insolvenzverwalter zu entlassen, hat der IX. Zivilsenat ebenso wie die weite Interpretation des wichtigen Grundes mit Blick auf den verfassungsrechtlichen Schutz der Ausübung des Berufs des Insolvenzverwalters verworfen. Der IX. Zivilsenat hatte in folgendem Fall zu entscheiden:

Fall 65: Das AG Leipzig hat als Insolvenzgericht den späteren Rechtsbeschwerdeführer im Jahr 1999 zum Insolvenzverwalter bestellt. Mit Beschluss vom 23.5.2002 wurde gegen den Insolvenzverwalter ein Zwangsgeld von € 1.000 festgesetzt. Damit sollte er zur Abgabe einer mehrfach angemahnten Ein- und Ausgabenrechnung angehalten werden. Dieser Beschluss wurde allerdings aufgehoben, weil der Beschwerdeführer die Rechnung innerhalb der Beschwerdefrist einreichte. Das Zwangsgeld wurde aufgehoben. Bereits am 26.6.2002 drohte das Insolvenzgericht dem Verwalter an, ihn wegen unangemessen verzö-

---

376 *Smid*, InsO, 2. Aufl. § 59 Rdnr. 4 f.
377 MünchKomm-*Graeber*, InsO, § 59 Rdnr. 14 ff.
378 BGH, B. v. 17.6.2004, IX ZB 92/03, ZVI 2004, 544.

gerter Erfüllung der Berichtspflicht gem. § 59 InsO aus dem Amt zu entlassen. Davon erstatte er am 15.8.2002 seinen Schlussbericht. Mit Schreiben vom 19.8.2002 wurde der Insolvenzverwalter vom Insolvenzgericht dazu aufgefordert, eine Reihe von Fragen zu erledigen. Dabei spielte es u.a. eine Rolle, dass auf das Stammkapital der Schuldnerin von DM 50.000 ein Betrag von DM 20.000 nicht erbracht worden sei. Der Insolvenzverwalter solle mitteilen, ob und inwieweit er sich um die Beitreibung bemüht habe. Da die nachfolgende Korrespondenz das Insolvenzgericht nicht zufrieden stellte, wurde mit Beschluss vom 6.1.2003 gem. § 56 InsO ein Sonderinsolvenzverwalter mit dem Auftrag bestellt, insbesondere festzustellen, ob sämtliche Vermögenswerte der Schuldnerin verwertet worden seien. Mit Bericht vom 29.7.2003 kam der Sonderinsolvenzverwalter zu dem Ergebnis, wegen der Fehlentrichtung von Stammkapital kämen Ansprüche in Betracht, die der Insolvenzverwalter nicht berücksichtigt habe. Mit Beschluss vom 19.8.2004 hat das Insolvenzgericht den Beschwerdeführer entlassen.

Der IX. Zivilsenat geht davon aus, dass für die Entlassung des Insolvenzverwalters zu fordern sei, dass die Tatsachen, die den Entlassungsgrund bilden, zur vollen Überzeugung des Insolvenzgerichts nachgewiesen sind. Ausschlaggebend sei dabei, dass die Entlassung des Insolvenzverwalters voraussetzt, dass sein Verbleiben im Amt die Belange der Gläubigerschaft und die Rechtmäßigkeit der Verfahrensabwicklung objektiv nachhaltig beeinträchtigen würde, wobei die schutzwürdigen Interessen des Verwalters zu berücksichtigen sind. Eingriffe in die Rechtsstellung des Inhabers des Insolvenzverwalteramtes, das durch Art. 12 GG geschützt ist, sind nach Ansicht des IX. Zivilsenats nur dann zulässig, wenn sie durch höherwertige Interessen des Gemeinwohls gerechtfertigt sind. Dabei ist nach zutreffender Auffassung des Senates die Unschuldsvermutung auch vom Insolvenzgericht zu beachten, die Art. 6 Abs. 2 EMRK für ein gerichtliches Verfahren formuliert. Daher verwirft der IX. Zivilsenat jede Auffassung, die eine Entlassung des Insolvenzverwalters wegen des bösen Scheins von Pflichtwidrigkeiten oder gar einer Störung des Vertrauensverhältnisses zwischen Insolvenzverwalter und Insolvenzgericht begründet. Dies sei niemals für die Entlassung des Verwalters ausschlaggebend. Der bloße Verdacht also könne die Entlassung wegen des verfassungsrechtlich gewährleisteten Schutzes der Berufstätigkeit des Insolvenzverwalters nicht begründen. Vielmehr müsse eine dem Insolvenzverwalter vorgeworfene Pflichtverletzung, die einen wichtigen Grund zur Entlassung des Insolvenzverwalters darstellt, zur Überzeugung des Gerichts festgestellt sein. Der IX. Zivilsenat geht allerdings davon aus, dass auch der Verdacht des Vorliegens von Pflichtverletzungen dann zur Entlassung des Insolvenzverwalters ausreicht, wenn dem Gericht konkrete Anhaltspunkte hierfür vorliegen und im Rahmen zumutbarer Amtsermittlungen gem. 5 Abs. 1 InsO diese Verdachtsmomente nicht ausgeräumt werden können. Allerdings ist die Entlassung dann nur unter der Voraussetzung rechtmäßig, wenn damit die Gefahr größerer Schäden für die Masse abgewendet werden soll. Nur unter diesen Voraussetzungen müssen der Schutz der Berufsausübungsfreiheit und die Unschuldsvermutung zurücktreten, da dann überwiegende öffentliche Interessen sowie die Grundrechte der Gläubiger aus Art. 14 Abs. 1 S. 1 GG gefährdet wären.

Die Entscheidung des IX. Zivilsenats ist zu begrüßen. Sie schafft für Insolvenzgerichte und Verwalter Rechtsklarheit; „Fehden" zwischen Gericht und Verwalter, wie sie dem vorliegenden Fall wohl zugrundegelegen haben, wird damit für die Zukunft der Boden entzogen, was der sachlichen Verfahrensabwicklung dienlich ist.

b) *Geltendmachung der Rückgewähr überzahlter Vergütung durch einen Sonderverwalter entspr. § 717 Abs. 2 ZPO*

Im vorliegenden Fall[379] führt das Insolvenzgericht einen „Stellvertreterkrieg" gegen einen Konkursverwalter wegen Vergütungen, die dieser einer Masse entnommen hat.

Die vorliegende Entscheidung ist außerordentlich aufschlussreich: Sie zeigt, dass die Rückforderung fehlerhaft entnommener Vergütungen im allgemeinen Zivilprozess von einem Sonderverwalter durchgesetzt wird und dass Rechtsgrund der Klage § 717 Abs. 2 ZPO ist:

> **Fall 66:** Das Konkursgericht hat einen Sonderverwalter bestellt, um Ansprüche gegen den Konkursverwalter wegen von diesem der Masse entnommener Vergütungen zu prüfen und geltend zu machen. Der Beschluss, mit dem die entsprechenden Vergütungen festgesetzt worden waren, ist auf Beschwerde eines Gläubigers aufgehoben worden. Eine erneute Entscheidung des Insolvenzgerichts über die Vergütung ist nicht erfolgt. In dem vom Sonderverwalter gegen den Konkursverwalter angestrengten Prozess auf Rückzahlung der Vergütung hat der Beklagte mit anderen, ebenfalls noch nicht rechtskräftig festgesetzten Vergütungsansprüchen die Aufrechnung erklärt. In zwei Instanzen ist er verurteilt worden. Mit der Revision macht er unter anderem geltend, wegen der über ihn ausgeübten insolvenzgerichtlichen Aufsicht fehle es der Klage des Sonderverwalters am Rechtsschutzbedürfnis.

Der erkennende Senat hat diesen Einwand verworfen. Denn es kommt für die Frage des Rechtsschutzbedürfnis des Klägers darauf an, welches Amt ihm als Sonderverwalter anvertraut ist. Da sich im vorliegenden Fall der vom Sonderverwalter angestrengte Prozess im Rahmen des ihm ausdrücklich durch das Insolvenzgericht anvertrauten Aufgabenkreises bewegt, habe er auch die Befugnis, einen Prozess in Wahrnehmung seiner Amtspflichten zu führen. Das Rechtsschutzbedürfnis für die Führung eines im Rahmen der Pflichten und Aufgaben der Partei kraft Amtes geführten Prozesses sei daher allgemein gegeben.

Im Falle des Sonderverwalters bestehen auch nicht deshalb Zweifel an dem Rechtsschutzbedürfnis für seine gegen den Konkursverwalter erhobene Leistungsklage, weil eine einfachere verfahrensrechtliche Form der Rechtsverfolgung gegeben wäre. Denn es ist streitig, ob das Insolvenzgericht im Rahmen seiner Aufsicht Titel zu schaffen befugt ist, um die Rückzahlung fehlerhaft entnommener Vergütungen vom Konkurs- oder Insolvenzverwalter durchzusetzen; der Wortlaut der gesetzlichen Vorschriften der §§ 58, 59 InsO spricht entschieden gegen eine solche Möglichkeit.

---

379 BGH, Urt. v. 17.11.2005, IX ZR 179/04, DZWIR 2006, 293 = ZIP 2006, 36 = BGHZ 165, 96.

In der Sache hat der BGH darauf erkannt, die Klage des Sonderverwalters sei aus § 717 Abs. 2 ZPO begründet. Dem liegt folgende Erwägung zugrunde:

Die insolvenzgerichtliche Vergütungsfestsetzung stellt sich als Titel dar, aufgrund dessen der Insolvenzverwalter auf die Masse zugreifen darf. Dies ist von der Rechtskraft des Vergütungsbeschlusses unabhängig. Solange der Titel indes nicht unanfechtbar – formell rechtskräftig – ist, läuft der Insolvenzverwalter Gefahr, die entnommene Vergütung rückerstatten zu müssen. Darin unterscheide sich seine Lage nicht von der des Vollstreckungsgläubigers im allgemeinen, der nach § 717 Abs. 2 ZPO für das durch ungerechtfertigte Vollstreckungsmaßnahmen Erlangte haftet. Freilich bezieht sich § 717 Abs. 2 ZPO auf ein Zwei-Parteien-Verfahren der Zwangsvollstreckung. Obwohl eine solche Lage im Insolvenzverfahren nicht gegeben ist, kommt die Strukturentscheidung des § 717 Abs. 2 ZPO auch im Insolvenzverfahren zum Tragen.

Eine Aufrechnung gegen den Anspruch aus § 717 Abs. 2 ZPO mit nicht rechtskräftig festgestellten Vergütungsansprüchen scheidet im Übrigen nach der vorliegenden Entscheidung aus, weil die Befugnis der Feststellung dieser Vergütungsansprüche beim Insolvenz-, und nicht beim Prozessgericht liegt.

c) Haftung auf die Umsatzsteuer auf Zahlungen des Insolvenzverwalters wegen eigener Schadenersatzpflicht

Der BGH[380] hat über folgenden Fall zu entscheiden gehabt:

> **Fall 67:** Der Beklagte hatte als Verwalter bei einem Insolvenzverfahren nach Anzeige der drohenden Masseunzulänglichkeit bei der Klägerin Waren bestellt, die von der Klägerin ausgeliefert und der Masse in Rechnung gestellt worden waren. Da die Zahlung ausblieb, nahm die Klägerin den beklagten Insolvenzverwalter persönlich in Anspruch, der zur Zahlung von Schadensersatz zzgl. Umsatzsteuer von 16 % verurteilt wurde. Gegen seine Verurteilung zur Zahlung von Umsatzsteuer auf den Schadenersatz richtete sich die erfolgreiche Revision des beklagten Insolvenzverwalters.

Der IX. Zivilsenat hat unter Anwendung von § 1 Abs. 1 Nr. 1 UStG, wonach der Umsatzsteuer Lieferungen und sonstige Leistungen unterliegen, die ein Unternehmen im Inland gegen Entgelt im Rahmen seines Unternehmens ausführt, entschieden, dass Schadensersatzzahlungen kein Entgelt im Sinne des Umsatzsteuerrechts sind, wenn die Zahlung nicht für eine Lieferung oder sonstige Leistung als Bemessungsgrundlage der Umsatzsteuer an den Zahlenden erfolgt, sondern weil der Zahlende nach Gesetz oder Vertrag für einen Schaden oder seine Folgen einzustehen hat. Denn der beklagte Insolvenzverwalter, der nach § 61 InsO in Anspruch genommen wird, schuldet echten Schadenersatz. Zwischen ihm und dem Massegläubiger findet kein Leistungsaustausch statt, sondern der Insolvenzverwalter wird wegen einer schuldhaften Pflichtverletzung auf das negative Interesse in Anspruch genommen;

380 BGH, Urt. v. 3.11.2005, IX ZR 140/04, DZWIR 2006, 124 = ZIP 2005, 2265.

seine Haftpflicht beruht nicht auf einem Verhalten, dass der Nichterfüllung einer vertraglichen Leistungspflicht gleichsteht, sondern darauf, dass er die vertragliche Bindung überhaupt eingegangen ist, obwohl er die voraussichtliche Unzulänglichkeit der Masse zu erkennen gehabt hätte. Der Massegläubiger kann daher nur ein sachgerechtes Verhalten des Insolvenzverwalters – nämlich das Unterbleiben des Vertragsschlusses verlangen. Bei Unterbleiben des Vertragsschlusses lägen aber weder Lieferungen noch sonstige Leistungen i.S.v. § 1 Abs. 1 Nr. 1 UStG vor.

d) *Haftung für Masseverbindlichkeiten*

Die Haftung des Insolvenzverwalters für Masseverbindlichkeiten aufgrund der Betriebsfortführung, die ihm im Falle der Bestellung zum vorläufigen Insolvenzverwalter unter Entmachtung des Schuldners gesetzlich durch § 22 Abs. 1 InsO und nach Erlass des Eröffnungsbeschlusses bis zum Berichtstermin durch § 158 InsO gesetzlich abverlangt wird, erschien seit Inkrafttreten der InsO als nicht immer kalkulierbares Risiko. Die Judikatur der OLG[381] hat diese Haftung nach § 61 InsO noch erheblich verschärft. Der IX. Zivilsenat des BGH hat in folgendem Fall[382] die Haftung für Masseverbindlichkeiten in ihre systemkonformen Schranken verwiesen:

Fall 68: Der Insolvenzverwalter der S. GmbH hatte durch eine Wirtschaftsprüfungsgesellschaft im Eröffnungsverfahren feststellen lassen, ob der vorhandene Auftragsbestand der Schuldnerin wirtschaftlich sinnvoll abgearbeitet werden könne. Dies bejahte die Wirtschaftsprüfungsgesellschaft in einem Gutachten, das im Übrigen zu dem Ergebnis kam, die Betriebsfortführung sei mit einem deutlichen Überschuss zu Gunsten der Masse möglich. Nach Eröffnung des Insolvenzverfahrens führte der Beklagte den Betrieb der Schuldnerin fort, zeigte aber bereits vor Eröffnung des Insolvenzverfahrens in einem Gutachten an das Insolvenzgericht die Masseunzulänglichkeit an. Aufgrund eines wider Erwarten ungünstigen Verlaufs der Entwicklung der Masse fällte im eröffneten Verfahren der Gläubigerausschuss den Beschluss, es seien nur noch die vorhandenen Restaufträge abzuarbeiten und der Geschäftsbetrieb anschließend einzustellen. Der Insolvenzverwalter bestellte vor der beschlossenen Einstellung des Geschäftsbetriebs zur Betriebsfortführung noch bei der Klägerin Warenlieferungen in einem Umfang von ca. 58.000 DM. Den Bestellungen war ein Formschreiben beigefügt, in dem der Insolvenzverwalter die Erklärung abgab, die beigefügte Bestellung solle ausgeführt werden, da die Zahlung aus Massemitteln gewährleistet sei. Der Kläger leistete freilich die Zahlungen nicht und die Lieferantin erwirkte über die Liefersumme einen Mahnbescheid. Zwei Tage nachdem der Mahnbescheid dem Beklagten als Insolvenzverwalter zugestellt wurde, zeigte der Beklagte dem Insolvenzgericht erneut die Masseunzulänglichkeit an; zuvor leistete er eine Zahlung über ca. 30.000 DM. Der beklagte Insolvenzverwalter berief sich darauf, der von den durch ihn veranlassten Planungen abweichende Liquiditätsengpass der Masse habe allein darauf beruht, dass eine Drittschuldnerin sich nicht vorhersehbar geweigert habe, die Restforderung der Schuldnerin zu bezahlen. Die Klägerin hat den Beklagten nach § 61 S. 1 InsO auf Schadenersatz in Anspruch genommen. Dabei hat das Landgericht die Klage abgewiesen. Das Berufungsgericht, das OLG Hamm, hat den Beklagten verurteilt.

381 OLG Rostock, Urt. v. 4.10.2004, 3 U 158/03, ZIP 2005, 220; Schleswig-Holsteinisches OLG, Urt. v. 17.12.2004, 1 U 90/04, ZInsO 2005, 606.

382 BGH, Urt. v. 17.12.2004, IX ZR 185/03, DZWIR 2005, 211 = ZIP 2005, 311.

Das Berufungsgericht hat dabei die Rechtsansicht vertreten, die Schadenersatzpflicht des Insolvenzverwalters beruhe allein und bereits darauf, dass er nicht in der Lage sei, die Masseschulden aus der Masse bei Fälligkeit zu erfüllen. Wegen Altmasseverbindlichkeiten aus Zeiträumen vor Anzeige der Masseunzulänglichkeit sei die Ersatzpflicht auch deshalb gerechtfertigt, weil der Massegläubiger aufgrund der Regelung des § 210 InsO daran gehindert sei, seine Forderungen mit der Leistungsklage zu verfolgen. Eine Entlastung nach § 61 S. 2 InsO greife nicht, das Berufungsgericht hat der Klägerin einen Anspruch auf Ersatz des positiven Interesses zugestanden. Denn der Insolvenzverwalter habe gemäß § 61 InsO nach Begründung einer Masseverbindlichkeit die Bezahlung dieser Verbindlichkeiten sicherzustellen. Der IX. Zivilsenat ist dem Berufungsgericht jedenfalls darin gefolgt, dass eine Schadenersatzpflicht nach § 61 S. 1 InsO nicht dadurch ausgeschlossen wird, dass der Masse Ansprüche gegen Dritte in einer Höhe zustehen, die die Masseforderungen übersteigen. Denn wenn der Insolvenzverwalter die Masseunzulänglichkeit angezeigt hat und die vorhandenen offenen Forderungen der Masse gegen Dritte nicht ohne Weiteres durchsetzbar sind, liegt ein Ausfallschaden gem. § 61 InsO vor.[383] Die Anzeige der Masseunzulänglichkeit durch den Insolvenzverwalter schließt insofern eine nur temporäre Masseunzulänglichkeit aus. Im vorliegenden Fall konnte es der IX. Zivilsenat daher dahingestellt sein lassen, ob die Schadenersatzpflicht nach § 61 S. 1 InsO auch dann besteht, wenn die Masseunzulänglichkeit nur temporären Charakter hat. Denn nach Anzeige der Masseunzulänglichkeit kommt es zu mehr als einer bloß zeitlichen Verzögerung der Zahlung wegen des Ausschlusses der Durchsetzbarkeit seiner Ansprüche gegen die Masse durch den Massegläubiger.[384]

Der IX. Zivilsenat stellt fest, dass der Anspruch aus § 61 InsO ein von dem geschädigten Massegläubiger gegen den Insolvenzverwalter während des Insolvenzverfahrens geltend zu machender Individualanspruch ist. Der Insolvenzverwalter ist nur dann nach der Vorschrift des § 61 InsO dem Massegläubiger zum Schadenersatz verpflichtet, wenn er die Masseverbindlichkeiten pflichtwidrig begründet hat. Sind erst nach der Begründung von Masseverbindlichkeiten Gründe eingetreten, aufgrund derer die Begleichung dieser Verbindlichkeiten ausgeschlossen waren und/oder der Verwalter die Unmöglichkeit (sein Unvermögen) hat erkennen können, ergibt sich aus § 61 InsO keine Schadenersatzpflicht soweit der Insolvenzverwalter zum Zeitpunkt der Begründung der Masseverbindlichkeiten davon ausgehen konnte, zur Begleichung der von ihm begründeten Verbindlichkeiten im Stande zu sein. Ausschlaggebend für die Schadenersatzpflicht des Insolvenzverwalters ist es daher, zu welchem Zeitpunkt der Rechtsgrund für die Verbindlichkeit gelegt worden ist. Dabei kommt es darauf an, dass der anspruchsbegründende Tatbestand rechtlich abgeschlossen ist. Dies ist im Allgemeinen zum Zeitpunkt des Vertragsschlusses der Fall. Liegen besondere Voraussetzungen vor, kann der Zeitpunkt auch in den weiteren Verfahrensablauf hinaus verlagert sein. Für den Zeit-

383 BGH, Urt. v. 6.5.2004, IX ZR 48/03, DZWIR 2004, 338 = ZIP 2003, 1107 = BGHZ 159, 104; ZIP 2003, 1107, 1108, m. Anm. *Vallender*, EWiR 2004, 765.

384 BGH, Urt. v. 18.7.2002, IX ZR 195/01, DZWIR 2002, 470 = ZIP 2002, 1625 = BGHZ 151, 353.

punkt der Begründung der Ansprüche hat sich der Insolvenzverwalter zu entlasten. Eine Quote, die auf den Massegläubiger nach § 209 InsO entfällt, muss dieser sich auf seinen Schadenersatzanspruch nicht anrechnen lassen. Er hat dem Insolvenzverwalter aber in Höhe des von diesem zu leistenden Schadenersatzes die Forderung gegen die Masse gem. § 255 BGB in entsprechender Anwendung zu überlassen.[385]

Mit dem vorliegenden Urteil hat der IX. Zivilsenat indes die Anforderungen, die das Gesetz in § 61 S. 2 InsO an den vom beklagten Insolvenzverwalter zu erbringenden Entlastungsbeweis stellt, präzisiert.

Danach ist eine Haftung nach § 61 S. 2 InsO dann ausgeschlossen, wenn der Insolvenzverwalter den Nachweis dafür erbringen kann, dass er bei der Begründung der Verbindlichkeit nicht erkennen konnte, dass die Masse voraussichtlich zur Erfüllung nicht ausreichen werde. Der IX. Zivilsenat sieht zwei Arten möglichen Entlastungsvorbringens durch den beklagten Insolvenzverwalter. Entweder legt der beklagte Insolvenzverwalter dar und stellt unter Beweis, dass objektiv davon ausgegangen werden konnte, dass die Masse zur Erfüllung der Verbindlichkeiten ausreichen werde. Oder er trägt vor und stellt unter Beweis, dass er die Unzulänglichkeit der Masse nicht hat erkennen können.[386] Für beide Fälle bestimmt der BGH im vorliegenden Urteil die an den Beweis zu stellenden Anforderungen in einer einheitlichen Art und Weise, die deutlich macht, dass die Formulierung des Gesetzes allein eine Beweiserleichterung für den Insolvenzverwalter bezweckt. Die Anforderungen an Sachverhaltsvortrag und Beweis des beklagten Insolvenzverwalters leitet der IX. Zivilsenat aus der Pflicht des vorläufigen Verwalters und des Insolvenzverwalters aus § 61 InsO ab, eine „plausible Liquiditätsrechnung" zu erstellen und diese „bis zum Zeitpunkt der Begründung der Verbindlichkeit ständig" zu überprüfen und zu aktualisieren.[387] Die Entlastungsmöglichkeit des § 61 S. 2 InsO korrespondiert m.a.W. mit der spezifisch insolvenzrechtlichen Pflicht des Insolvenzverwalters zu einer Liquiditätsprognose aufgrund realistischer Einschätzung der Liquiditätslage der Masse sowie ausstehender offener Forderungen und der künftigen Geschäftsentwicklung für die Dauer der Fortführung. Die Entlastung des Insolvenzverwalters bei einer Inanspruchnahme wegen einer Haftung gem. § 61 S. 1 InsO nach § 61 S. 2 InsO kommt daher dann nicht in Betracht, wenn der Verwalter keine präzisen Berechnungen darüber anstellt, über welche Einnahmen er verfügt und welche Ausgaben er zu tätigen hat. Der IX. Zivilsenat stellt in diesem Zusammenhang klar, dass der von § 61 S. 2 InsO verlangte Beweis sich auf die Erkenntnismöglichkeiten des Insolvenzverwalters bezieht, über die er im Zeitpunkt der Begründung der Ansprüche verfügte. Dabei ist ausschlaggebend, wann der Rechtsgrund der Masseverbindlichkeiten gelegt ist. Zutreffend stellt der IX. Zivilsenat darauf ab, wann der anspruchsbegründende Tatbestand materiellrechtlich abgeschlossen ist. Dies ist, wie im vorliegenden Urteil im Anschluss an die frühere Judikatur des

385 BGH, Urt. v. 6.5.2004, IX ZR 48/03, DZWIR 2004, 338 = ZIP 2004, 1109 = BGHZ 159, 104.
386 *Weber*, in Lend-Festschr., 301, 318.
387 BGH, Urt. v. 6.5.2004, IX ZR 48/03, DZWIR 2004, 338 = ZIP 2004, 1109 = BGHZ 159, 104.

BGH[388] ausgeführt wird, regelmäßig der Zeitpunkt des Vertragsabschlusses. Hat daher zum Zeitpunkt des Vertragsschlusses ein aus der Sicht der damaligen Verhältnisse auf „zutreffenden Anknüpfungstatsachen" beruhender Liquiditätsplan vorgelegen, aufgrund dessen die Erfüllung der Masseverbindlichkeiten zu erwarten war, gelingt dem Insolvenzverwalter gegen die Haftung aus § 61 S. 1 InsO der Entlastungsbeweis.

Umgekehrt folgt daraus weiter, dass die bloße Falsifikation der früheren Prognose des Insolvenzverwalters nicht zu einer Haftung an sich führen kann. Denn § 61 S. 2 InsO beruht überhaupt darauf, dass die Einschätzung zur Zeit der Begründung der Verbindlichkeiten (also regelmäßig des Vertragsschlusses) sich später als unrichtig erweist und die Tatsachen durch die weitere Entwicklung über den Haufen geworfen werden. Der IX. Zivilsenat stellt daher vollkommen zutreffend fest, dass es nicht darauf ankommen kann, zu welchem Zeitpunkt später einzelne Verbindlichkeiten bei Fälligkeit nicht bezahlt worden sind.

XI. Anfechtungsrecht

1. Anfechtung gemäß § 130 InsO – Kongruente Deckung

a) *Schutz der Befugnis des Insolvenzverwalters zur Verwertung von Absonderungsgut gem. § 166 Abs. 1 InsO*

Die Balancierung der Befugnisse des Sicherheitengläubigers auf der einen Seite und der Verwertungsbefugnis des Insolvenzverwalters im eröffneten Verfahren auf der anderen Seite hat, wie bekannt, zu einer Reihe von Entscheidungen geführt. In deren Rahmen hat der IX. Zivilsenat des BGH in der Vergangenheit entschieden, dass auch bei einer unrechtmäßigen Verwertung von Sicherungsgut durch den absonderungsberechtigten Sicherungsgläubiger die Masse nicht um „entgangene Verwertungskosten" i.S.v. § 171 Abs. 2 S. 1 u. 2 InsO geschmälert wird. Denn diese Verwertungskosten fallen ja in der Tat der Masse bei einer wenngleich rechtswidrigen Verwertungshandlung (zur Rechtswidrigkeit oben VIII. 1. d)) seitens des Sicherheitengläubigers nicht zur Last.[389] Nunmehr[390] hat der IX. Zivilsenat in einem Fall zu entscheiden gehabt, in dem der Insolvenzverwalter die Inbesitznahme des Sicherungsgutes durch den absonderungsberechtigten Gläubiger mit der Begründung angefochten hatte, die Masse sei um die Feststellungskostenpauschale gemindert worden. Der Entscheidung liegt – zusammengefasst – folgender Sachverhalt zugrunde:

---

388 BGH, Urt. v. 6.5.2004, IX ZR 48/03, DZWIR 2004, 338 = ZIP 2004, 1109 = BGHZ 159, 104.
389 BGH, Urt. v. 20.11.2003, IX ZR 259/02, DZWIR, 2004, 205 mit Anm. *Notthoff* = ZIP 2004, 42; vgl. *Smid* DZWIR 2004, 265, 270.
390 BGH, Urt. v. 23.9.2004, IX ZR 25/03, DZWIR 2005, 123 = ZIP 2005, 40.

Fall 69: Zwischen der schuldnerischen GmbH und der vom Insolvenzverwalter beklagten Sicherheitengläubigerin war ein Darlehensvertrag geschlossen worden, sowie ein Rahmenvertrag wegen der Gläubigerin zur Sicherheit übereigneter PKW, der bestimmte, dass die Gläubigerin die Herausgabe des Sicherungsgutes sollte verlangen können, wenn Umstände vorlagen, die sie zur fristlosen Kündigung des Darlehensvertrages berechtigten. Am 31.12.2000 teilte die Schuldnerin der beklagten Sicherheitengläubigerin mit, zahlungsunfähig zu sein. In diesem Schreiben bat sie um Abholung der sicherungsübereigneten Fahrzeuge. Die schuldnerische GmbH stellte sodann am 2.1.2001 Eigenantrag auf Eröffnung des Insolvenzverfahrens; am 3.1.2001 erfolgte die Kündigung des Darlehensvertrages durch die Beklagte, die darauf die sicherungsübereigneten PKW in Besitz genommen hat, die am 22.1.2001 und 5.2.2001 von ihr verwertet wurden. Am 9.4.2001 hat der in dem über das Vermögen der GmbH eröffneten Insolvenzverfahren als Insolvenzverwalter eingesetzte Kläger die Inbesitznahme der Fahrzeuge angefochten. Nach der Eröffnung des Insolvenzverfahrens hätte er die Fahrzeuge gem. § 166 Abs. 1 InsO verwerten und wenigstens einen Feststellungsbeitrag in Höhe von 4% des Bruttoerlöses erzielen können.

Der IX. Zivilsenat des BGH hat die nach seinem Scheitern in den Vorinstanzen erhobene Revision des klagenden Insolvenzverwalters als nicht begründet abgewiesen. Die Vorinstanz hatte eine Anfechtung wegen inkongruenter Deckung nach § 131 Abs. 1 InsO daran scheitern lassen, dass die Schuldnerin mit der Besitzübertragung auf die Beklagte einen fälligen Herausgabeanspruch im Rahmen des Rahmensicherheitenvertrages erfüllt habe. Nach Ansicht des Berufungsgerichts scheiterte die Anfechtung wegen kongruenter Deckung nach § 130 Abs. 1 InsO daran, dass die Beklagte in ihrer besonderen Rechtsstellung als absonderungsberechtigte Gläubigerin keine Insolvenzgläubigerin sei. Daher greife bei der Befriedigungshandlung der absonderungsberechtigten Gläubigerin die Regelung des § 130 Abs. 1 InsO nicht ein. Diese Erwägung, wiewohl der erkennende Senat des BGH nicht auf sie näher eingeht, ist nun erkennbar abwegig. Das Berufungsgericht hat sich anscheinend durch den deutschen Abstraktionsgrundsatz ein wenig in die Irre führen lassen. Natürlich ist die beklagte Sicherheitengläubigerin zugleich auch Insolvenzgläubigerin im vorliegenden Fall gewesen. Denn durch die vorliegende Sicherungsabrede sollte die Sicherungsgläubigerin dazu ermächtigt werden, durch die Inbesitznahme und Verwertung der Fahrzeuge sich nicht in irgendeiner Art und Weise schenkweise zu bereichern, sondern mit dem aus der Verwertung des Sicherungsgutes erzielten Erlöses die Darlehensschuld der insolvenzschuldnerischen GmbH zu tilgen. Dabei handelt es sich um nichts anderes, als um die Befriedigung, von der im Kontext der §§ 130, 131 InsO die Rede ist. Die Argumentation der Vorinstanz lag daher evident neben der Sache. Die Argumentation des IX. Zivilsenats des BGH ist aber ebenso wenig überzeugend. Der Senat greift zunächst auf die bereits zitierte Entscheidung vom November 2003 zurück. Damals ging es darum, dass die nach Aufdeckung der Abtretung vor Insolvenzeröffnung durch den Sicherungszessionar vorgenommene Einziehung einer Forderung nicht deshalb angefochten werden könne, weil der Masse die Verwertungspauschale entgangen sei. Denn insoweit sei die Masse nicht geschmälert, dass die Gläubiger hierdurch benachteiligt würden. Denn nach der Einziehung der Forderung durch den Sicherungszessionar fallen zu Lasten der

Masse keine Verwertungskosten an, die nach dem im Gesetz zum Ausdruck gekommenen Kompensationsprinzip durch die Verwertungspauschale zu kompensieren wären. Aus dieser zutreffenden Entscheidung wird indes im Rahmen des vorliegenden Urteils die Behauptung, es seien „insbesondere keine anfechtungsrechtliche(n)" Normen zu ersehen, die den Sicherungsnehmer bis zur Eröffnung des Insolvenzverfahrens an der Ausübung seiner Rechte hinderten.[391] Der Senat sagt nun im vorliegenden Urteil sehr verkürzend, es seien ihm Gründe für eine abweichende Beurteilung von Fällen einer der Masse entgangenen Verwertungspauschale gegenüber der Feststellungspauschale nicht ersichtlich. Denn die Erwägungen des Senats in den vorangegangenen Entscheidungen[392] hätten ihren Ausgangspunkt nicht in den Unterschieden zwischen Verwertungs- und Feststellungspauschale. Ausschlaggebend sei allein der Verwertungszeitpunkt, zu dem die vom Absonderungsrecht betroffenen Gegenstände verwertet würden. Insofern komme es auch auf das Fehlen einer Gläubigerbenachteiligung im Sinne des § 129 InsO an. Dies ist alles in sich widersprüchlich und lässt sich nicht so halten. Denn die Masse wird jedenfalls mit Feststellungskosten auch dann belastet, wenn der Sicherungsgläubiger gem. § 166 Abs. 1 InsO die Sachen, die sicherungsübereignet sind, vor Eröffnung des Insolvenzverfahrens an sich bringt und veräußert. Ob nämlich der verwertende Gläubiger tatsächlich zu der Befriedigungshandlung berechtigt war, bedarf der Feststellung durch den Insolvenzverwalter, dem infolge dessen grundsätzlich eine gegenüber dem Regelsatz erhöhte Vergütung zusteht. Diese erhöhte Vergütung ist aber aus der Masse zu entrichten, so dass der Kompensationsgedanke eingreift. Denn anders als im Fall der durch unrechtmäßige Verwertungshandlungen ersparten Verwertungskosten wird die Masse in der Tat jedenfalls mit Feststellungskosten belastet. Die vorkonkursliche Verwertungsmaßnahme mindert daher die Teilungsmasse und hat somit zweifelsfrei gläubigerbenachteiligende Wirkung. Die Entscheidung bedarf daher nachhaltiger Kritik. Die Entscheidung lässt wichtige Fragen offen. Da der BGH die Sicherungseigentümer von sämtlichen Verfahrenskostenbeiträgen für den Fall der Inbesitznahme des Sicherungsgutes und seiner Verwertung vor Erlass des Verwertungsbeschlusses frei stellt, provoziert der IX. Zivilsenat damit in einer ganzen Reihe von Fällen derartige unrechtmäßige Verwertungsmaßnahmen (zur Rechtswidrigkeit oben VIII. 1. d). Das läuft dem erklärten Zweck des Insolvenzrechtsreformgesetzgebers, mit der Konzentration der Verwertung von Sicherungsgut nicht allein die Belastung der Masse zu vermindern, sondern durch die alleinige Befugnis des Insolvenzverwalters zur Verwertung des Sicherungsgutes zugleich den sächlichen Unternehmensverband zu schützen, evident entgegen. Man stelle sich daher alleine vor, dass die insolvenzschuldnerische GmbH im vorliegenden Fall ein Mietwagenunternehmen gewesen sei. Für eine solche Fallgestaltung provoziert der IX. Zivilsenat nachgerade, dass der Sicherungsgläubiger eine die Betriebsfortführung konterkarierende Zerschlagungsmaßnahme an den Tag legt. Diese Dimension der durch den vorliegenden Fall aufgeworfenen Fragestellung ist vom IX. Zivil-

391 Vgl. im Übrigen BGH, Urt. v. 9.10.2003, IX ZR 28/03, DZWIR 2004, 78 = ZIP 2003, 2370, 2372.
392 – namentlich dem bereits oben zitierten Urteil vom 20.11.2003.

senat schlechthin ausgeblendet worden. Sie tritt in der Tat – anders als der erkennende Senat meint – weniger in Fällen des § 166 Abs. 2 InsO auf.[393] Im Fall des § 166 Abs. 1 InsO kommt es demgegenüber entscheidend auf den Schutz der Verwertungsbefugnis des Insolvenzverwalters an, wie § 172 InsO zeigt. Dieser liegt nicht allein in der Versilberung des Absonderungsgutes, sondern in seinem Gebrauch.

Nach alledem ist es nicht überzeugend, für den vorliegenden Fall die Anfechtung gem. § 130 Abs. 1 InsO abzulehnen. Die – jedenfalls soweit sie veröffentlicht ist, nicht sehr ausführlich und zudem außergewöhnlich schwach begründete Entscheidung bedarf der raschen Korrektur.

b) Anfechtung der Verrechnung im Kontokorrent

Der Ausgangsfall stellt sich anfechtungsrechtlich wenig problematisch dar:

Die Bank setzt eine Frist zur Rückführung eines Kontokorrentkredits. Wird der Kredit vor Zeitablauf zurückgeführt, stellt sich dies als inkongruente Befriedigung der Bank dar.

> **Fall 70:** Die insolvenzschuldnerische S-GmbH unterhielt bei der B-Bank ein Kontokorrentkonto, auf dem der S-GmbH ein Kreditrahmen bis € 500.000,– eingeräumt war. Am 5.3.2002 war der Kredit bis zu einer Höhe von € 325.478,15,- in Anspruch genommen, am 4.4.2002 stellte die S-GmbH Eigenantrag auf Eröffnung des Insolvenzverfahrens über ihr Vermögen und teilte dies der Bank mit, die daraufhin gem. Nr. 19 Abs. 3 ihrer AGB den Kreditvertrag mit sofortiger Wirkung kündigte. Der Sollsaldo des Kontos betrug DM 241.818,94. Im vorangegangenen Monat waren auf dem Konto DM 405.128,67 Einzahlungen gutgeschrieben und in Höhe von DM 321.469,46 Auszahlungen verbucht worden. Der Sollsaldo war seit dem 5.3. um DM 83.659,21 zurückgeführt worden; diesen Betrag erstattete die Bank dem zwischenzeitlich eingesetzten Insolvenzverwalter zur Masse, der die Bank auf Zahlung weiterer DM 174.521,85 verklagte als denjenigen Betrag, um den die Insolvenzschuldnerin die Kreditlinie am 5.3. nicht ausgenutzt hatte.

Der IX. Zivilsenat hat die Anfechtungsklage des Insolvenzverwalters als unbegründet abgewiesen[394].

Aufgrund der Giroabrede ist die Bank berechtigt und verpflichtet, für den Kunden bestimmte Geldeingänge entgegenzunehmen und gutzuschreiben.[395] Daraus folgt regelmäßig das Recht der Bank, bei einem debitorisch geführten Konto den Sollsaldo zurückzuführen, während sie verpflichtet bleibt, im Rahmen ausreichender Deckung Überweisungen auszuführen. Durch die Kontokorrentabrede werden die einzelnen Gut- und Lastschriften in einer einheitlichen Rechnung zur Verrechnung und Saldofeststellung zusammengefasst; auf die Buchung kommt es dabei nicht an.

---

393 Zur Finanzierung der Unternehmensforführung durch die Einziehung sicherungszedierter Forderungen gem. § 166 Abs. 2 InsO vgl. *Smid* WM 2004, 2373ff.

394 BGH, Urt. v. 7.3.2002, IX ZR 223/01, DZWIR 2002, 385 ff. m. Anm. *Dietrich.* = ZIP 2002, 812 = BGHZ 150, 122.

395 BGH, Urt. v. 6.12.1994, XI ZR 173/94, ZIP 1995, 109 = BGHZ 128, 135, 139.

Solange die Verrechnung nicht stattgefunden hat, stehen sich die einzelnen Posten im Kontokorrent gleichwertig gegenüber. § 355 Abs. 1 HGB bestimmt, dass eine Tilgung erst mit dem periodisch erfolgenden Rechnungsschluss eintritt. Der rechnerische Überschuss bildet die kausale Saldoforderung, die als Grundlage in eine neue Kontokorrentperiode eingeführt wird. Das entsprechende Verfahren der Bank ist vertragsgemäß, eine auf diesem Wege erlangte Befriedigung ist daher als kongruent anzusehen und unterfällt allenfalls § 130 Abs. 1 InsO. Lässt die Bank dagegen Verfügungen des Kunden nicht mehr in der im Kontokorrentvertrag vereinbarten Weise zu, stellt sich die Verrechnung als vertragswidrig und die dadurch erlangte Befriedigung als inkongruent dar.[396] Der IX. Zivilsenat hat ausgeführt, dass in einer solchen Lage sogar die Annahme und Verbuchung von Gutschriften als Benachteiligung der Gläubiger des Bankkunden § 131 InsO unterfallen könne. Um eine inkongruente Sicherheit, die nach § 131 InsO zu beurteilen ist, handelt es sich ebenfalls bei einer auf ein Vertragspfand nach Art. 14 Abs. 1 AGB-Banken an den Ansprüchen der Kundin, die der Gutschrift zugrundeliegen, gestützte Verrechnung.

Da nach der Entscheidung des IX. Zivilsenats des BGH vom 7.3.2002 sich die Verrechnung im Kontokorrent bei Aufrechterhaltung der vertragsgemäßen Durchführung – Zurückführung des Sollsaldos bei gleichzeitiger Ausführung von Überweisungen – als im anfechtungsrechtlichen Sinne kongruente Deckung erweist, müßte der klagende Insolvenzverwalter deren tatbestandliche Voraussetzungen, namentlich das Vorliegen der Zahlungsunfähigkeit, vortragen und beweisen.

Bei der Verrechnung in dem ungekündigten Zeitraum handelt es sich nach der Judikatur des IX. Zivilsenats aber um ein Bargeschäft i.S.v. § 142 InsO – das ausschließlich bei kongruenten (vertragsgemäßen) Rechtshandlungen[397] in Betracht kommt. Zwar wurde durch die Verrechnung der Gutschriften das Saldo der Bankkundin ausgeglichen und damit die Forderung der Bank im Verhältnis zu ihrer Schuldnerin befriedigt. Die Gutschriften wurden aber, wie der IX. Zivilsenat ausführt[398], dadurch „ausgeglichen“, dass die Bank es der späteren Insolvenzschuldnerin als ihrer Kundin allgemein gestattete, Kredit mittels Überweisungsaufträgen in Anspruch zu nehmen. Die der Masse zugeflossene Gegenleistung liegt mithin in der Verfügbarkeit des der späteren Insolvenzschuldnerin eingeräumten Kredits. Dabei kommt es nicht darauf an, in welcher zeitlichen Reihenfolge die zur Verrechnung gestellten Rechtshandlungen – Gutschrift und erneute Überweisungen – vorgenommen worden sind; der IX. Zivilsenat bejaht einen engen zeitlichen Zusammenhang[399] ebenso wie in dem Fall, der dem Urteil vom 7.3.2002 zugrunde lag, die Gleichwertigkeit des in Anspruch genommenen Kredits mit den verrechneten Gutschriften. Nach der Ansicht des IX. Zivilsenats[400] kommt es nicht darauf an, ob die Bank dem Kredit-

396 BGH, B. v. 1.10.2002, IX ZR 125/02, DZWIR 2003, 78 = ZIP 2002, 2184.
397 BGH, Urt. v. 30.9.1993, IX ZR 227/92, ZIP 1993, 1653 = BGHZ 123, 320, 328 f.
398 BGH, B. v. 1.10.2002, IX ZR 125/02, DZWIR 2003, 78 = ZIP 2002, 2184.
399 Vgl. bereits BGH, Urt. v. 25.2.1999, IX ZR 353/98, ZIP 1999, 665; BGH, Urt. v. 25.1.2001, IX ZR 6/00, DZWIR 2001, 374 = ZIP 2001, 524.
400 BGH, B. v. 1.10.2002, IX ZR 125/02, DZWIR 2003, 78 = ZIP 2002, 2184.

nehmer einen höheren Kreditbetrag einräumt; es liegt vielmehr bei der geschilderten Fallkonstellation auch dann ein Bargeschäft i.S.d. § 142 InsO vor, wenn die Bank den Kunden einen ihm schuldrechtlich versprochenen Kredit tatsächlich ausnutzen lässt. Denn solange die Bank die Kreditlinie offenhält, liegt die Entscheidung darüber, ob der Kunde dies nutzen will, allein bei ihm. Damit wird der Funktion des § 142 InsO Rechnung getragen, der es dem Schuldner ermöglichen soll, Rechtsgeschäfte zeitnah abwickeln zu können, die eine unmittelbare Benachteiligung der Insolvenzgläubiger nicht nach sich ziehen.[401] Dieser Gesichtspunkt kommt hier zum tragen: Würde die hier vorliegende Fallgestaltung der Verrechnung der Gutschriften im Kontokorrent nicht nach § 142 InsO beurteilt, würde die Bank, die – vertragsgemäß – Überweisungsaufträge ausführt, damit Gefahr laufen, die Überweisungen des Schuldners an Dritte später aus eigenen Mitteln erstatten zu müssen. Das würde sich aber schon deshalb als Verstoß gegen den Gleichbehandlungsgrundsatz darstellen, weil die Zahlungsempfänger in einer solchen Lage letztendlich zu Lasten der Bank befriedigt würden. Die Bank wäre dann gezwungen, bereits in einer Lage, in der sich die Gefahr einer wirtschaftlichen Krise des Schuldners abzeichnet, den Kredit fristlos zu kündigen.

Stellen sich die durch die Bank als Zahlstelle bewirkten Überweisungen – also die Zahlungen an Dritte – als anfechtbar dar, hat daher die Anfechtung gegenüber den Zahlungsempfängern Vorrang gegenüber der gegen die Bank als Zahlstelle.[402]

In einer neueren Entscheidung[403] hat der IX. Zivilsenat des BGH über folgenden Sachverhalt zu entscheiden gehabt:

Fall 71: Der klagende Insolvenzverwalter hatte auf dem Konto der Insolvenzschuldnerin von der verklagten Bank gebuchten Lastschriften widersprochen. Durch die Gutschrift der Buchungen verringerte sich der Saldenstand des Kontos.

Der Insolvenzverwalter verlangte eine entsprechende Zahlung von der beklagten Bank; die Verrechnung hält er für einen Verstoß gegen § 96 InsO. Dem ist der IX. Zivilsenat mit der Begründung nicht gefolgt, der auf den Verwalter übergegangene Anspruch der Insolvenzschuldnerin richte sich bei einem debitorisch geführten Konto nur auf Korrektur der ungenehmigten Belastung. Ein Zahlungsanspruch entstehe insoweit nicht.

Fall 72: Die spätere Gesamtvollstreckungsschuldnerin unterhielt bei der Beklagten ein Girokonto, auf der ihr ein Kontokorrentkredit in Höhe von DM 1.500.000,– eingeräumt war. Nach Eigenantrag der späteren Gesamtvollstreckungsschuldnerin ordnete das KreisG Frankfurt/Oder die Sequestration am 18.11.1993 an. Der Schuldsaldo betrug auf dem

401 RegEInsO zu § 161, BT-Drucks. 12/2443, S. 167; BGH, B. v. 1.10.2002, IX ZR 125/02, DZWIR 2003, 78 = ZIP 2002, 02184.

402 BGHZ 142, 284, 287 f.

403 BGH, B. v. 1.10.2002, IX ZR 125/02, DZWIR 2003, 78 = ZIP 2002, 2184; vgl. auch OLG Koblenz, Urt. v. 10.10.2002, 5 U 364/02, ZIP 2002, 2091.

> Konto an diesem Tage ca. DM 1.200.000,–. Bis zum 23.11.1993 schrieb die Beklagte der späteren Gesamtvollstreckungsschuldnerin auf dem Konto ca. DM 250.000,– gut. Sie ließ dagegen Belastungsbuchungen in Höhe von ca. DM 93.000,– zu. Der klagende Gesamtvollstreckungsverwalter hat zunächst die Auszahlung aller Eingänge verlangt. In zweiter Instanz wurde die Beklagte zur Zahlung von DM 157.000,– verurteilt. Der BGH hat die dagegen gerichtete Revision nur soweit zugelassen, als sie Belastungsbuchungen in Höhe von DM 93.000,– vorgenommen hat.

Die vorstehende Entscheidung[404] ist zur Befugnis der Gläubigerbank ergangen, nach Anordnung der Sequestration vor Eröffnung des Gesamtvollstreckungsverfahrens über das Vermögen der Schuldnerin im Kontokorrent Gutschriften mit Belastungsbuchungen zu verrechnen. Die vorliegende Entscheidung schlägt vom Gesamtvollstreckungsrecht, für das die Frage der Aufrechnungsbefugnis von Gläubigerbanken bereits Gegenstand des beachtenswerten Urteils des erkennenden Senats vom 25. Februar 1999 (WM 1999, 781) war, die Brücke zur Rechtslage nach den §§ 94ff. InsO. Dadurch ist die Entscheidung über den Bereich des Gesamtvollstreckungsrechts hinaus von allgemeiner Bedeutung.

Im Rahmen seiner früheren Entscheidung aus dem Jahr 1999 liegt es, dass der IX. Zivilsenat die Meinung des klagenden Gesamtvollstreckungsverwalters zurückgewiesen hat, derzufolge die Verrechnung im Kontokorrent gem. § 2 Abs. 4 GesO unwirksam sei, da sie sich als Form von Zwangsvollstreckung darstelle. Zwar kann die Aufrechnung als Ausübung eines Selbsthilferechts qualifiziert werden, das „funktionales Äquivalent“ einer Zwangsvollstreckung ist. Der BGH betrachtet diese Frage aber zu Recht unter dem Blickwinkel des Insolvenzrechts. Dann tritt in den Blick, dass die durch den Schuldner veranlassten Überweisungsvorgänge dessen eigene Verfügungen waren. Ausschlaggebend ist, dass der Schuldner weiterhin geschäftlich tätig sein will und ihm dies durch die Verrechnung der Belastungen mit Gutschriften im Kontokorrent möglich bleibt.

Umgekehrt tilgt das Kreditinstitut nicht seine eigenen Forderungen gegenüber dem Kontoinhaber, sondern führt unter Inanspruchnahme der gutgeschriebenen Beträge Aufträge des Schuldners aus. Der IX. Zivilsenat verweist insofern darauf, dass sich Ein- und Ausgänge vorliegend decken. Aufgrund des zeitlich engen Zusammenhangs zwischen Gutschrift und Belastungsbuchung[405] ist die Befriedigung der Forderung der Bank aus dem Kontokorrent im Wege der Saldenverrechnung anfechtungsrechtlich unter dem Gesichtspunkt eines Bargeschäfts i.S.v. § 142 InsO zu betrachten. Danach ist eine Leistung des Schuldners, für die unmittelbar eine gleichwertige Gegenleistung in sein Vermögen gelangt, nur anfechtbar, wenn die Voraussetzungen einer Absicht der Gläubigerbenachteiligung gem. § 133 Abs. 1 InsO gegeben sind. In der vorliegenden Entscheidung erstreckt der IX. Zivilsenat diesen Gesichtspunkt auf das Aufrechnungsverbot des § 2 Abs. 4 GesO. Das ist nicht

404 BGH, Urt. v. 6.2.2003, IX ZR 449/99, ZIP 2003, 675.
405 Vgl. BGH, Urt. v. 7.3.2002, IX ZR 223/01, DZWIR 2002, 385 = ZIP 2002, 812 = BGHZ 150, 122.

nur aufgrund der vom BGH angestellten Folgenerwägung plausibel. Würden die Banken sich bei der Durchführung von Überweisungsaufträgen der Gefahr ausgesetzt sehen, das im Kontokorrent verrechnete wieder zu verlieren, hätte dies eine zu frühzeitige Unterbrechung der Zahlungslinien zur Folge. Die Entscheidung des IX. Zivilsenats kann sich aber auch auf strukturelle Erwägungen stützen. Das durch § 2 Abs. 4 GesO statuierte Verbot einer Zwangsvollstreckung – die Rückschlagsperre – geht auf anfechtungsrechtliche Grundlagen zurück[406]. Es würde daher einen „Wertungswiderspruch" auslösen – zu einem Systembruch führen, wenn die Rückschlagsperre für solche Fälle Wirkungen entfalten würde, in denen das Insolvenzanfechtungsrecht nicht greifen könnte. Denn die Begrenzung des Aufrechnungsrechts im eröffneten Verfahren (vgl. § 96 Abs. 1 Nr. 3 InsO) würde hier durch den in § 142 InsO normierten Bargeschäftsgedanken überwunden.

2. Anfechtung gemäß § 131 InsO – Inkongruenz

Der IX. Zivilsenat des BGH hat die Maßstäbe konkretisiert, aufgrund derer eine Zahlung durch Banküberweisung als inkongruent anzusehen ist.[407]

> **Fall 73:** Der klagende Insolvenzverwalter hat von der beklagten Sozialversicherungsträgerin Zahlung von 111.000 € verlangt. Die Schuldnerin hatte am 11.4.2000 Eigenantrag gestellt. Am 5.4.2000 waren von ihr Zahlungen in Höhe von 219.000 DM für die für März 2000 geschuldeten Beiträge überwiesen worden, die nach der Satzung der beklagten Sozialversicherungsträgerin am 15. des Folgemonats fällig werden.

Der IX. Zivilsenat hat darauf erkannt, die am 5.4.2000 durch Überweisung erfolgte Zahlung sei inkongruent i.S.v. § 131 Abs. 1 Nr. 1 InsO. Hierfür kommt es nämlich auf die Gesamtumstände an, nach denen die Rechtsverhältnisse zu beurteilen sind, die bei Vornahme der angefochtenen Rechtshandlung vorgelegen haben (vgl. § 140 Abs. 1 InsO)[408]. Ist die Zahlung nicht fällig, wird also nicht zu dem Zeitpunkt geleistet, in dem der Gläubiger die Zahlung nach dem zwischen den Parteien bestehenden Rechtsverhältnis verlangen konnte, ist sie inkongruent. Auch der spätere Eintritt der Fälligkeit macht die bereits inkongruente Leistung nicht zu einer kongruenten, wie der IX. Zivilsenat im vorliegenden Urteil zutreffend ausführt. Allerdings ist bei zeitlich geringen Abweichungen oder bei gering anderen Arten der Leistung ggfls. von einer Inkongruenz der Leistung dann nicht auszugehen, wenn unter Berücksichtigung der Verkehrssitte dies als „unverdächtig" anzusehen ist. So kann eine geringe Früherzahlung daraus resultieren, dass der Schuldner zur Vermeidung von Säumnisfolgen wegen einer Verzögerung im bargeldlosen Zahlungsverkehr zeitig die Anweisung vornimmt. Hierfür zieht der IX. Zivilsenat normative Kriterien aus dem geltenden Recht heran, in dem er auf § 676a Abs. 2 Nr. 2 BGB ver-

406 *Smid* JZ 1995, 1150 ff. m.w.N.
407 BGH, Urt. v. 9.6.2005, IX ZR 152/03, DZWIR 2005, 432 = ZIP 2005, 1243.
408 Kübler/Prütting-*Paulus*, InsO, § 131 Rdnr. 5.

weist. Diese Vorschrift sieht vor, dass ein mit einer Überweisung beauftragtes Kreditinstitut die Überweisung im inländischen Verkehr längstens binnen 3 Bankgeschäftstagen zu bewirken hat. Im vorliegenden Fall war, selbst wenn man berücksichtigt, dass ein Zeitraum von 5 Tagen zur Bewirkung eines Bankgeschäftes erforderlich sein wird, auch dieser Zeitraum überschritten und damit die Leistungshandlung als inkongruent anzusehen.

Die Anfechtung nach § 131 InsO setzt wenigstens eine mittelbare Gläubigerbenachteiligung voraus. Daher kommt es nicht darauf an, ob eine Zahlung der Schuldnerin wenige Tage nach dem tatsächlichen Datum kongruent gewesen wäre. Hypothetische, nur gedachte Kausalverläufe können in Wirkung eines realen ursächlichen Ereignisses nicht entgegenstellt werden, so dass dies bei der Betrachtung der Gläubigerbenachteiligung nach § 131 InsO außer Betracht zu bleiben hat.

Offen bleibt bei der Entscheidung des IX. Zivilsenats wie z.B. Auslandsüberweisungen zu beurteilen sind, die einen erheblich längeren Zeitraum beanspruchen, und zwar bei EU-Zahlungsverkehr. Der IX. Zivilsenat lässt darüber hinaus auch die sog. inhouse-Überweisungen, die einen viel kürzeren als den von ihm angenommenen Zeitraum betreffen, unberücksichtigt. Schließlich ist zu fragen, wie es mit Barzahlung steht. Geht man beispielsweise von einer Barzahlung am 30.3. bei Fälligkeit vom 31.3. aus, stellt sich nach der vorliegenden Entscheidung die Frage, ob eine inkongruente oder kongruente Deckung vorliegt.

a) *Auslegung des § 133 InsO verstößt nicht gegen Europarecht*

Angesichts der gegenwärtigen Diskussionen darüber, ob ein Anfechtungsvorrecht bestimmter Insolvenzgläubiger – namentlich des Fiskus und der Sozialversicherungsträger – geschaffen werden soll, ist die nachfolgende Entscheidung[409] außerordentlich zu begrüßen.

> **Fall 74:** Mit ihrer Nichtzulassungsbeschwerde gem. § 544 ZPO macht der vom Insolvenzverwalter vorinstanzlich erfolgreich mit Insolvenzanfechtung wegen Rückzahlung gläubigerbenachteiligender Beitragszahlungen des Schuldners in Anspruch genommene Sozialversicherungsträger geltend, aus europäischen Rechtsvorschriften zum Schutz von Arbeitnehmern in der Insolvenz des Arbeitgebers (Richtlinie 80/987/EWG v. 20.10.1980) folge eine europarechtliche Bindung zur Bevorzugung der Sozialversicherungsträger.

Bekanntlich liegen mit dem Regierungsentwurf eines Gesetzes zum Pfändungsschutz der Altervorsorge und zur Anpassung des Rechts der Insolvenzanfechtung vom 10.8.2005 (siehe http://www.bmj.bund.de/media/archive/988) die rechtspolitischen Äußerungen des BMJ zu einer anfechtungsrechtlichen Entlastung der Sozialversicherungsträger vor. Die hier zitierte Entscheidung des BGH macht deutlich, dass jedenfalls höherrangiges Recht für derartige Bestrebungen nicht bemüht werden kann.

---

409 BGH, Urt. v. 8.12.2005, IX ZR 182/01, DZWIR 2006, 198 = ZIP 2006, 290.

Bis zu einer – nach der ablehnenden Stellungnahme der Landesjustizminister und den uni sono abweisenden Stellungnahmen in der ersten parlamentarischen Lesung des Gesetzesentwurfs unwahrscheinlich gewordenen – Gesetzesänderung bleibt es beim Grundatz par condicio creditorum im Anfechtungsrecht. Die Judikatur des BGH zu § 133 InsO wird durch europarechtliche Regelungen nicht eingeschränkt.

b) *Verrechnung durch die kontenführende Bank – subjektiver Tatbestand*

Der IX. Zivilsenat hat bereits in einer Reihe von Entscheidungen zur Anfechtung der inkongruenten Befriedigung der verrechnenden Bank Stellung genommen. Ein neues Urteil[410] fügt sich in die bisherige Judikatur ein. Auf den zu entscheidenden Sachverhalt waren zwar noch die §§ 37 Abs. 1, 30 Nr. 2 KO anzuwenden. Das Urteil befasst sich in rechtlicher Hinsicht allerdings im Wesentlichen mit der Frage des subjektiven Tatbestandes der Kenntnis der Bank als Anfechtungsgegnerin. Daher können die Erkenntnisse des BGH bruchlos in das System des Anfechtungsrechts der InsO übertragen werden.

Einen Schwerpunkt der vom BGH zu prüfenden Probleme lag allerdings in der prozessualen Frage der Ermittlung des Tatbestandes durch das Berufungsgericht. Aufgrund der prozessualen Lage (einem nicht wirksam widerrufenen Geständnis der vom Konkursverwalter in Anspruch genommenen Bank) musste der IX. Zivilsenat davon ausgehen, dass der gemeinschuldnerischen KG ein bis zur Konkurseröffnung ungekündigter Überziehungskredit eingeräumt worden war, dessen Rahmen die Bank aufgrund Verrechnungen zurückgeführt hatte.

Grundsätzlich gilt, dass sich im Rahmen eines ungekündigten Kreditrahmens die Verrechnung von Salden mit Zahlungseingängen solange als kongruente Befriedigung der Bank darstellt, wie diese vertragsgemäß handelt. Nach der durch die vorliegende Entscheidung aufrechterhaltenen Judikatur des BGH[411] ist dies der Fall, solange die Bank in dem fraglichen Zeitraum aufgrund des Girovertrages Verfügungen des späteren Insolvenzschuldners über sein Konto und damit den ihm eingeräumten Kredit zugelassen hat. Das Berufungsgericht hatte aber für die Revision bindend festgestellt, dass die beklagte Bank im vorliegenden Fall im fraglichen Zeitraum Verfügungen des Gemeinschuldners nicht mehr zugelassen, sondern Zahlungabgänge von dem Konto nur noch aufgrund Pfändungen zugelassen hatte. Nach Ansicht des BGH stellte sich daher die von der Bank mittels der Verrechnungen erlangte Befriedigung als inkongruent dar. Nach § 30 Nr. 2 KO musste die beklagte Bank daher den *Gegenbeweis* führen, ihr sei weder die Zahlungseinstellung noch eine etwaige Begünstigungsabsicht der Gemeinschuldnerin bekannt gewesen. Eine Begünstigungsabsicht des *Gemeinschuldners* kann freilich im Kontext von Verrechnungen von Zahlungseingängen bei im Saldo geführten Konten von der Bank kaum erfolgreich nachgewiesen werden.[412] Vom BGH ist in derartigen Fällen der

---

410 BGH, Urt. v. 13.1.2005, IX ZR 457/00, DZWIR 2005, 333 = ZIP 2005, 585.
411 BGH, Urt. v. 7.3.2002, IX ZR 223/01, DZWIR 2002, 385 = ZIP 2002, 812 = BGHZ 150, 122, 129.
412 Vgl. BGH, Urt. v. 17.6.1999, IX ZR 62/98, ZIP 1999, 1271.

vom Anfechtungsgegner zu erbringende Gegenbeweis nur dann als geführt gewertet worden, wenn bewiesen wird, dass der Anfechtungsgegner im Zeitpunkt des Wirksamwerdens der Rechtshandlung der sicheren Überzeugung war, das Vermögen des Gemeinschuldners werde zur Befriedigung aller seiner Gläubiger ausreichen.

Der erkennende IX. Zivilsenat hat hier entgegen der Vorinstanz keine Indiztatsachen erkennen können, aus denen hätte darauf geschlossen werden dürfen, dass die Bank von der Zahlungsfähigkeit der Gemeinschuldnerin ausgegangen wäre.

Verrechnet die Bank Zahlungseingänge bei einem im Soll geführten Konto in einer Lage, in der wie hier massiv Pfändungen von Finanzbehörden und Sozialversicherungsträgern ausgeführt werden, ist daraus jedenfalls der Schluss auf die Zahlungsfähigkeit des Konteninhabers nicht zu ziehen. Die vorliegende Entscheidung ist für die Bank, die im Wege der Anfechtungsklage durch den Insolvenzverwalter in Anspruch genommenen wird, von nachhaltiger Bedeutung: Um den Beweis für ihre Überzeugung von der Zahlungsfähigkeit des Kunden führen zu können, muss sie detailliert vortragen. Dabei sind von der Bank die Kontenübersichten vorzulegen oder weitere Umstände nachzuweisen, aus denen sie im kritischen Zeitraum ihre Überzeugung von der Zahlungsfähigkeit ihres Kunden bzw. die kurzfristige Wiedererlangung der Zahlungsfähigkeit hat gründen können.

Die vorliegende Entscheidung stimmt mit dem Urteil des BGH[413] zur Zahlungsunfähigkeit überein. Wenn nämlich der Schuldner dann noch nicht zahlungsunfähig ist, wenn ihm nur im geringen Umfang die Befriedigung der fälligen Verbindlichkeiten nicht möglich ist, kann die Bank nicht gehalten sein, unter Verletzung ihrer allgemeinen Pflichten aus der bankrechtlichen Verwendung mit dem Schuldner, die Ausführung von a) Überweisungsaufträgen, b) die Durchführung von Verrechnungen zu unterlassen.

c) Inkongruenz der Sicherheitengewähr bei Stundung von Steuerschulden gem. § 222 AO (Fall I)

§ 131 Abs. 1 Nr. 2 InsO lässt die Anfechtung zu, wenn die Handlung innerhalb des zweiten oder dritten Monats vor dem Eröffnungsantrag vorgenommen worden ist und der Schuldner zur Zeit der Handlung zahlungsunfähig war. Bei inkongruenten Deckungen, die innerhalb des zweiten oder dritten Monats vor dem Eröffnungsantrag erfolgt sind, ist eine unwiderlegliche Vermutung der Krise wegen des größeren zeitlichen Abstands zum Eröffnungsantrag nicht mehr gerechtfertigt. § 131 Abs. 1 Nr. 2 InsO bestimmt daher, dass der Schuldner zur Zeit ihrer Gewährung zahlungsunfähig gewesen sein muss. Diese objektive Voraussetzung hat der Insolvenzverwalter zu beweisen; die subjektiven Voraussetzungen (Kenntnis oder grob fahrlässige Unkenntnis von der Zahlungsunfähigkeit) werden dagegen wegen der besonderen Verdächtigkeit inkongruenten Erwerbs unwiderleglich vermutet.

---

413 Vgl. BGH, Urt. v. 24.5.2005, IX ZR 123/04, ZIP 2005, 1426.

Bei § 131 Abs. 1 Nr. 1, 2 wurde auf die Kenntnis der Begünstigungsabsicht verzichtet.[414]

Fall 75: Im vorliegenden Fall hatte etwas mehr als einen Monat vor Antrag auf Eröffnung des Insolvenzverfahrens über ihr Vermögen die schuldnerische KG alle ihr noch aus Werkverträgen zustehenden Forderungen an das Land als Fiskus wegen Steuerrückständen zur Sicherheit abgetreten. Dadurch erlangte die Steuerschuldnerin Stundungen. Unstreitig war die Schuldnerin zu diesem Zeitpunkt objektiv zahlungsunfähig.

Die Gewährung von Stundungen nach Einräumung von Sicherheiten durch den Steuerschuldner entspricht nicht allein Übungen von Finanzverwaltungen, sondern ist in § 222 AO als Verfahren in derartigen Fällen vorgesehen. Danach ist die Gewährung der Stundung in das Ermessen der Finanzbehörden gestellt.

Im vorliegenden Fall hat die Revision gemeint, die Finanzbehörden seien in ihrer Ermessensentscheidung gebunden. Die Verweigerung der Stundung begründe bei einer krisenbefallenen Gesellschaft eine erhebliche Härte i.S.v. § 222 AO, so dass das Ermessen des Finanzamtes auf Null geschrumpft sei. In diesem Falle aber sei die Sicherheitengewähr durch den Steuerschuldner nicht als inkongruent zu beurteilen, sondern stelle sich als zwingend geschuldeten Ausgleich der durch die Stundung erhöhten Ausfallrisiken dar – die Revision hat die Sicherheitengewähr daher wohl als kongruent behandelt wissen wollen.

Der IX. Zivilsenat ist diesen Überlegungen nicht gefolgt und hat die stattgebenden vorinstanzlich vom Insolvenzverwalter als Anfechtungskläger erwirkten Urteile gehalten. Dabei hat sich der erkennende Senat auf die handels- und gesellschaftsrechtlichen Auswirkungen des Eintritts der materiellen Insolvenz auf die Handlungsfähigkeit der Vertreter bzw. Organe der insolventen Gesellschaft gestützt. Ohne Ansehens der Person des Drittschuldners dürfen die geschäftsführungsbefugten Gesellschafter einer Handelsgesellschaft (der BGH spricht in seiner Entscheidung missverständlich von organschaftlichen Vertretern) nach §§ 130a Abs. 2, 161 Abs. 2, 171a S. 1 HGB einzelne Gläubiger nicht mehr befriedigen; nach § 64 Abs. 2 GmbHG gilt dies bekanntlich für den Geschäftsführer der GmbH.[415] Wenn die Geschäftsführung der Gesellschaft aber gesetzlich gehindert ist, aus dem Gesellschaftsvermögen zu leisten, dann ist es nicht angemessen, eine an Stelle der Leistung gewährte Sicherung als kongruent anzusehen.

d) *Inkongruenz der Sicherheitengewähr bei Stundung von Steuerschulden gem. § 222 AO (Fall II)*

Im folgenden Sachverhalt hat der IX. Zivilsenat des BGH die Reichweite der Inkongruenz von Vereinbarungen des späteren Insolvenzschuldners mit einem Gläubiger

414 BGH, Urt. v. 29.9.2005, IX ZR 184/04, DZWIR 2006, 116.
415 BGH, Urt. v. 29.11.1999, II ZR 273/98, DZWIR 2000, 200 = ZIP 2000, 184 = BGHZ 143, 184, 186.

näher bestimmt: dem liegt folgender – hier verkürzt – wiedergegebener Sachverhalt zugrunde[416]:

> **Fall 76:** Die bereits zahlungsunfähige Schuldnerin trat am 15.11.2002 alle ihr aus einem Vertrag mit einem Landkreis über Elektroarbeiten an einer Schule zustehende Forderungen an das Land ab. Daraufhin stundete das beklagte Land am 4.12.2002 der Schuldnerin Steuern, Zinsen und Säumniszuschläge vom Nov. 2001 bis Okt. 2002 gegen Sicherheitsleistung vom 15.11.2002 an bis zur Auszahlung der abgetretenen Forderungen durch den Landkreis. Der Drittschuldner zahlte später einen Betrag von ca. 16.000 €. Der gestundete Betrag belief sich auf ca. 20.000 €. Die Stundung des übersteigenden Betrages wurde widerrufen. Der BGH hat die Anfechtungsklage des Insolvenzverwalters des über das Vermögen der Schuldnerin eröffneten Insolvenzverfahrens, das auf Antrag vom 17.12.2002 am 1.3.2003 eröffnet wurde, für begründet erachtet.

Denn die Abtretung war innerhalb der Frist des § 131 Abs. 1 Nr. 2 InsO zu einem Zeitpunkt vorgenommen worden, in dem die Schuldnerin objektiv zahlungsunfähig gewesen sei. Da die Steuerforderung auf Erfüllung durch Zahlung gerichtet gewesen sei und die Stellung einer Sicherheit nicht geschuldet gewesen sei, sei die Sicherungsabtretung auch inkongruent. Allerdings sieht § 222 AO vor, dass die Stundung einer Steuerforderung gegen Sicherheit erfolgen kann. Im vorliegenden Fall sei aber die Stundung erst nach der Vornahme der Abtretung erfolgt; zudem gewähre § 222 S. 2 AO keinen unmittelbaren Anspruch auf Sicherheitsleistung.

e) *Anfechtungsrechtliche Bedeutung von vertragsgemäßen Kontensperren*

Mit Urteil vom 18.12.2003[417] hat der IX. Zivilsenat des BGH eine Entscheidung des OLG Dresden aufgehoben. Es ging dabei um folgenden Sachverhalt:

> **Fall 77:** Die spätere Insolvenzschuldnerin hatte eine Zahlung von 550.000 DM auf eine Bürgschaftsschuld an die später als Anfechtungsgegnerin verklagte Sparkasse erbracht. Diese schuldnerische Bürgschaft hatte die Insolvenzschuldnerin neben anderen Tochtergesellschaften für ein von ihrer Muttergesellschaft bei der heutigen Beklagten aufgenommenes Darlehen gegeben. Nach Nr. 21 Abs. 3 S. 2 und 3 der AGB Sparkassen sichert ein Pfandrecht auch Ansprüche der Sparkasse gegen Dritte, für deren Verbindlichkeiten der Kunde persönlich haftet. Ansprüche gegen Kunden aus übernommenen Bürgschaften werden erst ab deren Fälligkeit gesichert. Mit Schreiben vom 9.2.2000 stellte die beklagte Sparkasse das ausgereichte Darlehen zur sofortigen Rückzahlung fällig. Ohne dass die Beklagte sie hierzu aufgefordert hatte, veranlasste die heutige Darlehensschuldnerin eine Überweisung von 550.000 DM von ihrem Girokonto bei der Beklagten auf das ebenfalls bei der Beklagten geführte Darlehenskonto der Muttergesellschaft und teilte der heutigen Beklagten mit, eine zweckgebundene Zahlung auf die Bürgschaft hin auf das Konto der Muttergesellschaft geleistet zu haben. Am 17.2.2000 stellte die Schuldnerin Eigenantrag, woraufhin am 5.4.2000 über ihr Vermögen das Insolvenzverfahren eröffnet und der Kläger zum Insolvenzverwalter bestellt wurde.

---

416 BGH, Urt. v. 29.9.2005, IX ZR184/04, DZWIR 2006, 116 = ZIP 2005, 2025.
417 BGH, Urt. v. 18.12.2003, IX ZR 9/03, DZWIR 2004, 121= ZIP 2004, 324.

Der IX. Zivilsenat hat ausgeführt, dass eine inkongruente Deckung aufgrund der Zahlung durch die Beklagten nicht vorgelegen habe. Durch die – nach den Feststellungen des Berufungsgerichts – nicht zur Unzeit erfolgte – Fälligstellung des Darlehens, sei auch der Bürgschaftsanspruch fällig. Die Zahlung auf die Bürgschaft durch die spätere Insolvenzschuldnerin erfolgte also nicht nur zu einem Zeitpunkt, zu dem die Anfechtungsgegnerin sie verlangen konnte, vielmehr war auch der Bürgschaftsanspruch am 10.2.2000 fällig. Eine Inkongruenz dieser Leistungshandlung konnte nach alledem allenfalls darauf beruhen, dass die Insolvenzschuldnerin zur Abwendung von Zwangsvollstreckungsmaßnahmen gezahlt hätte. Eine derartige Drohung ist aber gegen die Insolvenzschuldnerin nach dem eigenen Vorbringen des geladenen Insolvenzverwalters nicht ausgesprochen worden. Die beklagte Sparkasse hatte aber zuvor mit Schreiben vom 4.2.2000 das auf dem Konto der Schuldnerin befindliche Guthaben in Höhe von ca. 608.000 DM vorläufig, nämlich bis zur Fälligstellung des durch die Bürgschaft hinterlegten Anspruchs gesichert. Damit ist die Sparkasse aber über ihre aus ihren AGB folgenden Befugnisse deshalb hinausgegangen, weil das vereinbarte Pfandrecht an dem Guthaben etwaige Ansprüche aus übernommenen Bürgschaften bei deren Fälligkeit absichert. Eine frühere Ausübung von Sicherungsmitteln ist nach der bisherigen Judikatur des BGH[418] inkongruent. Gleichwohl hat der IX. Zivilsenat im vorliegenden Fall eine Anfechtung gem. § 131 Abs. 1 Nr. 1 InsO scheitern lassen, denn die Kontosperre sei für die Ausführung des Überweisungsauftrags durch die Beklagte nach den Feststellungen des Berufungsgerichts weder ursächlich noch mitursächlich gewesen. Die Kontosperre würde die Insolvenzschuldnerin also erneut beantragen, wenn sie die Erfüllung der Bürgschaftsforderung erst möglich gemacht hätte, insbesondere dann, wenn das Guthaben ohne diese Maßnahme der Beklagten in der fraglichen Zeit zwischen dem 4.2.2000 und dem 10.2.2000 abgeflossen wäre. Dies ist vom klagenden Insolvenzverwalter darzulegen und zu beweisen. Seiner Darlegungs- und Beweislast genügt der Insolvenzverwalter dabei nicht bereits dadurch, dass er vorträgt, alle laufenden Verbindlichkeiten bezüglich des Geschäftsbetriebs der späteren Insolvenzschuldnerin seien ausschließlich über das bei der Anfechtungsgegnerin geführte Konto abgewickelt worden. Er muss vielmehr konkret vortragen, die Kontosperre beträfe einen Zeitraum, in dem z. B. üblicherweise die laufenden Lohnzahlungen erbracht werden oder muss andere Zahlungsvorgänge benennen, die in concreto im fraglichen Zeitraum zu einem Mittelabfluss von dem Konto geführt hätten. Zusammenfassend fordert der IX. Zivilsenat eine schlüssige Darstellung der hypothetischen Entwicklung des bei der Anfechtungsgegnerin geführten Guthabenkontos für den unterstellten Fall des Ausbleibens der Kontosperre.

Anders wäre der Fall zu beurteilen gewesen, hätte die Schuldnerin Forderungen gegenüber dem Bund oder Land und nicht dem Landkreis gehabt. Bei einer derartigen Fallkonstellation ist zu berücksichtigen, dass Bund und Länder Teilgläubiger der Umsatzsteuer sind. Damit stünde die Werklohnforderung und die Umsatzsteuerverbindlichkeit im Gegenseitigkeitsverhältnis, so dass grundsätzlich von

418 BGH, B v. 05.11.1998, IX ZR 246/97, ZIP 1999, 79.

einer Aufrechenbarkeit auszugehen sein wird.[419] Wenn jedoch insoweit eine insolvenzfeste Aufrechnungslage gegeben ist, scheidet eine Anfechtung aus.

f) *Gläubigerbenachteiligung und Inkongruenz von Befriedigung und Sicherung durch Vollstreckungsmaßnahmen*

Fall 78: In seinem Urteil vom 17.2.2004[420] hatte der BGH über folgenden Sachverhalt zu entscheiden: Die spätere Insolvenzschuldnerin kam seit dem Sommer 1997 ihren steuerlichen Verpflichtungen nicht mehr ordnungsgemäß nach, woraufhin die Finanzverwaltung Vollstreckungsmaßnahmen durchführte, die am 18.1.1999 in eine Pfändungs- und Einziehungsverfügung wegen Steuerrückständen einmündeten, die der Bank als Drittschuldnerin am 20.1.1999 zugestellt wurde. Die Bank gewährte der Insolvenzschuldnerin seinerzeit einen Kontokorrentkredit, aufgrund dessen sie die Forderung des beklagten Landes durch Teilzahlung vom 1. und 10.2.1999 ausglich. Eine weitere Pfändungs- und Einziehungsverfügung wurde am 23.3.1999 erlassen, auf die hin die spätere Insolvenzschuldnerin am 20.4.1999 Zahlungen an das beklagte Land leistete. Mit Schreiben vom 21.4.1999 stellte die Geschäftsführerin der Schuldnerin Eigenantrag auf Eröffnung des Insolvenzverfahrens. Die Klägerin ist mit Eröffnungsbeschluss vom 30.4.1999 als Insolvenzverwalterin über das Vermögen der Insolvenzschuldnerin eingesetzt worden und begehrt im Wege der Anfechtungsklage Rückzahlung der geleisteten Beträge.

Der IX. Zivilsenat hat zunächst die Frage erörtert, ob das beklagte Land durch die Pfändungs- und Einziehungsverfügung in unanfechtbarer Art und Weise ein Pfandrecht an den Ansprüchen der späteren Insolvenzschuldnerin aus dem Kontokorrentvertrag mit der drittschuldnerischen Bank auf Einräumung eines Darlehens im Rahmen der „offenen Kreditlinie“ erworben hat. Dies ist eine Frage des § 829 ZPO. Soweit einem Zwangsvollstreckungsschuldner ein Anspruch zusteht auf Abruf von Mitteln im Rahmen eines unter Bestimmung einer Obergrenze eingeräumten Kreditrahmens unterliegen diese Ansprüche der Forderungspfändung. Der dem Bankkunden/Zwangsvollstreckungs- oder Insolvenzschuldner eingeräumte Kreditrahmen wird wirtschaftlich m.a.W. wie ein Barvermögen behandelt, da aufgrund Einziehung gem. § 835 ZPO der Gläubiger den Kredit abzurufen rechtlich in die Lage versetzt wird.

Die gesetzliche Unterscheidung, die in den §§ 829 und 835 ZPO zwischen der Begründung eines Pfändungspfandrechts an einer Forderung bzw. einem Anspruch auf der einen Seite und der Verwertung durch Einziehung des Betrages, auf dessen Zahlung die Forderung gerichtet ist andererseits vorgenommen wird, würde es nahe liegen, anfechtungsrechtlich zwischen diesen beiden unterschiedenen Rechtsakten zu unterscheiden. Das hat auch deshalb einen Sinn, weil auch im Rahmen der allgemeinen Zwangsvollstreckung z.B. das Pfandrecht an einer Forderung etwa im Rahmen der Zwangsvollstreckung aus Titeln auf vorläufigen Rechtsschutz begründet werden kann, während die Einziehung hiervon unterschieden wird, obwohl die Einheit von Pfändungs- und Überweisungsbeschlüssen einen sachlichen Zusammenhang nahe zu legen scheint. Im vorliegenden Fall hatte die Bank auf einen außer-

419 OLG Celle, Urt. v. 21.3.2006, 14 U 182/05, ZInsO 2006, 609.
420 BGH, Urt. v. 17.2.2004, IX ZR 318/01, DZWIR 2004, 304 = ZIP 2004, 669.

halb der Dreimonats-Frist erlassene Pfändungs- und Einziehungsverfügung des Finanzamts hin gezahlt. Der IX. Zivilsenat vertritt nun die Auffassung, die Rechtshandlung der Pfändung der Ansprüche des Schuldners gegen das Kreditinstitut aus einem vereinbarten Dispositionskredit werde nach Maßgabe des § 140 Abs. 1 InsO erst dann vorgenommen, wenn und soweit der Schuldner die ihm zur Verfügung stehenden Kreditbetrag abruft. Dies mag auf die mit der Zahlung bewirkte Befriedigung des Gläubigers zutreffen. Die vor Ablauf der Dreimonats-Frist bewirkte (vgl. § 829 Abs. 3 ZPO) Pfändung von Ansprüchen hängt aber nicht davon ab, ob sie durch Einziehung realisiert werden. Daher fehlt es im Unterschied zur Auffassung des IX. Zivilsenats nicht an einem insolvenzfesten Pfandrecht, aufgrund dessen das Finanzamt zur Einziehung der Forderung berechtigt war.

Dagegen ist den Erwägungen des IX. Zivilsenats zuzustimmen, soweit sie die Zahlungen des Insolvenzschuldners am Tag vor seiner Eigenantragstellung am 20.4. 1999 betreffen. Denn insofern greift der IX. Zivilsenat überzeugend auf § 133 Abs. 1 S. 2 InsO zurück. Selbst wenn man die Befriedigung des beklagten Landes i.S.v. § 130 Abs. 1 Nr. 1 InsO als kongruent qualifiziert, lag doch bei der Zahlung der Insolvenzschuldnerin kurz vor Toreschluss unter Aufbietung ihrer letzten Geldmittel zur Befriedigung u.a. des beklagten Landes zweifelsfrei Benachteiligungsvorsatz i.S.v. § 133 InsO vor, von dem das beklagte Land aufgrund der Gesamtumstände des Falles, insbesondere der durch seine Beamten durchgeführten Betriebsprüfungen bei dem Insolvenzschuldner Kenntnis hatte.

g) *Indizwirkung der Inkongruenz von Sicherheitenbestellung oder Leistung*

Die Judikatur zu § 131 Abs. 1 InsO ist durch eine bemerkenswerte Entscheidung des BGH[421] weiter ausgebaut worden.

Fall 79: Die Innungskrankenkasse als Einzugsstelle von Arbeitnehmerbeiträgen hat wegen rückständiger Beiträge im Dezember 1998 und Januar sowie Februar 1999 mit Schreiben vom 15.3.1999 unter eingehender Darlegung weiterer Folgen angedroht, gegen die Schuldnerin Antrag auf Eröffnung eines Insolvenzverfahrens zu stellen, um diese zur Zahlung der rückständigen Arbeitnehmerbeiträge zu veranlassen. Daraufhin erfolgten am 25.3.1999, 26.3.1999, 15.4.1999 und am 29.4.1999 Zahlungen auf die Beitragsrückstände. Mit Schreiben vom 17.5 1999 richtete die Innungskrankenkasse erneut ein Schreiben mit Androhung der Stellung eines Eröffnungsantrages wegen Rückständen für März und April 1999 an die Schuldnerin, die darauf kurz vor Ablauf der ihr gesetzten Frist am 25.5.1999, sodann am 2.6.1999, am 4.6.1999 sowie am 8.6.1999 Zahlungen leistete. Ein weiteres Drohschreiben ging am 13.9.1999 an die Schuldnerin wegen Beitragsrückständen für Juni und Juli 1999; mit dem Schreiben wurde zugleich auf die am 15.9.1999 fällig werdenden Beiträge verwiesen. Zahlungen der Schuldnerin erfolgten daraufhin am 22.9. 1999, am 1.12.1999 sowie am 16.12.1999. Noch vor dem 16.1.2000 wurde Antrag auf Eröffnung des Insolvenzverfahrens gegen die Schuldnerin gestellt. Die am 16.12.1999 erfolgte Leistung war daher nach § 131 Abs. 1 Nr. 1 InsO als inkongruent anzusehen und unterlag der Insolvenzanfechtung.

---

421 BGH, Urt. v. 18.12.2003, IX ZR199/102, DZWIR 2004, 297 = ZIP 2004, 319 = BGHZ 157, 242.

Der IX. Zivilsenat begründet in seinem Urteil eingehend den Schutz der Gläubigergesamtheit als Zweck der Anfechtung wegen inkongruenter Deckung, hinter den das Prioritätsprinzip zurückzutreten habe, das die Individualzwangsvollstreckung auszeichnet. Dabei hat der IX. Zivilsenat nunmehr ausdrücklich ausgeführt, dass die auf die Androhung eines Eröffnungsantrages hin erfolgten Zahlungen nicht als kongruente Deckung per se anzusehen seien. Vielmehr sei, wenn der Empfänger die ihm gewährte Befriedigung durch Drohung mit einem Eröffnungsantrag erhalten hat, darin ein Zeichen dafür zu sehen, dass die dadurch erlangte Deckung deshalb inkongruent sei, weil er die Leistung nicht in dieser Weise habe verlangen können. Die aufgrund der Drohung mit einem Insolvenzantrag erzielte Deckung sei stets inkongruent führt der IX. Zivilsenat nunmehr aus. Denn der Insolvenzantrag sei niemals ein geeignetes Mittel, um Ansprüche außerhalb des Insolvenzverfahrens durchzusetzen. Dies gilt für den gestellten Insolvenzantrag und für die Drohung mit der Stellung eines Insolvenzantrags, da diese Drohung eine gegebenenfalls noch stärkere Drucksituation auf den Schuldner ausübt, als sie bei erfolgter Einleitung des gerichtlichen Verfahrens noch vorhält. Für die Zahlung vom 1. Dezember 1999 gilt nach der Feststellung des IX. Zivilsenats ebenfalls, dass sie von der Innungskrankenkasse im Wege inkongruenter Deckung erlangt worden ist. Insofern ist allerdings § 131 Abs. 1 Nr. 2 und 3 InsO einschlägig, die die subjektive Voraussetzung der Kenntnis der Benachteiligung der Insolvenzgläubiger normieren. Der IX. Zivilsenat bestätigt in der vorliegenden Entscheidung, dass die inkongruente Deckung in der Regel ein starkes Beweiszeichen für die Benachteiligungsabsicht des Schuldners und für die Kenntnis des Gläubigers von dieser Absicht darstelle. Der IX. Zivilsenat harmonisiert in diesem Zusammenhang die Auslegung des § 133 InsO und des § 131 Abs. 1 InsO. Als Beweiszeichen für eine Kenntnis des Gegners von einer Gläubigerbenachteiligung ist die Kenntnis von einer finanziell beengten Lage des Schuldners zu sehen. Die Androhung der Stellung von Insolvenzanträgen über mehrere Monate auf der einen Seite und die Entgegennahme unvollständiger Zahlungen in unregelmäßigen Teilbeträgen stellen Umstände dar, die nach der Judikatur des BGH zwingend auf die Benachteiligung schließen lassen, § 131 Abs. 2 S. 1 InsO.

Die Zahlungen des Schuldners an die Innungskrankenkasse – soweit sie nicht als gewöhnliche Abführung der Arbeitnehmerbeiträge gewertet werden können – hat der IX. Zivilsenat ebenfalls als inkongruente Deckung gewertet, die allerdings außerhalb des Suspektzeitraums der 3-Monats-Frist des § 131 Abs. 1 Nr. 2 und 3 InsO liegen. In diesen Fällen sieht der IX. Zivilsenat indes, dass eine Anfechtbarkeit nach § 133 Abs. 1 InsO in Betracht kommt. Das OLG Celle hat als Vorinstanz die Ansicht vertreten, allein aus der schleppenden Zahlungsweise der Schuldnerin im Jahr 1999 könne nicht festgestellt werden, dass die beklagte Innungskrankenkasse mit der Zahlungsunfähigkeit der Schuldnerin habe rechnen müssen. Daher hat das OLG nicht feststellen können, dass die Beklagte von einem Vorsatz der Schuldnerin, die übrigen Gläubiger durch Leistung an die Innungskrankenkasse zu benachteiligen, gewusst habe. Dem tritt der IX. Zivilsenat entgegen: § 133 Abs. 1 S. 2 InsO regelt die Vermutung der Kenntnis der Anfechtungsgegnerin von dem Benachteiligungsvorsatz des Schuldners, wenn der Anfechtungsgegner gewusst hat, dass die Zahlungsunfähigkeit des Schuldners drohe und die Handlung die Gläubiger benachteiligt. Der IX. Zivilsenat des BGH führt insofern aus, das OLG habe die Beweisanforderung zu Lasten des Insolvenzverwalters überspannt. Es habe nämlich die Beweiszeichen, die nach § 286 ZPO aufgrund der Inkongruenz der von der Innungskrankenkasse erlangten Deckung ausgehen, verkannt. Auch außerhalb der Drei-Monats-Frist des § 131 Abs. 3 InsO sei die Beweiserleichterung, die von der Inkongruenz einer Leistung zur Abwendung eines angedrohten Insolvenzantrags ausgeht, anzuwenden. Die Beweisregel des § 133 Abs. 1 InsO, die Indizwirkung (erhebliches Beweisanzeichen) im Rahmen des § 286 ZPO, die von der Inkongruenz der Leistung zur Abwendung angedrohter Insolvenzanträge ausgehet, bezieht sich daher zum einen auf die Kenntnis des Anfechtungsgegners. Der IX. Zivilsenat führt aber weiterhin aus, dass diese Indizwirkung sich auch auf den Benachteiligungsvorsatz der Schuldnerin selbst bezieht. Ein Schuldner, der die Forderung eines einzelnen Gläubigers vorwiegend deshalb erfüllt, um diesen von einer Zwangsversteigerung abzuhalten, kann sogar dann mit Benachteiligungsvorsatz handeln, wenn es sich bei der vor dem Drei-Monats-Zeitraum der §§ 130, 131 InsO erfolgten Zahlung um eine kongruente Deckung handelt[422]. Diese Indizwirkung der Leistungshandlung kann allerdings nach Feststellung des IX. Zivilsenats dann vollständig entfallen, wenn die Handlung bereits zu einer Zeit vorgenommen wird, in welcher lange vor Antragstellung bzw. Verfahrenseröffnung noch keine ernsthaften Zweifel an der Liquidität des Schuldners haben bestehen können oder aus Sicht des Zahlungsempfängers bestanden haben. Die Anfechtungsgegnerin vermag sich damit aber nur dann erfolgreich gegen eine Inanspruchnahme aus § 133 Abs. 1 InsO zu verteidigen, wenn sie darstellen kann, dass sie nur auf eine vorübergehende Zahlungsstockung schließen durfte. Das – so der IX. Zivilsenat wörtlich – erscheint „zweifelhaft“, nachdem die als Anfechtungsgegnerin in Anspruch genommene beklagte Innungskrankenkasse dreimal gegen den Schuldner geltend gemacht hat, einen Insolvenzeröffnungsantrag erfolgreich gegen ihn stellen zu können. Das schließt notwendig ein, dass die Innungskrankenkasse zu diesem Zeitpunkt bereits davon ausging, dass nicht nur eine Zahlungsstockung, sondern Zahlungsunfähigkeit i.S.v. § 17 Abs. 1 InsO bei der späteren Insolvenzschuldnerin vorgelegen hat.

In einer weiteren Entscheidung hat der IX. Zivilsenat die anfechtungsrechtliche Bedeutung zu beurteilen gehabt, die der Erlangung einer Sicherung im Falle des Gläubigerwechsels bei gleichzeitiger Besicherung zukommt.[423] Dem lag folgender Sachverhalt zugrunde:

Fall 80: Die insolvenzschuldnerische GmbH erwartete Erlöse aus Grundstückskaufverträgen. Damit sollte ein bei der PGbR als Darlehensgeberin aufgenommenes Darlehen getilgt werden; die PGbR ihrerseits wollte damit ein Darlehen beim Beklagten tilgen. Als bei Fälligkeit des Darlehens keine Tilgungsleistungen erfolgten, trat die PGbR ihre Darlehens-

---

422 BGH, Urt. v. 27.5.2003, IX ZR 169/02, ZIP 2003, 1506, 1509 = BGHZ 155, 75; hier ZIP 2003, 1900, 1901 f.

423 BGH, Urt. v. 11.3.2004, IX ZR160/02, DZWIR 2004, 332 = ZIP 2004, 1060.

forderung gegen die spätere insolvenzschuldnerische GmbH an den Beklagten ab. Die GmbH trat dem Beklagten zur Sicherung der abgetretenen Darlehensforderung künftige Kaufpreisforderungen aus Grundstücksverkäufen ab. Später wurde das fragliche Grundstück tatsächlich verkauft und die Schuldnerin zahlte auf das Konto des Beklagten. Der über das Vermögen der Schuldnerin in eröffneten Insolvenzverfahren bestellte Insolvenzverwalter begehrt mit seiner Klage Rückzahlung des an den Beklagten gezahlten Betrages. Das OLG Schleswig hat die Klage abgewiesen. Während das OLG Schleswig in der Abtretung der künftigen Kaufpreisforderung eine kongruente Deckungshandlung gesehen hat, hat der IX. Zivilsenat sie als inkongruente Sicherung qualifiziert. Die Besicherung der abgetretenen Darlehensforderung durch Abtretung der künftigen Kaufpreisforderung stellt sich als eine nach § 133 Abs. 1 InsO anfechtbare Rechtshandlung dar, da mit ihr eine Gläubigerbenachteiligung gewollt und verwirklicht war. Eine Gläubigerbenachteiligung liegt in objektiver Hinsicht nach Feststellung des IX. Zivilsenats des BGH im vorliegenden Fall vor, da die Masse aufgrund der Abtretung zugunsten des Beklagten um den Betrag verringert worden ist, den der Beklagte durch Einziehung der Kaufpreisforderung erlangt hat.

Im vorliegenden Fall fragte es sich aber, ob die dem Beklagten mit der Sicherungszession gewährte Abtretung inkongruent war, weil die Sicherung, die in demselben Vertrag eingeräumt wird, durch den der gesicherte Anspruch selbst entsteht, nach der Judikatur des BGH als kongruente Deckung zu behandeln ist, weil von Anfang an ein Anspruch auf die Sicherung bestand.[424] Bislang hat der IX. Zivilsenat des BGH inkongruente Handlungen daran gesehen, dass eine bereits bestehende Verbindlichkeit nachträglich besichert wird.[425] Im vorliegenden Fall hatte es der IX. Zivilsenat des BGH aufgrund der unzureichenden Sachverhaltsaufklärungen durch das OLG Schleswig mit zwei Möglichkeiten zu tun. Entweder hatte die spätere Insolvenzschuldnerin der Darlehensgläubigerin mit der Vereinbarung über die spätere Abtretung zunächst die künftige Kaufpreisforderung abgetreten. Dann war der Darlehensvertrag, der zeitlich erheblich früher lag, nachträglich besichert worden. Eine solche Sicherheit hatte der GbR als Darlehensgeberin aber ursprünglich nicht zugestanden, mit der Folge, dass diese Besicherung als inkongruent anzusehen war, denn die GbR hatte allenfalls ein Recht zur abgesonderten Befriedigung erhalten, das ihr vorher nicht zustand. Die Abtretung dieses Rechts an den Beklagten konnte diesem daher jedenfalls allenfalls eine inkongruente Deckung verschaffen. Die zweite Möglichkeit bestand darin, dass die Abtretung der Darlehensforderung von der GbR an den Beklagten und die unmittelbar zugunsten des Beklagten erfolgende Abtretung der Kaufpreisforderung von der Schuldnerin an den Beklagten zeitgleich erfolgten. In diesem Fall ist die Sicherung dem Beklagten in demselben Zeitraum eingeräumt worden, in dem ihm die zu sichernde Forderung übertragen wurde. Durch die Vertragsabreden zwischen den Beteiligten wäre der Beklagte damit durch ein und denselben Vorgang zugleich Gläubiger und Sicherungsnehmer geworden. Während dies unter Konstellationen, unter denen die zu sichernde Forderung zeitgleich mit der Sicherheit entstanden ist, bereits entschieden worden ist,

424 BGH, Urt. v. 4.12.1997, IX ZR 47/97, ZIP 1998, 248.

425 BGH, Urt. v. 25.9.1972, VIII ZR 216/71, BGHZ 59, 230, 235 f.; BFH, B. v. 26.4.1988, VII B 176/87, ZIP 1998, 248.

liegt eine von der höchstrichterlichen Judikatur noch nicht entschiedene Fragestellung vor, da hier die gesicherte Forderung schon vorher allerdings für einen anderen Gläubiger bestand. Der BGH meint, die Inkongruenz könne nicht dadurch entfallen, dass gleichzeitig mit der Besicherung ein Gläubigerwechsel stattfindet. Abzustellen sei darauf, ob eine Abweichung der konkreten Deckungshandlung vom Inhalt des Schuldverhältnisses zwischen Insolvenzgläubiger und Schuldner vorliegt. Allein durch den Gläubigerwechsel wird dieser Inhalt schon deshalb nicht verändert, weil gem. § 398 S. 2 BGB der neue Gläubiger – also im vorliegenden Fall der Beklagte – lediglich an die Stelle des alten Gläubigers tritt.

h) *Anfechtbarkeit als Aufrechnungssperre*

Für die Abwicklung des Insolvenzverfahrens ist es wesentlich, dass die vom Schuldner durch Eingang auf einem seiner Konten vereinnahmten Gelder dem Unternehmen zur Verfügung stehen – was den Konflikt mit der kontenführenden Bank heraufbeschwört, die ihre Darlehensforderungen im Wege der Aufrechnung zu befriedigen versucht. Mit Urteil vom 12.2.2004 hatte der IX. Zivilsenat des BGH[426] über folgenden Sachverhalt zu entscheiden:

> **Fall 81:** Die spätere Insolvenzschuldnerin unterhielt bei der beklagten Bank ein Kontokorrentkonto mit einer Kreditlinie von DM 700.000,–, in deren Rahmen die Beklagte ihr einen bis zum 6.8.2001 verlängerten Solawechsel und im Jahr 2001 ein Mietaval in Höhe von DM 42.000,– eingeräumt hatte. Mit Schreiben vom 9.7.2001 kündigte die Beklagte die Kreditlinie, nachdem die Beklagte sie über Liquiditätsprobleme unterrichtet hatte. Zugleich teilte sie der späteren Insolvenzschuldnerin mit, das Kontoguthaben hafte ihr als Sicherheit gem. Nr. 14 AGB; in Höhe von DM 542.000,– sperre sie daher das Konto. Die Schuldnerin stellte am 19.7.2001 Eigenantrag. Am 19.6.2001 hatte sich das Guthaben auf dem Konto auf 1 Million DM belaufen, das sich bis zum 2.7.2001 auf ca. DM 390.000,– verringert hat. Der Haben-Stand des Kontos zum 9.7.2001 betrug DM 564.000,–. Nach Fälligkeit des Diskontkredits verrechnete die Beklagte ihre Forderung mit dem Kontoguthaben. Nach Eröffnung des Insolvenzverfahrens über das Vermögen der Konteninhaberin wurde die Beklagte aus dem Mietaval in Anspruch genommen und verrechnete auch die daraus herrührende Forderung mit dem gesperrten Kontenguthaben.

Die Bank ist gem. § 1281 S. 2, Hs 1 BGB zur Sicherstellung der späteren Verwertung des Guthabens des Schuldners durch eine Kontosperre berechtigt. Denn vor Pfandreife kann der Pfandgläubiger verlangen, dass der Schuldner an ihn und den Gläubiger gemeinschaftlich leistet. Sind Schuldner und Pfandgläubiger identisch, soweit Ansprüche des Kunden gegen die Bank selbst erfasst werden, kann der Kunde als Gläubiger nicht Leistung an sich verlangen. Lässt die Bank nach der Kontensperre dadurch Verfügungen des Kunden über das Guthaben auf dem gesperrten Konto zu, dass sie Überweisungen zugunsten Dritter zulässt, liegt darin nach der vorliegenden Entscheidung des IX. Zivilsenats eine Freigabe der durch die Kontensperre erlangten Sicherheit. Folgt auf die Verfügung des Kunden und die Freigabe des Pfand-

426 BGH, Urt. v. 12.2.2004, IX ZR 98/03, DZWIR 2004, 379 = ZIP 2004, 620.

rechts im Wege der Durchführung der Überweisung eine Erhöhung des Kontostandes auf dem gesperrten Konto, erlangt die Bank hieran ein Pfandrecht jedenfalls dann inkongruent, wenn die Erhöhung des Kontostandes im letzten Monat vor Stellung des Antrags auf Eröffnung des Insolvenzverfahrens durch Gutschriften erfolgt ist. Der IX. Zivilsenat hatte indes mit Urteil vom 7.3.2002[427] Überweisungen, die von einem im Soll geführten Konto vorgenommen werden, als Kreditgewährung angesehen und ihre Verrechnung mit Gutschriften als anfechtungsrechtliches Bargeschäft i.S.v. § 142 InsO qualifiziert. Diesen Fall sieht der IX. Zivilsenat hier aber nicht als gegeben an. Sollbuchungen auf einem im Haben geführten Konto stellen sich danach nicht als Kreditgewährung dar; im Übrigen hat der IX. Zivilsenat diese Frage dahingestellt bleiben lassen, da es im vorliegenden Fall nicht um die Frage der Anfechtbarkeit von Verrechnungen, sondern es allein darum ging, wann ein Pfandrecht entsteht und ob dieser Zeitpunkt in die Krise im Sinne des Anfechtungsrechts fällt.

i) Keine gläubigerbenachteiligenden Rechtsgeschäfte wegen wertausschöpfend belasteter Sicherungsgegenstände?

In einer weiteren Entscheidung[428] ging es um die Reichweite des § 96 Abs. 1 Nr. 3 i.V.m. § 131 Abs. 1 Nr. 1 InsO:

> **Fall 82:** Der Bank waren Gegenstände sicherungsübereignet. Die spätere Insolvenzschuldnerin verkaufte diese Gegenstände drei Wochen vor Stellung des Insolvenzantrags an die Beklagte; um dies zu ermöglichen, gab die Bank die Gegenstände mit der Maßgabe der Veräußerung an die Beklagte „frei". Gegen die Kaufpreisforderung erklärte die Beklagte die Aufrechnung. Der klagende Insolvenzverwalter hält dies für unzulässig und begehrt Zahlung des Kaufpreises zur Masse.

Das Rechtsgeschäft, auf dessen Abschluss hin die Aufrechnungslage entstanden ist, hat der Insolvenzverwalter im vorliegenden Fall zwar nicht angefochten. Gleichwohl hat der IX. Zivilsenat dem klagenden Insolvenzverwalter mit dem Argument Recht gegeben, dass § 96 Abs. 1 Nr. 3 InsO auch solche Fälle erfasse, in denen die Aufrechnung vor Eröffnung des Insolvenzverfahrens erklärt worden sei. Voraussetzung dafür ist, dass die Aufrechungslage in anfechtbarer Weise hergestellt worden ist. Im vorliegenden Fall hatte die Beklagte keinen Anspruch auf den Abschluss des Kaufvertrages – der durch die Kreation der Hauptforderung die Aufrechnungsmöglichkeit erst herbeigeführt hat. Da dies innerhalb der Monatsfrist des § 131 Abs. 1 Nr. 1 InsO erfolgt war, stellte sich die mit der Aufrechnungslage geschaffene Befriedigungsmöglichkeit (Aufrechnung als Absonderungsrecht an der eigenen Forderung, wie es *Häsemeyer*[429] treffend formuliert) als anfechtbar dar.

---

427 BGH, Urt. v. 7.3.2002, IX ZR 223/01, DZWIR 2002, 385 = ZIP 2002, 812, 813 = BGHZ 150, 122.
428 BGH, Urt. v. 9.10.2003, IX ZR 28/03, DZWIR 2004, 78 = ZIP 2003, 2370 m. Anm. *Beutler/Vogel* EWiR 2004, 241.
429 *Häsemeyer*, Insolvenzrecht, 3. Aufl. Rdnr. 19.02.

Überzeugend hat der IX. Zivilsenat dabei ausgeführt, dass mit dem Abschluss des Kaufvertrages auch eine Benachteiligung der Gläubiger verwirklicht worden ist. Die Kaufgegenstände waren zwar der Bank sicherungsübereignet, was darauf zu verweisen scheint, dass ihr Erlös wertmäßig außerhalb der den Gläubigern haftenden Masse angesiedelt sei. Die Insolvenzrechtsreform legt aber eine grundsätzlich andere Betrachtungsweise nahe, die sich allerdings nicht daraus ergibt, dass im eröffneten Verfahren der Masse bei Verwertung des Sicherungsgutes durch den Insolvenzverwalter eine Verwertungskostenpauschale zusteht.[430] Vielmehr stellt sich das Sicherungsgut seiner Werthaltigkeit nach als Teil der Soll-Masse[431] dar, da es gem. § 166 Abs. 1 InsO der Verwertungsbefugnis des Insolvenzverwalters zu dem Zweck unterworfen ist, um den Organismus des Unternehmens als solchen zu erhalten. Dies gilt auch für „wertausschöpfend" belastete Sicherungsgegenstände.

3. Anfechtung unmittelbar nachteiliger Rechtshandlungen gemäß § 132 InsO

Der folgende Fall ist aus anfechtungsrechtlicher Sicht nachgerade revolutionär; ihm liegt ein Sachverhalt[432] zugrunde, der auch mit Blick auf die oben (II. 1.) erörterte Judikatur zu Insolvenzzwecken von erheblicher Bedeutung ist:

Fall 83: Die spätere Insolvenzsschuldnerin errichtete in Saudi-Arabien eine Industrieanlage, die durch die Beklagte unter Einweisung des Personals in Betrieb genommen werden sollte. Nachdem die spätere Insolvenzschuldnerin am 14.4.2000 Eigenantrag gestellt und durch insolvenzgerichtlichen Beschluss der Kläger zum vorläufigen Zustimmungsverwalter (§ 21 Abs. 2 Nr. 2, 2. Var. InsO) bestellt worden war, fragte die Insolvenzschuldnerin bei der Beklagten an, unter welchen Voraussetzungen sie zur Erbringung der vereinbarten Leistungen bereit war, ohne die der Besteller des Werkes der Insolvenzschuldnerin die Zahlung des erheblichen Werklohnes verweigern konnte. Die Beklagte verlangte neben der Zahlung der für Inbetriebnahme und Schulung vereinbarten DM 29.000,– die Zahlung weiterer DM 42.000,– auf eine Forderung, die aus der Zeit vor der Anordnung der vorläufigen Insolvenzverwaltung herrührte. Der vorläufige Insolvenzverwalter verweigerte dem seine Zustimmung mit der Begründung, eine Zahlung auf die Altforderung sei als gläubigerbenachteiligend zu qualifizieren und daher anfechtbar. Da die Beklagte die Ausführung der Arbeiten ohne Begleichung der Insolvenzforderung verweigerte, der vorläufige Insolvenzverwalter aber den Werklohn, der zur Masse nach Erbringung der Leistungen durch den Werkunternehmer fließen würde, dessen Ansprüche um ein Vielfaches übersteigt, zur Verfahrenseröffnung benötigt, lässt er es zu, dass der Insolvenzschuldner auf den „deal" eingeht. Freilich weist der vorläufige Insolvenzverwalter darauf hin, die Erfüllung der Ansprüche des Werkunternehmers sei, soweit es die Insolvenzforderung angehe, anfechtbar. Er erhebt darauf nach Verfahrenseröffnung als Insolvenzverwalter Anfechtungsklage.

---

430 Gegen *Häsemeyer*, Insolvenzrecht, 3. Aufl. Rdnr. 21.20 und 13.49 sowie *Gundlach/Frenzel/Schmidt*, NZI 2002, 20, 21 die oben (IV. 3., Fall 8) besprochene Entscheidung BGH, Urt. v. 20.11.2003, IX ZR259/02, DZWIR 2004, 205 = ZIP 2004, 42.

431 Zur Begrifflichkeit *Smid*, Kreditsicherheiten in der Insolvenz des Sicherungsgebers, 2003, § 7 Rdnr. 3.

432 BGH, Urt. v. 13.3.2003, IX ZR 64/02, DZWIR 2003, 291 = ZIP 2003, 810 = BGHZ 154, 190.

Der IX. Zivilsenat hat sich in dieser Entscheidung an der Aufgabe insolvenzrechtlichen Gläubigerschutzes orientiert und damit nichts weniger getan, als das Anfechtungsrecht auf seinen systematischen Grund zurückzuführen und überschaubarer werden zu lassen.

Der BGH hat die Verurteilung des Beklagten zur Zahlung von DM 42.000,– auf § 132 Abs. 1 InsO aus dem Gesichtspunkt unmittelbarer Gläubigerbenachteiligung gestützt. Dabei ist nicht nur bemerkenswert, dass die vorliegende Entscheidung nach langen Jahren der zurückhaltenen Anwendung des § 132 Abs. 1 InsO bzw. des § 31 Nr. 1 KO ein Ende bereitet. Bislang hat die Rechtsprechung des BGH solche Fälle zu entscheiden gehabt, in denen der Schuldner eine vollwertige Gegenleistung für die hingegebene Leistung erhalten hat, was die Annahme einer unmittelbaren Gläubigerbenachteiligung ausschließt.[433]

Zum vollständigen Verständnis dieser Entscheidung ist eine Vorüberlegung hilfreich. Der IX. Zivilsenat hatte in der Entscheidung vom 18.7.2002 zur vorläufigen Verwaltung (unten Fall 112) darauf erkannt, die vorläufige insolvenzgerichtliche Anordnung wie diejenige, die auch in diesem Fall erlassen worden war, begründe jedenfalls keine Anwendbarkeit des § 55 Abs. 2 InsO.

Eine Anfechtbarkeit der Bezahlung der Altforderung nach § 130 InsO kann nach Ansicht des IX. Zivilsenats des BGH daran scheitern, dass der vorläufige Insolvenzverwalter ihr seine Zustimmung erteilt hat, da der Gesetzgeber in solchen Fällen das Vertrauen des anderen Teils in den Bestand der Rechtshandlung des Schuldners auch dann geschützt hat, wenn sie die Masse verringert. Der IX. Zivilsenat prüft dies indes ebensowenig wie die Frage, ob die Rechtshandlung wegen Insolvenzzweckwidrigkeit nichtig ist, sondern stellt auf § 132 Abs. 1 InsO ab. Dessen Anwendung beurteilt sich nach dem Wertverhältnis zwischen den *konkret ausgetauschten Leistungen.*

Damit eröffnen sich freilich eine Reihe von nicht unerheblichen Begründungsproblemen. Der IX. Zivilsenat meint nämlich, eine durch die Befriedigung von Insolvenzforderungen „erkaufte" Einwilligung eines hierzu fähigen Lieferanten zur besseren Verwertung des Betriebes benachteilige die anderen Insolvenzgläubiger nicht, wenn hierdurch weniger aufgewendet wurde als der für den Betrieb tatsächlich erzielte Kaufpreis, der in die Masse fließt.[434] Andererseits hat der BGH auch entschieden, dass die Sicherstellung der Betriebsfortführung durch den Stromlieferanten durch Bezahlung seiner Insolvenzforderungen[435] oder wenn einem Vertragspartner für den Fall seiner Insolvenz Nachteile auferlegt werden, die über die gesetzlichen Folgen der Insolvenz hinausgehen[436] gläubigerbenachteiligend sind. Die entschei-

433 BGH, Urt. v. 13.3.1997, IX ZR 93/96, ZIP 1997, 853, 854; BGH, Urt. v. 10.12.1998, IX ZR 302/97, ZIP 1999, 146, 147.

434 So die vom IX. Zivilsenat zitierte Entscheidung BGH, Urt. v. 24.11.1959 VIII ZR 220/57, WM 1960, 377, 379.

435 BGH, Urt. v. 25.9.1952, IV ZR 13/52, BB 1952, 868.

436 BGH, Urt. v. 11.11.1993, IX ZR 257/92, ZIP 1994, 40, 42 = BGHZ 124, 76.

dende Frage liegt darin, welches über Einzelfallabwägungen hinausweisendes Kriterium diese Fälle in der Sache unterscheidet.

Der IX. Zivilsenat greift dabei tief zurück auf den Schutz der Gläubigergleichbehandlung als „Hauptzweck“ des Insolvenzverfahrens. Eine Gläubigerbenachteiligung liegt danach vor, wenn die durch Bezahlung von Insolvenzforderungen „erkaufte“ Fortführung des Schuldnerunternehmens zwar wirtschaftliche Vorteile für den Schuldner, aber eine Gläubigerungleichbehandlung verwirklicht. Unmittelbare Gläubigerbenachteiligung liegt danach vor, wenn gegen par condicio creditorum verstoßen und nicht unmittelbar und vollständig der Wertzuwachs für die – anderen – Insolvenzgläubiger realisiert wird.

Ein weiterer – nicht fiktiver – Beispielsfall mag deutlich werden lassen, welch Spannungen sich hier auftun:

> **Fall 84:** In der Insolvenz einer deutschen Schuldnerin findet der Insolvenzverwalter keine werthaltigen Massegegenstände außer einer stark werthaltigen einhundertprozentigen Beteiligung an einem nordamerikanischen Unternehmen aus der high-tech-Branche vor. Gegen dieses Unternehmen und die insolvente deutsche Mutter werden vom Washingtoner Justizministerium Untersuchungen geführt, die im Falle eines für das Unternehmen unvorteilhaften Ausganges zu einer starken Entwertung der Beteiligung führen würde. Der deutsche Insolvenzverwalter vergleicht sich in einer Art plea bargaining dahingehend, als Bußbetrag für die deutsche Mutter einen Betrag in Höhe eines Bruchteils des Wertes der Unternehmensbeteiligung an den US-Fiskus zu zahlen, um die Einstellung des Verfahrens gegen das nordamerikanische Unternehmen zu erreichen.

Hier liegt vordergründig genau das Element vor, das vom IX. Zivilsenat perhorresziert wird, nämlich die einseitige Machtausübung eines überlegenen Gläubigers. Denn die gegen die deutsche Muttergesellschaft zu verhängende Buße wäre als (nachrangige – § 39 Abs. 1 Nr. 3 InsO) Insolvenzforderung zur Tabelle anzumelden gewesen – und wird nach Maßgabe des Vergleichs vorab aus der Masse befriedigt. Würde der Insolvenzverwalter sich aber auf den Standpunkt *fiat justitia, pereat mundi* stellen und unter Wahrung des Grundsatzes *par condicio creditorum* wirtschaftlich den Gläubigerschutz in den Wind schreiben, drohte das deutsche Insolvenzverfahren rasch wegen Masseunzulänglichkeit zu seinem Ende zu kommen, ohne dass damit den Insolvenzgläubigern auch nur im Geringsten gedient wäre.

Ebenso wie der Lieferantenfall[437] ist der hier zitierte Fall dadurch gekennzeichnet, dass der Insolvenzverwalter werthaltige Massegegenstände gleichsam von Belastungen „freikauft“, was stets nur dann erforderlich ist, wenn der begünstigte Insolvenzgläubiger über eine Machtposition verfügt, die den Insolvenzverwalter zu diesem „Freikauf“ zwingt. In diesem Zusammenhang ist auch an die Ablösung von Absonderungsrechten – namentlich Grundpfandrechten – durch den Insolvenzverwalter zu denken, die dazu führen, dass der Absonderungsberechtigte insoweit mit seiner persönlichen Forderung befriedigt wird, die das Sicherungsrecht bedient.

437 BGH, Urt. v. 24.11.1959 VIII ZR 220/57, WM 1960, 377, 379.

Letzterer Fall ist freilich durch das Gesetz ausdrücklich vorgesehen (§§ 170, 52 InsO).

Wie sich bereits oben (Fall 3) angedeutet hat, hat das Argument, dass der Judikatur des IX. Zivilsenats hier zugrunde liegt, die „Erpressung durch marktstarke, etwa mit einer Monopolstellung ausgestattete Geschäftspartner des Schuldners" auszuschließen.[438] Diese starken Worte sind wohl nicht in einem strafrechtlich-technischen Sinne gemeint. Im Fall 3 liegt, wie ausgeführt, eine Lage wie nach § 123 BGB vor. Der IX. Zivilsenat deutet nun den insolvenzrechtlichen Grundsatz des *par condicio creditorum* gleichsam als ein Schutzgesetz, dessen Verletzung die Vermutung nach sich zieht, dass der Gläubiger eine Vormachtstellung ausgenutzt hat. Diese Überlegung würde indes eine Differenzierung nicht erlauben!

Ausschlaggebend scheint ein anderes zu sein. Der IX. Zivilsenat vollzieht nämlich nach der Definition unmittelbarer Gläubigerbenachteiligung gem. § 132 Abs. 1 InsO durch den konkreten Wertunterschied zwischen Vermögensab- und Vermögenszufluss eine Kehrtwende, indem er ausführt, es komme in dem konkret zu entscheidenden Fall nicht darauf an, ob der Masse der bis zur Inbetriebnahme der Anlage durch den Beklagten ausstehende Werklohn in Höhe von DM 300.000,– zugeflossen sei.

4. Absichtsanfechtung gemäß § 133 InsO

a) *Grenzen der Absichtsanfechtung: Phänomenologische Unterscheidung von absichtsvollem Handeln und leidendem Dulden*

Die Judikatur des BGH zu „Druckanträgen" von Finanzverwaltungen und Sozialversicherungsträgern hat aus unreflektierter Sorge um die Leistungsfähigkeit der Sozialversicherungsträger und um die Zugriffsfähigkeit des Fiskus den Gesetzgeber auf den Plan gerufen[439]: Die Judikatur des BGH hat durch den Schluss von der Inkongruenz durch Zwangsvollstreckung erlangter Befriedigung oder Sicherung auf die subjektiven Tatbestandsvoraussetzungen des § 133 InsO die Leistungen des Schuldners auf Drohung mit Einleitung von Zwangsvollstreckungs- oder Insolvenzverfahren der Insolvenzanfechtung nach § 133 Abs.1 InsO unterworfen. Denn in diesen Fällen handle der Schuldner mit Benachteiligungsabsicht, von der die jeweiligen Gläubiger auch Kenntnis haben – die zu vermuten ist, da die Gläubigerbefriedigung sich in diesen Fallkonstellationen als inkongruent erweist.

Die dogmatische Wende, die der IX. Zivilsenat des BGH mit seiner jüngsten Entscheidung zu den Grenzen der Anwendbarkeit des § 133 Abs. 1 S. 1 InsO im Falle von Zwangsvollstreckungsmaßnahmen des betreibenden Insolvenzgläubigers gegen den Schuldner gezogen hat, macht deutlich, wie man die vorangegangene Judi-

---

438 So der Senat unter Berufung auf *Fritsche* DZWIR 2002, 324.
439 Regierungsentwurf vom 10.8.2005, www.bmj.de/media/archive/988.pdf; krit. *Smid* DZWIR 2005, 414.

katur kurz rekonstruiert. Zunächst hat der IX. Zivilsenat über Fälle zu entscheiden gehabt, in denen Sozialversicherungsträger Zwangsvollstreckungsaufträge erteilt und der Gerichtsvollzieher den Schuldner hierüber unterrichtet hatte. Auf den damit ausgelösten Druck hin leistete der Schuldner über einen längeren Zeitraum hinweg durch Zahlung zur Abwehr der Zwangsvollstreckung an den Gerichtsvollzieher. Der IX. Zivilsenat des BGH[440] hat die aufgrund drohender Zwangsvollstreckung während des in § 131 InsO bezeichneten Zeitraums erlangten Sicherungen oder Befriedigungen mit der Judikatur des RG[441] als inkongruent angesehen. Werden während des Suspektzeitraums der drei Monate gem. § 131 Abs. 1 Nr. 1–Nr. 3 InsO Zahlungen, die zu diesem Zeitpunkt geschuldet sind, oder geschuldete Befriedigungen des Insolvenzgläubigers geleistet, dann sind sie als inkongruent, nicht aber als kongruent anzusehen, wenn sie vom Schuldner unter dem Druck einer ansonsten alsbald bevorstehenden Vollstreckung erfolgen. Außerhalb des Zeitraums von einem Monat vor Antragstellung bedarf es für die Inkongruenz der Zahlung des Schuldners freilich nach § 131 Abs. 1 Nr. 3 InsO wenigstens der Erkenntnis des Gläubigers, dass die Deckung die Insolvenzgläubiger benachteilige. Die objektive Inkongruenz der Zahlung des Schuldners aufgrund des durch den Gläubiger mit der Drohung der Zwangsvollstreckung bewirkten Drucks stellt sich nach der bisherigen Judikatur des BGH[442] als Beweisanzeichen dar, das nach § 286 ZPO zu würdigen sei und aus dem die Kenntnis des Anfechtungsgegners von der Gläubigerbenachteiligung abzuleiten sei. Soweit hat sich diese Judikatur noch im überkommenen Rahmen bewegt. Sie war auch insoweit nicht „neu", als der IX. Zivilsenat ausgeführt hat, dass alle im Wege der Zwangsvollstreckung erwirkten Sicherungen oder Befriedigungen außerhalb des von § 131 InsO erfassten Zeitraums als kongruent zu werten seien. Dies gilt freilich nicht allein für Zwangsvollstreckungshandlungen, also Maßnahmen von Vollstreckungsorganen, sondern auch für Leistungen, die durch den Schuldner zur Abwendung der Zwangsvollstreckung vorgenommen werden. Interessant war, dass der BGH die vom Schuldner zur Abwendung von Zwangsvollstreckungsmaßnahmen vorgenommene Zahlung an den Gerichtsvollzieher als Rechtshandlung i.S.v. § 133 InsO gewertet hat.[443] Auch soweit damit eine kongruente Deckung erwirkt wird, genügt nach der bisherigen Judikatur des BGH für den Gläubigerbenachteiligungsvorsatz i.S.v. § 133 Abs. 1 InsO bedingter Vorsatz. Dies hat der IX. Zivilsenat mit einer Entscheidung ausgebaut, die einen Fall betroffen hat, in dem von der Sozialversicherungsträgerin ein Insolvenzantrag gegen den Schuldner gestellt bzw. die Stellung eines Insolvenzantrags angedroht worden war und der Schuldner zur Erledigung des gestellten bzw. zur Abwendung des angedrohten Insolvenzantrags die Leistung erbracht hatte. Der IX. Zivilsenat hat in diesem Fall diese Leistung des Schuldners innerhalb

---

440 BGH, Urt. v. 11.4.2002, IX ZR 211/01, ZIP 2002, 1159; BGH, Urt. v. 15.5.2003, IX ZR 194/02, ZIP 2003, 1304; Urt. v. 27.5.2003, IX ZR 169/02, ZIP 2003, 1506 = BGHZ 155, 75; BGH, Urt. v. 17.7.2003, IX ZR 272/02, DZWIR 2003, 519 = ZIP 2003, 1799; BGH, Urt. v. 18.12.2003, IX ZR 199/02, DZWIR 2004, 297 = ZIP 2004, 319 = BGHZ 157, 242.

441 *Smid*, Anmerkung aus WuB VI G § 10 GesO 2.01.

442 BGH, Urt. v. 18.12.2003, IX ZR 199/02 DZWIR 2004, 297 = ZIP 2004, 319 = BGHZ 157, 242.

443 BGH, Urt. v. 18.12.2003, IX ZR 199/02, DZWIR 2004, 297 = ZIP 2004, 319 = BGHZ 157, 242.

des Suspektzeitraums als inkongruente Deckung angesehen.[444] Nachdem der Senat in Fällen einer Erledigung des außerhalb des Zeitraums des § 131 InsO gestellten Antrages aufgrund der Zahlung des Schuldners und eines nachfolgenden Antrages § 139 Abs. 2 InsO für nicht anwendbar erklärt hat, hat er sich einer anderen Konstruktion bedient: Der BGH geht nämlich davon aus, dass der für eine Inkongruenz notwendige zeitliche Zusammenhang zwischen der Drohung mit einem Insolvenzantrag und der Leistung des Schuldners je nach Lage des Einzelfalles nicht mit Ablauf der von dem Gläubiger mit der Androhung gesetzten Zahlungsfrist endet. Der die Inkongruenz begründende „Leistungsdruck“ kann über mehrere Monate fortbestehen, wenn der Gläubiger von seiner Drohung mit dem Insolvenzantrag nicht ablässt und von dem Schuldner fortlaufende Zahlung verlangt. Da mit dieser Konstruktion die Inkongruenz objektiv in den Zeitraum des § 133 Abs. 1 InsO zurückwirkt, stellt sich die Frage, ob dem Anfechtungsgegner auch der subjektive Tatbestand des § 133 Abs. 1 S. 1 InsO – die Kenntnis des (bedingten) Vorsatzes des Schuldners, seine Gläubiger zu benachteiligen, vorgeworfen werden kann. Der IX. Zivilsenat hat dabei die gesetzliche Vermutung des § 133 Abs. 1 S. 2 InsO nicht als abschließend angesehen, sondern die Inkongruenz der Deckung auch bei der Anfechtung nach § 133 Abs. 1 InsO wie bei der „eigentlichen“ Anfechtung wegen inkongruenter Deckung nach § 131 Abs. 1 InsO als „starkes“ Beweisanzeichen für einen Gläubigerbenachteiligungsvorsatz des Schuldners und der Kenntnis des Gläubigers hiervon qualifiziert (§ 286 ZPO).

Der Entscheidung des BGH[445] lag folgender, hier vereinfacht wiedergegebener Sachverhalt zugrunde:

Fall 85: Das Finanzamt hatte Ende Januar 1999 eine Pfändungs- und Einziehungsverfügung gegen den Steuerschuldner wegen Ansprüchen des Schuldners aus Geschäftsbeziehungen mit der drittschuldnerischen Bank erlassen, die der Drittschuldnerin am 3.2.1999 zugestellt worden war; das Konto des Schuldners wies zu diesem Zeitpunkt ein erhebliches Guthaben auf. Auf Aussetzung der Verfügung unter Widerruf hin zahlte der Schuldner am 4.2.1999. Auf Antrag des Schuldners vom 4.5.1999 wurde über sein Vermögen am 22.5.1999 das Insolvenzverfahren eröffnet. Für den vorliegenden Fall kommt es darauf an, ob das Finanzamt mit der Pfändungs- und Einziehungsverfügung ein wirksames Pfändungspfandrecht (§ 804 Abs. 1 ZPO) und damit die Rechtsstellung eines Absonderungsberechtigten gem. § 50 Abs. 1 InsO in unanfechtbarer Weise erworben hat. Soweit eine Anfechtung nach § 130 InsO bzw. § 131 InsO in Betracht zu ziehen ist, wäre hier die drei-Monats-Frist verstrichen. Für den Lauf der Anfechtungsfristen kommt es nach § 140 InsO[446] auf den Zeitpunkt des Eintritts der rechtlichen Wirkungen der anfechtbaren Rechtshandlung an. Das Pfändungspfandrecht wurde mit Zustellung an die drittschuldnerische Bank gem. § 829 Abs. 3 ZPO i.V.m. § 309 Abs. 2 S. 1 AO erworben, mithin außerhalb der genannten Anfechtungsfristen wegen kongruenter oder inkongruenter Deckung.

444 BGH, Urt. v. 18.12.2003, IX ZR 199/02, DZWIR 2004, 297 = ZIP 2004, 319 = BGHZ 157, 242.
445 BGH, Urt. v. 10.2.2005, IX ZR 211/02, DZWIR 2005, 213 = ZIP 2005, 494 = BGHZ 162, 143.
446 *R. Eckert*, Probleme der Bestimmung des für die Insolvenzanfechtung relevanten Zeitpunktes nach § 140 InsO, 2003, 37 ff.

Die vorliegende Entscheidung zeigt zunächst einmal für die Praxis auf, welche Grenzen dem § 133 Abs. 1 InsO durch die Judikatur gezogen werden. Mehr noch versucht der IX. Zivilsenat mit seiner Entscheidung, seine bisherige Judikatur zu begrenzen.

Der Wortlaut des § 133 Abs. 1 InsO spricht von Rechtshandlungen des Schuldners, die anfechtbar sind, soweit der Schuldner mit Benachteiligungsabsicht gehandelt habe. Der erkennende Senat meint nun, damit habe der Gesetzgeber zum Ausdruck bringen wollen, es sei bei § 133 Abs. 1 InsO auf den „Urheber" der anfechtbaren Rechtshandlung abzustellen. Handle der Schuldner, greife § 133 Abs. 1 ein; erwerbe der Gläubiger eine Rechtsposition, aus der er den mit § 133 Abs. 1 InsO inkriminierten Erfolg erzwinge, greife § 133 Abs. 1 InsO nicht ein. Der unbefangene Betrachter staunt: Die Zahlung durch den Schuldner unterliegt der Insolvenzanfechtung, der Erwerb des Druckmittels hingegen nicht, obwohl beide Momente sinnhaft aufeinander bezogen sind.

Nach Ansicht des erkennenden Senats sind also Zwangsvollstreckungshandlungen des Gläubigers dann nicht nach § 133 Abs. 1 InsO anfechtbar, wenn nicht eine vorsätzliche Rechtshandlung oder eine ihr gleichstehende Unterlassung des Schuldners hinzutrete. Denn wenn der Gerichtsvollzieher vom Gläubiger beauftragt bzw. ein Pfändungs- und Überweisungsbeschluss erlassen worden sei, habe der Schuldner nur noch die Wahl, die geforderte Zahlung sofort zu leisten oder die Vollstreckung zu dulden. Es fehle deshalb an einer Rechtshandlung des Schuldners im Sinne von § 133 Abs. 1 InsO, da ihm jede Möglichkeit eines selbstbestimmten Handelns genommen sei. Bei der Drohung mit Zwangsvollstreckung durch den Gläubiger könne der Schuldner das Geld auch anders ausgeben. Er könnte es z.B. verbrauchen und es gleichsam darauf ankommen lassen, wie der Gläubiger sich in Zukunft verhielte. Auch das Unterlassen der Stellung eines Insolvenzantrags durch den Schuldner könne nicht zu einer Anfechtung nach § 133 InsO führen. Es könne nicht damit argumentiert werden, die vorsätzliche Verspätung des Insolvenzantrags durch den Schuldner bewirke, dass die Rechtshandlung des Gläubigers nicht in den von §§ 130–132 InsO geschützten zeitlichen Bereich falle. Allerdings komme in Fällen der Kollusion von Zwangsvollstreckungsgläubiger und Schuldner eine Haftung des Gläubigers gegenüber der Masse nach den §§ 826, 823 Abs. 2 BGB in Betracht, wenn der Gläubiger den Schuldner veranlasst hat, den Insolvenzantrag bewusst hinauszuzögern, um eine Anfechtung der Zwangsvollstreckungsmaßnahme nach § 131 InsO zu vermeiden.

Der Senat meint, im Rahmen der „besonderen" Insolvenzanfechtung nach den §§ 130, 131 InsO sollten „besondere Rücksichtnahmepflichten" der Gläubiger gegeneinander greifen, während nach § 133 Abs. 1 InsO den Schuldner Masseerhaltungspflichten treffen. Diese sollen nicht greifen, wenn der Schuldner keine andere Wahl mehr hat, als auf die Zwangsmaßnahme des Gläubigers hin zu leisten. Es fehle dann an einer typischerweise von § 133 Abs. 1 InsO geforderten eigenverantwortlichen Entscheidung des Schuldners, aus der allein heraus keine Gläubigerbenachteiligungsabsicht gedacht werden könne. Danach könnte nur die Rechtshandlung des Gläubigers Anknüpfungspunkt für die Anfechtung des Erwerbs des Pfändungspfandrechts sein. Während dem Schuldner keine andere Option als die Leistung als Unterwerfung unter den vom Gläubiger mit Erwerb des Pfändungspfandrechts ausgeübten Zwang bleibe und damit § 133 Abs. 1 InsO ausscheide, handelt umgekehrt allein der Gläubiger dadurch „eigenverantwortlich“, aber außerhalb der dieses Handeln anfechtungsrechtlich erfassenden Fristen der §§ 130, 131 InsO: Der Gesetzgeber habe aber, so der BGH, die hoheitliche Zwangsvollstreckung bewusst durch die Formulierung des § 133 Abs. 1 InsO aus dem Geltungsbereich dieser Vorschrift herausgenommen. Gegen die Art der Argumentation des BGH sprechen Gesichtspunkte, wie sie insbesondere von *Kreft*[447] und *Marotzke*[448] dargestellt worden sind. *Historisch* hat der Gesetzgeber nämlich auch Zwangsvollstreckungsmaßnahmen seiner Gläubiger unter Rechtshandlungen des Schuldners gefasst; systematisch überzeugt dies, da es wenig plausibel ist, die Steigerung des Drucks durch den Gläubiger anfechtungsrechtlich zu honorieren, wie es die vorliegende Entscheidung mit der Beschreibung des hoheitlichen Charakters von Zwangsvollstreckungsakten wenig überzeugend zu begründen versucht.

Soweit der IX. Zivilsenat sich vom Wortlaut des § 133 Abs. 1 S. 1 InsO leiten lässt, ist diese Argumentation nicht zwingend. Allerdings ist die Gegenmeinung von *Kreft*, der historisch argumentierend glaubt, in dem Gerichtsvollzieher ein Handlungsinstrument des Schuldners zu sehen, in dieser Form nicht wirklich überzeugend. Denn die Ablieferung des Geldes an den Gläubiger stellt sich nicht als eine Leistungshandlung des Schuldners dar – weil historisch der Gerichtsvollzieher Auftragnehmer des Gläubigers solange war, bis er zu Beginn des 20. Jahrhunderts beamtenrechtlich in die Justizorganisation eingebunden wurde. Betrachtet man den Gerichtsvollzieher, kann man in der Hingabe des Geldes an den Gerichtsvollzieher durch den Schuldner freilich eine Leistungshandlung sehen. Das ist im Kontext des Pfändungs- und Überweisungsbeschlusses freilich erheblich schwieriger, wenn nicht gar ausgeschlossen, da die Befriedigung des Gläubigers hier durch Zwangsvollstreckungsmaßnahmen im Rahmen der Einziehung der Forderung bzw. der Verwertung des Rechts erfolgt, die von einem Tun des Schuldners losgelöst sind. Für den Bereich des Pfändungs- und Überweisungsbeschlusses bzw. der Pfändungs- und Überweisungsverfügung erscheint daher die Argumentation des IX. Zivilsenats nachvollziehbar. Für den Bereich der Sachpfändung – die hier freilich im Kontext des Insolvenzanfechtungsrechts weniger erheblich ist – ist sie deshalb nicht überzeugend, weil sie an einer phänomenologischen Unterscheidung von einer Wahlfreiheit des Schuldners auf der die Zuordnung seiner Handlung als Rechtshandlung beruhen soll und einer Beschreibung eines Duldens des Schuldners beruht.

Der BGH geht freilich weiter. Er scheint so zu argumentieren, dass nach den §§ 130, 131 InsO Zahlungsunfähigkeit bzw. Antragstellung das zwangsvollstreckungsrechtliche Prioritätsprinzip überlagern. § 133 Abs. 1 InsO habe demgegenüber eine

---

447 *Kreft*, KTS 2004, 205, 216 ff.
448 *Marotzke*, ZZP Bd. 105, 451, 452.

andere Zielrichtung. Nicht die materielle Insolvenz, sondern die Vermeidung einer Ungleichbehandlung der Gläubiger durch „Eigenhandlung" des Schuldners sei entscheidend. Hierin, und weniger in der phänomenologischen Beschreibung durch den IX. Zivilsenat liegt der Anstoß für das systematische Interesse, das an der vorliegenden Entscheidung geäußert werden sollte. In der Judikatur des IX. Zivilsenats seit dem Jahr 2001 erschien der § 133 Abs. 1 InsO gleichsam als der weitestgehende Grundtatbestand der Insolvenzanfechtung.

Seiner Judikatur zu § 133 Abs. 1 InsO – nicht aber den Intentionen des Gesetzgebers! – hat der Senat damit den Wind aus den Segeln genommen. Die Absichtsanfechtung greift, wie die vorliegende Entscheidung klarstellt, allein bei Leistungen auf Druckausübung des Gläubigers im Vorfeld der Zwangsvollstreckung ein. Dem Gläubiger ist daher zu empfehlen, frühzeitig die Zwangsvollstreckung so durchzuführen, dass dem Schuldner in der vom erkennenden Senat angesprochenen Weise keine andere Wahl bleibt, als zu leisten. Er wird daher eine Lage schaffen, in der die „Vollstreckungsperson" vor dem Schuldner steht – oder im Rahmen der Forderungs- und Rechtspfändung diese durch Erwerb des Pfändungspfandrechts eingeleitet wird.

b) *Zurechnung der Benachteiligungsabsicht des gesellschaftsrechtlichen Organträgers und der Gesellschafter gegenüber der insolvenzschuldnerischen Gesellschaft*

Das Tatbestandsmerkmal der Benachteiligungsabsicht verweist auf handelnde natürliche Personen. Juristische Personen haben keine Absichten, es sei denn, die natürlichen Personen, die Amtsträger ihrer Handlungsorganisation[449] sind, haben die Absicht, die Gläubiger der Gesellschaft zu benachteiligen. Die Organträger können aber auch nur aufgrund gesellschaftsrechtlich zulässiger[450] Weisung der Gesellschafter gehandelt und damit allein die Absicht verfolgt haben, ihren Pflichten als Geschäftsführer nachzukommen. Dann fragt sich, wie die Motivationslage der Gesellschafter anfechtungsrechtlich zu würdigen ist. Der BGH[451] hat dies in einem Fall zu entscheiden gehabt, dem folgender – vereinfachter – Sachverhalt zugrundegelegen hat:

Fall 86: Die vom Konkursverwalter in dem über das Vermögen der W GmbH i.L. eröffneten Konkurs klageweise in Anspruch genommene Treuhandanstalt (THA)/BvS hatte als Alleingesellschafterin der Gemeinschuldnerin am 10.9.1991 deren Liquidation beschlossen. In der Folgezeit gewährte die THA der Gemeinschuldnerin vom 11.7.1992 bis zum 1.11.1993 Darlehen, die sie in Höhe von DM 44 Mio. zur Tabelle anmeldete. Der Liquidator verkaufte der THA auf deren Weisung verschiedene restitutionsbehaftete Grundstücke der Gemeinschuldnerin für einen Kaufpreis von DM 1,– für jedes Grundstück mit der weiteren Abrede, dass der Kaufpreis auf der Basis der Verkehrswerte nach Erlass von Restitu-

---

449 Zu diesem Begriff vgl. *U. John*, Die organisierte Rechtsperson, 1978, 1987, 1 ff.; MünchKomm-*Reuter*, Vor § 21 Rdnr. 2.
450 BGH, Urt. v. 14.12.1959, II ZR 187/57, BGHZ 31, 258, 278; statt vieler *Baumbach/Hueck/Zöller*, GmbHG, 17. Aufl. § 37 Rdnr. 10.
451 BGH, Urt. v. 1.4.2004, IX ZR 305/00, DZWIR 2004, 334 = ZIP 2004, 957.

tionsbescheiden ermittelt werden sollte, in denen das Eigentum der Gemeinschuldnerin festgestellt wurde. Dabei sollte ein Risikoabschlag in Höhe von 10 % in Abzug gebracht werden. In der Tat wurde das Eigentum der Gemeinschuldnerin bzw. der Liegenschaftsgesellschaft der THA, der TLG, durch Restitutionsbescheid festgestellt. Auf die Forderung des Insolvenzverwalters, den Kaufpreis zu zahlen, erklärte die THA Aufrechnung mit der zur Tabelle angemeldeten Darlehensforderung. In der Berufungsinstanz hatte sich der hierzu vernommene Liquidator dahingehend eingelassen, mit dem weisungsgemäßen Abschluss der Grundstückskaufverträge eine Gläubigerbenachteiligungsabsicht nicht verfolgt und daran auch nicht gedacht zu haben. Mit der Revision gegen die Klageabweisung in der Berufungsinstanz verfolgt der klagende Konkursverwalter das Ziel, festzustellen, dass die Beklagte zur Aufrechnung nicht berechtigt und, dass der kaufvertraglich vereinbarte Risikoabschlag unwirksam sei.

Der klagende Insolvenzverwalter konnte gegenüber der Beklagten als einer Bundesanstalt auf die Eignung eines Feststellungsurteils zur Beförderung der weiteren rechtmäßigen Abwicklung vertrauen; sein Feststellungsbegehren war daher zulässig (§ 256 Abs. 1 ZPO).[452]

In der Sache hat der IX. Zivilsenat zunächst danach gefragt, ob die von der beklagten THA erklärte Aufrechnung unwirksam sei, weil der Kaufvertrag, der der zur Aufrechnung gestellten Gegenforderung zugrundelag, der Anfechtung unterlag. Ausschlaggebend ist dabei die gläubigerbenachteiligende Absicht der Gemeinschuldnerin. Die Benachteiligungs*absicht* nach § 31 Nr. 1 KO und heute § 133 InsO ist nach Erkenntnis des IX. Zivilsenats als – gegebenenfalls auch nur bedingter – Vorsatz zu verstehen. Daher handelt auch der Schuldner in Benachteiligungsabsicht, der sich eine Gläubigerbenachteiligung als möglich vorstellt, sie aber in Kauf nimmt, ohne sich dadurch von seinem Handeln abhalten zu lassen.[453] Mit der Aufrechnung erhielt die Beklagte auch eine inkongruente Deckung, womit ein starkes Beweisanzeichen für das Vorliegen der Gläubigerbenachteiligung vorlag.

Dies kommt aber dann nicht zum Tragen, wenn „Umstände vorliegen, die den Benachteiligungswillen in Frage stellen, weil die angefochtene Rechtshandlung von einem anderen, anfechtungsrechtlich unbedenklichen Willen geleitet war und das Bewusstsein andere Gläubiger zu benachteiligen in den Hintergrund getreten ist“[454]. An einem Benachteiligungsvorsatz des Liquidators mag es im vorliegenden Fall nach den Feststellungen des Berufungsgerichts gefehlt haben – die nach Meinung des IX. Zivilsenats vom Berufungsgericht hinreichend gewürdigt worden seien; ob dies so ist, kann schon deshalb dahinstehen, da der mitgeteilte Sachverhalt insofern für eine nähere Auseinandersetzung hinreichende Feststellungen nicht trifft. Der BGH musste sich aber auch nicht mit der Frage auseinandersetzen, ob der Liquidator einer Treuhandgesellschaft an die Möglichkeit einer Gläubigerbenach-

452 BGH, Urt. v. 9.6.1983, III ZR 74/82, NJW 1984, 1118.
453 So bereits BGH, Urt. v. 2.4.1998, IX ZR 232/96, ZIP 1998, 830, 835; BGH, Urt. v. 27.5.2003, IX ZR 169/02, ZIP 2003, 1506 = BGHZ 155, 75; BGH, Urt. v. 17.7.2003, IX ZR 272/02, DZWIR 2003, 519 = ZIP 2003, 1799.
454 BGH, Urt. v. 4.12.1997, IX ZR 47/97, DZWIR 1998, 284 = ZIP 1998, 248.

teiligung denken musste.[455] Denn wegen der in der durch Abschluss der Grundstückskaufverträge liegenden Herstellung einer inkongruenten Deckung durch Schaffung der Aufrechnungslage liegt nach Ansicht des IX. Zivilsenats ein starkes Indiz für die Benachteiligungsabsicht der Gesellschafter der Gemeinschuldnerin, die sich nach Ansicht des Gerichts die gemeinschuldnerische Gesellschaft nach § 166 Abs. 2 BGB zurechnen lassen muss. Das ist nicht deshalb nachvollziehbar, weil, wie es in dem Urteil heißt, sich die Gesellschafter andernfalls den insolvenzrechtlichen Anfechtungsregeln entziehen könnten. Ausschlaggebend ist vielmehr, dass die Gesellschaft den „Willen“ hat, den die Gesellschafter durch ihre Weisung an die Geschäftsführung zum Ausdruck bringen; und handelt es sich um nur einen Gesellschafter wie in dem vom BGH zu entscheidenden Fall, ist dessen Wille derjenige der Gesellschaft.[456]

5. Schenkungsanfechtung gemäß § 134 InsO

a) *Reichweite des § 134 InsO*

In seiner „Treuhandentscheidung“[457] hat der BGH im Übrigen die Anfechtbarkeit der vertraglichen Abrede zu prüfen gehabt, mit der vom Liquidator der THA als Käuferin ein 10 %iger Risikoabschlag vom Kaufpreis eingeräumt wurde. Der Kaufvertrag ist insofern anfechtbar, als mit der Vereinbarung des Risikoabschlags eine unentgeltliche Leistung der Gemeinschuldnerin an die THA vereinbart wurde.

Unentgeltlichkeit liegt nach der Judikatur immer dann vor, wenn ein Wert aus dem Vermögen des nachmaligen Gemeinschuldners zugunsten einer anderen Person aufgegeben wird, ohne, dass der Empfänger eine ausgleichende Gegenleistung an den Veräußernden oder mit dessen Einverständnis an einen Dritten erbringt.[458] Der IX. Zivilsenat stellt in diesem Zusammenhang erneut grundsätzlich fest, dass es zum Schutz der Gläubiger eines weiten Begriffs der Unentgeltlichkeit bedürfe.[459] Ob es sich daher um eine entgeltlich oder unentgeltlich erbrachte Leistung handelt, ermittelt der BGH in der vorliegenden Entscheidung mit seiner bisherigen Rechtsprechung in zwei Schritten: Zunächst stellt der IX. Zivilsenat nicht auf die subjektiven Vorstellungen der Parteien, sondern auf die objektive Wertrelation zwischen Leistung des Schuldners und Gegenleistung des Empfängers ab. Andernfalls wäre den Parteien die Möglichkeit eröffnet, mit ihren rechtsgeschäftlichen Erklärungen der vom Schuldner gewährten objektiv wertlosen Leistung einen subjektiven Wert

---

455 Was naheliegt, weil derartige Fragen seinerzeit nachhaltig erörtert wurden, vgl. MK-InsO-*Kirchhof*, § 129 Rdnr. 140.
456 BGH, Urt. v. 28.9.1992, II ZR 299/91, ZIP 1992, 1734, 1735 = BGHZ 119, 257.
457 BGH, Urt. v. 1.4.2004, IX ZR 305/00, DZWIR 2004, 334 = ZIP 2004, 957.
458 BGH, Urt. v. 24.6.1993, IX ZR 96/92, ZIP 1993, 1170, 1173 = NJW-RR 1993, 1379, 1381 m. Anm. *Brehm/Berger*, EWiR 1993, 933; BGH, Urt. v. 25.6.1992, IX ZR 4/91, ZIP 1992, 1089, 1091 f. = NJW 1992, 2421, 2422 m. Anm. *Marotzke/Assmann*, EWiR 1992 § 3 AnfG 2/92, 841; *Zeuner*, in: Smid, InsO, 2. Aufl. 2002, § 134 Rdnr. 16.
459 Vgl. bereits BGH, Urt. v. 24.6.1993, IX ZR 96/92, ZIP 1993, 1170, 1171.

beizulegen. Dadurch könnten sie den Zweck des Anfechtungstatbestandes vereiteln. Erst wenn feststeht, dass der Schuldner bei objektiver Betrachtungsweise überhaupt einen Gegenwert erhalten hat oder ihm versprochen worden ist[460], besteht in einem zweiten Schritt Anlass zur Prüfung, ob die Beteiligten die gewährte oder versprochene Gegenleistung tatsächlich als Entgelt angesehen haben oder mit der Leistung des Schuldners Freigiebigkeit bezweckt war[461].

b) Entgeltliche Gegenleistung

Es gehörte zur ständigen Rechtsprechung des BGH zum *alten* Konkurs- und Gesamtvollstreckungsrecht, dass die Bestellung einer Sicherheit für eine eigene Verbindlichkeit, die durch eine entgeltliche Gegenleistung begründet wird, nicht als unentgeltliche Verfügung anfechtbar ist.[462] Der amtliche Leitsatz des Urteils des BGH vom 22.7.2004[463] bestätigt und überträgt diese Judikatur auf die Auslegung des § 134 InsO. Dem lag folgender – vereinfacht wiedergegebener – Sachverhalt zugrunde:

Fall 87: Die Beklagte gewährte der späteren Insolvenzschuldnerin mit Vertrag vom 30.7. 1998 ein Darlehen in Höhe von 1,9 Mio. DM zur Finanzierung eines Grundstückskaufs, das mit einer Gesamtgrundschuld in Höhe von 10 Mio. DM besichert wurde. Zur Finanzierung eines Hotelprojekts wurde der schuldnerischen GmbH und einem Mitgesellschafter von der Beklagten ein weiteres Darlehen gewährt, das mit Grundschulden in Höhe von 20 Mio. DM besichert wurde. Ein weiterer Kredit über 1,9 Mio. DM wurde der Schuldnerin mit Vertrag vom 2.8.1999 zur Finanzierung der Bebauung eines Grundstücks gewährt. Zu dessen Besicherung wurden ebenfalls am 2.8.1999 von der Schuldnerin global alle gegenwärtigen und künftigen Kaufpreisforderungen aus dem Verkauf der zu errichtenden Villa, Wohnungs- oder Teilungsrechte vereinbart. Die Globalabtretung sollte der Sicherung aller bestehenden und künftigen Forderungen der Beklagten gegen die Schuldnerin dienen. Das Wohnhaus wurde nicht errichtet; am 18.12.2000 verkaufte die Schuldnerin das Grundstück und am 25.1.2001 wurde für die Käuferin die Auflassungsvormerkung eingetragen. Am 22.2.2001 stellte die Schuldnerin Eigenantrag. Für das Hotelprojekt bestand ein Saldo von 5,5 Mio. DM, für das Darlehen vom 30.7.1998 ein Saldo in Höhe von 1 Mio. DM. Der klagende Insolvenzverwalter begehrt Feststellung, dass er nicht verpflichtet sei, an die Beklagte über die der Masse unstreitig zustehenden Feststellungs- und Verwertungskosten hinaus den erlösten Kaufpreisrest auszuzahlen.

Der IX. Zivilsenat hat darauf erkannt, die Globalzession sei in concreto durchsetzbar. Allerdings stellt er fest, die nachträgliche Besicherung einer für den Gläubiger in der Krise des Schuldners bereits wertlosen Forderung könne nach den §§ 130, 131

460 *Häsemeyer,* ZIP 1994, 418, 422 spricht von der „Entgelttauglichkeit" der Gegenleistung.

461 BGH, Urt. v. 24.5.1993, IX ZR 96/92, ZIP 1993, 1170, 1173 m. Anm. *Brehm/Berger* EWiR 1993, 933; BGH, Urt. v. 28.2.1991, IX ZR 74/90, ZIP 1991, 454, 456 = NJW 1991, 1610, 1611 m. Anm. *Gerhardt,* EWiR 1991, 331; *Kuhn/Uhlenbruck,* KO, § 32 Rdnr. 2; *Häsemeyer,* ZIP 1994, 418, 422; a.A., aber abzulehnen, *Jaeger/Henckel,* KO, § 32 Rdnr. 12; anders wohl auch *Kilger/K. Schmidt,* KO, § 32 Anm. 2.

462 So bereits BGHZ 112, 136 = ZIP 1990, 1088.

463 BGH, Urt. v. 22.7.2004, IX ZR 183/03, DZWIR 2004, 472 = ZIP 2004, 1819 mit Anm. *U.P. Gruber.*

bzw. 133 InsO der Insolvenzanfechtung unterliegen. Maßgeblicher Zeitpunkt der Rechtshandlung sei anfechtungsrechtlich nicht der Vertrag vom 2.8.1999. Vielmehr kommt, wie der BGH zutreffend feststellt, § 140 Abs. 1 InsO zum Zuge. Danach kommt es bei „mehraktigen" Rechtshandlungen auf den letzten Teilakt an, mit dem die Wirkungen des Rechtsgeschäfts eintreten.[464] Dieser letzte Teilakt, mit dem die Kaufpreisforderung als Gegenstand der Globalzession vom 2.8.1999 zur Entstehung gelangt ist, liegt im Kaufvertragsabschluss vom 18.12.2000, also innerhalb der Drei-Monats-Suspekt-Frist der §§ 130, 131 InsO. Im vorliegenden Fall war die Sicherungsabtretung inkongruent, da die Beklagte keinen Anspruch auf die Nachbesicherung ihrer (nach den vorliegenden Verträgen ja bereits anderweitig grundpfandrechtlich besicherten) Darlehen hatte. Allerdings hatte der klagende Insolvenzverwalter nichts zu der Kenntnis der Gläubigerin von der Krise vorgetragen – was den erkennenden Senat daran hindern musste, auf § 131 InsO und auf § 133 InsO näher einzugehen.

Daher blieb die Frage zu erörtern, ob es sich bei der Nachbesicherung der Darlehen aus dem Jahr 1998 um ein unentgeltliches Rechtsgeschäft handle, dessen Anfechtbarkeit den vereinfachten Voraussetzungen des § 134 InsO unterworfen wäre. Eine Mindermeinung[465] sieht in der Bestellung von Sicherheiten immer auch dann eine unentgeltliche Leistung, wenn nicht die konkrete Sicherungsabrede entgeltlich getroffen worden ist. Die Mit-Nachbesicherung einer noch ungekündigten Forderung wie im vorliegenden Fall sei daher als unentgeltlich anzusehen. Eine Gegenleistung könne allein in einer Stundung oder Vereinbarung zeitweiligen Nicht-Geltendmachens gesehen werden. Dem ist der erkennende Senat unter Rückgriff sowohl auf die Entwicklungsgeschichte als auch die Funktion des § 134 InsO entgegengetreten. Wiewohl der Wortlaut des § 134 InsO von dem der §§ 32 Nr. 1 KO und 10 Abs. 1 Nr. 3 GesO abweicht hält der BGH doch den Regelungsgehalt der neuen Vorschrift für unverändert.

6. Anfechtung im Drei-Personen-Verhältnis

Im Bereicherungsrecht verursachen bekanntlich „Dreiecksfälle" die größten Probleme – denn dort stellt sich die Frage, wer die Insolvenzgefahr zu tragen hat. Das Recht der Insolvenzanfechtung verweist auf das Bereicherungsrecht, § 143 Abs. 1 S. 2 InsO. Der IX. Zivilsenat hat im Folgenden, den hier vereinfacht wiedergegebenen Fall[466] zur Frage der Insolvenzanfechtung wegen Erfüllungshandlungen des Insolvenzschuldners an den Anfechtungsgegner für einen Dritten zu entscheiden gehabt:

---

464 BGH, Urt. v. 22.1.2004, IX ZR 39/03, DZWIR 2004, 301 = ZIP 2004, 513 = BGHZ 157, 350; BGH, Urt. v. 17.2.2004, IX ZR 318/01, DZWIR 2004, 304, 305 = ZIP 2004, 669.
465 MünchKomm-*Kirchhof*, § 134 Rdn. 25 ff.
466 BGH, Urt. v. 3.3.2005, IX ZR 441/00, DZWIR 2005, 297 = ZIP 2005, 767 = BGHZ 162, 276.

Fall 88: Am 1.11.1997 war über das Vermögen der G-GmbH das Konkursverfahren eröffnet worden. Die Gemeinschuldnerin gehörte ebenso wie die L-GmbH zum Unternehmensverbund der Sch-Gruppe. Dort bestand zuletzt die Praxis, zur Abwicklung des Zahlungsverkehrs fällige Verbindlichkeiten im Rahmen eines Cash-Pools jeweils von dem Unternehmen begleichen zu lassen, das gerade über die erforderliche Liquidität verfügt. Am 14.4.1997 war zwischen der späteren Gemeinschuldnerin, der G-GmbH und der L-GmbH vereinbart worden, dass die spätere Gemeinschuldnerin die Verbindlichkeiten der L-GmbH gegenüber der Sozialversicherungsträgerin „übernehmen" sollte. Dies teilte die Gemeinschuldnerin der Sozialversicherungsträgerin am 2.5.1997 mit und unterrichtete diese darüber, dass sie aus Gründen eines „zentralen Cash-Managements" die Steuerung des Zahlungsverkehrs der konzernbeteiligten Unternehmen übernommen habe. Nach einer später erfolgten Ankündigung überwies die spätere Gemeinschuldnerin dann am 23.6.1997 DM 100.000,– für die L-GmbH an die Sozialversicherungsträgerin. Am 17.10.1997 wurde über das Vermögen der L-GmbH das Gesamtvollstreckungsverfahren eröffnet. Der klagende Konkursverwalter der G-GmbH hat die Zahlung angefochten und Rückzahlung verlangt. Nachdem er auch in der Berufungsinstanz mit seinen Anträgen abgewiesen worden ist, hat seine Revision zum Erfolg geführt und zur Verurteilung der beklagten Sozialversicherungsträgerin.

Der IX. Zivilsenat des BGH hat freilich darauf erkannt, eine Anfechtung wegen inkongruenter Deckung komme deshalb nicht in Betracht, weil die Gemeinschuldnerin mit der Zahlung der Sozialversicherungsbeiträge an die Beklagte eine fremde Forderung beglich. Die Zuwendungsempfängerin war m.a.W. nicht Konkursgläubigerin der späteren Gemeinschuldnerin, so dass eine Anfechtung nach § 30 Nr. 2 KO (heute § 131 InsO) nicht in Betracht kam.[467] Der IX. Zivilsenat hat die Anfechtung des klagenden Konkursverwalters aber nach § 32 Nr. 1 KO für begründet erachtet, da die Zuwendung der Gemeinschuldnerin eine unentgeltliche Verfügung im Sinne der Schenkungsanfechtung darstelle. Dies ist dann der Fall, wenn der Verfügung nach dem Inhalt des Rechtsgeschäfts keine Leistung gegenübersteht, ein dem vom Verfügenden aufgegebener Vermögenswert entsprechender Gegenwert seinem Vermögen also nicht zugute kommt.[468]

Die dem vorliegenden Urteil zugrunde liegende konkrete Fallgestaltung unterschied sich aber von dieser Grundstruktur der Schenkungsanfechtung. Denn hier wurde der Gemeinschuldner als dritte Person in den Zahlungsvorgang eingeschaltet. Bei einem Drei-Personen-Verhältnis im Zuwendungs- oder Gegenleistungsvorgang kommt es nach der vorliegenden Erkenntnis des IX. Zivilsenates nicht entscheidend darauf an, ob der Gemeinschuldner selbst einen Ausgleich für seine Verfügung erhalten hat. Denn für die Gleichwertigkeit von Leistung und Gegenleistung ist darauf abzustellen, ob der Empfänger seinerseits eine Gegenleistung zu erbringen hatte. Diese „Gegenleistung" des Sozialversicherungsträgers als Empfänger der Leistung der Gemeinschuldnerin im vorliegenden Fall kann und wird regelmäßig darin liegen, dass er mit der in Empfangnahme der Leistung (§ 267 Abs. 2 BGB) eine werthaltige Forderung gegen seinen (bisherigen) Schuldner verliert,

467 BGH, Urt. v. 5.2.2004, IX ZR 473/00, DZWIR 2004, 328 = ZIP 2004, 917.
468 BGH, Urt. v. 29.11.1990, IX ZR 29/90, ZIP 1991, 35 = BGHZ 113, 98, 101.

§ 362 Abs. 1 BGB. Nach bisheriger Judikatur des BGH[469] ist daher nicht der Sozialversicherungsträger als Zahlungsempfänger, sondern dessen Schuldner, hier also die L-GmbH, die richtige Beklagte für eine Schenkungsanfechtung oder für Bereicherungsansprüche.

Hierüber geht der IX. Zivilsenat im vorliegenden Urteil aber hinaus. Die Forderung des Zahlungsempfängers (Sozialversicherungsträgers) gegenüber seinem Schuldner – also der L-GmbH – war zum Zeitpunkt der Zahlung durch die spätere Gemeinschuldnerin wertlos. Denn der Cash-Pool-Mechanismus, aufgrund dessen die G-GmbH anstelle der L-GmbH in die Zahlung der Sozialversicherungsbeiträge eintrat, kam zum Zuge, weil die L-GmbH nicht über die hinreichende Liquidität hierfür verfügt; schließlich ist auch über ihr Vermögen das Gesamtvollstreckungsverfahren eröffnet worden. Damit hat die spätere Gemeinschuldnerin nicht auf eine werthaltige Forderung der Zahlungsempfängerin, sondern auf eine wertlose Forderung hin geleistet. Durch das Erlöschen dieser wirtschaftlich wertlosen Forderung des Sozialversicherungsträgers gegen die L-GmbH gem. § 362 Abs. 1 BGB hat die Sozialversicherungsträgerin also wirtschaftlich nichts verloren, was als Gegenleistung für die Zuwendung der Gemeinschuldnerin angesehen werden könnte. Der IX. Zivilsenat sieht hierin daher eine Leistung auf fremde Schuld als unentgeltliche Verfügung an. Anders als im Rahmen der Anfechtung nach §§ 130, 131 InsO bedarf es der Kenntnis des Leistungsempfängers von der Wertlosigkeit seiner Forderung im Rahmen der Schenkungsanfechtung nicht. Dies leitet der IX. Zivilsenat aus dem Wortlaut des Gesetzes ab, der mit Blick auf die Belange des Gläubigerschutzes weit auszulegen sei.[470]

Der IX. Zivilsenat vermeidet es, den Cashpool von einem „Normalfall“ her als einfaches Verrechnungssystem zu betrachten, in dem gleichsam die wirtschaftlichste Form der Führung von konzernmäßig verbundenen Unternehmen eingerichtet wird. Vielmehr sieht der BGH insolvenzrechtlich die Möglichkeiten der Gläubigerbenachteiligung.

Die verklagte Sozialversicherungsträgerin hatte sich damit zu verteidigen versucht, sie habe einen eigenen Anspruch gegen die Gemeinschuldnerin auf Zahlung der Sozialversicherungsbeiträge der L-GmbH gehabt. Freilich lag weder eine Schuldübernahme noch ein Schuldbeitritt der späteren Gemeinschuldnerin vor, sondern eine bloße Mitteilung. Hierauf aber hat sich die Sozialversicherungsträgerin deshalb berufen, weil sie meint, daraus eine „Außenhaftung wegen Vermögensvermischung“ ableiten zu können, da nach den Feststellungen des Berufungsgerichts auf das Konto der Gemeinschuldnerin auch Zahlungen zu Gunsten anderer Konzernunternehmen, wie der L-GmbH, eingegangen seien; es habe an einer zureichenden Buchführung gefehlt, aufgrund derer eine entsprechende Unterscheidung hätte vorgenommen werden können. Dem ist der IX. Zivilsenat deshalb nicht gefolgt, weil die Gemeinschuldnerin weder Gesellschafterin der L-GmbH, noch herrschendes Unter-

---

469 BGH, Urt. v. 15.12.1982, VIII ZR 264/81, ZIP 1983, 32.
470 Vgl. bereits BGH, Urt. v. 29.11.1990, IX ZR 29/90, ZIP 1991, 35 = BGHZ 113, 98, 103.

nehmen im Konzernverbund war. Ein beherrschender Einschluss der Gemeinschuldnerin gegenüber der L-GmbH unmittelbar oder mittelbar sei nicht ersichtlich. An einer eigenen Schuld der Beklagten habe es daher gefehlt.

7. Rückgewähranspruch nach § 37 KO auf Zinsen

Der BGH hat darauf erkannt, dass der Rückgewähranspruch nach § 37 KO nur solche Zinsen umfasst, die ohne die angefochtene Zahlung tatsächlich gezogen worden wären. Diese Entscheidung ist auch für die Auslegung der InsO von Interesse, ihr liegt folgender vereinfacht wiedergegebener Sachverhalt zugrunde:[471]

> **Fall 89:** Der klagende Konkursverwalter hat von der Beklagten neben der Rückzahlung des durch die anfechtbare Handlung erlangten Geldbetrages Zinsen hierauf begehrt.

Der IX. Zivilsenat hat diesen Zinszahlungsanspruch für unbegründet erachtet, da der Anfechtungsgegner nur dasjenige zur Insolvenzmasse zurück zu gewähren hat, was durch die angefochtene Handlung aus dem Vermögen des Insolvenzschuldners veräußert, weggegeben oder aufgegeben worden ist. M.a.W. geht es nicht darum, die Vorteile abzuschöpfen, die dem Vermögen des Anfechtungsgegners zugeflossen sind, sondern das Vermögen des Insolvenzschuldners – die Masse – in die Lage zu versetzen, in welcher sie sich befunden hätte, wenn das anfechtbare Verhalten unterblieben wäre. Wäre der nutzbare Gegenstand, der in anfechtbarer Weise verschoben worden ist, im Vermögen des Insolvenzschuldners geblieben, sind allerdings Nutzungen herauszugeben bzw. zu ersetzen. Daher ist der Anfechtungsgegner unter der Voraussetzung zur Zahlung entgangener Zinsen verpflichtet, wenn festgestellt würde, dass das Geld ohne die anfechtbare Handlung verzinslich angelegt worden wäre. Hierfür ist der Insolvenzverwalter darlegungs- und beweispflichtig.

8. Gläubigerbenachteiligung

a) *Reichweite der Gläubigerbenachteiligung*

Mit seinem Urteil vom 22.7.2004[472] hat der IX. Zivilsenat des BGH einen Fall zu entscheiden gehabt, bei dem es darum ging, ob Gläubigerbenachteiligung bei Verkauf von Sicherungsgut an Sicherungsnehmer zu überhöhtem Kaufpreis und anschließender Verrechung anzunehmen sei.

---

471 BGH, Urt. v. 22.9.2005, XI ZR 271/01, DZWIR 2006, 41 = ZIP 2005, 1888.
472 BGH, Urt. v. 22.7.2004, IX ZR 270/03, DZWIR 2005, 121 = ZIP 2004, 1912.

Fall 90: Anfechtungsgegnerin war die Kommanditgesellschaft der Komplementär GmbH und späteren Schuldnerin, die von der späteren Schuldnerin am 30.6.1999 technische Anlagen des von der Schuldnerin betriebenen Heizwerks für ca. 400.000 DM erwarb. Ein Teilbetrag von ca. 340.000 DM wurde durch Verrechnung mit Verbindlichkeiten der Schuldnerin beglichen. Die restlichen ca. 60.000 DM wurden im Wege der Überweisung gezahlt. Im September 1999 stellte die Schuldnerin ihren Geschäftsbetrieb ein. Nach Antragstellung am 7.7.2000 wurde das Insolvenzverfahren über das Vermögen der Schuldnerin am 2.1.2001 eröffnet. Die verkauften Gegenstände waren der heutigen Anfechtungsgegnerin bereits am 12.1.1999 sicherungsübereignet worden. Die Gegenstände hatten einen Wert, der die der Schuldnerin zugeflossenen 60.000 DM nicht überschritten hat. Der überschießende Kaufpreisanteil von 340.000 DM sei nur deshalb ausgewiesen worden, um eine „Bereinigung der Debitoren" herbeizuführen.

Der BGH hat die Ansicht vertreten, der Insolvenzverwalter könne sich nicht auf § 96 Abs. 1 Nr. 3 InsO berufen, da die Beklagte die Aufrechnungsbefugnis nicht in anfechtbarer Weise erlangt habe. Der vorliegende Fall unterscheidet sich von vorangegangenen Entscheidungen des IX. Zivilsenats: soweit nämlich im Falle der Sicherungsabtretung einer Forderung durch den insolventen Schuldner eine durch den Verkauf von Sachen an einen Gläubiger und Kaufpreisschuldner ermöglichte Aufrechnung des Gläubigers als Kaufpreisschuldner mit einem Gegenanspruch die Konkursgläubiger benachteiligt, hat der IX. Zivilsenat mit Urteil vom 5.4.2001[473] § 96 Abs. 1 Nr. 3 InsO angewandt. In einer weiteren Entscheidung[474] hat der IX. Zivilsenat darauf erkannt, dass die Aufrechnungslage in anfechtbarer Art und Weise herbeigeführt worden ist und § 96 Abs. 1 Nr. 3 InsO zur Anwendung gelange, wenn der spätere Schuldner ohne vorherige Verpflichtung im letzten Monat vor dem Eröffnungsantrag an einen Insolvenzgläubiger Gegenstände verkauft, die er an einen anderen Gläubiger zur Sicherheit übereignet hatte und die dieser zur Veräußerung nur an diesen Käufer freigibt.

Allein der Umstand, dass der Masse dadurch, dass eine Aufrechnung erfolgt ist, die im Übrigen bei einer Verwertung des Sicherungsguts im eröffneten Insolvenzverfahren Kostenpauschalen gemäß § 170 Abs. 1. Satz 1 InsO zugeflossen wären, genügt nach zutreffender Auffassung des IX. Zivilsenats nicht, um eine Gläubigerbenachteiligung zu begründen. Denn wie der Senat bereits an anderer Stelle[475] festgestellt hat, dienen die Verfahrenskostenbeiträge der gesicherten Gläubiger allein dazu, die Belastung der freien Masse mit der durch die Bearbeitung von Absonderungsrechten zu berücksichtigenden Mehrvergütung des Verwalters auszugleichen. Der IX. Zivilsenat stellt fest, dass in dem Ausnahmefall, in dem Kaufvertragsparteien einen Mehrpreis vereinbaren, der den Wert der Kaufgegenstände übersteigt, um höhere Gegenforderungen des Gläubigers „glattzustellen", dem Schuldner insoweit eine Schuld erlassen wird. Damit aber wird die Passivmasse entlastet, ohne dass die Aktivmasse des Schuldners Einbußen erleidet – denn sofern der dem Wert

473 BGH, Urt. v. 5.4.2001, IX ZR 216/98, ZIP 2001, 885 = BGHZ 147, 233, 238 f.
474 BGH, Urt. v. 9.10.2003, IX ZR 28/03, DZWIR 2004, 78 = ZIP 2003, 2370.
475 BGH, Urt. v. 20.11.2003, IX ZR 259/02, DZWIR, 2004, 205 = ZIP 2004, 42; vgl. auch oben VIII. 1. d).

der Kaufgegenstände entsprechende Kaufpreis in das Vermögen des Schuldners geflossen ist, wird regelmäßig ein Bargeschäft im Sinne von § 142 InsO vorliegen. Im Übrigen aber, ist eine Begünstigung der (Passiv-)masse gegeben. Darin unterscheidet sich dieser von anderen Fallgestaltungen.

b) Gläubigerbenachteiligung durch Abführung der Lohnsteueranteile an das Finanzamt durch den insolventen Arbeitgeber

Mit Urteil vom 22.1.2004[476] hat der BGH zur Frage der Gläubigerbenachteiligung durch Abführung der Lohnsteuer in der Insolvenz des Arbeitgebers zu entscheiden gehabt. Der BFH hatte mit Beschluss vom 21.12.1998[477] die Auffassung vertreten, eine Gläubigerbenachteiligung könne durch die Abführung der Lohnanteile an das Finanzamt nicht gesehen werden, da sie Teil eines Bargeschäfts zwischen Arbeitgeber und Arbeitnehmer seien. Hiergegen hat der IX. Zivilsenat zutreffend darauf aufmerksam gemacht, dass allein solche Leistungen des Schuldners unter den Begriff des Bargeschäfts gem. § 142 InsO fallen können, aufgrund derer vom Anfechtungsgegner als anderem Teil eine gleichwertige Gegenleistung in das schuldnerische Vermögen erbracht worden ist. Dies ist im Verhältnis zwischen dem lohnsteuerabführenden Arbeitgeber und dem Finanzamt deshalb nicht der Fall, weil der Steuerabführung weder eine Vereinbarung zugrunde liegt, noch eine Gegenleistung dem schuldnerischen Vermögen zufließt[478]. Dieser Entscheidung lag folgender Sachverhalt zugrunde:

Fall 91: Das als Anfechtungsgegner beklagte Land hatte gegen den Schuldner im März und September 1998 Pfändungs- und Einziehungsverfügungen wegen rückständiger Steuern erlassen. Der Schuldner bat unter Darlegung seiner wirtschaftlichen Verhältnisse mit Schreiben vom 9.11.1998 vergeblich um Stundung fälliger Umsatz- und Lohnsteuer. Das Finanzamt erließ daraufhin am 12.11.1998 eine neue Pfändungs- und Einziehungsverfügung und pfändete alle Ansprüche des Schuldners gegen die X-Bank aus der mit dieser bestehenden Kontokorrentvereinbarung. Mit drei Überweisungsvorgängen von dem gepfändeten Konto wurden die Forderungen des beklagten Landes bis zum 27.11.1998 vollständig getilgt. Am 19.2.1999 stellte die Innungskrankenkasse, die einen früheren Antrag für erledigt erklärt hatte, erneut einen Insolvenzantrag. Darauf wurde am 20.8.1999 das Nachlassinsolvenzverfahren über den Nachlass des am 6.5.1999 verstorbenen Schuldners eröffnet. Mit ihrer gegen das Land erhobenen Anfechtungsklage blieb die klagende Insolvenzverwalterin vor Landgericht und OLG erfolglos. Das beklagte Land habe vor Beginn der Drei-Monats-Frist der §§ 130 und 131 InsO ein insolvenzfestes Pfandrecht erworben, das mit der Zustellung der Pfändungs- und Einziehungsverfügung an die Drittschuldnerin am 17.11.1998 begründet worden sei.

Der IX. Zivilsenat fragte zunächst, ob dem beklagten Land aufgrund der am 12.11.1998 erlassenen Pfändungs- und Einziehungsverfügung ein Pfändungspfandrecht, ein Recht auf abgesonderte Befriedigung gewährt wurde, § 50 Abs. 1 InsO.

476 BGH, Urt. v. 22.1.2004, IX ZR 39/03, DZWIR 2004, 301 = ZIP 2004, 513 = BGHZ 157, 350.
477 BFH, B. v. 21.12.1998,VII B 175/98, NV 1999, 745, 746.
478 BGH, B. v. 18.11.1993, IX ZR 20/93, ZIP 1993, 1885, 1886.

Dies sei nur dann der Fall, wenn der Erwerb des Pfändungspfandrechts nicht der Insolvenzanfechtung gem. § 131 Abs. 1 Nr. 2 InsO unterlegen hat. Nach § 140 Abs. 1 InsO wird die Forderungspfändung nach Ansicht des IX. Zivilsenats des BGH zu dem Zeitpunkt vorgenommen, in dem der Pfändungsbeschluss dem Drittschuldner gem. § 829 Abs. 3 ZPO, § 309 Abs. 2 S. 1 AO zugestellt wird. Bezieht sich die Pfändung jedoch auf eine künftige Forderung, wird ein Pfandrecht nach den in der vorliegenden Entscheidung aufgestellten Maßstäben erst mit deren Entstehung begründet. Anfechtungsrechtlich ist daher auf den Zeitpunkt des Entstehens der Forderung abzustellen. Der IX. Zivilsenat führt hierzu aus, dass vor dem Abruf des Kontoinhabers kein Anspruch auf Auszahlung gegen die Bank vorhanden sei, der einem Abtretungs- oder Pfandgläubiger das Recht geben könnte, sich ohne Mitwirkung des Konteninhabers Kreditmittel auszahlen zu lassen. Denn die Begründung eines entsprechenden Anspruchs hinge allein von der persönlichen Entscheidung des Schuldners als Kunde des Kreditinstituts ab. Die Pfändung der Forderung des aus einer offenen Kreditlinie resultierenden Anspruchs des Schuldners erfasst daher nicht die Pfändung des Abrufrechts des Schuldners. Das Abrufrecht ist der Zwangsvollstreckung nicht unterworfen, da der Schuldner nicht zur Begründung einer neuen Verbindlichkeit gezwungen werden kann.[479] Unterlässt folgerichtig der Schuldner zwischen der Zustellung der Pfändung an den Drittschuldner und der Eröffnung des Insolvenzverfahrens den Abruf, kommt die gepfändete künftige Forderung nicht zur Entstehung, so dass dem Gläubiger ein wirtschaftlich verwertbares Recht nicht durch die Pfändung zur Verfügung steht.

Mit der angefochtenen Pfändungs- und Einziehungsverfügung hatte das beklagte Land zu einem Teil auch Ansprüche auf Abführung von Lohnsteuer, Lohnkirchensteuer und Solidaritätszuschlägen von dem Insolvenzschuldner als Arbeitgeber verlangt. Die Lohnsteuer führt der Arbeitgeber aus seinem Vermögen als Lohnbestandteil ab. Wie bereits in seiner Judikatur zur Abführung von Arbeitnehmeranteilen an Sozialversicherungsträger[480] hat der BGH auch für die vom Arbeitgeber zum Zwecke der Zahlung an das Finanzamt einbehaltenen Lohnsteuer es abgelehnt, von einem Interesse der Arbeitnehmer an der Abführung der Beiträge und einer darauf geschützten insolvenzrechtlich sicheren Rechtsposition auszugehen. Denn allein durch gesetzliche und vertragliche Pflichten des Arbeitgebers aus dem Arbeitsverhältnis werde ein Treuhandverhältnis hinsichtlich dieser Beiträge nicht eröffnet. Der IX. Zivilsenat begründet diese Erwägung mit der haftungsrechtlichen Stellung des Arbeitgebers hinsichtlich der einbehaltenen Lohnsteuer. Grundsätzlich kommt der Arbeitnehmer in diesem Fall insofern frei, als er wegen der Lohnsteuer vom Finanzamt nicht mehr in Anspruch genommen werden kann. Vielmehr hat der Arbeitgeber für die einzubehaltende und abzuführende Lohnsteuer mit der Folge einzustehen, dass – in diesem Fall – vor Eröffnung des Insolvenzverfahrens über sein Vermögen ein Haftungsanspruch der Finanzverwaltung gegen den Arbeitgeber

---

479 BGH, Urt. v. 20.2.2003, IX ZR 102/02, ZIP 2003, 1217 = BGHZ 154, 64.
480 Vgl. zuletzt BGH Urt. v. 10.7.2003, IX ZR 89/02, DZWIR 2003, 515 = ZIP 2003, 1666, 1667 f. m. Anm. *Hölzle*, EWIR 2004, 197.

dann entsteht, wenn die Lohnsteuer nicht binnen der gesetzlich vorgeschriebenen Frist abgeführt wird, vgl. § 41 a Abs. 1, 2; § 42 d Abs. 1 Nr. 1 EStG. Diese Haftungsschuld führt somit zu einer Insolvenzforderung der Finanzverwaltung i.S.v. § 38 InsO. Ein Vorzugsrecht der Finanzverwaltung besteht indessen nicht.

9. Person des Anfechtungsgegners

Streitfrage in einem vom BGH[481] entschiedenen Fall ist die (richtige) Person des Anfechtungsgegners gewesen. Dem lag folgender – vereinfachter – Sachverhalt zugrunde:

Fall 92: Die zahlungsunfähige Schuldnerin zahlte am 14.9.1999 an die Zusatzversorgungskasse, einen Versicherungsverein auf Gegenseitigkeit, DM 5.000,– Sozialversicherungsbeiträge, die diese aufgrund tarifvertraglicher Ermächtigung für eine andere Sozialversicherungskasse einzog, an die die eingezogenen Beträge auch ausgekehrt wurden. In den Vorinstanzen ist die Anfechtungsklage des mit Eröffnungsbeschluss vom 8.12.1999 bestellten Insolvenzverwalters ohne Erfolg geblieben.

In der obergerichtlichen Judikatur hatte sich bislang keine einheitliche Meinung darüber ausgebildet, wer in derartigen Fällen der Auskehr fremdnützig von einer hierzu tarifvertraglich ermächtigten Stelle in der kritischen Zeit eingezogener und an die berechtigte Sozialversicherungskasse ausgekehrter Beiträge Anfechtungsgegner sei. Das Kammergericht[482] und das OLG Frankfurt/M.[483] haben die Meinung vertreten, da diese Stellen nur fremde Ansprüche im eigenen Namen geltend machten, seien nicht sie, sondern die „eigentliche" Sozialversicherungskasse als Empfänger und damit als Anfechtungsgegner anzusehen.[484] Der IX. Zivilsenat hat sich der Gegenmeinung[485] angeschlossen. Die Besonderheit des vorliegenden Falles liegt darin, dass die mit der Anfechtungsklage vom Insolvenzverwalter in Anspruch genommene Einzugsstelle nicht aufgrund eines treuhänderisch vollzogenen Rechtsübergangs eigene, sondern die Rechte des *anderen* Sozialversicherungsträgers geltend gemacht hat. Der IX. Zivilsenat hat darin aber zu gesetzlichen Einzugsstellen, die treuhänderisch Sozialversicherungsbeiträge vereinnahmen, anfechtungsrechtlich keinen Unterschied gesehen. Der erkennende Senat hat dabei die tarifvertraglich ermächtigte Einzugsstelle zutreffend in Ansehung der Sozialversicherungsforderungen als gewillkürten Prozessstandschafter qualifiziert; in anderen Fällen der Prozessstandschaft wie namentlich dem des Vollstreckungsgläubigers, auf den die gepfändete Forderung gegen den Drittschuldner zur Einziehung überwiesen wor-

481 BGH, Urt. v. 12.2.2004, IX ZR 70/03, ZIP 2004, 862.
482 KG Berlin, U. v. 6.9.2002, 7 U 336/01, ZIP 2003, 589 f.
483 OLG Frankfurt/M., Urt. v. 1.2.2002, 2 U 20/01, zit. Nach BGH, Urt. v. 20.11.2001, IX ZR 48/01, DZWIR 2003, 110 = ZIP 2002, 87 = BGHZ 149, 178.
484 So auch HK-*Kreft*, InsO, 3. Aufl., § 129 Rdnr. 89.
485 OLG Hamburg, Urt. v. 15.12.2000, 1 U 91/00, ZIP 2001, 708, 710 m. Anm. *Bender*, EWIR 2001, 577; MünchKomm-*Kirchhof*, InsO § 143 Rdnr. 5.

den ist (§ 835 Abs. 1, 1. Var. ZPO) liegt eine vergleichbare Lage vor, denn in beiden Fällen kann mit befreiender Wirkung nur an den Prozessstandschafter geleistet werden, vgl. § 836 Abs. 1 ZPO für den Vollstreckungsgläubiger. Für letzteren hat der BGH[486] bereicherungsrechtlich darauf erkannt, dass der Drittschuldner die Leistung vom Einziehungsgläubiger – der die alleinige Empfangszuständigkeit hat – zurückverlangen kann, wenn die zur Einziehung überwiesene Forderung nicht besteht. Anders sei die Lage zwar in Anweisungsfällen, da dort ein Valutaverhältnis zwischen Anweisendem und Anweisungsempfänger besteht, das zwischen den betroffenen Sozialversicherungskassen fehle.

Da nach alledem die Einzugstelle sich – wie der IX. Zivilsenat wörtlich ausführt: „in der Gesamtschau" – als der „richtige" Anfechtungsgegner erweist, fragt es sich angesichts der Fallgestaltung, ob der Insolvenzverwalter mit seinem Anfechtungsanspruch durchzudringen vermag, da doch die Einzugsstelle die vereinnahmten Gelder weitergeleitet hat und damit entreichert ist. Dabei ist zunächst von Bedeutung, dass die Einzugsstelle die Sozialversicherungsbeiträge nicht als unentgeltliche Leistung erhalten hat – was nach § 143 Abs. 2 S. 1 InsO bei Wegfall der Bereicherung die Rückgewährpflicht des Anfechtungsgegners ausschließen würde. Dies ist wegen des Leistungsaustauschverhältnisses der Arbeitnehmer gegen die Sozialversicherungsträger indes nicht der Fall. Im Übrigen schließt § 143 Abs. 1 S. 2 InsO den Einwand des Wegfalls der Bereicherung aus. Die Vorschrift verweist nämlich auf die §§ 819 Abs. 1, 818 Abs. 4, §§ 292, 989 BGB.

Erlangt der Anfechtungsgegner die in anfechtbarer Weise erworbene Leistung im Wege der Zwangsvollstreckung gegen den Schuldner, hat er der Masse auch für die Zwangsvollstreckungskosten Wertersatz zu leisten. Denn soweit diese Kosten von dem Vollstreckungsbetrag abgezogen worden sind, ist der Anfechtungsgegner gegenüber der Masse rechtsgrundlos bereichert, da er von einer eigenen Schuld als Auftraggeber der Zwangsvollstreckung (§ 13 Abs. 1 Nr. 1 GvKostG) befreit worden ist.[487]

Anders hingegen ist die Rechtslage nach der von § 37 KO abweichenden Regelung in § 143 InsO, worauf der BGH in seiner vorstehenden Entscheidung ausdrücklich hingewiesen hat. Die Vorschrift des § 143 Abs. 1 S. 2 InsO verweist wegen der Rechtsfolgen einer Insolvenzanfechtung – anders als § 37 KO – auf die Vorschriften des Bereicherungsrechts, die Kenntnis des Empfängers vom Mangel des rechtlichen Grundes voraussetzen. Der Rückgewähranspruch nach § 143 InsO umfasst daher gem. § 819 Abs. 1, § 818 Abs. 4, § 292 Abs. 2, § 987 Abs. 1 oder 2 BGB auch die vom Anfechtungsgegner tatsächlich gezogenen oder vorwerfbar nicht gezogenen Nutzungen vom Zeitpunkt der Weggabe an. Nach neuer Rechtslage hat der Anfechtungsgegner somit bei Verschulden Wertersatz zu leisten, wenn er Nutzungen nicht gezogen hat, die er nach den Regeln einer ordnungsgemäßen Wirtschaft hätte ziehen können.[488]

---

486 BGH, Urt. v. 13.6.2002, IX ZR 242/01, ZIP 2002, 1419 = BGHZ 151, 127, 130 f.
487 BGH, Urt. v. 12.2.2004, IX ZR 70/03, ZIP 2004, 862.
488 HK-*Kreft*, 4. Aufl., § 143 Rdnr. 18

Befindet sich der Anfechtungsgegner in Verzug, werden darüber hinausgehend Verzugszinsen gem. § 288 BGB geschuldet.

10. Berechnung der Anfechtungsfristen

Fall 93:[489] Der mit Eröffnungsbeschluss vom 11.2.2000 bestellte Insolvenzverwalter eines insolvenzschuldnerischen Bauträgerunternehmens nahm die beklagte Krankenkasse im Wege der Insolvenzanfechtungsklage auf Rückzahlung von Gesamtsozialversicherungsbeiträgen in Anspruch, die von der späteren Insolvenzschuldnerin an die Beklagte zeitlich nach einem von der Beklagten am 26.7.1999 gestellten Eröffnungsantrag zum Ausgleich des Beitragsrückstandes gezahlt worden waren. Die Beklagte erklärte daraufhin gegenüber dem Insolvenzgericht am 14.10.1999 den Eröffnungsantrag für erledigt. Das OLG Dresden hat auf die gegen das stattgebende erstinstanzliche Urteil eingelegte Berufung der Beklagten hin die Klage abgewiesen, der BGH hat unter Aufhebung des Berufungsurteils die Sache zur erneuten Verhandlung zurückverwiesen.

Ausgangspunkt der Überlegung ist § 139 Abs. 2 InsO, der bestimmt, dass der erste zulässige und begründete Antrag für die Berechnung der Anfechtungsfristen maßgeblich ist, sofern mehrere Eröffnungsanträge gestellt worden sind, auch wenn das Verfahren aufgrund eines späteren Antrags eröffnet worden ist. Dabei wird grundsätzlich ein rechtskräftig abgewiesener Antrag nur dann berücksichtigt, wenn er mangels Masse abgewiesen worden ist. Hat das Insolvenzgericht aufgrund eines für die Eröffnung später maßgeblichen Antrages den zeitlich früheren Antrag mit einer Entscheidung abgewiesen, die darauf gestützt wurde, dass die Verfahrenskosten deckende Masse nicht vorgelegen hat, ist der erste Antrag für die Fristberechnung zugrunde zu legen. In der Literatur[490] wird zutreffend darauf aufmerksam gemacht, dass § 139 Abs. 2 S. 2 InsO für die Insolvenzgläubiger erhebliche Risiken birgt. Denn während für die Verfahrenseröffnung ursprünglich zulässige und begründete Anträge keine Bedeutung haben, haben diese Anträge für die Anfechtungsvorschriften sowie für die Bestimmung des zeitlichen Geltungsbereichs der Rückschlagsperre gem. § 88 InsO nachdrückliche Bedeutung. Der Zeitraum, innerhalb dessen Rechtshandlungen bzw. Unterlassungen anfechtbar sind, wird nämlich durch die Anknüpfung an einen früheren zulässigen und begründeten Antrag nach Lage der Dinge erheblich vorverlegt.[491] Unstreitig ist in diesem Zusammenhang jedenfalls, dass rechtskräftig abgewiesene Anträge bei der Berechnung nur insoweit Berücksichtigung finden, als dass die Abweisung mangels einer die Verfahrenskosten deckenden Masse erfolgte. Bereits dieser Satz wird von namhaften Autoren indes modifiziert: So vertritt der renommierte Zivilprozessualist *Wolfram Henckel*[492] die Auffassung, dass ein mangels Masse abgewiesener Antrag über den Gesetzeswortlaut hinaus außer Betracht bleiben muss, wenn der Insolvenzgrund zwi-

489 BGH, Urt. v. 20.11.2001, IX ZR 48/01, DZWIR 2003, 110 = ZIP 2002, 87 = BGHZ 149, 178.
490 *Zeuner*, in: *Smid*, InsO, § 139 Rdnr. 4.
491 *Zeuner*, in: *Smid*, InsO, § 139 Rdnr. 11 ff.
492 *Henckel*, in: Kölner Schrift zur Insolvenzordnung, 813, 846 (Rdnr. 75).

schenzeitlich behoben war und dann erneut eintritt. *Henckel*[493] gibt in diesem Zusammenhang ausdrücklich zu verstehen, dass auch ein anderweitig als durch Abweisung nicht zur Verfahrenseröffnung führender zeitlich früherer Antrag die Anwendung des § 139 Abs. 2 InsO zu begründen imstande ist. *Zeuner*[494] führt in diesem Zusammenhang aus, ohne eine inhaltliche Begrenzung der durch § 139 InsO eröffneten Anfechtungsmöglichkeiten würden diese zu weit ausgedehnt. Er spricht als „Bezugspunkt" eines inhaltlich begrenzten Rückgriffs auf alle zurückliegenden Anträge davon, dass ein sachlicher Zusammenhang zwischen den verschiedenen Eröffnungsanträgen vorauszusetzen sei. Ein sachlicher Zusammenhang ist nach *Zeuners* Darstellung dann anzunehmen, wenn die Eröffnungsgründe der Zahlungsunfähigkeit und/oder der Überschuldung nach dem ersten Antrag nicht nur vorübergehend nicht vorgelegen haben, es sich also um Anträge aufgrund derselben wirtschaftlichen Krise handelt. *Zeuners* Auffassung schließt sich an die von *Henckel*[495] vertretenen Einschränkungen zum Rückgriff auf mangels Masse abgewiesene Anträge an. Ebenso wie diese außer Betracht zu bleiben haben, wenn der nachfolgende Antrag nicht mehr auf derselben Krise beruht, die Eröffnungsgründe also zwischenzeitlich weggefallen waren, sind solche früheren Anträge für die Fristberechnung heranzuziehen, nach deren Erledigung die Eröffnungsgründe nicht weggefallen waren.

Nach – insoweit zutreffender, aber noch nicht hinreichend differenziert ausgeführter – Ansicht *Zeuners*[496] wäre es verfehlt, unter mehreren Eröffnungsanträgen i.S.d. § 139 Abs. 2 InsO nur sich zeitlich überschneidende Anträge zu fassen. Eine solche Auslegung ist auch nicht aus Gründen des Verkehrsschutzes geboten, denn insbesondere der Gläubiger, der seinen (den ersten) Antrag zurückgenommen oder für erledigt erklärt hat, soll nicht darauf vertrauen dürfen, dass er die Deckung, die er nach seinem Erstantrag erhält, auch endgültig behalten darf. In der Praxis werden insbesondere die Krankenkassen, die häufig den Eröffnungsantrag stellen, künftig nicht mehr bereit sein, etwa gegen Ratenzahlung den Antrag zurückzunehmen. Die Gläubiger sollten die wirtschaftliche Situation des Schuldners genau überprüfen, bevor sie ihren Antrag etwa aufgrund von Zahlungsvereinbarungen zurücknehmen. Sie laufen andernfalls Gefahr, sämtliche Leistungen des Schuldners, die sie nach dem Erstantrag erhalten haben, zurückgewähren zu müssen, sofern ihnen nicht das Privileg des Bargeschäftes nach § 142 InsO zur Seite steht. Funktion der Regelung des § 139 Abs. 2 S. 2 InsO ist es, dass ein unbegründeter Eröffnungsantrag nicht zu einer Vorverlagerung der Anfechtungsfristen führen und damit nicht die Erweiterung des Insolvenzanfechtungsrechts bewirken soll. Dabei sind zwei Fälle zu unterscheiden. Zunächst einmal leuchtet es ein, dass die Drei-Monats-Frist der §§ 130, 131 InsO nicht bereits zu dem Zeitpunkt der Stellung eines früheren Antrages zu laufen beginnen soll, wenn dieser Antrag deshalb unbegründet ist, weil der

---

493 *Henckel*, in: Kölner Schrift zur Insolvenzordnung, 813, 846 f.
494 *Zeuner*, in: *Smid*, InsO, § 139 Rdnr. 15.
495 *Henckel*, in: Kölner Schrift zur Insolvenzordnung, 645, 674 (Rdnr. 64).
496 *Zeuner*, in: *Smid*, InsO, § 139 Rdnr. 17.

antragstellende Gläubiger keine Forderung gegen den Schuldner hat. Fehlt es dem Antragsteller an einer ihn als Insolvenzgläubiger legitimierenden Rechtsposition gegenüber dem Schuldner, vermag sein Antrag keine materiell-insolvenzrechlichen Wirkungen auszulösen. Ist der früher gestellte Insolvenzantrag deshalb unbegründet und kommt es zur Abweisung weil ein Eröffnungsgrund nicht festgestellt werden kann – der Schuldner also weder zahlungsunfähig noch überschuldet ist –, eignet dies den früher gestellten Antrag ebenfalls nicht als Anknüpfungspunkt für den Lauf der Anfechtungsfristen. Insofern würde es nämlich bereits materiell in Ermangelung der Insolvenzlage des Schuldners an den Voraussetzungen dafür fehlen, dass bezogen auf den Zeitpunkt der Antragstellung Rechtshandlungen des Schuldners einer Anfechtung unterliegen. Ist es daher zur insolvenzgerichtlichen Abweisung des früheren Antrags gekommen, ist zwangsläufig allein derjenige Antrag i.S.v. § 139 Abs. 2 Satz 1 InsO maßgeblich, der abgewiesen worden ist, weil zwar die Berechtigung der Gläubigerantragstellung und die materiellen Vorraussetzungen einer Insolvenz des Schuldners, nicht aber die weitere verfahrensrechtliche Voraussetzung der kostendeckenden Masse für eine Eröffnung des Insolvenzverfahrens vorgelegen hat, wie § 139 Abs. 2 Satz 2 InsO ausdrücklich bestimmt. Vor dem Hintergrund dieser Überlegungen zur Funktion der Regelung des § 139 Abs. 2 InsO wird deutlich, dass eine Reihe der vorliegenden Gerichtsurteile[497] *insoweit* nicht zu rechtlichen Bedenken Anlass geben, als in diesen Entscheidungen die Anwendbarkeit des § 139 Abs. 2 InsO nicht davon abhängig gemacht wird, ob die jeweilige Schuldnerin im Zeitpunkt der Stellung des Erstantrages zahlungsunfähig war und damit ein Insolvenzeröffnungsgrund gem. § 17 InsO *und* ein Anfechtungsgrund nach § 130 oder § 131 InsO vorgelegen hat. Denn es kommt insoweit für die Anwendbarkeit des § 139 Abs. 2 InsO ausschließlich darauf an, ob der in Bezug genommene zeitliche frühere Erstantrag begründet war. Ob sich zu dem Zeitpunkt der Erstantragsstellung aufgrund der wirtschaftlichen Lage der Insolvenzschuldnerin zugleich ein Tatbestand ergibt, der die Voraussetzungen einer Insolvenzanfechtung nach den §§ 130, 131 InsO zu erfüllen geeignet wäre, ist bei der Prüfung des § 139 Abs. 2 InsO daher außer Acht zu lassen. Daher kann sich eine Rechtslage ergeben, in der zwar der zeitlich frühere Antrag wegen seiner Begründetheit geeignet wäre, den zeitlichen Lauf der Anfechtungsfristen vorzuverlagern, eine Insolvenzanfechtung wegen kongruenter oder inkongruenter Deckung aber daran scheitert, dass eine Zahlungsunfähigkeit des Insolvenzschuldners zu diesem frühen Zeitpunkt nicht vorgelegen hat.

Aus der Gesetzgebungsgeschichte lassen sich kaum Schlüsse für die Bestimmung des Geltungsbereichs des § 139 Abs. 2 S. 2 InsO ziehen. Denn nach der Begründung des RegEInsO soll Abs. 2 der Vorschrift *insbesondere* den Fall regeln, dass das Insolvenzverfahren unverzüglich aufgrund eines späteren Antrags eröffnet wird, weil dieser Antrag im Gegensatz zu den früheren Anträgen ohne weitere Ermittlungen

497 OLG Celle, Urt. v. 14.9.2000, 13 U 255/99 = InVo 2002, 54.

entscheidungsreif ist. Die Vorschrift soll ferner die Fälle erfassen, in denen ein an sich zulässiger und begründeter Antrag allein wegen nicht ausreichender Masse gem. § 26 InsO abgewiesen wurde, während ein späterer Antrag zur Verfahrenseröffnung führt, nachdem ein Kostenvorschuss eingezahlt worden ist. Daraus lässt sich freilich noch nicht auf einen „Willen" des Reformgesetzgebers schließen, aus dem darauf gefolgert werden könnte, dass damit eine abschließende Regelung der Fälle getroffen sein solle, in denen ein nicht durch Eröffnungsbeschluss erledigter zeitlich früherer Antrag den Anfechtungszeitraum definieren soll.[498] Nach überwiegender, der Gesetzesbegründung folgender Auffassung[499] ist der Anwendungsbereich des § 139 Abs. 2 S. 2 InsO auf solche Fälle beschränkt, in denen der zeitlich frühere Eröffnungsantrag mangels Masse abgewiesen worden ist.

Diese Überlegungen machen deutlich, welche Maßstäbe der Zeitraumerstreckung des § 139 Abs. 2 S. 1 InsO zugrunde liegen. Die daraus abzuleitenden Kriterien können auch für diejenigen Fälle nutzbar gemacht werden, die nicht ausdrücklich durch § 139 Abs. 2 InsO geregelt worden sind. Betrachtet man dies näher, wird deutlich, dass es sich verbietet, die Anwendung des § 139 InsO auf diese Fälle von vornherein auszuschließen oder – wie es das OLG Celle[500] und das LG Magdeburg[501] tun – von vornherein ohne weiteres zu bejahen. Vielmehr kommt es darauf an, in welcher verfahrensrechtlichen Lage die Erledigterklärung des zeitlich früheren Erstantrages vorgenommen worden ist.

Zunächst sind daher solche Konstellationen zu untersuchen, in denen der zeitlich frühere Antrag nicht durch eine insolvenzgerichtliche Abweisung, sondern anderweitig nicht zur Eröffnung des Insolvenzverfahrens über das schuldnerische Vermögen führt.

In Betracht kommt zunächst eine Antragsrücknahme durch den Antragsteller, die nach § 13 Abs. 2 InsO bis zum Erlass des Eröffnungsbeschlusses zulässig ist. Erklärt der Gläubiger die „Erledigung" seines Antrages, ohne dass bis zu diesem Zeitpunkt ermittelt worden ist, ob Eröffnungsgründe vorliegen, und unterlässt der Antragssteller weitere Erklärungen über den Grund der „Erledigung", hat das Gericht nach § 269 Abs. 3 ZPO zu verfahren, da sich angesichts der verfahrensrechtlichen Lage kein Unterschied zur ausdrücklichen Antragsrücknahme ergibt.[502] Es ist daher in diesem Fall nicht darauf zu schließen, dass zum Zeitpunkt der Antragstellung die Zahlungsunfähigkeit des Schuldners vorgelegen hat. Allein die Antragsstellung vermag diesen Schluss im Gegensatz zu der vom OLG Celle[503] vertretenen Rechtsauf-

---

498 Zur Auslegung der InsO vgl. eingehend *Pawlowski*, DZWIR 2001, 45 ff.

499 Frankfurter Kommentar zur Insolvenzordnung-*Dauernheim*, 2. Aufl. 1999, § 139 Rdnr. 4; HK zur Insolvenzordnung-*Kreft*, 1. Aufl. 1999, § 139 Rdnr. 11; *Kübler-Prütting-Paulus*, Insolvenzordnung, § 139 Rdnr. 4.

500 OLG Celle Urt. v. 14.9.2000, 13 U 255/99, InVo 2002, 54.

501 LG Magdeburg Urt. v. 23.2.2001, 10 O 2930/00, InVo 2001, 591.

502 AG Offenbach, B. v. 31.10.2000, 8 IN 193/00, ZInsO 2000, 624.

503 OLG Celle Urt. v. 14.9.2000, 13 U 255/99, InVo 2002, 54.

fassung nicht zu begründen. Denn der Insolvenzantrag kann sich als „Druckmittel" des Gläubigers dargestellt haben.[504] Wird dem Prozessgericht im Anfechtungsprozess nicht vorgetragen, dass mit einer Zahlung auf die Forderung des Antragstellers dessen Eröffnungsantrag im Nachhinein unbegründet geworden ist und besteht daher die Möglichkeit, dass der Antrag aus anderen Gründen vom Antragsteller zurückgenommen wurde, aber begründet war, ist der Insolvenzverwalter nicht daran gehindert, Rechtshandlungen im kritischen Zeitraum vor diesem zeitlich frühen Antrag trotz dessen Rücknahme (oder „Erledigterklärung") nach den §§ 130, 131 InsO anzufechten. Im hier vorliegenden und zu beurteilenden Fall stellt die Behauptung der Anfechtungsgegnerin, ihr Antrag aus dem Dezember des Jahres 1999 sei durch Erledigterklärung erledigt worden, weil er mit der Zahlung durch den Schuldner in Ermangelung einer Insolvenzforderung unbegründet war, eine möglicherweise den Anspruch des anfechtenden Insolvenzverwalters vernichtende Einwendung dar, mit der geltend gemacht wird, die angefochtene Rechtshandlung fiele nicht in die Fristen der §§ 130, 131 InsO.

Fraglich ist dabei, ob es in diesem Zusammenhang eine Rolle spielen kann, dass infolge einer Überschuldung der späteren Insolvenzschuldnerin zum Zeitpunkt der ersten Antragsstellung ein materieller Eröffnungsgrund vorgelegen hat. Denn die Ausführungen oben (XI. 11.) haben deutlich werden lassen, dass nur ein insgesamt begründeter zeitlich früherer Antrag den Anknüpfungspunkt für die Ausdehnung der Anfechtungsfristen nach § 139 Abs. 2 InsO geben kann. Das OLG Dresden[505] hat daher im Ergebnis die Erwägung angestellt, dass es sich bei der als Erledigungserklärung deklarierten Rücknahme des zeitlich früheren Antrages um die Reaktion auf

- ein die Begründetheit des ursprünglich begründeten Antrages beseitigendes erledigendes Ereignis
- die anfängliche Unbegründetheit des Antrages handelt.

Die vorstehend dargestellte Fallgestaltung entspricht mit Blick auf § 139 Abs. 2 S. 2 InsO der folgenden: Erklärt der Gläubiger, ohne dass gerichtliche Ermittlungen zu Eröffnungsgründen vorliegen, die Erledigung und gibt an, der Gemeinschuldner habe gezahlt, hat der Gläubiger die Kosten nach §§ 91 a, 91 ZPO zu tragen, da in der gegebenen verfahrensrechtlichen Lage nur davon ausgegangen werden kann, dass der Gläubiger einen unbegründeten Antrag gestellt hat, da dem Schuldner Mittel zur Begleichung seiner Zahlungsverpflichtung zu Gebote gestanden haben, deren Durchsetzung der Gläubiger im zivilprozessualen Verfahren hätte betreiben müssen.[506] Dies gilt zumal dann, wenn nach seiner Antragstellung der Gläubiger Zahlungen des Schuldners in anfechtbarer Weise (§§ 130, 131 InsO) in Empfang genom-

504 Vgl. jetzt AG Hamburg, B. v. 11.12.2000, 67 c IN 257/00, ZIP 2001, 257.
505 OLG Dresden, Urt. v. 31.1.2001, 13 U 2535/00, ZInsO 2001, 175.
506 Smid, InsO § 13 Rdnr. 25, 2. Spiegelstrich.

men hat[507]; liegt indessen etwa ein Gutachten vor, aus dem sich die Insolvenz (Zahlungsunfähigkeit oder Überschuldung) des Gemeinschuldners ergibt oder ist es unstreitig, dass der Gläubiger erst im Verlauf des Eröffnungsverfahrens befriedigt werden konnte, würde dies einer Abweisung des Antrages als unbegründet gleichstehen. Denn für den Fall der Rücknahme des Antrages kommt nach § 4 InsO die Regelung des § 269 ZPO zur entsprechenden Anwendung[508], so dass der Antragssteller die durch seinen Antrag veranlassten Kosten zu tragen hat. Es ist – sofern nicht weiteres vom Antragsteller vorgetragen und ggf. unter Beweis gestellt worden ist – davon auszugehen, dass der Antragsteller diese für ihn negative Kostenfolge seines verfahrensrechtlichen Verhaltens nur deshalb in Kauf nimmt, weil sein Antrag unberechtigt gestellt ist und ihm im Falle der Abweisung seines Antrages als unbegründet weitere Kostenfolgen zur Last fallen würden. Für § 139 Abs. 2 S. 2 InsO folgt daraus, dass in diesem Fall der zurückgenommene frühere Antrag den Lauf der Anfechtungsfrist nicht zu bestimmen geeignet ist. Die Erledigterklärung ist im vorliegenden Fall unstreitig. Sie reagiert im Insolvenzeröffnungsverfahren nicht anders als im Prozess auf ein „erledigendes Ereignis", durch das der ursprünglich begründete Antrag unbegründet wird. Aus ihr lässt sich in Ermangelung weiteren Vortrages daher unmittelbar auf die Unbegründetheit der zeitlich früheren Rechtshandlung schließen, wie das OLG Dresden[509] dargelegt hat.

Der IX. Zivilsenat des BGH hat sich der restriktiven Anwendung des § 139 Abs. 2 InsO angeschlossen.

11. Wirkung der Insolvenzanfechtung auf nichtakzessorische Sicherheiten

Das OLG Frankfurt[510] hat über folgenden Sachverhalt zu entscheiden gehabt:

Fall 94: Die X-GmbH war Darlehensschuldnerin der späteren Klägerin K. Zur Sicherheit der Darlehensforderung der K waren ihr vom Geschäftsführer der GmbH, dem Herrn Y, Ansprüche aus einer Lebensversicherung des Y bei der Beklagten abgetreten worden. Die X-GmbH erfüllte in der Folgezeit die Forderungen der Klägerin, woraufhin diese die Ansprüche aus der Lebensversicherung an den Sicherungszedenten zurück abtrat. Über das Vermögen der X-GmbH wurde dann das Insolvenzverfahren eröffnet; der Insolvenzverwalter focht die zur Tilgung des Darlehens führenden Leistungen an die Klägerin an, die diese denn auch herausgab. Die Klägerin begehrte daraufhin wiederum die Rechte aus der Lebensversicherung. Mit ihrer Klage begehrte sie von der beklagten Lebensversicherungsgesellschaft Auskunft über den Rückkaufswert der Lebensversicherung.

---

507 AG Hamburg, B. v. 11.12.2000, 67c IN 257/00, ZIP 2001, 257.
508 *Haarmeyer/Wutzke/Förster*, GesO, § 2 Rdnr. 123; *Uhlenbruck*, Die anwaltliche Beratung, 81; *Kilger/K. Schmidt*, KO, § 103 Anm. 2; *Smid*, Insolvenzordnung, 2. Aufl. 2001, § 13 Rdnr. 23.
509 OLG Dresden, Urt. v. 31.1.2001, 13 U 2535/00, ZInsO 2001, 175.
510 OLG Frankfurt/M., Urt. v. 25.11.2003, 9 U 127/02, ZIP 2004, 271.

Im Falle akzessorischer Sicherheiten ist anerkannt, dass diese nach § 144 InsO wieder aufleben, wenn nach Anfechtung der Erfüllungshandlung die gesicherte Schuld wieder auflebt. Dagegen bedürfen abstrakte, nicht akzessorische Sicherheiten einer erneuten Bestellung. Im Schrifttum wird von einer Meinung die Ansicht[511] vertreten, auch nicht akzessorische Sicherungsrechte Dritter lebten gem. § 144 Abs. 1 InsO per Anfechtung der Erfüllungshandlung, mit der die Schuld wieder auflebt, ebenfalls wieder auf. Dieser Ansicht hat sich der IX. Zivilsenat des OLG Frankfurt angeschlossen, nicht ohne die Prämissen, denen die zitierte Meinung folgt, einer Überprüfung zu unterziehen. Denn das OLG Frankfurt stellt zutreffend fest, dass im Falle der abstrakten Sicherheit nach deren Erlöschen aufgrund der Leistungshandlung diese erneut bestellt werden muss. Hierzu sei der Sicherungsgeber aufgrund der ursprünglichen Sicherungsvereinbarung aber verpflichtet, was der erkennende Senat aus § 812 BGB oder aus § 242 BGB herleiten will. Denn der Sicherungsgeber sei durch die mit der Anfechtung beseitigte Erfüllungshandlung von seiner Pflicht zur Stellung der Sicherheit nicht befreit worden. Das führt im Ergebnis den erkennenden Senat dazu, zu behaupten, der Sicherungsgeber müsse sich so behandeln lassen, als bestehe das Sicherungsrecht und er habe es pflichtgemäß erneut bestellt, obwohl er am Anfechtungsverfahren nicht beteiligt war. Dies soll aus § 242 BGB folgen, da eine Berufung auf das Nichtbestehen der Sicherheit der Arglisteinrede anheim fallen würde. Die Entscheidung mag pragmatischen Bedürfnissen Rechnung tragen, überzeugt im Ergebnis aber nicht vollständig. Könnte sich die vom Versicherungsnehmer und Zedenten in Anspruch genommene Lebensversicherung dem Versicherungsnehmer gegenüber darauf berufen, die an ihn erfolgte Rückabtretung sei unbeachtlich? Oder müsste die Lebensversicherung dem Insolvenzverwalter den Streit verkünden oder hinterlegen? Und auf die Verteidigung der Lebensversicherungsgesellschaft gegenüber dem Insolvenzverwalter müsste die Lebensversicherungsgesellschaft dem Versicherungsnehmer den Streit verkünden – was im vorliegenden Fall, wie ein Nebensatz in den Gründen des Urteils verrät, auch erfolgt ist.

12. Rückschlagsperre

In einer jüngeren Entscheidung[512] hat der IX. Zivilsenat des BGH die Reichweite der insolvenzrechtlichen Rückschlagsperre gem. § 88 InsO näher bestimmt. Der Entscheidung lag folgender Sachverhalt zugrunde:

> **Fall 95:** Nach Eigenantrag des späteren Klägers wurde über sein Vermögen das Insolvenzverfahren eröffnet. Später gab der Insolvenzverwalter einen zur Masse gehörigen, buchmäßig mit einer Zwangshypothek des heutigen Beklagten belasteten Grundstücksbruchteil aus der Masse frei. Darauf begehrte der Kläger vom beklagten Grundpfandgläubiger die Abgabe der Löschungsbewilligung.

---

511 MünchKomm-*Kirchhof,* 2002 § 144 Rdnr. 10; *Jaeger/Henckel,* KO, 1997, § 39 Rdnr. 13.
512 BGH, Urt. v. 19.1.2006, IX ZR 232/04, ZIP 2006, 479.

Bereits in seiner Judikatur zu § 7 Abs. 3 S. 1 GesO hatte der IX. Zivilsenat des BGH entschieden, die nach § 7 Abs. 3 S. 1 GesO eingetretene Unwirksamkeit des Sicherungsrechts wirke absolut.[513] Diese Wirkung greife aber nur, sofern und solange sie zum Schutze der Insolvenzgläubiger erforderlich sei. An dieser Judikatur hält der Senat in der vorliegenden Entscheidung fest.

Der spätere Beklagte hatte die Zwangshypothek erst während des Eröffnungsverfahrens durch Eintragung in das Grundbuch erlangt. In der vorliegenden Entscheidung setzt sich der BGH noch einmal mit denjenigen Auffassungen auseinander, die vertreten, die Rückschlagsperre führe zu einer relativen Unwirksamkeit i.S.d. § 135 Abs. 1 BGB gegenüber den Insolvenzgläubigerin oder dem Insolvenzverwalter als Rechtsnachfolger. Das würde dazu führen, dass die relative Unwirksamkeit des durch den Vollstreckungsakt erlangten Pfandrechts gegenüber anderen Absonderungsberechtigten keine Wirksamkeit entfalten würde. Dagegen spricht aber, dass der Insolvenzverwalter und die von ihm repräsentierte Gläubigergesamtheit gegenüber der Verfügung des Schuldners nicht als Dritte anzusehen sind. Würde man auf den Zeitpunkt der Verfahrenseröffnung abstellen, wäre eine relative Rückschlagsperre mit § 80 Abs. 2 S. 1 InsO unvereinbar, wie der BGH zutreffend ausführt. Der IX. Zivilsenat führt aus, dass im Übrigen bei einer so verstandenen relativen Unwirksamkeit die Eintragung der Zwangshypothek im Grundbuch nicht durch Führung des Nachweises der Unrichtigkeit gem. § 22 GBO beseitigt werden könnte. Der Insolvenzverwalter werde daher darauf verwiesen, entsprechend § 888 Abs. 2 BGB gegen den Inhaber des Sicherungsrechts mit dem Begehren einer Löschungsbewilligung vorzugehen. Wie bereits zu § 7 Abs. 3 S. 1 GesO entschieden, erlischt daher eine von der Rückschlagsperre gem. § 88 InsO erfasste Zwangshypothek. Dies schließt das Entstehen einer Eigentümergrundschuld entspr. § 868 ZPO aus. Allerdings ist in der Vergangenheit zu den §§ 28, 87, 104 VerglO vertreten worden, die Rückschlagsperre habe das Entstehen einer Eigentümergrundschuld zur Folge. Gegen diese Auffassung führt der BGH an, die Masse habe kein begründetes Anrecht darauf, gegenüber einem aufgrund der Unwirksamkeit der Zwangssicherungshypothek aufrückenden Grundpfandgläubiger günstiger zu stehen, als wenn der gesperrte besserrangige Zwangshypothekar den Antrag auf Eintragung der Zwangshypothek vor Vollzug wieder zurückgenommen hätte. Die früher zur VerglO vertretene Auffassung[514] ist, wie der IX. Zivilsenat überzeugend ausführt, seit der Einführung des gesetzlichen Löschungsanspruchs nachrangiger Grundpfandgläubiger überholt.

Der erkennende Senat nimmt indes eine Ungleichbehandlung vor zwischen der endgültigen Wirksamkeit von Pfändungspfandrechten (§ 804 ZPO) und der buchmäßig eingetragenen Zwangssicherungshypothek. Zu den §§ 28, 104 VerglO[515] hat der BGH nämlich die endgültige Unwirksamkeit des unter der Rückschlagsperre erlangten Pfändungspfandrechts angenommen. Wegen der Zwangssicherungs-

513 BGH, Urt. v. 3.8.1995, IX ZR 34/95, ZIP 1995, 1425 = BGHZ, 130, 347, 354 f.; BGH, Urt. v. 15.7.1999, IX ZR 239/98, DZWIR 1999, 505 = ZIP 1999, 1490 = BGHZ 142, 208, 213.
514 *Müller*, KTS 1955, 92.
515 BGH, Urt. v. 3.11.1983, IX ZR 16/83, NJW 1984, 440 = ZIP 1983, 1472.

hypothek wendet der erkennende Senat indes § 185 Abs. 2 S. 1, 2. Var. BGB an. Danach wird die Verfügung eines nicht Berechtigten wirksam, wenn der Verfügende den Gegenstand erwirbt. Diese *ex ante* eintretende Wirksamkeit tritt dann ein, wenn der Verfügende ohne Verfügungsmacht gehandelt hat und diese nachträglich wiedererlangt.[516] Dies ist bei zunächst nach § 81 Abs. 1 S. 1 InsO schwebend unwirksamen Verfügungen des Schuldners der Fall, wenn das Insolvenzverfahren beendet ist. Der IX. Zivilsenat geht davon aus, dass diese Konvaleszenz auch zutrifft auf Verfügungen, die im Wege der Zwangsvollstreckung zur Begründung einer Zwangshypothek erfolgt sind. Aus der Sicht des IX. Zivilsenats ist ausschlaggebend, dass der Vollstreckungsakt die sonst nötige rechtsgeschäftliche Einigungserklärung gem. § 873 BGB sowie die Eintragungsbewilligung des Schuldners ersetzt. Insofern unterscheidet sich die Zwangshypothek nicht von rechtsgeschäftlich bestellten Grundpfandrechten, da sie mit der Eintragung im Grundbuch gem. § 867 Abs. 1 S. 2 ZPO zur Entstehung gelangt. Die Unwirksamkeit der hoheitlichen Vollstreckungsanordnung gem. § 88 InsO ist daher dem Wegfall des Einigseins vergleichbar. Solange die Eintragung der Zwangshypothek im Grundbuch nicht gelöscht ist, ist der Gläubiger nicht gezwungen, erneut im Wege der Zwangsvollstreckung gegen den Schuldner vorzugehen. Mit Wegfall der Verfügungsbeschränkungen kann die nach § 88 InsO unwirksam gewordene Zwangshypothek aufgrund der und innerhalb der vorhandenen Buchposition entsprechend § 185 Abs. 2 S. 1, 2. Var. BGB neu entstehen. Die Konvaleszenz der Sicherungshypothek tritt auch nicht erst nach Beendigung des Insolvenzverfahrens ein. Denn andernfalls könnte der Schuldner durch Veräußerung des Sicherungsgegenstandes oder weitere Belastung das Wirksamwerden einer nach § 88 InsO gesperrten Sicherung vereiteln.

13. Prozesskostenhilfe für Führung von Anfechtungsprozessen bei Masseunzulänglichkeit

Die vorliegende Entscheidung[517] berührt ein sensibles Gebiet und hat eine Reihe von Konnotationen, die bis zu der Frage reichen, ob für den Fall der Abschaffung der Regelungen der §§ 4a–d InsO im Zuge einer Fundamentalreform der Insolvenzordnung künftig „Verbraucher"insolvenzverfahren auf Prozesskostenhilfe durchzuführen sind.

Fall 96: Dem Antrag stellenden Insolvenzverwalter war zur Führung von Anfechtungsprozessen PKH gewährt, aber die Beiordnung eines Rechtsanwalts gem. § 121 ZPO verweigert worden. Diese Anfechtungsprozesse wollte der Verwalter zur Mehrung der Masse in dem im Übrigen masseunzulänglichen Verfahren führen. Dies ist vom Gesetz in § 208 InsO ausdrücklich vorgesehen. Die Instanzgerichte hatten die Auffassung vertreten, § 121 ZPO müsse mit § 5 InsVV abgestimmt werden, der vorsehe, dass der Insolvenzverwalter, der als Rechtsanwalt Prozesse für die Masse führe, sein Honorar dieser nicht entnehmen dürfe.

516 BGH, Urt. v. 18.6.1993, V ZR 47/92, ZIP 1993, 1187 = BGHZ 123, 58, 62.
517 BGH, B. v. 23.3.2006, IX ZB 130/05, DZWIR 2006, 257 = ZIP 2006, 825.

Dies würde, wie der IX. Zivilsenat des BGH zutreffend feststellt, in massearmen Verfahren zu einem Widerspruch führen, zu einer Ungleichbehandlung von solchen Insolvenzverwaltern, die Rechtsanwälte sind und solchen, die keine Rechtsanwaltszulassung besitzen, denn letztere wären nicht nur in der Lage, für Anfechtungsprozesses in masseunzulänglichen Verfahren PKH zu bekommen, sondern könnten die Beiordnung eines Rechtsanwalts erreichen, während Insolvenzverwalter mit Rechtsanwaltszulassung Anfechtungsprozesse unter diesen Konstellationen auf eigene Kosten führen müssten. Der erkennende Senat weist in diesem Zusammenhang darauf hin, dass mit einer derartigen Auslegung des § 121 Abs. 2 ZPO der eindeutige Zweck der insolvenzrechtlichen Vorschriften über die Masseverwaltung in masseunzureichenden Verfahren verfehlt würde.[518] Denn gerade in diesen Verfahren die Masse anzureichern, war ausdrücklicher Zweck des Reformgesetzgebers.[519] Würde der Volljurist mit Anwaltszulassung in solchen Fällen darauf verwiesen, die Masse unentgeltlich zu vertreten, würde damit in seine Berufsausübungsfreiheit eingegriffen. Der BGH hat an anderer Stelle bereits entschieden, dass der Bestellung eines Nichtjuristen zum Insolvenzverwalter deshalb nichts entgegensteht, weil dieser sich in intrikaten juristischen Problemen anwaltlichen Beistandes bedienen kann. Da sich das Insolvenzanfechtungsrecht durch hoch komplexe objektive und subjektive Tatbestände kennzeichnet, die, wie der IX. Zivilsenat zutreffend feststellt, sich zudem dem Gesetzeswortlaut nicht eindeutig entnehmen lassen, und die Gesamtregelung einen hohen Abstraktionsgrad aufweist, ist auch für den Insolvenzverwalter mit Anwaltszulassung die Bestellung eines Rechtsanwalts im Anfechtungsprozess sinnvoll und ratsam. Es würde daher den Regelungsgehalt des § 116 S. 1 Nr. 1 InsO verfehlen, würde man diesem Anwalt Beiordnung eines Rechtsanwalts im PKH-Verfahren versagen.

XII. Aufrechnung im Insolvenzverfahren – Schutz der Aufrechnungslage und ihre insolvenzrechtlichen Schranken

1. Reichweite des § 96 Abs. 1 Nr. 1 InsO

Fall 97:[520] Die Schuldnerin, über deren Vermögen am 4.1.2002 auf Antrag vom 14.11. 2001 das Insolvenzverfahren eröffnet worden ist, hatte Provisionsansprüche gegen die Beklagte, der folgender Sachverhalt zugrunde lag. Die Schuldnerin hatte am 8.8.2000 Zimmer bei der Beklagten für den Dezember 2001 gebucht, die auch in Anspruch genommen worden waren. Daraus rührten Provisionsansprüche der Schuldnerin gegen die Beklagte her. Der Beklagten war spätestens seit 1.12.2001 bekannt, dass die Schuldnerin Antrag auf Eröffnung des Insolvenzverfahrens gestellt hatte. Das Insolvenzgericht hatte mit Beschluss vom 19.11.2001 vorläufige Anordnungen getroffen, mit denen u.a. Zwangsvollstreckungsmaßnahmen gegen die Schuldnerin untersagt und der spätere Kläger zum vorläufigen Insolvenzverwalter bestellt worden war.

---

518 BGH, B. v. 18.9.2003, IX ZB 460/02, ZIP 2003, 2036.

519 BGH, Urt. v. 27.9.1990, IX ZR 250/89, ZIP 1990, 1490, 1491.

520 BGH Urt. v. 29.6.2004, IX ZR 195/03, DZWIR 2004, 519 = ZIP 2004, 1558 = BGHZ 159, 388.

Der IX. Zivilsenat hat ausgeführt, dass in diesem Fall die Regelung des § 96 Abs. 1 Nr. 1 InsO eingreife. Denn diese Vorschrift verbiete Aufrechnungen, die aufgrund nach Eröffnung des Insolvenzverfahrens zur Entstehung gelangten Aufrechnungslagen vorgenommen werden. Eine entsprechende Anwendung auf das Eröffnungsverfahren schließt der IX. Zivilsenat mit der vorliegenden Entscheidung auch dann aus, wenn das Insolvenzgericht einen vorläufigen Insolvenzverwalter eingesetzt und weitere vorläufige Anordnungen getroffen hat. Das Vollstreckungsverbot gemäß § 21 Abs. 2 Nr. 3 InsO schließe nicht zugleich die Selbsthilfe des aufrechnungsbefugten Gläubigers aus. Sie führt auch nicht gemäß § 394 BGB zur materiellrechtlichen Unwirksamkeit von Aufrechnungen. Der BGH betont, dass insoweit § 96 Abs. 1 Nr. 3 InsO eine Sonderregelung für anfechtbar begründete Aufrechnungslagen trifft. Diese Vorschrift greift ein, wenn der Gläubiger seine eigene Stellung mit einer schuldrechtlichen Verpflichtung gegenüber dem Gemeinschuldner verknüpft, die eine Aufrechnungslage begründet. Diese „Verknüpfung“ kann, wenn die Herbeiführung der Aufrechnungslage die Gläubiger benachteiligt, angefochten werden. Die Neuerung des § 96 Abs. 1 Nr. 3 InsO gegenüber der früheren Rechtslage liegt nach Ansicht des IX. Zivilsenats nun darin, dass der Insolvenzverwalter keine Anfechtungsklage erheben muss. Vielmehr ergibt sich die Unwirksamkeit der Aufrechnung unmittelbar aus § 96 Abs. 1 Nr. 3 InsO. Die Anwendbarkeit des § 96 Abs. 1 Nr. 3 InsO setzt dabei nicht voraus, dass der aufrechnende Gläubiger die Aufrechnungslage immer inkongruent im Sinne von § 131 Abs. 1 InsO erworben hat. Ebenso möglich ist ein Erwerb der Aufrechnungslage im Wege der kongruenten Deckung; ausschlaggebend ist das zwischen Gläubiger und Schuldner zugrunde liegende Rechtsverhältnis.

2. Grenzen der Aufrechnung im Insolvenzverfahren

Mit Urteil vom 2.6.2005 hat der BGH[521] die Reichweite des Aufrechnungsverbots wegen anfechtbar erlangter Aufrechnungslage präzisiert:

Fall 98: Die spätere Insolvenzschuldnerin handelte mit Lastwagen und bezog diese überwiegend von der späteren Beklagten, der sie zur Jahreswende 1998/1999 einen Betrag von ca. 240.000 DM schuldete. Deswegen gab sie ein notarielles Schuldanerkenntnis nebst Unterwerfungserklärung ab. Zur Erfüllung war sie nicht in der Lage und verkaufte der Beklagten am 28.6.1999 zu ihrem Unternehmen gehörende näher bezeichnete Vermögensgegenstände des Anlage- und Umlaufvermögens zu einem Kaufpreis von 243.500 DM zzgl. Umsatzsteuer. In diesem Kaufvertrag wurde u.a. vorgesehen, dass der Kaufpreis mit den offenen Forderungen der Käuferin gegen die Verkäuferin verrechnet werden sollte. Am 20.7.1999 erfolgte Eigenantragstellung der Schuldnerin. Die Beklagte erklärte am 23.7.1999 die Aufrechnung mit Mietzinsforderungen der Schuldnerin gegen die Beklagte.

521 BGH, Urt. v. 2.6.2005, IX ZR 263/03, DZWIR 2006, 31 = ZIP 2005, 1521.

Der BGH hat darauf erkannt, dass die Aufrechnung der Beklagten unzulässig sei gem. § 96 Abs. 1 Nr. 3 InsO, weil die Aufrechnungslage durch nach § 131 Abs. 1 Nr. 1 anfechtbare Rechtshandlungen erlangt worden ist. Da Forderungen auf Zahlungen eines Mietzinses für die periodische Gebrauchüberlassung nicht betagte, sondern befristete Forderungen sind, die abschnittweise neu entstehen,[522] gilt, dass Forderungen der Insolvenzmasse die Gegenleistungen für Leistungen der Masse darstellen, nur auf eine solche Art und Weise getilgt werden dürfen, durch die die Masse nicht verkürzt wird. § 95 InsO legitimiert insoweit nicht zur Aufrechnung. Allerdings lockert § 110 Abs. 3 S. 1 InsO das Aufrechnungsverbot des § 96 Abs. 1 Nr. 1 InsO soweit, dass die Aufrechnung für den Zins der für die in der zitierten Vorschrift genannten Monate geschuldet wird, nicht ausgeschlossen ist. Soweit sich Mietzinsansprüche auf einen Zeitraum außerhalb desjenigen des § 110 Abs. 3 S. 1 InsO beziehen, ist schon nach dieser Vorschrift die Aufrechnung von vornherein ausgeschlossen, wie der IX. Zivilsenat in der vorliegenden Entscheidung feststellt. Im Übrigen aber greift § 96 Abs. 1 Nr. 3 InsO. Auch für Fälle, in denen der Vertragspartner umfassende Verpflichtungen bei einer Übernahme des schuldnerischen Vermögens eingeht, kann nicht davon ausgegangen werden, dass damit – objektiv – eine Gläubigerbenachteiligung ausgeschlossen wäre, so dass die Aufrechnung im Kontext des Gesamtgeschäftes betrachtet nicht unter § 96 Abs. 1 Nr. 3 InsO fiele. Der BGH macht nämlich deutlich, dass als Zweck des § 96 Abs. 1 Nr. 3 InsO der Schutz der Insolvenzmasse und damit die Herstellung der Aufrechnungslage, nicht aber der Abschluss des Gesamtgeschäfts zu betrachten ist. Eine Saldierung widerspricht der zum Schutz der Insolvenzmasse gebotenen „strengen Einzelsicht". Auch der Fall eines überhöhten Kaufpreises stellt ebenso wenig wie die mit einem Kaufvertrag mit übernommenen Nebenpflichten eine objektive Gläubigerbenachteiligung nicht in Frage.

a) Inkongruenz der Erlangung der Aufrechnungslage (Fall I)

Im Zusammenhang der Insolvenzaufrechnung macht insbesondere die Auslegung der Vorschrift des § 95 Abs. 1 S. 3 InsO besondere Schwierigkeiten, die zu einer Entscheidung des BGH[523] geführt hat, der vereinfacht folgender Sachverhalt zugrunde lag:

> **Fall 99:** Von dem im Insolvenzverfahren über das Vermögen des B eingesetzten Insolvenzverwalter wird mit einer Klage von der Beklagten restlicher Werklohn verlangt. Dagegen hat die Beklagte mit Schadensersatzansprüchen wegen falsch gelieferter Waren und zusätzlicher Kosten aus der Fertigstellung des Werkes die Aufrechnung erklärt.

Der VII. Zivilsenat des BGH hat dabei darauf erkannt, § 95 Abs. 1 S. 3 InsO schließe die Aufrechnung des Insolvenzgläubigers mit einem während des Insolvenzverfah-

---

522 BGH, Urt. v. 9.2.1983, VIII ZR 305/81, BGHZ 86, 382, 385 f.; BGH, Urt. v. 30.1.1997, IX ZR 89/96, ZIP 1997, 513, 514.
523 BGH, Urt. v. 22.9.2005, VII ZR 117/03, ZIP 2005, 1972 = BGHZ 154, 159.

rens fällig gewordenen Schadensersatzanspruch auf Ersatz der Mängelbeseitigungskosten gegen den vorher fällig gewordenen Werklohnanspruch des Insolvenzschuldners nicht aus.

Allerdings bestimmt diese Vorschrift, dass, wenn die Werklohnforderung vor der Schadenersatzforderung fällig geworden ist, die Aufrechnung ausgeschlossen sei. Der VII. Zivilsenat meint, die Vorschrift solle verhindern, dass der Insolvenzgläubiger mit der Erfüllung seiner Schuld solange warte, bis er mit einer Gegenforderung aufzurechnen imstande sei. Daher, wenn die Werklohnforderung des Insolvenzschuldners zwar vor der Schadenersatzforderung fällig ist, der Insolvenzschuldner seine Werklohnforderung aber wegen eines auf Mängeln gegründeten Leistungsverweigerungsrechts des Gläubigers gem. § 320 BGB nicht hätte durchsetzen können, greife der Gesetzeszweck des § 95 Abs. 1 S. 3 InsO nicht. Denn es würde nach Ansicht des VII. Zivilsenats zu unangemessenen Ergebnissen führen, den Gläubiger auf die Insolvenzforderung zu verweisen, wenn er eine zwar fällige, aber mit einem Leistungsverweigerungsrecht belastete Forderung nicht umgehend begleicht.[524] Dem § 95 Abs. 1 S. 3 InsO liege mithin das Verständnis der materiellrechtlichen Regelung der §§ 392, 406 BGB zugrunde. Dem Schuldner, der die Befriedigung der Forderung nicht pflichtwidrig verweigert, weil ihm ein Leistungsverweigerungsrecht zusteht, soll durch die Beschlagnahme der gegen ihn gerichteten Forderung kein Nachteil erwachsen.

b) *Inkongruenz der Erlangung der Aufrechnungslage (Fall II)*

Mit einer Entscheidung aus dem Februar 2006[525] hat der BGH seine Judikatur zur Inkongruenz der Erlangung der Aufrechungslage abgerundet. Dem lag folgender – hier vereinfacht wiedergegebener – Sachverhalt zugrunde:

> **Fall 100:** Die spätere Insolvenzschuldnerin K. AG befand sich in finanziellen Schwierigkeiten. Eine andere Gesellschaft sollte nach einer zwischen der Insolvenzschuldnerin und ihr geschlossenen Vereinbarung 51 % der Aktien der späteren Insolvenzschuldnerin übertragen erhalten. Die Gesellschaft verpflichtete sich, in den darauf folgenden 6 Monaten Waren von der K. AG zu beziehen. Dies sollte zum Anschaffungs-/Selbstkostenpreis im Wert von DM 5 Millionen erfolgen, um die Liquidität der K. AG zu sichern. Mit dem Tag der Übertragung der Aktien sollten DM 3 Millionen als Akontozahlung fällig werden. Die bereits gelieferten Waren sollten zur Anrechnung gelangen. Während zweier Monate bezog die beklagte Gesellschaft Waren im Wert von DM 3,5 Millionen von der späteren Insolvenzschuldnerin und zahlte darauf etwa DM 2,5 Millionen. In diesem Zeitraum trafen die heute beklagte Gesellschaft und die K. AG eine Vereinbarung darüber, dass die heute beklagte Gesellschaft ein Sanierungskonzept für die Insolvenzschuldnerin erstellen oder erstellen lassen sollte und die Aufwendungen hierfür von der heutigen Insolvenzschuldnerin sollte ersetzt verlangen können.

524 So bereits BGH, Urt. v. 5.5.1977, VII ZR 85/76, BGHZ 68, 379.
525 BGH, Urt. v. 9.2.2006, IX ZR 121/03, ZIP 2006, 818.

Mit den Aufwendungsersatzansprüchen hat die beklagte Gesellschaft nicht gegen die Kaufpreisansprüche aufrechnen können. Denn die Aufrechnungslage ist insofern in inkongruenter Weise herbeigeführt worden. Die spätere Insolvenzschuldnerin war zur Leistung der Lieferung der Waren aufgrund der Vereinbarung über den Mehrheitserwerb durch die beklagte Gesellschaft verpflichtet. Ein Zusammenhang mit der Vereinbarung über den Aufwendungsersatz wegen der Sanierung der späteren Insolvenzschuldnerin bestand insoweit nicht. Eine durch spätere Kaufverträge herbeigeführte Deckung des Anspruchs auf Aufwendungsersatz stellte sich daher als inkongruent dar, weil die insoweit zustande gekommene Aufrechnungslage durch die ursprünglichen Vereinbarungen der Parteien nicht getragen war.

3. Konzernverrechnungsklauseln

Konzernverrechnungsklauseln erklärt das Gesetz heute anders als unter der Geltung der KO[526] nach § 94 2. Hs. InsO dadurch für wirksam, dass nach § 94 InsO die Aufrechnung auch im Falle vertraglich vereinbarter Aufrechnungsklauseln zulässig ist. Damit will zum Beispiel der Einkäufer erreichen, dass mit Ansprüchen des Verkäufers auch Forderungen anderer Konzernunternehmen aufgerechnet werden können.

Konzernverrechnungsklauseln waren nach der ständigen Rechtsprechung des BGH nicht konkursfest. Der Insolvenzrechtsreformgesetzgeber hat „klarstellend" in § 94 InsO ausgeführt, dass eine vorkonkursliche Aufrechnungslage auch nach Inkrafttreten der InsO dann insolvenzfest sei, wenn sie auf rechtsgeschäftlicher Vereinbarung beruht. Der IX. Zivilsenat des BGH hat nunmehr in einer Entscheidung vom 15.7.2004[527] § 94 InsO aufgrund der Motive des Gesetzgebers dahin ausgelegt, dass sich gegenüber der Rechtslage vor Inkrafttreten der InsO nichts geändert habe. Angesichts der zum Teil vehementen Proteste im Schrifttum mag es überraschen, wie einfach die Argumentation des IX. Zivilsenats ausgefallen ist – die gleichwohl nachdrücklich überzeugt. Dem lag folgender Sachverhalt zugrunde:

Fall 101: Am 1.8.2000 war über das Vermögen der schuldnerischen M. GmbH das Insolvenzverfahren eröffnet worden. Der Insolvenzverwalter begehrt von der Beklagten Zahlung von ca. 59.000 €. Die Beklagte wendet ein, die Klageforderung sei durch Aufrechnung erloschen. Ihre Allgemeinen Verkaufs- und Lieferungsbedingungen sehen eine Konzernverrechnungsklausel vor, aufgrund derer die Beklagte nach Stellung des Eigenantrags durch die insolvenzschuldnerische M.GmbH an die F.GmbH einen Betrag in Höhe der Klageforderung gezahlt hatte.

---

526 OLG Köln, Urt. v. 28.4.1995, 25 U 17/94, ZIP 1995, 850 mit Kurzkomm. *Grub,* EWiR 1995, 693.

527 BGH, Urt. v. 15.7.2004, IX ZR 224/03, DZWIR 2005, 119 = ZIP 2004, 1764 = BGHZ 160, 107.

Der IX. Zivilsenat hat die Aufrechnung für unzulässig erachtet; er wendet entsprechend § 96 Abs. 1 Nr. 2 InsO auf den Vorgang an. Aus dem Wortlaut des § 94 InsO sei nicht zu entnehmen, dass der Schutz der Insolvenzmasse, der durch die §§ 95, 96 InsO geboten wird, nicht gewährt wird, wenn die Aufrechnung aufgrund rechtsgeschäftlich vereinbarter Konzernverrechnungsklauseln erfolgt. Der IX. Zivilsenat sieht sich in seiner Ansicht durch Art. 33 Nr. 17 EGInsO bestätigt, der die Vereinbarung eines Konzernvorbehalts durch § 449 Abs. 3 BGB für nichtig erklärt.

Zwar ist die Befugnis zur Aufrechnung einem Pfandrecht oder einer Sicherungsabtretung und damit dem Recht zur abgesonderten Befriedigung strukturell vergleichbar.[528] Der IX. Zivilsenat sieht für den Fall der Konzernverrechnungsklausel aber die Besonderheit, dass nicht dem Schuldner der Masse, sondern einem Insolvenzgläubiger als einem dritten Schuldner dieses absonderungsgleiche Recht gewährt wird. Daher müssen sich die Rechtshandlungen, die zur Begründung des absonderungsgleichen Rechts in der Person des Dritten (des verbundenen Konzernunternehmens) führen, den Maßstäben der §§ 95, 96 InsO) unterwerfen lassen.

§ 96 Abs. 1 Nr. 1 InsO schließt die Aufrechnung aus, wenn die gegen Insolvenzgläubiger gerichtete Hauptforderung erst nach Eröffnung des Insolvenzverfahrens begründet wurde. Die Aufrechnung ist ebenfalls dann unzulässig, wenn der Gläubiger bereits vor der Eröffnung Schuldner desjenigen war, über dessen Vermögen das Verfahren eröffnet wurde und danach eine Forderung durch Rechtsgeschäft oder Abtretung erlangte, ihm jedoch wegen der Kenntnis der drohenden Zahlungsunfähigkeit vorgeworfen werden kann, nur deshalb die Forderung erworben zu haben.[529] Eine vergleichbare Regelung trifft § 96 Abs. 1 Nr. 2 InsO für den Fall, dass der Aufrechnende die Gegenforderung erst nach Erlass des Eröffnungsbeschlusses von einem anderen Gläubiger erworben hat[530], denn ließe man die Aufrechnung in diesem Falle zu, könnte eine Insolvenzforderung auf dem Wege der Abtretung vollständig befriedigt werden.

Schwahn[531] hat dies so beschrieben, dass die §§ 94ff. InsO eine Befriedigung durch Aufrechnung lediglich dann zulassen, wenn sich die abgesonderte Befriedigung durch Verrechnung bereits im Vorfeld der Insolvenzeröffnung „mit Sicherheit" abgezeichnet hat, vgl. §§ 94, 95 InsO. Insofern ist eine Aufrechnung immer dann unzulässig, wenn die Insolvenzforderung aus Sicht des Gläubigers bereits durch die Eröffnung des Insolvenzverfahrens bis auf die zu erwartende Quote entwertet ist. Hier darf die Forderung nicht wieder durch einen nachträglichen Verrechnungsvorgang aufgewertet werden, vgl. §§ 96 Abs. 1 Nr. 1 u. 2 InsO. Während die §§ 94, 95, 96 Abs. 1 Nr. 1, 2, 4 InsO die Masse vor „aushöhlenden" nachträglichen Verrechnungen schützen, gewährt § 96 Abs. 1 Nr. 3 InsO der Masse Schutz vor bereits erfolgten Aufrechnungen. Im Insolvenzverfahren wird daher rückwirkend sichergestellt, dass

---

528 *Paulus*, in: 50 Jahre BGH, 765, 781.

529 Vgl. auch LG Gera, Urt. v. 5.5.1994, 4 O 292/93 = DtZ 1994/253.

530 Für den Rückfall der sicherungszedierten Forderung verneint *Kessler* (ZInsO 2001, 148ff.) dies in dem über das Vermögen des Sicherungsgebers eröffneten Insolvenzverfahren.

531 *Schwahn*, Der Aufrechnungsvertrag in der Insolvenz, Diss. Kiel 2003.

der Grundsatz der Gläubigergleichbehandlung bereits während der materiellen Insolvenz wirkt und eine Forderung, die durch den Eintritt der Krise bereits entwertet ist, von einem Gläubiger, der die Situation kennt, nicht auf Kosten der übrigen Gläubiger durch das Schaffen einer Aufrechnungsmöglichkeit wieder aufgewertet werden kann.

Nach ganz herrschender Meinung erlischt der antizipierte Aufrechnungsvertrag mit Verfahrenseröffnung gemäß § 91 InsO. Teilweise wird sogar angenommen, der antizipierte Aufrechnungsvertrag erlösche bereits im Eröffnungsverfahren, wenn ein allgemeines Verfügungsverbot ergangen ist. Diese Ansichten teilt *Schwahn* nicht.[532] Sind die Forderungen im Eröffnungsverfahren entstanden, kommt es nach Auffassung des Verf. (zunächst) zur Verrechnung.[533] Dabei wird die Saldierung allerdings nicht selten wegen Anfechtbarkeit mit Verfahrenseröffnung automatisch unwirksam, vgl. § 96 Abs. 1 Nr.3 InsO. Sind die Forderungen nach Verfahrenseröffnung entstanden, kommt es vorbehaltlich der Ausnahmeregelungen der §§ 110 Abs. 3, 114 Abs. 2 InsO zur Verrechnung, sofern der Rechtsgrund der Forderungen bereits bei Verfahrenseröffnung bestand. Das folgt ohne weiteres aus § 161 Abs. 1 BGB. Bestand der Rechtsgrund der Forderungen bei Verfahrenseröffnung noch nicht, greift § 161 Abs. 1 BGB nicht.[534]

Eine vergleichbare Fallgestaltung hat der IX. Zivilsenat des BGH in folgendem Fall zu entscheiden gehabt:

Fall 102: Der Beklagte ist Versicherungsverein, der u.a. für die U. als Einzugsstelle tätig war. Dem lag eine tarifvertragliche Ermächtigung für Sozialkassen der Bauwirtschaft zugrunde. In diesem Rahmen führte der Versicherungsverein ein Beitragskonto, das zu Lasten der Schuldnerin im Soll stand. Die Schuldnerin hatte gegen U. Erstattungsansprüche wegen Urlaubsvergütungen, die seitens der Schuldnerin an ihre Arbeitnehmer gezahlt worden waren. Aufgrund dieser Erstattungsansprüche überwies die U. auf das beim Versicherungsverein geführte Beitragskonto von Anfang Februar 1997 bis zum 24.4.1997 ca. 350.000 DM. Die Erstattungszahlungen waren tarifvertraglich mit der Maßgabe zweckgebunden, dass der Arbeitgeber über die Erstattungsansprüche nur verfügen konnte, wenn das bei der Einzugsstelle – also dem Versicherungsverein – bestehende Beitragskonto kein Debitsaldo auswies. Am 28.4.1997 wurde Gläubigerantrag gestellt, auf den hin am 1.7.1997 über das Vermögen der Schuldnerin das Gesamtvollstreckungsverfahren eröffnet wurde. Der Gesamtvollstreckungsverwalter fordert vom beklagten Versicherungsverein die auf die offene Beitragsschuld verrechneten Erstattungen der U. wegen Insolvenzanfechtung zurück.

Der IX. Zivilsenat des BGH konnte in dem vorliegenden Fall in der Sache selbst nicht entscheiden, da die tatrichterlichen Feststellungen zwei Fallkonstellationen als denkbar erscheinen ließen, die zu einer jeweils unterschiedlichen Beurteilung der Sach- und Rechtslage führen würden.

---

532 *Schwahn* (Fn. 516), 1. Teil III, 3. Teil A III 4c) und 4, Teil II, III.
533 *Schwahn* (Fn. 516), 3. Teil A III 4b).
534 *Schwahn* (Fn. 516), 3. Teil A III 4c).

Soweit die Verrechnung der auf dem Beitragskonto der Schuldnerin beim beklagten Versicherungsverein gut geschriebenen Erstattungszahlungen seitens U. mit Beitragsansprüchen, die für die U. einzuziehen gewesen wären, erfolgte, hätte bereits wegen der insoweit bestehenden Aufrechnungslage von Ansprüchen der Schuldnerin gegen U. mit Ansprüchen der U. gegen die Schuldnerin eine Verrechnung erfolgen können, ohne dass diese der Insolvenzanfechtung unterworfen gewesen wäre. Denn diese Aufrechnungslage hatte bereits vor Eingang des Antrags auf Eröffnung des Gesamtvollstreckungsverfahrens bestanden. Sie war unabhängig davon, dass U. den Erstattungsbetrag auf das beim beklagten Versicherungsverein geführte Beitragskonto überwiesen hatte. Da die Aufrechnungslage zwischen U. und der Schuldnerin insofern bereits vorkonkurslich bestanden hatte, konnte in der Verrechnung auch keine Benachteiligung der Gläubiger liegen, da diese nicht anders als aufgrund der ohnedies bestehenden Aufrechnungslage gestellt wurden.

Die Verrechnung seitens des beklagten Versicherungsvereins ist dagegen möglicherweise anfechtbar, sofern sie mit Beitragsforderungen erfolgte, die dem beklagten Versicherungsverein selbst oder anderen Sozialkassen gegen die Schuldnerin zugestanden haben. Denn in diesem Fall ist erst in der kritischen Zeit durch die Überweisung seitens der U. die Möglichkeit der Verrechnung entstanden, so dass eine Anfechtungsklage greift. Der IX. Zivilsenat stellt in diesem Zusammenhang fest, dass der Einzugsstelle (dem beklagten Versicherungsverein) keine pfandähnliche Befugnis zur abgesonderten Befriedigung an den Erstattungsansprüchen der Schuldnerin zusteht.[535] Tarifvertraglich ermöglichte Verrechnungen der Einzugsstelle gegenüber Forderungen des Schuldners (der Masse) gegen den Beitragsberechtigten haben nach Feststellung des IX. Zivilsenats Wirkungen wie eine Konzernverrechnungsklausel. Insoweit aber hat der IX. Zivilsenat des BGH in seiner oben ausgeführten „Konzernverrechnungsklausel-Entscheidung“[536] (oben Fall 101) darauf erkannt, dass die „klarstellende“ Formulierung des § 94 InsO[537] nicht so zu verstehen ist, dass anfechtbare Verrechnungen aufgrund Konzernverrechnungsklauseln aus dem Geltungsbereich des § 96 Abs. 1 Nr. 1 InsO ausgeschlossen wären.

4. Aufrechnung in gesellschaftsrechtlichen Auseinandersetzungslagen

Der IX. Zivilsenat des BGH hat in seinem Urteil vom 29.6.2004[538] Fragen der Aufrechnung mit der Forderung aus einer gesellschaftsrechtlichen Auseinandersetzungsbilanz zu entscheiden gehabt. Der Entscheidung lag folgender – vereinfacht wiedergegebener – Sachverhalt zugrunde:

---

535 BAG, AP Nr. 11 zu § 4 TVG Gemeinsame Einrichtungen.
536 BGH, Urt. v. 15.7.2004, IX ZR 224/03, DZWIR 2005, 119 = ZIP 2004, 1764 = BGHZ 160, 107.
537 Vgl. zu diesem Euphemismus *v. Olshausen* ZInsO 2004, 1229 ff.
538 BGH, Urt. v. 29.6.2004, IX ZR 147/03, DZWIR 2004, 517 = ZIP 2004, 1608 = BGHZ 160, 1.

Fall 103: Die beklagte Genossenschaft hatte der späteren Insolvenzschuldnerin Waren geliefert und daraus eine Forderung in Höhe von 10.000 DM. Im April 1999 war das Insolvenzverfahren über das Vermögen der Schuldnerin eröffnet worden, deren Insolvenzverwalter im Mai 1999 die Mitgliedschaft der Insolvenzschuldnerin in der Genossenschaft satzungsgemäß kündigte. Die Genossenschaft verminderte um den Betrag ihrer Forderungen den Abfindungsanspruch der Schuldnerin.

In dem vom BGH entschiedenen Fall war die Forderung der beklagten Genossenschaft als Insolvenzgläubigerin aus Warenlieferungen fällig, § 95 Abs. 1 Satz 1 InsO; ein Fall des § 95 Abs. 1 Satz 3 InsO konnte daher nicht eintreten.

Allerdings war die Schuld der Beklagten aus dem Auseinandersetzungsanspruch gegen die Masse erst nach Eröffnung des Insolvenzverfahrens fällig geworden. Der BGH hat die Verrechnung bzw. Aufrechnung gleichwohl als wirksam angesehen und sich dabei darauf gestützt, § 95 Abs. 1 InsO gehe der Regelung des § 96 Abs. 1 Nr. 1 InsO vor.

Die Voraussetzung des § 95 Abs. 1 Satz 1 InsO hat der IX. Zivilsenat als gegeben angesehen, da die unbedingte und fällige Forderung der Insolvenzgläubigerin (Aktivforderung) mit der bereits mit Begründung des Gesellschaftsverhältnisses angelegten, zukünftigen Forderung der Schuldnerin wegen des Auseinandersetzungsguthabens aufgerechnet worden sei. Der Anspruchsinhaber wird darin geschützt, dass er mit einer Forderung aufrechnen kann, die bereits fällig wird, ohne dass es einer weiteren Rechtshandlung des Anspruchsinhabers bedurfte.

Der IX. Zivilsenat lehnt eine erweiternde Auslegung des § 95 Abs. 1 Satz 3 InsO in den Konstellationen ab, in denen wie in dem von ihm entschiedenen Fall lediglich die Forderung der Masse bedingt war.

Gelangt die Passivforderung ohne weiteres Zutun der Parteien zum Entstehen, lässt der BGH dies für § 95 Abs. 1 Satz 1 InsO genügen. Hängt sie indes noch von einer Kündigung – in dem vom BGH entschiedenen Fall: des Insolvenzverwalters der ausscheidenden Genossin – ab, entsteht der Anspruch auf das Auseinandersetzungsguthaben nicht ohne weiteres „automatisch". Dies genügt an sich nicht, um die Aufrechenbarkeit zu begründen. Der BGH lässt es aber genügen, dass der Anspruch aus dem Auseinandersetzungsguthaben mit Eröffnung des Insolvenzverfahrens begründet wird. Diese Wirkung der Verfahrenseröffnung tritt – sieht der Gesellschaftsvertrag nichts anders vor – spätestens mit Rechtskraft des Eröffnungsbeschlusses ein.

XIII. Wirkungen der Verfahrenseröffnung auf gegenseitige nicht vollständig erfüllte Verträge

1. Fragestellungen

Für die Systembildung im materiellen Insolvenzrecht hat die Frage zentrale Bedeutung angenommen, wie mit teilweise erfüllten gegenseitigen Verträgen umzugehen sei. Auch diese Verträge fallen nach allgemeiner Meinung seit jeher unter § 17 KO bzw. unter § 103 InsO. Hinter dieser Konstellation verbergen sich verschiedene Probleme: Wählt der Insolvenzverwalter die Erfüllung des Vertrages fragt sich, ob diese Erfüllungswahl auch die vorkonkurslich teilerfüllten Leistungen erfasst und Auswirkungen auf ihre konkursrechtliche Qualifikation zeitigt (sogleich 2.). Der BGH verneint dies seit Mitte der neunziger Jahre des vergangenen Jahrhunderts. Die damit verbundene Strukturentscheidung steht im unmittelbaren Zusammenhang mit der Frage, welche Einwendungen zu Lasten der andere Teile dem im Falle der Erfüllungswahl begründeten Leistungsverlangen des Insolvenzverwalters entgegengesetzt werden können, insbesondere wieweit er die Aufrechnung mit vorkonkurslich begründeten Leistungen erklären kann (unten 3.).

2. Fehlende Durchsetzbarkeit der Erfüllungsansprüche aus gegenseitigen Verträgen nach Eröffnung des Insolvenzverfahrens

Der IX. Zivilsenat[539] geht seit einer Entscheidung aus dem April 2002 davon aus, dass die Eröffnung des Insolvenzverfahrens über das Vermögen eines der Vertragspartner gegenseitiger Verträge zur Folge habe, dass die Leistungs- und Gegenleistungsansprüche aus dem Vertrag nicht mehr durchsetzbar sind.

Der IX. Zivilsenat hat damit in seinem Urteil vom 25.4.2002[540] die seit dem „Panzerbrückenfall"[541] aufrechterhaltene Ansicht aufgegeben, nach der durch die Eröffnung des Insolvenzverfahrens der Bestand des gegenseitigen Vertrages beseitigt werde. Damit hat sich der IX. Zivilsenat freilich nicht der Lehre angeschlossen, die davon ausgeht, durch die Eröffnung des Insolvenzverfahrens werde dem Insolvenzverwalter ein Gestaltungsrecht eingeräumt, das ihm die Beseitigung der Erfüllungsansprüche des anderen Teils erlaube.

Mit einer weiteren, über das Gesamtvollstreckungsrecht, zu dem sie erlassen wurde, hinaus auch für die Auslegung der InsO äußerst wichtigen Entscheidung hat der IX. Zivilsenat des BGH[542] seine Judikatur zu dem Recht der beiderseits nicht erfüllten gegenseitigen Verträge im über das Vermögen eines Teils eröffneten Insolvenzverfahren weiter ausgebaut und systematisiert.

---

539 BGH, Urt. v. 27.5.2003, IX ZR 51/02, ZIP 2003, 1208 = BGHZ 155, 87.
540 BGH, Urt. v. 25.4.2002, IX ZR 313/99, DZWIR 2003, 20 = ZIP 2002, 1093 = BGHZ 150, 353.
541 BGH, Urt. v. 14.12.1983, VIII ZR 352/82, ZIP 1984, 190 ff. = BGHZ 89, 189, 195.
542 BGH, Urt. v. 27.5.2003, IX ZR 51/02, ZIP 2003, 1208 = BGHZ 155, 87.

Fall 104: In dieser Entscheidung ging es darum, dass der Insolvenzschuldner mit einem Verkäufer einen Immobilienkaufvertrag unter Einräumung eines Rücktrittsrechts für den Fall, dass bestimmte Wegerechte nicht erlangt werden könnten, geschlossen hatte. Dieses Rücktrittsrecht sollte durch die finanzierende Bank, an die der Rückzahlungsanspruch abgetreten worden war, ausgeübt werden können. Für den – schließlich eingetretenen – Fall der Ausübung des Rücktrittsrechts war dem Verkäufer die Abtretung angezeigt worden.

Diese Entscheidung greift vielmehr die neue Argumentationslinie des BGH auf, wenn der IX. Zivilsenat ausführt, der Vertrag bleibe „ungeachtet der Eröffnung des Gesamtvollstreckungsverfahrens und der Erfüllungsablehnung durch den [Insolvenzverwalter] bestehen", er sei „rein insolvenzrechtlich abzuwickeln". Das seit dem „Panzerbrückenfall" behandelte Anliegen, bei teilerfüllten Verträgen solche Aufrechnungen auszuschließen, die sich auf vorkonkurslichen Leistungsaustausch beziehen, kann so unter Verweis auf die Eigenständigkeit der Wertungen (Strukturen) des Insolvenzrechts weiter berücksichtigt werden. Zugleich unterwirft der IX. Zivilsenat alle materiellrechtlichen Regelungen des Rechts beiderseits noch nicht erfüllter gegenseitiger Verträge nach Eröffnung des Insolvenzverfahrens über das Vermögen eines der Vertragspartner dem „konkurslichen Regiment". Dabei prüft der IX. Zivilsenat Gesichtspunkte, die es erzwingen könnten, von einer insolvenzrechtlichen Unwirksamkeit der Abtretung der rücktrittsbedingten Rückzahlungsforderung auszugehen, nämlich die Frage, ob die Abtretung sich als unzulässige insolvenzbedingte Lösungsklausel darstellt oder ob die im Insolvenzverfahren aus § 103 InsO folgende Rechtsmacht des Insolvenzverwalters (in dem durch den BGH entschiedenen Fall: § 9 GesO) unzulässig beschränkt wird.

In dem „Rückzahlungsfall" hat der IX. Zivilsenat entschieden, ein vertraglich eingeräumtes Rücktrittsrecht einer Kaufvertragspartei werde durch die Eröffnung des Insolvenzverfahrens nicht berührt. Das ist nachvollziehbar, da dieses Rücktrittsrecht regelmäßig durch den Insolvenzverwalter der faillierten Vertragspartei erklärt würde (vgl. § 80 InsO). Aus der Perspektive des Schutzes der insolvenzrechtlichen Vermögensabwicklung besteht daher kein Anlass, dies in Zweifel zu ziehen.

Der im Falle der Erklärung des Rücktritts entstehende Rückzahlunganspruch kann vorkonkurslich wirksam vom späteren Insolvenzschuldner abgetreten werden, da es sich nach der zutreffenden Qualifizierung durch den BGH um einen bedingten Anspruch handelt. Ausschlaggebend ist, dass die Bedingung, unter der die Rücktrittsforderung abgetreten wird, nicht dergestalt auf den Insolvenzfall bezogen ist, dass die Eröffnung des Insolvenzverfahrens den Rückzahlungsanspruch auslöst. Die vorkonkursliche Abtretung des rücktrittsbedingten Anspruches auf Rückzahlung des Kaufpreises ist daher nicht als haftungsvereitelnde Verfügung über das Vermögen des Schuldners zu qualifizieren.

Auch die aus § 103 InsO folgende Befugnis des Insolvenzverwalters wird durch die Abtretung des Rückzahlungsanspruchs nicht berührt. Der IX. Zivilsenat kommt durch einen völlig überzeugenden Vergleich zu diesem Ergebnis: Wählt der Insolvenzverwalter die Erfüllung des Kaufvertrages, wird die Abtretung gegenstandslos und berührt daher die Abwicklung des Insolvenzverfahrens nicht. Erklärt der Insolvenzverwalter nicht die Erfüllungswahl, steht der Masse nicht weniger zu, als ihr ohnedies aufgrund der wirksamen Abtretung zugestanden hätte.

3. Insolvenzrechtliche Behandlung von Teilleistungen

Schon seit seiner frühen, vor Inkrafttreten der InsO ergangenen Entscheidung im Sachsenmilch-Verfahren[543] hat der IX. Zivilsenat § 105 InsO zum Beleg dafür herangezogen, dass sich im *Kontext des Insolvenzrechts* die Frage der Teilbarkeit von Leistungen anders als in dem des allgemeinen Schuldrechts (§ 266 BGB) darstellt. Seit der Sachsenmilch-Entscheidung, in der es um vor bzw. nach der nach Verfahrenseröffnung durch den Gesamtvollstreckungsverwalter erklärten Erfüllungswahl ging, hat der IX. Zivilsenat deutlich gemacht, dass die frühere Diskussion um die Frage, ob die Erfüllungswahl für Sukzessivlieferungsverträge und Dauerschuldverhältnisse unterschiedlich zu beurteilen wäre, sich erledigt hat. Es kommt nämlich im Kontext des Insolvenzrechts weder darauf an, ob nach der Vertragsgestaltung rechtmäßig Teilleistungen erbracht worden sind oder ob bürgerlichrechtlich eine einheitliche Leistung zeitlich gestreckt erbracht wird usf. Ausschlaggebend ist ausschließlich, dass *tatsächlich* nicht die vollständige Leistung, sondern nur Teile vor Eröffnung des Insolvenzverfahrens erbracht worden sind.

Daher sind im Regelfall auch Werk-(Bau-)leistungen teilbar[544], für die sich in einer aus dieser Judikatur naheliegenden Weise erhebliche Konsequenzen ergeben.

Wie sich im Folgenden sogleich zeigen wird, ist diese spezifisch insolvenzrechtliche Betrachtungsweise der Teilbarkeit von (Bau-)Leistungen wichtig wegen der Reichweite von Sicherheiten und einer Aufrechnungsbefugnis des anderen Teils.

4. Absonderungsrechte, besonders Aufrechnungen mit Gegenleistungen

Die Entscheidung des IX. Zivilsenats ist durch die Segelbootentscheidung[545] vorbereitet worden, der folgender Sachverhalt zugrunde gelegen hatte:

> **Fall 105:** Dort hatte der Beklagte der späteren Insolvenzschuldnerin den Auftrag zum Neubau eines Segelschiffes zum Festpreis von DM 14 Millionen erteilt. Mit einem rechtlich selbständigen weiteren Vertrag hat der Beklagte ein altes Segelschiff der späteren Insolvenzschuldnerin für DM 1 Million verkauft, um Teile für den Neubau zu verwenden. Der Insolvenzverwalter wählte Erfüllung und ließ das Schiff fertigstellen. Gegen die Forderung der Masse erklärte der Beklagte in Höhe des Kaufpreises für das alte Segelboot die Aufrechnung.

543 BGH, Urt. v. 27.2.1997, IX ZR 5/96, DZWIR 1998, 64 = ZIP 1997, 688 = BGHZ 135, 25 m. Anm. *Huber*, EWiR 1997, 517.

544 BGH, Urt. v. 4.5.1995, IX ZR 256/93, ZIP 1995, 926 = BGHZ 129, 336, 344f.; Urt. v. 22.2.2001, IX ZR 191/98, ZIP 2001, 1380 = BGHZ 147, 28, 33.

545 BGH, Urt. v. 22.2.2001, IX ZR 191/98, ZIP 2001, 1380 = BGHZ 147, 28.

Vom IX. Zivilsenat wurde nun bereits im „Segelbootfall" in solcher Art „aufzuspaltenden" Fällen von der Erlöschenswirkung der Verfahrenseröffnung insoweit abgerückt, als dieses dogmatische Kriterium wenig hilfreich erschien, wenn der Insolvenzverwalter nur in sehr geringem Umfang Leistungen im eröffneten Verfahren erbracht hat, die Masse aber im kritischen Zeitraum bis hin zur Verfahrenseröffnung die Belastungen der Erfüllung des Vertrages getragen hat. Der Vertrag, der durch die Eröffnung unberührt bleibe, werde durch § 103 InsO einer spezifischen insolvenzrechtlichen – und d.h.: insolvenzgemäßen – Abwicklung unterworfen. Bei der Beurteilung des Umfangs der aufrechenbaren Gegenforderungen, die sich daraus ergeben, welche Leistungen mit Mitteln der Masse erbracht worden sind, soll nicht allein der Wert der im eröffneten Verfahren erbrachten Leistungen ausschlaggebend sein; vielmehr soll in die „wertende" Betrachtung mit einbezogen werden, dass ebenfalls die in der kritischen Zeit der §§ 130, 131 InsO erbrachten Leistungen dem anderen Teil nicht zu Lasten der Masse zugute kommen dürfen. Sie sind daher in den („wirtschaftlich") zu bestimmenden Zeitraum einzubeziehen, deretwegen die Masse durch die im Zuge der Vertragserfüllung erbrachten Leistungen belastet worden ist.

Die Reichweite der „insolvenzrechtlichen Teilbarkeitslehre", die sich in der „Segelbootentscheidung" angedeutet hat, ist mit dem Urteil vom April 2002 deutlich geworden. Dort ging es um folgenden Sachverhalt:

Fall 106:[546] 1996/1997 sind Rohbauarbeiten durch die spätere Insolvenzschuldnerin für eine ARGE durchgeführt worden. Am 13.9.1996 hatte die spätere Insolvenzschuldnerin mit der späteren Klägerin einen Subunternehmervertrag über die Herstellung und Lieferung von Betonfertigteilen abgeschlossen. Am gleichen Tage trat die spätere Insolvenzschuldnerin ihre Werklohnansprüche gegen die ARGE an die spätere Klägerin zur Sicherung derer Werklohnansprüche ab. Dabei wurde vereinbart, dass die spätere Insolvenzschuldnerin die Forderungen gegen die ARGE auf ein Konto einziehen sollte, über das sie mit der Zessionarin gemeinsam sollte verfügen dürfen. Am 10.12.1996 widerrief die spätere Klägerin die Einziehungsvollmacht, am 16.12.1996 wurde die Sequestration angeordnet und am 1.2.1997 das Verfahren über das Vermögen der Insolvenzschuldnerin eröffnet.

Die ARGE zahlte aufgrund Abschlagsrechnungen u.a.:

4. Abschlz. vom 19.12.1996 am 15.1.1997	DM 200.000,–	auf Sequesteranderkonto
5. Abschlz. vom 24.1.1997 am 14./15.2.1997	DM 181.000,–	Masseanderkonto des Verwalters
6. Abschlz. vom April 1997 am 23.7.1997	DM 169.000,–	Masseanderkonto des Verwalters
7. auf Schlussrechnung am 28.11.1997	DM 361.000,–	Masseanderkonto des Verwalters

Der IX. Zivilsenat stellte fest, dass der klagenden Zessionarin mit Blick auf § 48 InsO kein Absonderungsrecht hinsichtlich der am 15.1.1997 gezahlten DM 200.000,– zusteht, da die Zahlung vor Verfahrenseröffnung erfolgte. Grundsätzlich ist aber

546 BGH, Urt. v. 25. 4. 2002, IX ZR 313/99, DZWIR 2003, 20 = ZIP 2002, 1093 = BGHZ 150, 353.

bei der Einziehung einer Forderung wie in dem durch den BGH entschiedenen Fall eine Gegenleistung nicht vorhanden.[547] Die Gutschrift der 4. Abschlagszahlung stellte sich zwar als „Gegenleistung“ für die erbrachten Arbeiten dar, stand aber nicht mehr aus, da sie dem Vermögen der späteren Insolvenzschuldnerin bereits vor Verfahrenseröffnung zugeflossen war, als sie auf das Sequesterkonto gelangt ist. Damit ist das Recht auf die Gegenleistung mit Einziehung vor Eröffnung nach allgemeinen schuldrechtlichen Regelungen (§ 362 Abs. 1 BGB) erloschen. Das ist allenfalls im Hinblick auf die Auslegung des § 48 InsO interessant und nicht wirklich spektakulär.

In dem an dieser Stelle interessierenden Zusammenhang des Rechts gegenseitiger Verträge ist folgende Erwägung des IX. Zivilsenats wichtig: Nach seiner Entscheidung steht ein Ersatzabsonderungsrecht wegen der Abschlagszahlung 6 und der Schlusszahlung der klagenden Zessionarin deshalb nicht zu, da insoweit mit Insolvenzeröffnung der Verlust der Durchsetzbarkeit der Ansprüche auf (weitere) Leistungen eintritt. Mit der Erfüllungswahl des Verwalters erlangt der andere Teil originäre Masseforderungen gem. § 55 Abs. 1 Nr. 1 InsO, wie es besonders der frühere Vorsitzende des IX. Zivilsenats *Kreft*[548] ausgeführt hat, dem sein Senat hierin gefolgt ist. Das ist bemerkenswert, denn der Verweis auf die *insolvenzrechtliche* Qualifikation der durch die Erfüllungswahl erlangten Gegenforderung macht es dem BGH möglich, die Untiefen des Streits um die materiellrechtlichen Folgen der Insolvenzeröffnung für gegenseitige Verträge zu verlassen, ohne seine strukturellen Prämissen aufgeben zu müssen. Diese Prämisse verweist auf die Funktion (den Zweck) des Insolvenzverfahrens (oben II. 1.), also den durch „den Konkurs“ herbeigeführten „automatic stay“, der die individuelle Rechtsverfolgung zugunsten der materiellen Gleichbehandlung der Gläubiger ausschließt. Die Argumentation des BGH ist m.a.W. „rein insolvenzrechtlich“. Der Sinn der ipso iure mit Eröffnung des Verfahrens eingreifenden Regelungen der §§ 103ff. InsO liegt dann in dem Schutz der Masse vor einer Belastung mit Masseverbindlichkeiten.

In einem weiteren Fall geht es um die Frage, ob schuldrechtlich im Rahmen eines vorkonkurslich vom späteren Insolvenzschuldner geschlossenen Kaufvertrages vereinbarte, insbesondere nicht durch eine Grundbuchdienstbarkeit gesicherte Unterlassungsansprüche den Verwalter im eröffneten Insolvenzverfahren binden. Dieser Fall ist deshalb interessant, weil der IX. Zivilsenat hier ausgeführt hat, zwar bleibe es dabei, dass der Konkursverwalter im Allgemeinen an die Rechtslage gebunden ist, die er bei Verfahrenseröffnung vorfindet.[549] Dies hat die Judikatur aber dahingehend präzisiert, dass der Insolvenzverwalter *für* die Masse keine weitergehenden Rechte reklamieren könne, als sie dem Insolvenzschuldner zustünden.[550]

547 BGH, Urt. v. 6.4.2000, IX ZR 422/98, DZWIR 2000, 428 = ZIP 2000, 895 = BGHZ 144, 192, 194.
548 MünchKomm-*Kreft,* InsO § 103 Rdnr. 39 ff., 47, 54.
549 So BGH, Urt. v. 28.2.1957, VII ZR 204/56, BGHZ 24, 15, 18.
550 BGH, Urt. v. 7.12.1988, IVb ZR 93/87, ZIP 1989, 107 = BGHZ 106, 169, 175.

Fall 107:[551] Die spätere Insolvenzschuldnerin hatte von der Beklagten ein Grundstück mit notariellem Vertrag gekauft, in dem sich die Käuferin u.a. gegenüber der Beklagten nachbarrechtlich dazu verpflichtete, bei Vermietung dem Mieter keine (gewerberechtlich ggf. erforderlichen) Parkplätze zu vermieten. Der Insolvenzverwalter klagt auf Feststellung, an diese Verpflichtung der Insolvenzschuldnerin nicht gebunden zu sein. Der Kaufpreis ist vorkonkurslich gezahlt und das Grundstück übereignet worden.

Der IX. Zivilsenat hat darauf erkannt, dass der Beklagte wegen seines von ihm behaupteten Unterlassungsanspruchs ein Aussonderungsrecht nicht wahrnehmen könne, da der Anspruch nicht darauf gerichtet sei, dass ein schuldnerfremder Gegenstand aus der Masse an ihn, den Beklagten, herauszugeben sei. Die Zugehörigkeit des Grundstücks zur Masse sei vielmehr Voraussetzung des behaupteten Unterlassungsanspruchs, was seine Verfolgung außerhalb der Rechtsdurchsetzungsschranken des Insolvenzverfahrens ausschließt. Daran ändert sich auch durch § 103 InsO nicht deshalb etwas, weil der Unterlassungsanspruch etwa einem Wahlrecht unterlegen habe: Denn der zwischen dem Beklagten und der insolvenzschuldnerischen GmbH geschlossene gegenseitige (Kauf-)Vertrag war beiderseits wegen der Hauptpflichten erfüllt. Weitergehende Nebenabreden, namentlich Unterlassungsversprechen, binden die Konkursmasse nicht.[552] Sie sind zu kapitalisieren und als Insolvenzforderungen zur Tabelle anzumelden.[553] Etwas anderes gilt für Fälle, in denen der Insolvenzverwalter aufgrund *eigenen Tuns* z.B. aus den §§ 3, 13 Abs. 6 UWG auf Unterlassung in Anspruch genommen wird; seine Wettbewerbsverstöße würden, wie der IX. Zivilsenat richtig ausführt, die Masse schadenersatzpflichtig machen und unterliegen daher gegen den Verwalter als Partei kraft Amtes gerichteten Unterlassungsansprüchen.

5. Ausschluss der Wahl der „Erfüllungsverweigerung" durch den Insolvenzverwalter als Verstoß gegen Treu und Glauben?

Die ältere Judikatur des BGH[554] und des Reichsgerichts[555] hat § 17 KO nicht allein auf die Erfüllung gegenseitiger Verträge im Konkurs einer Vertragspartei angewendet, sondern auch auf Rückgewährverhältnisse auf vertraglicher Grundlage erstreckt. In einer zur InsO ergangenen Entscheidung des BGH[556] hat der IX. Zivilsenat es ausdrücklich offen gelassen, ob dem zu folgen sei.

---

551 BGH, Urt. v. 10.7.2003, IX ZR 119/02, DZWIR 2003, 472 = ZIP 2003, 1550 = BGHZ 155, 371.

552 So bereits *Lehmann*, ZZP Bd. 38 (1909) 103, 110 f.

553 A.A. *Kübler/Prütting/Holzer*, InsO, § 38 Rdnr. 18; *Uhlenbruck*, InsO, 12. Aufl. 2003, § 38 Rdnr. 22.

554 BGH, Urt. v. 14.12.1960, VIII ZR 24/60, WM 1961, 482, 485.

555 RG LZ 1915, 217 f.

556 BGH, Urt. v. 23.10.2003, IX ZR 165/02, DZWIR 2004, 200 = ZIP 2003, 2379 m. Anm. von *Holzer*, EWiR 2004, 191.

Fall 108: Der Beklagte ist Insolvenzverwalter in dem über das Vermögen der Lieferantin eröffneten Insolvenzverfahren, von der eine Leasinggesellschaft vorkonkurslich ein Fahrzeug erworben hatte, das an den Kläger als Leasingnehmer ausgeliefert worden war. Nach den AGB der Leasinggesellschaft waren deren Gewährleistungsansprüche gegen die Lieferantin an den Kläger abgetreten. Der Kläger nimmt den Beklagten auf Rückzahlung des Kaufpreises aufgrund Wandelung in Anspruch.

Der IX. Zivilsenat des BGH hat die Zahlungsklage als unbegründet abgewiesen. Denn dem Kläger stehe eine Masseforderung nicht zu. Dies ist nur der Fall, wenn der *Insolvenzverwalter* in dem über das Vermögen des Verkäufers eröffneten Insolvenzverfahren die Erfüllung des Rückgewährschuldverhältnisses verlangt[557], also im vom BGH zu entscheidenden Fall die Rückgabe des Pkw begehrt hätte – was aber nicht geschehen ist.

Die Revision des Klägers hatte die Erfüllungsverweigerung durch den Insolvenzverwalter als treuwidrig und damit wegen Verstoßes gegen § 242 BGB als unbeachtlich gewertet wissen wollen. In der Tat hatte der BGH in der Vergangenheit[558] diese Frage in einem Fall geprüft, in dem es um die Anwendung des § 17 KO in der Insolvenz des Vorbehaltsverkäufers ging. Obgleich der IX. Zivilsenat es dahingestellt bleiben lässt[559], ob heute überhaupt Fälle denkbar sind, in denen § 242 BGB im Rahmen des § 103 InsO zur Anwendung gelangen kann, führt er aus, dass heute jedenfalls die Anwendung des § 242 BGB in der 1983 vorgelegenen Fallkonstellation durch § 107 Abs. 1 InsO erledigt und ausgeschlossen sei.[560] Allein der Umstand, dass der Kläger seinen Anspruch als Insolvenzforderung verfolgen muss, begründet keine Anwendung des § 242 BGB.

6. Auswirkungen der Insolvenz des gewerblichen Zwischenvermieters auf den Mietvertrag

Der BGH[561] hatte über folgenden Sachverhalt zu entscheiden:

Fall 109: Die Hauptvermieterin hatte ihre Eigentumswohnung an die heutige Insolvenzschuldnerin, die B GmbH, als gewerbliche Zwischenmieterin vermietet. Von dieser wurde die Wohnung an den heutigen Kläger weitervermietet. Die Beklagte übernahm eine selbstschuldnerische Bürgschaft für die Kautionsverpflichtung des Klägers in Höhe von DM 3.270. Diese wurde zugunsten der Mieterin gegeben. Im November 2000 wurde die Eröffnung des Insolvenzverfahrens über das Vermögen der Zwischenmieterin beantragt. Das Insolvenzgericht setzte einen vorläufigen Insolvenzverwalter ein, der nach Eröffnung des Insolvenzverfahrens später als Insolvenzverwalter ernannt wurde. Der Endmieter klagt

557 *Henckel*, in: Wieacker-Festschr., 1978, 370, 374 f.
558 BGH, Urt. v. 25.2.1983, V ZR 20/82, NJW 1983, 1619 = ZIP 1983, 709.
559 Insofern geht *Holzer*, EWiR 2004, 191, 192 zu weit.
560 Vgl. auch MünchKomm-*Huber*, InsO, § 103 Rdnr. 203.
561 BGH, Urt. v. 9.3.2005, VIII ZR 394/03, ZIP 2005, 1085.

gegen die Bürgin; dem Kläger ist der Hauptvermieter, der beklagten Bürgin ist der Insolvenzverwalter als Streithelfer zur Seite getreten. Dem gegenwärtigen Rechtsstreit liegt weiterer Vorgang zugrunde: Mit Schreiben vom 7.11.2001 war die insolvente Zwischenmieterin im Einvernehmen mit dem Insolvenzverwalter an die Beklagte herangetreten. Sie erklärte, wegen eines Mietrückstandes des Zwischenmieters die Bankbürgschaft in vollem Umfang in Anspruch nehmen zu wollen. Daraufhin kündigte die Beklagte trotz des seitens des heutigen Klägers erklärten Widerspruchs an, eine Zahlung vornehmen zu wollen. Nachdem diese erfolgt war, belastete die beklagte Bürgin das Kontokorrentkonto des Klägers mit dem entsprechenden Betrag.

Aufgrund des vom Amtsgericht – Insolvenzgericht – erlassenen allgemeinen Verfügungsverbots hatte sich der vorläufige Insolvenzverwalter gehindert gesehen, die an ihn bzw. den Insolvenzschuldner eingehenden Beträge an die Hauptvermieterin weiter zu leiten. Daher kündigte der Hauptvermieter das Zwischenmietverhältnis mit der Zwischenmieterin fristlos. Dem Mieter teilte er mit, die Miete künftig nicht mehr an die Zwischenmieterin, sondern unmittelbar an den Hauptvermieter zahlen zu wollen. Das Berufungsgericht hat der Klage stattgegeben. Zwar sei der Hauptmieter nicht bereits aufgrund der Kündigung des Hauptmietverhältnisses ipso jure Inhaber der bis dahin entstandenen Mietforderung geworden. Es sei vielmehr zwischen Alt- und Neuforderung zu unterscheiden, so dass die bis zur Beendigung des Mietverhältnisses entstandenen Mietforderungen dem Hauptmieter nicht zugefallen seien. Da der Hauptmieter aber fristlos gekündigt habe, bevor das Mietverhältnis aufgrund der Kündigung des Insolvenzverwalters zum Ende gekommen sei, habe der klagende Endmieter mit befreiender Wirkung an den Hauptvermieter Zahlungen leisten können. Denn die Weigerung des vorläufigen Verwalters, die Miete zu entrichten, führe dazu, dass dem Hauptvermieter die Fortsetzung des Mietverhältnisses nicht zumutbar gewesen sei. Sozialpsychologisch ist es eine überzeugende Erwägung, die aber auf die Vorschrift des § 112 InsO stößt. Das LG Bonn hatte allerdings als Berufungsgericht § 112 InsO für nicht anwendbar gehalten, da es der Zweck dieser Vorschrift ist, dem Verwalter die Sachen zu erhalten, die er zur Fortführung, Sanierung oder Gesamtveräußerung des Unternehmens benötigt. Dies sei aber im vorliegenden Fall nicht entscheidend. Der VIII. Zivilsenat des BGH meint, diese Erwägungen des LG Bonn seien rechtlich zutreffend.

Mietrechtlich wird darüber gestritten, ob in Fällen der gewerblichen Zwischenvermietung bei einem Vermieterwechsel durch Beendigung des Hauptmietverhältnisses die bis dahin begründeten Mietforderungen des Zwischenmieters gem. § 565 Abs. 1, § 549a BGB a.F. auf den Hauptvermieter übergehen oder ob sie beim ausgeschiedenen Zwischenmieter verbleiben.[562] Der VIII. Zivilsenat hat diese Frage dahinstehen lassen, da er mit dem Berufungsgericht meint, die Kündigung des Hauptmieters habe das Mietverhältnis wirksam beendigt. Der VIII. Zivilsenat meint dabei, dass wegen der Weigerung des vorläufigen Verwalters, den Mietzins zu entrichten,

562 Für die erste Auffassung *Lammel*, Wohnraummietrecht, 2. Aufl., 2002, § 565 Rdnr. 24; für die Gegenauffassung der h.M. *Emmerich/Sonnenschein*, Miete, 8. Aufl., 2003, § 565 Rdnr. 6., beide m.w.N.

ein die fristlose Kündigung nach § 543 Abs. 1 S. 2 BGB tragender wichtiger Grund vorgelegen habe. Der VIII. Zivilsenat meint, § 112 InsO nicht anwenden zu sollen, da es in der Rechtsmacht des vorläufigen Insolvenzverwalters gelegen habe, die fälligen Mieten zu zahlen. Sein Sachvortrag, das allgemeine Verwaltungs- und Verfügungsverbot, das mit der vorläufigen Anordnung des Insolvenzgerichts gegen die Schuldnerin erlassen worden sei, habe ihn daran gehindert, hält der VIII. Zivilsenat für nicht hinreichend, um seine Verteidigung greifen zu lassen. Im Zweifel schließe die Befugnis zur Fortführung eines Mietverhältnisses mit den sich daraus ergebenden Pflichten es ein, insbesondere die zur vertragsgerechten Bezahlung der nach Eröffnungsantrag fällig werdenden Mieten aus dem Schuldnervermögen zu begleichen.[563] Der Anwendung des § 112 InsO stehe im Übrigen entgegen, dass nach Stellung des Antrages der Mieter bzw. der vorläufige Insolvenzverwalter sich vertragsgerecht zu verhalten hätte. Wirtschaftlich läuft diese Rechtsansicht darauf hinaus, wegen der während des Eröffnungsverfahrens anfallenden Mietzinsen, die vom End- an den insolventen Zwischenmieter geschuldet werden, dem Hauptvermieter im Falle des Ausspruchs seiner Kündigung eine Art von Aussonderungsrecht einzuräumen. Der VIII. Zivilsenat vermeidet es, in dieser Weise zu argumentieren. Die von ihm dem LG Bonn entlehnte teleologische Reduktion des § 112 InsO soll diese Konsequenz vermeiden helfen. Betrachtet man den Fall näher, so tritt ins Auge, dass der VIII. Zivilsenat an keiner Stelle angesprochen hat, welche Rechtsmacht der vorläufige Verwalter im vorliegenden Fall denn wirklich hatte.

7. Insolvenz, Arbeits- und Betriebsverfassungsrecht

a) *§ 113 InsO und § 323 Abs. 1 UmwG*

Das BAG hat darauf erkannt, dass § 323 Abs. 1 UmwG einer Kündigung durch den Insolvenzverwalter wegen Betriebsstilllegung in der Insolvenz eines abgespaltenen Unternehmens nicht entgegensteht.[564]

Fall 110: Im August 2001 waren aus der D GmbH und Co. KG drei rechtlich selbständige Unternehmen ausgegliedert worden, u.a. ein Unternehmen, das eine Zeitungsdruckerei fortführte, der das Arbeitsverhältnis der Klägerin zugeordnet worden war. Im September 2002 wurde von dem Druckereiunternehmen ein Insolvenzantrag gestellt und der spätere Beklagte wurde zum vorläufigen Insolvenzverwalter bestellt. Im November 2002 wurde das Insolvenzverfahren eröffnet und der Beklagte zum Insolvenzverwalter bestellt. Am gleichen Tag wurde ein Interessensausgleich mit Namensliste zwischen Insolvenzverwalter und Betriebsrat vereinbart, auf der auch die Klägerin aufgeführt ist.

Das BAG hat darauf erkannt, der Insolvenzverwalter habe das Arbeitsverhältnis gem. § 113 InsO kündigen können. Hieran war er auch durch eine Betriebsvereinbarung, die von dem Vorgängerunternehmen der Insolvenzschuldnerin mit der

563 BGH, Urt. v. 18.7.2002, IX ZR 195/01, DZWIR 2002, 470 = ZIP 2002, 1625 = BGHZ 151, 353.
564 BAG, Urt. v. 22.9.2005, 6 AZR 526/04, ZIP 2006, 631.

Klägerin geschlossen worden war, nicht gehindert. Dies gilt auch für § 323 Abs. 1 UmwG. Denn diese Vorschrift verbietet nur Verschlechterungen, die aufgrund der Spaltung der Unternehmen eingetreten sind. Die Verschlechterung muss sich daher als unmittelbare Folge einer Spaltung darstellen. Die insolvenzbedingte Stilllegung der Nachfolgergesellschaft ist nicht zu diesem Kreis von Folgen zu zählen. Die eigenständige wirtschaftliche Entwicklung des abgespaltenen Unternehmens stellt sich m.a.W. nicht als eine Verschlechterung dar, die von § 323 Abs. 1 UmwG erfasst wird. Daher weist das BAG zutreffend Ansichten zurück, wonach zwischen § 323 UmwG und § 113 InsO ein Konkurrenzverhältnis bestehe. Dies ist nicht der Fall, da beide Vorschriften unterschiedliche Probleme regeln.

Diesen Gedanken erstreckt das BAG auch auf die Maßstäbe, die hinsichtlich der Sozialauswahl wegen der Verhältnisse vor Wirksamwerden der Spaltung bzw. nach der Spaltung gegolten haben. § 323 Abs. 1 UmwG begründet keine Verpflichtung der Parteien der Betriebsvereinbarung bzw. des Interessenausgleichs, die vor der Spaltung bestehenden Verhältnisse zugrunde zu legen. Regelmäßig können nachträglich die Arbeitnehmer zwischen den abgespaltenen Unternehmen nicht mehr wechseln. Daher ist es gerechtfertigt, die Kriterien der Sozialauswahl auf das jeweils eigenständige Unternehmen zu beziehen. Eine unternehmensübergreifende Sozialauswahl ist nicht mehr vorzunehmen, wenn der Gemeinschaftsbetrieb im Zeitpunkt der Kündigung nicht mehr besteht.

b) *Kosten der Vertretung des Betriebsrats in einem arbeitsgerichtlichen Beschlussverfahren nach § 40 Abs. 1 BetrVG*

Nach § 40 Abs. 1 BetrVG hat der Arbeitgeber die Kosten zu tragen, die durch die Tätigkeit des Betriebsrats entstehen. Hierzu zählen auch die Honorarkosten für einen Rechtsanwalt, der vom Betriebsrat in Wahrnehmung seiner betriebsverfassungsrechtlichen Rechte und zur Vertretung in einem arbeitsgerichtlichen Beschlussverfahren durch ordnungsgemäßen Beschluss des Betriebsrats herangezogen worden ist. § 40 Abs. 1 BetrVG führt also zu einem Anspruch auf Freistellung von den entstandenen Rechtsanwaltskosten gegen den Arbeitgeber. Wird später das Insolvenzverfahren über das Vermögen des Arbeitgebers eröffnet, handelt es sich bei diesem Anspruch regelmäßig um eine Insolvenzforderung i.S.v. § 38 InsO. Anders ist dies nach der Judikatur des BAG[565], wenn der Insolvenzverwalter das in der ersten Instanz nach § 240 ZPO unterbrochene Beschlussverfahren aufgenommen und für die Insolvenzmasse fortgeführt hat. Dann nämlich ist der Anspruch nach § 40 Abs. 1 BetrVG als Masseverbindlichkeit anzusehen. Denn nicht anders als bei der Aufnahme eines unterbrochenen Urteilsverfahrens, übernimmt der Insolvenzverwalter bei Aufnahme des vom Arbeitgeber eingeleiteten, aber nach § 240 ZPO unterbrochenen Beschlussverfahrens die nach § 40 Abs. 1 BetrVG bestehenden Pflichten des Arbeitgebers zur Tragung der dem Betriebsrat entstehenden Verfahrenskosten. Dadurch wird nach Ansicht des BAG eine Masseverbindlichkeit begrün-

---

565 BAG, B. v. 17.8.2005, 7 ABR 56/04, ZIP 2006, 144.

det, die nicht nur die Gebührentatbestände, die der Verfahrensbevollmächtigte des Betriebsrats nach der Aufnahme des Verfahrens durch den Insolvenzverwalter erstmals verwirklicht, erfasst, sondern auch solche, die bereits verwirklicht worden sind.

Dagegen differenzierend, im Ergebnis allerdings nicht entschieden hat der 3. Senat des BGH zu dieser Frage Stellung genommen[566]. Der BGH erkennt, wie in der Literatur in jüngerer Zeit zunehmend vertreten, dass der Grundsatz der Einheitlichkeit der Kostenentscheidung die insolvenzrechtliche Einordnung der Forderung als Masseverbindlichkeit oder Insolvenzforderung nicht beeinflussen könne, vielmehr lasse sich – auch um eine ungerechtfertigte Privilegierung der betreffenden Gläubiger zu vermeiden – der in § 105 InsO enthaltene Gedanke heranziehen, um Insolvenzforderungen und Masseverbindlichkeiten voneinander zu trennen[567]. Der Bundesgerichtshof brauchte im vorliegenden Fall in Anbetracht des konkreten Sachverhaltes diese Frage allerdings nicht zu entscheiden.

8. Reichweite des § 119 InsO

Fall 111: Die spätere Insolvenzschuldnerin hatte bei der beklagten Warenkreditversicherung Risiken versichert, die ihr aus Forderungsausfällen wegen der Insolvenz von Kunden entstanden. Nach Eröffnung des Insolvenzverfahrens über das Vermögen der Insolvenzschuldnerin am 29.3.2000 kündigte die beklagte Versicherung den Versicherungsvertrag mit Wirkung zum 7.5.2000. Der Insolvenzverwalter macht als Kläger Ansprüche wegen Forderungsausfällen der Insolvenzschuldnerin in Höhe von insgesamt 42.000,– € geltend, die der Insolvenzschuldnerin bei sechs Kunden eingetreten sind. Im Falle von fünf Kunden wurde im Zeitraum vom 29.5.2000 bis zum 23.4.2001 entweder das Insolvenzverfahren eröffnet oder die Eröffnung desselben mangels Masse abgewiesen. Die beklagte Versicherung hatte die Kündigung auf § 15 Abs. 1 AVB Warenkredit 1999 gestützt.

Diese Klausel entspricht der Regelung des § 14 Abs. 1 VVG. Danach kann sich der Versicherer die Befugnis für den Fall der Eröffnung des Insolvenzverfahrens über das Vermögen des Versicherungsnehmers ausbedingen, das Versicherungsverhältnis zu kündigen. Der IV. Zivilsenat des BGH[568] hat im Anschluss an seine Judikatur zu § 14 Abs. 1 VVG auch die fragliche Klausel des § 15 Abs. 1 AVB dahingehend qualifiziert, dass sie keine unangemessene Benachteiligung des Versicherungsnehmers i.S.d. § 9 AGBG, § 307 BGB darstelle und dabei auf seine frühere Judikatur verwiesen. Über seine AGB-rechtliche Prüfung hinaus hat der Senat auch nach insolvenzrechtlichen Bedenken gegen die Wirksamkeit der zugrunde liegenden Klausel gefragt und dabei § 119 InsO geprüft. In diesem Zusammenhang hat der IV. Zivilsenat insbesondere Art. 88 Nr. 2 EGInsO herangezogen, mit dem der Insolvenzrechts-

566 BGH B. v. 28.10.2004, III ZR 297/03.
567 Kübler/Prütting/Lüke, InsO, § 85 Rdnr. 58 f.; MünchKommInsO-Schumacher § 85 Rdnr. 20; Uhlenbruck ZIP 2001, 1988 f., OLG Rostock ZIP 2001, 2145; OLG Hamm ZIP 94 S. 1547 f.
568 BGH, Urt. v. 26.11.2003, IV ZR 6/03, ZIP 2004, 176.

reformgeber die Vorschrift des § 14 Abs. 1 VVG dem neuen Recht angepasst hat. Dabei hat der Reformgesetzgeber in der Tat allein eine redaktionelle Überarbeitung vorgenommen, in dem die Worte „des Konkurses- oder des Vergleichsverfahrens" durch die Worte „der Eröffnung des Insolvenzverfahrens" ersetzt worden sind. Im Übrigen ist die versicherungsrechtliche Lösungsklausel durch den Insolvenzrechtsreformgesetzgeber nicht angetastet worden. Der IV. Zivilsenat führt dies der Sache nach darauf zurück, dass durch die hier interessierende Lösungsklausel dem insolvenzschuldnerischen Versicherungsnehmer wegen der einmonatigen Kündigungsfrist des Versicherungsunternehmens die Möglichkeit eingeräumt wird, anderseits für hinreichenden Versicherungsschutz Sorge zu tragen. Diese Erwägungen des IV. Zivilsenats sind nicht vollständig von der Hand zu weisen. Allerdings ist das Verhältnis von insolvenzrechtlichen Lösungsklauseln auf der einen Seite und der Vorschrift des § 119 InsO, die solche vertraglichen Abreden, die die Regelungen der §§ 103 ff. InsO abbedingen, auf der anderen Seite, nach wie vor unklar. Mit dem Verweis auf Art. 88 EGInsO hat der IV. Zivilsenat allerdings jedenfalls für den Bereich von Versicherungsverträgen ein Sachargument angeführt, das eine Einschränkung von § 119 InsO rechtfertigt.

Wendet man den Blick von dem spezifischen Bereich des Versicherungsvertragsrechts und der dort geregelten Lösungsklausel auf Insolvenz bezogene Lösungsklauseln anderer Rechtsgebiete, fällt unmittelbar auf, dass es insofern an sondergesetzlichen Regelungen wie der des Art. 88 EGInsO fehlt, aus denen eine Einschränkung des Geltungsbereichs des § 119 InsO gerechtfertigt werden könnte. Der vor dem Inkrafttreten der InsO ebenso zulässige wie gebotene Schluss von der AGB-rechtlichen Prüfung, die über das Fehlen einer benachteiligenden Funktion der Lösungsklausel hin zu der Bejahung ihrer konkursrechtlichen Zulässigkeit kam, kann jedenfalls unter der Geltung der InsO nicht mehr greifen. Denn durch die Statuierung eines einheitlichen Insolvenzverfahrens hat der Reformgesetzgeber die Sanierungsoption in den Vordergrund gehoben. In einer Vielzahl von Fällen ist nämlich eine Verwertung der Masse nur dadurch sinnvoll möglich, da der Fortbestand des Unternehmensträgers durch einen Insolvenzplan gesichert wird. Und das macht die Fortführung des Betriebes des insolventen Unternehmens zwingend erforderlich, was es ausschließt, den Vertragspartnern ein einseitiges Lösungsrecht für den Insolvenzfall zuzubilligen.

Diese Sachgesichtspunkte unterwerfen auch die legislatorische Entscheidung, die in Art. 88 EGInsO zum Ausdruck gekommen ist, der Kritik, denn – wie der IV. Zivilsenat selbst angesprochen hat – ist gerade das insolvente Unternehmen, dessen Fortführung zur Gewährleistung einer bestmöglichen Masseverwertung durch den Insolvenzverwalter vorgenommen wird, auf die Sicherung seiner Forderungen gegen Dritte für den Fall der Insolvenz dieser Dritten angewiesen. Dem insolventen Unternehmen den Versicherungsschutz zu verweigern, obwohl nach Eröffnung des Verfahrens sich die Prämien als Masseverbindlichkeiten (§ 53, § 55 Abs. 1 Nr. 1 InsO) erweisen, für deren Begleichung der Insolvenzverwalter persönlich gerade zu stehen hat (§ 61 InsO), steht einer vom Gesetzgeber erwünschten Betriebsfortführung und dem Erhalt des Unternehmens dramatisch entgegen.

XIV. Insolvenzplan und Eigenverwaltung

1. Insolvenzplan

a) Zustimmung eines zuvor dissentierenden Gläubigers zum Plan

Die Judikatur zum Schuldenbereinigungsverfahren behandelt ein legislatorisches Auslaufmodell; nach dem Koalitionsvertrag aus dem Jahr 2005 scheinen die Tage des bisherigen Verfahrens gezählt. Gleichwohl sind Entscheidungen dann noch von Interesse, wenn sie allgemeine Fragestellungen behandeln, wie der vom BGH vorliegend entschiedene Sachverhalt deutlich werden lässt.

Fall 112: Insolvenzgericht und das Gericht der sofortigen Beschwerde haben den Antrag des Schuldners nach § 309 Abs. 1 InsO zurückgewiesen, Einwendungen mehrerer Gläubiger gegen den vom Schuldner vorgelegten Schuldenbereinigungsplan zu ersetzen. Ein Gläubiger hatte zunächst dem Schuldenbereinigungsplan zugestimmt, in dem seine Forderungen in Höhe von ca. 26.000 € ausgewiesen waren. Zugleich hatte er jedoch erklärt, ihm stünden Forderungen von insgesamt ca. 80.000 € zu. Später hat er die weitere Erklärung abgegeben, sein erstes Schreiben sei als unbedingte Zustimmung zu verstehen. Dies ist vom Insolvenzgericht und dem mit der sofortigen Beschwerde angerufenen Landgericht als Ablehnung des Schuldenbereinigungsplanes gewertet worden, wobei das Landgericht zur Begründung auf § 150 Abs. 2 BGB verwiesen hat. Die Annahme des Schuldenbereinigungsplans sei zunächst unter einer Bedingung erfolgt, worin die mit einem neuen Angebot verbundene Ablehnung des ursprünglichen Angebots zu sehen sei.

Das ist verfahrensrechtlich schon deshalb wenig überzeugend, weil, wie der IX. Zivilsenat zutreffend feststellt, § 150 Abs.2 BGB auf das Zustandekommen eines Schuldenbereinigungsplanes nicht anwendbar ist; vielmehr ist die Vorschrift des § 307 InsO einschlägig. Im Übrigen ist in der Tat in der Erklärung des Gläubigers unter Berücksichtigung einer höheren Forderung, als sie im Plan ausgewiesen ist, die Ablehnung der Zustimmung zu sehen, da er dem Plan nicht seinem ganzen Inhalt nach die Zustimmung erteilt. Denn die Höhe der Forderung ist für die Quote ausschlaggebend, mit welcher der Gläubiger an etwaigen Erträgen zu beteiligen ist. Die zu berücksichtigende Forderung ist daher für die Zustimmung des Gläubigers mit entscheidend.[569] Nach alledem ist es entscheidend, ob die spätere Erklärung des Gläubigers, er wolle sein Handeln als unbedingte Zustimmung zu dem vom Schuldner vorgelegten Schuldenbereinigungsplan gewertet wissen, zu berücksichtigen ist. Nach § 307 Abs. 1 und 2 InsO hat der Gläubiger seine Stellungnahme innerhalb einer Notfrist von einem Monat abzugeben. Der IX. Zivilsenat stellt indes zutreffend fest, dass – wiewohl eine ausdrückliche Regelung über den Fall in dem ein Gläubiger, der den Schuldenbereinigungsplan zunächst abgelehnt hat, nachträglich auch nach Ablauf der Notfrist noch die Zustimmung erteilt, zwar nicht ausdrücklich geregelt ist, sei aber nach dem Zweck der gesetzlichen Regelungen zu entscheiden: während die Monatsfrist des § 307 Abs. 1 InsO das Verfahren dadurch beschleu-

569 OLG Köln, B. v. 22.12.2000, 2 W 165/00, ZInsO 2001, 855, 856.

nigen soll, dass zügig festgestellt werden soll, ob der Schuldenbereinigungsplan Grundlage für eine einvernehmliche Lösung ist, bedeutet dies doch nicht, dass nachträglich herbeigeführte Einigungen zwischen den Verfahrensbeteiligten (dem Schuldner und seinen Gläubigern) ausgeschlossen werden sollten. Im Gegenteil geht das Gesetz, wie der IX. Zivilsenat feststellt, davon aus, dass die nachträgliche Zustimmung des widersprechenden Gläubigers zu einem noch nicht geänderten Fahrplan mit geringem Verfahrensaufwand zu dem vom Gesetz gewünschten Ergebnis – nämlich der Einigung zwischen Gläubigern und Schuldnern – über die Bereinigung der Schulden führen.

Damit wird vermieden, dass ein Insolvenzverfahren eröffnet wird, obwohl der betroffene Gläubiger den zunächst streitigen Schuldenbereinigungsplan mittlerweile akzeptiert.

b) *Fortführung des Notariats während eines Insolvenzplanverfahrens oder Amtsenthebung?*

Die rechtsberatenden Berufe bleiben von den allgemein zerrütteten wirtschaftlichen Verhältnissen Deutschlands nicht ausgesperrt; besonders in den neuen Bundesländern sind in großem Umfang krisenhafte Entwicklungen festzustellen. Selbst Notariate nähren die Inhaber nicht mehr ohne Weiteres, wie ein insolvenzrechtlicher Fall deutlich macht, den der BGH zu entscheiden hatte und der im Spannungsfeld zwischen hoheitlicher Zulassung des insolventen Schuldners zu seiner Tätigkeit auf der einen Seite und der Gläubigerautonomie im Insolvenzverfahren auf der anderen Seite eine Abgrenzung vornimmt. Der Entscheidung liegt folgender, hier vereinfacht wiedergegebener Sachverhalt zugrunde:[570]

Fall 113: Der insolvenzschuldnerische Antragsteller war seit 1991 Notar in Sachsen. Wie der BGH ausdrücklich mitteilt, war seine Amtsführung nach dem Prüfungsbericht vom 26.2.2003 nicht zu beanstanden; allerdings war durch Beschluss des zuständigen Insolvenzgerichts vom 29.11.2002 mit Wirkung zum 1.12.2002 über das Vermögen des Notars wegen Zahlungsunfähigkeit das Insolvenzverfahren eröffnet worden. Bei Eröffnung eines Insolvenzverfahrens über das Vermögen eines Notars wird vermutet, dass er sich im Vermögensverfall i.S.d. § 50 Abs. 1 Nr. 6 BNotO befindet.[571] Gestützt hierauf hat die Landesjustizverwaltung mit Schreiben vom 4.12.2002 dem Notar seine Absicht eröffnet, den Notar wegen Vermögensverfalls des Amtes zu entheben, was auch am 20.3.2003 geschehen ist. Zuvor hatte am 20.2.2003 in dem über das Vermögen des Notars eröffneten Insolvenzverfahren die Gläubigerversammlung gem. § 157 InsO die vorläufige Fortführung des Notariats durch den Insolvenzschuldner beschlossen. Zudem war der Insolvenzverwalter zur Ausarbeitung eines Insolvenzplans beauftragt worden, der in der Folgezeit von den Gläubigern angenommen und mit Beschluss des Insolvenzgerichts vom 9.7.2003 bestätigt worden ist. Der Insolvenzplan enthält die Bedingung, dass dem Insolvenzschuldner die Fortführung seiner Amtsgeschäfte als Notar aufgrund einer Entscheidung im Verfahren zur Erlangung vorläufigen Rechtsschutzes gegen die Amtsenthebung möglich sei. Mit seinem Antrag auf Aufhebung des Amtsenthebungsbescheides hat der Antrag stellende Notar vor dem zuständigen OLG Erfolg gehabt, das im Wege der Eilentscheidung noch am 20.3.2003 zugunsten des Antragstellers entschieden hatte. Mit Schreiben des Insolvenz-

570 BGH, B. v. 22.3.2004, NotZ 23/03, DZWIR 2004, 514 = ZIP 2004, 1006.
571 BT-Drucks. 12/3803, S. 66 f.

gerichts vom 13.2.2004 wurde weiterhin mitgeteilt, dass gegen die Bestätigung des bedingten Insolvenzplans vom 9.7.2003 keine Rechtsmittel eingelegt wurden und das Insolvenzverfahren gem. § 258 InsO abschlussreif sei.

Der BGH hat auf die sofortige Beschwerde des Antragsgegners gem. § 111 Abs. 4 BNotO i.V.m. § 42 Abs. 4 BRAO entschieden, dass die gesetzliche Vermutung des Vermögensverfalls seitens des Antrag stellenden Notars nicht erfolgreich widerlegt worden ist. Zu einer solchen Widerlegung ist es nämlich erforderlich, dass der Notar seine Einkommens- und Vermögensverhältnisse unter Aufstellung sämtlicher gegen ihn erhobenen Forderungen umfassend darlegt und nachweist, dass diese Forderungen inzwischen erfüllt sind oder darlegt, wie die Forderungen auf Erfolg versprechende Weise in absehbarer Zeit erfüllt werden sollen.[572]

Der BGH hat nun in der Tat aufgrund des unstreitigen Sachverhalts festgestellt, es spräche vieles dafür, dass dem Antrag stellenden Notar aller Voraussicht nach es in Erfüllung des Insolvenzplans möglich sein werde, die gegen ihn gerichteten Forderungen in einer Weise zu erfüllen, dass nach Abschluss des Insolvenzplanverfahrens seine Einkommens- und Vermögensverhältnisse wieder als geordnet erscheinen.[573] Somit stand nach dem festgestellten Sachverhalt zu erwarten, dass der Antrag stellende Notar in absehbarer Zeit entschuldet sein werde, § 50 Abs. 1 Nr. 8, Alt. 1 BNotO.[574]

Der BGH hat aber ausdrücklich verweigert, diesen festgestellten Sachverhalt bei seiner Entscheidung zu berücksichtigen. Dabei rekurriert der erkennende Senat auf seine bisherige Judikatur, in der er ausgeführt hat, materielle Gründe der Rechtssicherheit würden bei gestaltenden Verwaltungsakten wie der Amtsenthebung des Notars zwingend gebieten, die Überprüfung der Rechtmäßigkeit auf den Anfechtungsantrag hin von späteren Veränderungen der Sachlage unabhängig zu halten.[575] Das nun ist in keiner Weise verständlich.

Der erkennende Senat des BGH übersieht mit seinem Beschluss, dass die begründete Erwartung der Fähigkeit des Antragstellers, seine Einkommens- und Vermögensverhältnisse wieder zu ordnen und die gegen ihn gerichteten Forderungen zu befriedigen, zu den gesetzlichen Tatbestandsmerkmalen zählt, aufgrund derer der Amtsenthebungsgrund des § 50 Abs. 1 Nr. 8 BNotO widerlegt werden kann. Der Beschluss der Gläubigerversammlung, mit dem der Insolvenzverwalter zur Ausarbeitung eines Insolvenzplans beauftragt worden war, lag einen Monat vor Erlass des Amtsenthebungsbeschlusses. Liegt aber eine derartige Entscheidung der Gläubiger eines Schuldners vor, ist zu erwarten, dass ein Insolvenzplan – wie im vorliegenden Fall denn auch im Ergebnis geschehen – durch die zu bildenden Abstimmungsgruppen angenommen werden wird. Ist dies der Fall, gibt es fast keine stärkere Vermutung für

572 BGH, B. v. 21.11.1994, AnwZ(b)40/94, BRAK-Mitt.1995, 126.
573 BGH, B. v. 24.10.1994, AnwZ(b) 35/94, BRAK-Mitt.1995, 29.
574 BGH, B. v. 20.03.2000, NotZ 19/99, NJW 2000, 2359.
575 BGH, B. v. 3.12.2001, NotZ 16/01, BGHZ 149, 230, 234f., BGH, B. v. 8.7.2002, NotZ 1/2, NJW 2002, 2791, 2792.

das zu erwartende Gelingen einer Vermögensreorganisation eines Schuldners. Denn die Transparenz des gerichtlichen Insolvenzplanverfahrens bietet den Betroffenen ein Höchstmaß an möglicher Unterrichtung und Kontrolle für das weitere Verfahren. Dies alles war der Landesjustizverwaltung bekannt. Es wäre absurd, einem in Vermögensverfall geratenen Notar eine Schuldenbereinigung außerhalb eines Insolvenzplanverfahrens zu eröffnen, um die Amtsenthebung abzuwenden, das vom Bundesgesetzgeber im Rahmen der Insolvenzrechtsreformen als der außergerichtlichen Reorganisation vorzuziehende Insolvenzplanverfahren aber geradezu als Anlass dafür zu nehmen, eine in diesem Verfahren unter gerichtlicher Kontrolle und Aufsicht zu realisierende Reorganisation nicht nur bei der Beurteilung der Tatbestandsvoraussetzung nach § 50 Abs. 1 Nr. 8 BNotO auszublenden, sondern geradezu als Fallstrick anzusehen. Die vorliegende Entscheidung läuft in eklatantem Maße nicht allein den reformgesetzgeberischen Intensionen zuwider, sondern verfehlt schwerwiegend die einschlägigen notarrechtlichen Rechtsgrundlagen.

Der vorliegenden Entscheidung scheint denn auch kein langes Leben vergönnt zu sein, da das BVerfG[576] die Vollziehung der Amtsenthebung des Notars im vorliegenden Fall aufgrund einer von ihm eingelegten Verfassungsbeschwerde bis zur Entscheidung über die Verfassungsbeschwerde ausgesetzt hat. Im Hauptsacheverfahren müsse der BGH nämlich, anders als in der vorliegenden Entscheidung geschehen, prüfen, ob die Amtsenthebung im vorliegenden Fall als schwerster Eingriff in die durch Art. 12 Abs. 1 GG geschützte berufliche Stellung des Notars verhältnismäßig sei.

Die Insolvenzordnung sieht ein in ein einheitliches Insolvenzverfahren[577] integriertes Insolvenzplanverfahren vor, das der Sanierung insolventer Unternehmen dienen soll.[578] In solchen Fällen, in denen die wirtschaftliche Lage des Insolvenzschuldners und die Verhältnisse es gestatten, soll es der wirtschaftlichen Vernunft der Beteiligten überantwortet sein, flexible und wirtschaftlich sinnvolle Lösungen der Unternehmenskrise durch einen für alle Verfahrensbeteiligten bindenden Insolvenzplan zu entwickeln, mit dem die Befriedigungsaussichten der Gläubiger in der Insolvenz des Schuldners verbessert werden oder eine materielle Insolvenz des Schuldners ausgeschlossen wird. § 217 InsO definiert die Funktion des Insolvenzplans. Danach soll die Sanierung des Unternehmens durch eine von den gesetzlichen Regeln abweichende Festlegung hinsichtlich der Befriedigung der absonderungsberechtigten Gläubiger und der Insolvenzgläubiger und hinsichtlich der Haftung des Schuldners bewirkt werden können. Jegliche vom gesetzlichen Leitbild der Regelabwicklung, in deren Mittelpunkt die zügige Verwertung gem. § 159 InsO steht, abweichende Gestaltung kann Gegenstand von Insolvenzplänen sein.[579] Ein Insolvenzplan muss

---

576 BVerfG, 28. 4.2004, 1 BvR 912/04, ZVI 2004, 297 zit. n. der Entscheidung des BGH, B. v. 22.3.2004, NotZ 23/03, ZIP 2004, 1008.
577 Amtl. Begr. Allg. 4 a aa, BT-Drucks. 12/2443, 82. Vgl. die Übersicht über das Verfahren von *Maus*, in: Kölner Schrift zur Insolvenzordnung, 1997, 707 ff.
578 Zum Gang der Gesetzgebung vgl. *Smid/Rattunde*, Insolvenzplan, 1998, Rdnr. 53 ff.
579 Vgl. IDW S 2 Nr. 2.1. (5).

daher nicht zwingend den Erhalt des Unternehmens im Wege der Eigensanierung oder der übertragenden Sanierung zum Ziel haben. In einem Plan kann bspw. auch die längerfristige Liquidation oder die Veräußerung nach der Sanierung vorgesehen sein.[580] Hinsichtlich des möglichen Regelungsinhalts von Insolvenzplänen ist es sinnvoll, zwischen (primär) finanzwirtschaftlich orientierten und (primär) leistungswirtschaftlich orientierten Plänen sowie Mischformen zu unterscheiden.[581] Mit dem Rechtsinstitut des Insolvenzplans sollen nach der Vorstellung des Gesetzgebers über die Möglichkeiten hinaus, die im überkommenen Recht im Rahmen von gerichtlichen Vergleichsverfahren, dem Zwangsvergleich im Konkurs oder im Gesamtvollstreckungsverfahren gegeben sind, insbesondere durch die Einbeziehung der absonderungsberechtigten und der nachrangigen Gläubiger sowie der am Schuldner beteiligten Personen dem sanierungswilligen Schuldner, aber auch seinen Gläubigern zahlreiche weitere Gestaltungsmöglichkeiten zur Sanierung des Schuldners eingeräumt werden.

Da es bei dem Insolvenzplan um die Optimierung der Befriedigungsaussichten der Gläubiger geht, lassen die §§ 217 ff. InsO auch einen Liquidationsplan zu[582] – was im Rahmen des früheren Vergleichsverfahrens wegen § 18 Nr. 4 VerglO nicht möglich war: Der Plan kann nach Vorstellung des Gesetzgebers auch darauf beschränkt werden, die Verwertung der Insolvenzmasse und deren Verteilung an die Beteiligten – die absonderungsberechtigten Gläubiger, die Insolvenzgläubiger, den Schuldner oder die an ihm beteiligten Personen – abweichend von den gesetzlichen Vorschriften zu gestalten.

Probleme ergeben sich freilich im Falle der Insolvenz natürlicher Personen: Denn es fragt sich in diesen Fällen, ob die Regelungen über das Verbraucherinsolvenzverfahren zur Anwendung zu gelangen haben. § 312 Abs. 3 InsO schließt für diesen Fall nämlich die Anwendung der Vorschriften über den Insolvenzplan ausdrücklich aus. Das Gesetz sieht nach § 304 Abs. 1 S. 1 InsO die Anwendbarkeit dieser Vorschriften und damit das Fehlen einer „Insolvenzplanfähigkeit“ ausdrücklich vor, wenn der Schuldner eine natürliche Person ist, die keine selbstständige wirtschaftliche Tätigkeit ausübt oder ausgeübt hat. In diesem Fall gelten für das Verfahren die allgemeinen Vorschriften nur, soweit – wie durch § 21 Abs. 3 InsO – nichts anderes bestimmt ist. § 304 Abs. 1 S. 1 ist in Fällen anwendbar, in denen der Schuldner eine selbstständige wirtschaftliche Tätigkeit ausgeübt hat, wenn seine „Vermögensverhältnisse „überschaubar“ sind und gegen ihn keine Forderungen aus Arbeitsverhältnissen bestehen. Das Gesetz definiert in § 304 Abs. 2 InsO die Vermögensverhältnisse als „überschaubar“ i.S.v. § 304 Abs. 1 S. 2 InsO formal durch die Zahl der Gläubiger eines Schuldners. Hat der Schuldner zu dem Zeitpunkt, zu dem der Antrag auf Eröffnung des Insolvenzverfahrens gestellt wird, weniger als 20 Gläubiger, sind zwingend die Regeln des Verbraucherinsolvenzverfahrens mit der Folge des § 312 Abs. 3 InsO anzuwenden. All diese Beschränkungen greifen aber selbstredend nicht für den insolventen Notar.

---

580 Vgl. IDW S 2 Nr. 2.1. (6).

581 Vgl. IDW S 2 Nr. 2.1. (8).

582 Vgl. *Haarmeyer/Wutzke/Förster*, Handbuch zur Insolvenzordnung, 1997, V Rdnr. 361.

Das deutsche Insolvenzverfahren ist durch weitreichende Gläubigerautonomie geprägt; dies gilt nicht zuletzt auch für das Insolvenzplanverfahren. Es liegt bei den Gläubigern zu bestimmen, in welche Richtung ein Insolvenzverfahren läuft. Durch einen von ihnen verabschiedeten Insolvenzplan können aber allein die gestaltenden Regelungen vorgesehen werden, mit denen nach den §§ 223ff. InsO in die Rechte von Absonderungsberechtigten, Insolvenzgläubigern und nachrangigen Insolvenzgläubigern eingegriffen wird. Die Gläubiger, die mit der Annahme des Insolvenzplans die Abwicklung des *Insolvenzverfahrens* modifizieren, haben indessen auch dann nicht die Befugnis, in öffentlich-rechtliche Statusverhältnisse des Schuldners einzugreifen, wenn dies aus Sicht einer Optimierung der Befriedigung der Gläubiger sich als wünschenswert erweisen würde. Zwar ist im Schrifttum zutreffend davon die Rede, das Insolvenzrecht könne für sich einen „Primat" beanspruchen.[583] Das betrifft indes die Frage, ob die Masse mit dem Zwang zur Erfüllung öffentlich-rechtlicher Pflichten des Schuldners belastet werden darf – was mit einer Ungleichbehandlung der Gläubiger durch eine von der insolvenzrechtlichen Haftungsordnung ausgeschlossene Aufwertung der „öffentlichen Hand" vom Insolvenz- zum Massegläubiger einhergehen würde. Dagegen liegt auf der Hand, dass die Gläubiger mit ihren Entscheidungen (sei es nach § 157 InsO, sei es nach § 241 InsO) sich im Rahmen der Rechtsmacht bewegen, die dem Schuldner vor Eröffnung des Insolvenzverfahrens über sein Vermögen zugestanden hat: Daraus folgt aber zwingend, dass allein die Beschlussfassung der Gläubiger über eine „Betriebsfortführung" des Notars die Entscheidung der Landesjustizverwaltung über eine Amtsenthebungsmaßnahme gegen den insolventen Notar nicht zu binden vermag.

Im Konzert mit der Abwicklung des vorgelegten Insolvenzplans *und* – wie im vorliegenden Fall – Erkenntnissen über die bisherige beanstandungsfreie Dienstausübung des Notars bildet die Entscheidung der Gläubiger über die Annahme eines vom insolventen Notar vorgelegten Sanierungsplans aber die Tatsachengrundlage, auf der die Landesjustizbehörde ihre Entscheidung im Amtsenthebungsverfahren zu fällen hat.

2. Antrag auf Anordnung der Eigenverwaltung

Das AG Köln[584] hat eine sofortige Beschwerde gegen die Anordnung der Eigenverwaltung in einem Verfahren als nicht statthaft verworfen.

> **Fall 114:** Zu Recht verweist das AG Köln zum einen auf § 6 Abs. 1 InsO, wonach Entscheidungen des Insolvenzgerichts nur in den Fällen einem Rechtsmittel zugänglich sind, in denen die Insolvenzordnung die sofortige Beschwerde vorsieht. Dies ist im Fall der Anordnung der Eigenverwaltung gem. § 270 InsO nicht gesetzlich vorgesehen. Aus Sicht des Gläubigers kommt es auch nicht in Betracht, dass dieser den Eröffnungsbeschluss unter gleichzeitiger Anordnung der Eigenverwaltung nach § 34 InsO angreift.

---

583 Zum Ganzen: *Häsemeyer*, in: Festschr. für Uhlenbruck, 2000; *Smid*, Grundzüge des Insolvenzrechts, 4. Aufl. 2002, § 9 Rdnr. 34.

584 AG Köln, B. v. 22.8.2005, 71 IN 426/05, ZIP 2005, 1975.

Das AG Köln begründet dies damit, der Eröffnungsbeschluss sei nicht notwendig untrennbar mit der Anordnung der Eigenverwaltung verbunden, sondern sei „isoliert sinnvoll“, könne daher in einem isoliert zeitgleich ergangenen Beschluss ergehen, so dass Eröffnung des Insolvenzverfahrens und Anordnung der Eigenverwaltung voneinander sachlich zu trennen seien. Dies ist insbesondere dann zweifelhaft, wenn die Eröffnung des Verfahrens auf einen entsprechenden Eigenantrag des Schuldners hin ergangen ist, den dieser mit einem Antrag auf Eröffnung der Eigenverwaltung verbunden hat. Denn in diesem Fall wird sichtbar, dass Eigenverwaltung und Eröffnung des Verfahrens aus der Sicht des Antragstellers in dem Sinnzusammenhang stehen, wie er ihm vom AG Köln abgesprochen wird. Und nur im Fall des Eigenantrages des Schuldners kommt es überhaupt zur Anordnung der Eigenverwaltung, wie § 270 Abs. 2 Nr. 2 InsO deutlich macht. Dies aber ist der Grund dafür, weshalb der Gläubiger den Eröffnungsbeschluss unter Anordnung der Eigenverwaltung nicht nach § 34 InsO angreifen kann. Er kann sich zwar gegen die Verfahrenseröffnung wenden, wird damit aber insoweit nicht gehört, als er die Eröffnung allein wegen der zeitgleichen Anordnung der Eigenverwaltung angreift. Denn dem Gläubiger hätte eine rechtzeitige Fremdantragstellung offen gestanden, was nicht zwingend erscheint. Entscheidend aber ist, dass der Gläubiger andere Mittel hat, um sich effizient gegen die Anordnung der Eigenverwaltung zu verwahren. Diese Mittel hält das Gesetz in Gestalt der Organe der Gläubigerselbstverwaltung offen. Denn die Gläubiger können Beschluss fassen über die Aufhebung der Eigenverwaltung.

XV. Verbraucherinsolvenzverfahren

1. Absonderungsrecht im Verbraucherinsolvenzverfahren

Fall 115: Der Kläger nahm die beklagte Bank auf Rückzahlung eines Betrages von etwa 735.000 DM in Anspruch. Dem lag folgender Sachverhalt zugrunde[585]: Die beklagte Bank hatte für einen aufgrund Generalübernehmervertrag für den Kläger tätigen Unternehmer eine selbstschuldnerische Bürgschaft gestellt, um die Auszahlung von Werklohn an den Unternehmer zu sichern. Nachdem das Bauvorhaben nicht zu Ende geführt wurde und der Kläger von dem Unternehmer Schadenersatz wegen Nichterfüllung verlangte, begehrt die Klägerin von der beklagten Bank die Rückzahlung von gegenüber dem Unternehmer nicht freigegebenen Beträgen, über dessen Vermögen inzwischen das Konkursverfahren eröffnet worden war. Im Verlauf des Rechtsstreits ist über das Vermögen des Klägers das Verbraucherinsolvenzverfahren eröffnet worden. In der Revisionsinstanz hat der Kläger „aufgedeckt“, dass er den geltend gemachten Anspruch nach Klagerhebung, aber vor Eröffnung des Insolvenzverfahrens über sein Vermögen wegen einer Darlehensforderung in gleicher Höhe sowie Aufwendungsersatzansprüchen sicherheitshalber an seine Ehefrau abgetreten habe. Der Treuhänder hat erklärt, das Absonderungsrecht der Ehefrau anzuerkennen und wegen der von der Abtretung erfassten Ansprüche keine Verwertung vorzunehmen.

---

585 BGH, Urt. v. 24.7.2003, IX ZR 333/00, ZIP 2003, 1972 = WM 2003, 1948.

XV. Verbraucherinsolvenzverfahren

Der vom BGH entschiedene Sachverhalt lässt nicht auf den ersten Blick die Reichweite der vorliegenden Entscheidung erkennen, die über den Bereich des Verbraucherinsolvenzverfahrens allgemeine Bedeutung für das Insolvenzrecht beanspruchen kann. Im Ergebnis ist die vorliegende Entscheidung zutreffend; ihre Begründung bedarf indes einer Reihe von Bemerkungen, da sie für das Verständnis des Erkenntnisses z.T. nicht sehr hilfreich erscheint.

Der IX. Zivilsenat hat zunächst festgestellt, dass der Treuhänder im Verbraucherinsolvenzverfahren ebenso wie der Insolvenzverwalter nach den allgemeinen Regelungen der InsO die Rechtszuständigkeit für alle Gegenstände der Insolvenzmasse erlangt. Wird ein Rechtsstreit über einen haftungsrechtlich der Masse zugewiesenen Gegenstand geführt, führt die Eröffnung des Verbraucherinsolvenzverfahrens auch dann zur Unterbrechung des Prozesses gem. § 240 Abs. 1 ZPO, wenn an diesem Gegenstand ein Absonderungsrecht besteht; für die haftungsrechtliche Zuordnung kommt es nach dem vorliegenden Erkenntnisstand nicht darauf an, dass dem Treuhänder gem. § 313 Abs. 3 Satz 1 InsO anders als dem Insolvenzverwalter keine Verfügungsbefugnis zusteht. Das erscheint in der Argumentation verfehlt. Denn nach § 313 Abs. 3 InsO haftet das Absonderungsgut der Masse (den Gläubigern) nicht einmal auf die durch seine Feststellung und Verwertung anfallenden Kosten.

Diese Erwägungen wären hier freilich entbehrlich gewesen: Im vorliegenden Fall konnte der IX. Zivilsenat nämlich von der haftungsrechtlichen Zuordnung der Forderung des Klägers zur Soll-Masse ausgehen, weil der Vortrag, es bestehe an dieser Forderung ein zugunsten der Ehefrau des Insolvenzschuldners wirksam bestelltes Absonderungsrecht gem. § 51 Nr. 1 InsO, in der Revisionsinstanz nicht beachtet werden durfte. Aus diesem zivilprozessualen, revisionsrechtlichen Grunde (vgl. § 561 Abs. 1 Satz 1 ZPO a.F., vgl. § 559 ZPO n.F.) musste der IX. Zivilsenat davon ausgehen, dass die streitgegenständliche Forderung in der Tat – weil frei von Absonderungsrechten – jedenfalls im Verhältnis zum Beklagten haftungsrechtlich der Insolvenzmasse zugeordnet war.

Der bürgerlich-rechtliche Grund der haftungsrechtlichen Zugehörigkeit der streitbefangenen Forderung liegt darin, dass der streitige Betrag nicht in das Vermögen des Beklagten übergegangen ist. Denn die Parteien haben sich vorkonkurslich darüber geeinigt, dass der Kläger dem Beklagten den überwiesenen Betrag nicht zur freien Verfügung gestellt hat. Vielmehr sollte nach Absprache zwischen dem die Überweisung anweisenden Kläger und der Bank als der kontoführenden Stelle, bei der die Gutschrift vorgenommen wurde, eine Auszahlung nur unter der Voraussetzung einer entsprechenden Freigabeerklärung durch den Kläger bei Vorlage entsprechender Unterlagen vorgenommen werden.

Verständlicher wird die Erwägung des IX. Zivilsenats, stellt man nicht auf eine haftungsrechtliche Zuordnung (zur Soll-Masse), sondern auf die Überlegung ab, auf die es dem BGH ankommt: Das Absonderungsgut haftet als Teil der so genannten Ist-Masse zwar nicht den Insolvenzgläubigern, ist aber der Verwaltungsbefugnis des Insolvenzverwalters ebenso wie der des Treuhänders unterworfen, da für beide § 148 Abs. 1 InsO eingreift! Daher kommt es zu der vom IX. Zivilsenat zutreffend angenommenen Unterbrechung eines Prozesses über das Absonderungsgut, der zwischen einem Dritten und dem Insolvenzschuldner geführt wird. Dieser Schluss ist allerdings plausibel und verdient Zustimmung. Denn der Insolvenzverwalter ist berufen, die Gegenstände der Ist-Masse vor dem Zugriff Dritter zu schützen. Im vorliegenden Fall war daher zunächst der Treuhänder als Partei kraft Amtes prozessführungsbefugt. Der gegen den anderen Teil klagende Insolvenzschuldner hat seinerseits die Prozessführungsbefugnis allein durch die vom BGH zutreffend als Freigabeerklärung gewertete Stellungnahme des Treuhänders gegenüber dem Kläger erlangt.

2. Darlegungslasten des Schuldners

Der IX. Zivilsenat des BGH[586] hat sich mit den Voraussetzungen zu befassen gehabt, die das Gesetz an den Antrag auf Gewährung von Verfahrenskostenstundung nach § 4a InsO stellt. Die Bedeutung des im Folgenden zu behandelnden Beschlusses reicht über diese positiv-rechtliche Regelung hinaus, da sie allgemeine Strukturprinzipien des Insolvenzverfahrens betrifft. Auch nach einer zu erwartenden grundlegenden Änderung des Rechts des Verbraucherinsolvenzverfahrens sind die Ausführungen des BGH zu den Darlegungslasten des Schuldners im Insolvenzverfahren von nachhaltiger Bedeutung.

Der Sachverhalt, aufgrund dessen der BGH zu entscheiden hatte, ist so einfach wie typisch:

> **Fall 116:** Die Schuldnerin hatte die Eröffnung des Verbraucherinsolvenzverfahrens über ihr Vermögen, die Restschuldbefreiung und die Stundung der Verfahrenskosten beantragt. Das angerufene Insolvenzgericht hat daraufhin der Schuldnerin aufgegeben, „ergänzend zum Insolvenzgericht" Angaben über den Grund der schlechten „Wirtschaftslage" und die Unmöglichkeit einer Schuldentilgung binnen 4 Wochen zu machen, wozu sich die Schuldnerin nicht verpflichtet zu sein glaubte.

Grundsätzlich trifft den Schuldner wegen der Eröffnungsgründe und der weiteren Voraussetzungen des § 26 Abs. 1 InsO bei Eigenantragstellung im Unterschied zum antragstellenden Gläubiger keine Darlegungslast; der Schuldner ist aber im allgemeinen verpflichtet, bereits im Eröffnungsverfahren seine wirtschaftlichen Verhältnisse offenzulegen, § 20 Abs. 1 InsO.[587] Diese Offenlegungspflicht macht nicht seinen Antrag „schlüssig" o.ä. Sie dient vielmehr dazu, dem Insolvenzgericht Fakten an die Hand zu geben, augrund derer es seiner Amtsermittlungspflicht gem. § 5 InsO nachkommen kann. Der Schuldner ist danach auch dann zur Auskunft verpflichtet, wenn er selbst einen Antrag auf Eröffnung des Insolvenzverfahrens stellt; dabei handelt es sich nicht um eine prozessuale Last, deren Nichtbeachtung durch den Schuldner allein die Abweisung seines Antrags nach sich ziehen würde. Im vor-

586 BGH, B. v. 3.2.2005, IX ZB 37/04, ZInsO 2005, 264.
587 *Smid*, Insolvenzordnung. Kommentar, 2. Aufl. 2002, § 20 Rdnr. 2.

liegenden Fall ging es zwar nicht um die Voraussetzungen des Erlasses eines Eröffnungsbeschlusses, sondern um die Verfahrenskostenstundung nach § 4a InsO. § 20 Abs.1 InsO bildet aber den Maßstab, der an die Anforderungen anzulegen ist, nach denen die Darlegungslast des Schuldners im Verfahren nach § 4a InsO bestimmt werden kann. Diese Anforderungen entsprechen, wie der IX. Zivilsenat in der vorliegenden Entscheidung zutreffend ausführt, denen, die an die Darlegungslast des Schuldners in Ansehung der Vorschrift des § 26 Abs. 1 InsO wegen der Feststellung der kostendeckenden Masse zu richten sind. § 4a InsO korrespondiert mit 26 Abs. 1 InsO – was den über das Verbraucherinsolvenzverfahren hinausreichenden Erkenntniswert der vorliegenden Entscheidung ausmacht. Den Schuldner trifft insofern die verfahrensrechtliche Last, im Falle eines Fremdantrages gem. § 14 InsO die Pflicht, diejenigen Umstände offenzulegen, aus denen die Frage des Vorliegens verfahrenskostendeckender Masse beurteilt werden kann. Der erkennende Senat stellt zutreffend fest, dass das Eröffnungsverfahren ein Eilverfahren ist[588], in dem summarische Prüfungen des Sachverhalts vorgenommen werden.[589] Der IX. Zivilsenat folgert daraus zutreffend, dass der Schuldner seinen Darlegungslasten im Verfahren nach § 4a InsO jedenfalls dann genügt, wenn er Tatsachen vorträgt, aufgrund derer die Masseunzulänglichkeit i.S.d. § 26 Abs. 1 InsO ermittelt werden kann. Da das besondere „Teilverfahren" nach § 4a InsO gegenüber dem umfassenden allgemeinen Eröffnungsverfahren allein auf die Entscheidung der Frage der Einräumung der Verfahrenskostenstundung gerichtet ist, genügt nach zutreffender Erkenntnis des BGH in seinem Rahmen auch die Angabe von Tatsachen, die – im Lichte der Anforderungen des § 26 Abs. 1 InsO – ergänzungsbedürftig wären. Denn zur Entscheidung über die Verfahrenskostenstundung ist allein eine summarische Prüfung erforderlich, deren Ergebnis nach § 4c InsO der Korrektur zugänglich ist.

Der IX. Zivilsenat stellt in diesem Zusammenhang zutreffend fest, dass das Insolvenzgericht dabei grundsätzlich das Recht und die Pflicht hat, auf unvollständige und in sich widersprüchliche Tatsachenangaben des Schuldners Nachfragen zu stellen. Ist das Vorbringen des Schuldners in sich schlüssig, hat das Insolvenzgericht dies hinzunehmen.

XVI. Internationales Insolvenzrecht

1. Zuständigkeit für die Eröffnung von Hauptinsolvenzverfahren

a) *Mittelpunkt des hauptsächlichen Interesses, Priorität, automatische europäische Anerkennung, ordre public(Eurofood)*

Aufschlussreich für die Funktionsweise des Art. 3 EuInsVO ist der Kompetenzkonflikt um die Eurofood-IFSC-Ltd.[590]

---

588 *Gottwald/Uhlenbruck*, Insolvenzrechts-Handbuch, 3. Auflage 2005, § 13 Rdnr. 29.
589 *Smid*, Insolvenzordnung. Kommentar, 2. Aufl. 2002, § 5 Rdnr. 7.
590 EuGH, Urt. v. 2.5.2006, C 341/04, ZIP 2006, 907; *Riera/Wagner* Anm. zu Tribunale Civile di Parma EWiR 2004, 597 f.

Fall 117: Die Gesellschaft war vom Parmalat-Konzern als Finanzierungsgesellschaft mit Sitz in Dublin gegründet worden. Die Eurofood führte im Wesentlichen drei Finanzierungsmaßnahmen in Form von Anleiheemissionen durch, die von der Bank of America betreut wurden. Diese Emissionsgeschäfte wurden von der Parmalat, mit Sitz in Parma, als Garantiegeberin begleitet. Der Sitz in Dublin befand sich in der Anwaltssozietät McCan Fitzgerald. Geschäftsführer der Gesellschaft war ein Sozius der Kanzlei McCan Fitzgerald sowie eine Angestellte der Bank of America. Die maßgebenden Entscheidungen über die Unternehmenspolitik wurden indes von Angestellten der Konzernmutter in Parma auf dem Wege von Telefonkonferenzen mit den Geschäftsführern in Dublin getroffen. Über das Vermögen der Parmalat wurde das Verfahren der amministrazione straordinaria am 24.12.2003 eröffnet. Am 27.1.2004 beantragte die Bank of America beim High Court Dublin für die Eurofood die Bestellung eines Liquidators, die am gleichen Tag unter Festsetzung einer Einlassungsfrist bis zum 23.2.2004 erfolgte. Das Ministerium für Industriepolitik hat am 9.2.2004 für die Eurofood-IFSC-Ltd. als Unternehmen der Parmalat-Gruppe nach italienischem Recht (Art. 3 Abs. 3 decreto legge Nr. 347/03) das Verfahren der amministrazione straordinaria eröffnet und den im Verfahren Parmalat bestellten Commissario Dot. Enrico Bondi ebenfalls zum Commissario bestellt. Auf den Bericht und Antrag des Commissario vom 12.2.2004 stellte das Tribunale di Parma als zuständiges Insolvenzgericht am 19.2.2004 fest, dass die Eurofood-IFSC-Ltd. insolvent sei.

In seinem Feststellungsurteil hat das Tribunale di Parma[591] weiter darauf erkannt, bei der Bestimmung der internationalen Zuständigkeit für die Eröffnung eines Hauptinsolvenzverfahrens sei im Falle der Eurofood-IFSC-Ltd. nicht der satzungsgemäße Sitz in Dublin, sondern der Ort der effektiven Wahrnehmung der Verwaltungstätigkeiten in Parma maßgeblich. Der satzungsgemäße Sitz in Dublin sei ein pro forma Sitz; dort würden die Entscheidungen der Unternehmenspolitik nicht getroffen und von den irischen Mitgliedern des Verwaltungsorgans der Gesellschaft seien keine bedeutenden selbständigen Handlungen vorgenommen worden. Eigenes Personal habe die Gesellschaft in Irland nicht gehabt. Jeder Dritte, der mit Eurofood verhandelte, habe nicht umhin gekonnt, hinter dem „zerbrechlichen Gesellschaftsschild" den wahren juristischen und wirtschaftlichen Unternehmensträger zu erkennen, mit dem sie in Geschäftsverbindung standen und dem sie um des wirtschaftlichen Profils Willen Vertrauen schenkten. Die Gesellschaft sei bloß Mittler in der Finanzpolitik der ParmaltSpA gewesen, der nur formale Sitz im Ausland habe dazu gedient, die Mittelflüsse in die Parmalat-Gruppe, verbunden mit einem unstreitigen steuerlichen Vorteil, zu ermöglichen. Der beim High Court Dublin gestellte Antrag bewirke an sich noch nicht, dass das vor dem irischen Gericht geführte Eröffnungsverfahren als Hauptinsolvenzverfahren i.S.v. Art. 3 Abs. 1 EuInsVO zu qualifizieren sei. Die Bestellung eines professional liquidators durch das irische Gericht sei im Übrigen ebenfalls kein Hindernis für die Eröffnung des Insolvenzverfahrens durch die italienische Insolvenzgerichtsbarkeit. Die Bestellung eines vorläufigen Liquidators stelle sich im Übrigen „offenkundig" als Vorsichtsmaßnahme dar, die aber nicht die Wirkungen der Eröffnung eines Hauptinsolvenzverfahrens vorweg nehme, sondern allein Wirkungen innerhalb der Zeitspanne zeitige, die

591 Tribunale di Parma, Urt. v. 19.2.2004, 53/04, zit. n. ZIP 2004, 1220.

notwendig ist, um eine etwaige Liquidation zu beschließen. Dem ist Justice Kelly am High Court Dublin mit seinem Judgement vom 23.03.2004[592] entgegengetreten. Dort hatte die Bank of America eine winding-up petition eingereicht, um die Zwangsliquidation der Eurofood in einem irischen Liquidations-/Insolvenzverfahren zu erreichen. Während der Commissario Bondi sich in der Verhandlung vor dem Highcourt Dublin die Rechtsansicht des Tribunale di Parma zu eigen gemacht hat, wonach die Einsetzung eines professional liquidators sich nicht als endgültige Entscheidung über die Eröffnung eines Insolvenzverfahrens i.S.v. Art. 2 lit. f. EuInsVO darstelle, hat Justice Kelly dies als „completly inconsistent with the definition" der Verordnung bezeichnet. S. 220 (2) des companies act 1963 bestimme, dass nach irischem Insolvenzrecht die Einsetzung des offiziellen Liquidators – entsprechend der Bestellung eines Insolvenzverwalters mit Eröffnungsbeschluss nach deutschem Recht, § 27 Abs. 1 InsO – auf den Tag der Einreichung der winding-up-petition zurückwirke. Kommt es also in diesem Sinne zur förmlichen Eröffnung eines Insolvenzverfahrens nach irischem Recht, so wirke dies auf den Tag der Antragstellung zurück. Es ist an anderer Stelle[593] darauf aufmerksam gemacht worden, dass die EuInsVO alsbald Wirkungen auf die nationalen Insolvenzrechte zeitigen werde, obwohl der Rat der Gemeinschaft bei dem Erlass der EuInsVO das Verhältnismäßigkeitsprinzip in dem Sinne beachtet hat, dass er Eingriffe in die nationalen Insolvenzrechte tunlichst zu unterlassen hat. Es stellt sich nämlich nachdrücklich die Frage, ob das Verständnis des irischen Gerichts, das naturgemäß durch die Praxis im Umgang mit irischem Insolvenzrecht geprägt ist, in der Weise auf die Auslegung der europäischen Norm des Art. 2 lit. f EuInsVO übertragen werden kann, wie es von Justice Kelly befürwortet wird. Bezeichnend ist nämlich, dass Justice Kelly selbst in seinem Judgement darauf aufmerksam macht, die Rückwirkung des Eröffnungsbeschlusses nach irischem Recht sei für eine kontinental-europäische Betrachtungsweise unter Umständen befremdlich. Justice Kelly schreibt wörtlich „this provision of Irish insolvency law mirrors assembly provision in the law of England and Wales. Such a provision may appear peculiar ... but it has long been a part of the law of this State and its nearest neighbour and was known to the drafters of the regulation". Dass und ob die Verfasser der EuInsVO die Rückwirkung eines Eröffnungsbeschlusses nach nationalem Recht gekannt haben oder nicht mag dahingestellt bleiben. Sie wäre nur dann zur Auslegung des Art. 2 lit. f EuInsVO heranzuziehen, wenn insoweit die Bestimmungen und die Auslegung des nationalen Rechts über Art. 4 Abs. 1 EuInsVO maßgeblich wäre. Wäre dies der Fall, wie es Justice Kelly anzunehmen scheint, würde an die Stelle einer europäisch autonomen Auslegung des Art. 2 lit. f. EuInsVO eine jeweils vom nationalen Insolvenzrecht her bestimmte Auslegung zu treten haben, damit wäre einer Einflussnahme des nationalen Rechts auf essentialia der Handhabung der EuInsVO Tür und Tor geöffnet; es wäre den nationalen Rechtsordnungen der Mitgliedstaaten überlassen, in Kernbereichen die EuInsVO in ihrem Inhalt zu definieren. Dies aber ist ausdrücklich nach allgemeinen Grundsätzen der

---

592 High Court Dublin (Justice Kelly), Judgement v. 23.3.2004, 23/04, ZIP 2004, 1223 ff. m. Anm. *Herweg/Tschauner* EWiR 2004, 599 f.

593 *Smid*, Europäisches Internationales Insolvenzrecht, 2002, Kap. 1.

Auslegung europäischen Gemeinschaftsrechts ausgeschlossen. Daher hat Art. 4 EuInsVO nicht den Inhalt, dass Auslegungsgrundsätze und Strukturen des nationalen Rechts zur Auslegung der Regeln der EuInsVO herangezogen werden. Daher spricht alles für die Annahme, dass im Rahmen der Interpretation des Art. 2 lit. f. EuInsVO die Regelung des S. 220 (2) Irish companies act 1963 europäisch autonom auszulegen ist mit der Folge, dass jedenfalls in Ansehung der Eröffnung eines Hauptinsolvenzverfahrens keine ex tunc-, sondern ex nunc-Wirkung mit dem Tag des Erlasses des Eröffnungsbeschlusses jedenfalls in Ansehung des Prinzips der Geltung des zeitlich früher eröffneten Hauptinsolvenzverfahrens eintritt. In der Sache nimmt der Highcourt Dublin die internationale Zuständigkeit nach Art. 3 Abs. 1 EuInsVO für die Eröffnung eines Hauptinsolvenzverfahrens über das Vermögen von Eurofood deshalb für sich in Anspruch, weil Justice Kelly davon ausgeht, es könne dem Vertragspartner einer irischen Gesellschaft, der mit seiner winding-up petition davon ausgeht, eine Liquidation seiner Schuldnerin unter irischem Recht erreichen zu können, nicht zugemutet werden, sich überraschend einem Sanierungsverfahren nach italienischem Recht ausgesetzt zu sehen. Vielmehr müsse das durch die Begründung des satzungsgemäßen Sitzes der schuldnerischen Gesellschaft in Irland begründete Vertrauen des Gläubigers in die Anwendbarkeit irischen Rechts und die internationale Zuständigkeit der irischen Gerichtsbarkeit geschützt werden. An dieser Überlegung ist zunächst auffällig, dass beim Vorliegen von pro forma Sitzen an insolvenzschuldnerischen Gesellschaften völlig unterschiedlich diskutiert werden kann. Fasst man die Judikatur des AG Hamburg zu „Briefkastenfirmen“ ins Auge, scheint der Schutz der Gläubiger solcher Firmen nachgerade zu erzwingen, dass die internationale Gerichtsbarkeit *nicht* dem satzungsgemäßen pro forma Sitz folgt, sondern sich an anderen, materiellen Kriterien bestimmt. Vor diesem Hintergrund erweist sich die Argumentation des Highcourt Dublin als wenig überzeugend. Betrachtet man nämlich die Antrag stellende Bank of America, so hat diese selbstverständlich nicht nur mit einer irischen Gesellschaft kontrahieren wollen, sondern es ist davon auszugehen, dass sie selbstverständlich um die Hintergründe, die Finanzierungsfunktion der heutigen Insolvenzschuldnerin für die Parmalat-Gruppe, gewusst hatte. Das Tribunale di Parma hat insofern die Rechtslage völlig richtig beurteilt. Der Highcourt Dublin hat im Übrigen sich mit der Entscheidung des Tribunale di Parma ausdrücklich nicht auseinander gesetzt, weil es meint, die italienische Entscheidung wegen der fehlenden internationalen Zuständigkeit des italienischen Gerichts nicht zur Kenntnis nehmen zu müssen. Allerdings prüft der Highcourt Dublin dennoch, ob die italienische Entscheidung überhaupt der automatischen internationalen Anerkennung gem. Art. 16 EuInsVO fähig wäre. Dies wird vom irischen Gericht verneint, weil nach seiner Rechtsauffassung in dem italienischen Verfahren elementare Verfahrensgrundsätze verletzt worden seien, die dazu führten, dass die italienische Entscheidung gegen den ordre public verstoße. Nach Art. 26 EuInsVO war dem professional liquidator der durch den Highcourt Dublin eingesetzt worden war Gelegenheit zur Teilnahme am weiteren Verfahren vor dem Tribunale di Parma eingeräumt worden. Die dem commissario in Italien bekannte Gläubigerin der Eurofood (Bank of America) war indessen nicht zu dem Verfahren vor dem Tribunale di Parma geladen worden. Damit sei, so argumentiert

Justice Kelly in seinem Judgement, der Grundsatz rechtlichen Gehörs verletzt. Es kann insoweit dahinstehen, dass das irische Gericht zur Auslegung des Art. 26 EuInsVO auf Art. 35 Abs. 3 EuGVVO verweist. Dies ist deshalb methodisch unzulässig, weil wegen der automatischen internationalen Anerkennung von in europäischen Mitgliedstaaten erlassenen Eröffnungsbeschlüssen gem. Art. 16 EuInsVO die Messlatte des ordre public für die Verweigerung der automatischen Anerkennung eines solchen Eröffnungsbeschlusses höher gesetzt worden ist, als sie im Verfahren der Anerkennung ausländischer Titel nach EuGVVO liegt. Wäre der gegen das Verfahren vor dem Tribunale di Parma erhobene Vorwurf zutreffend, würde dies allemal auch nach Art. 26 EuInsVO die Verweigerung der europäisch internationalen Anerkennung eines unter Verletzung elementarer Verfahrensgrundrechte erlassenen Eröffnungsbeschlusses tragen. Ein solcher Verstoß gegen Verfahrensgrundrechte der Gewährung rechtlichen Gehörs zu Lasten der Bank of America als Gläubigerin der insolvenzschuldnerischen Eurofood ist aber nach den eigenen Prämissen des Highcourt Dublin außerordentlich zweifelhaft. Denn die Interessen der Gläubiger der Eurofood an der Anerkennung des in Irland stattfindenden Eröffnungs- als Hauptinsolvenzverfahren wurden bereits durch den provisional liquidator vor dem Tribunale di Parma wahrgenommen. Für eine derartige Betrachtungsweise spricht Art. 31 Abs. 1 EuInsVO.

Nach alledem werden die in den die Qualifikation als Hauptinsolvenzverfahren gem. Art. 3 Abs. 1 EuInsVO reklamierenden Verfahren, die über das Vermögen der Eurofood eröffnet worden sind, eingesetzten Verwalter i.S.v. Art. 2 lit. a) i.V.m. Anhang C EuInsVO nun wohl den jeweiligen Rechtsmittelzug gegen die den anderen Verwalter legitimierende Entscheidung beschreiten müssen. Worum es geht ist relativ einfach zu ermitteln: Die Bank of America als Gläubigerin im irischen Verfahren ist nachhaltig daran interessiert, in Irland ein Liquidationsverfahren durchzuführen, mit der Hoffnung, dass seitens des irischen Verwalters der Versuch unternommen wird, vom commissario im italienischen Verfahren der amministrazione straordinaria über das Vermögen der Parmalat als Muttergesellschaft deren Kapitalausstattungspflichten geltend zu machen.

Der Generalanwalt am EuGH *Francis Geoffrey Jacobs* hat sich in seinem Schlussantrag vom 27.9.2005 im Fall Eurofood/Parmalat[594] der Rechtsansicht des High Court of Ireland angeschlossen. *Jacobs* argumentiert nur vordergründig „positivistisch" stark am Wortlaut der EuInsVO orientiert (Nr. 55), um so eine europäisch-autonome Auslegung der Regelung zu gewährleisten.

Der Begriff des Mittelpunkts des hauptsächlichen Interesses ist nach Ansicht des EuGH europäisch autonom nach Maßgabe der 13. Begründungserwägung der Verordnung auszulegen, in der dieser Ort dadurch zu bestimmen sei, dass nach der gewöhnlichen Verwaltung der Interessen des Schuldners gefragt wird, die für Dritte[595]

---

594 Schlussantrag des Generalanwalts zu EuGH Rs C-341/04 (Eurofood/Parmalat), ZIP 2005, 1878.
595 Vgl. eindrucksvoll *Konecny*, Probleme grenzüberschreitender Insolvenzenin: Smid (Hrsg.),

feststellbar ist (Rn. 32, 31[596]). Im Mittelpunkt steht daher die Objektivität der Feststellbarkeit des Mittelpunkts des hauptsächlichen Interesses im Interesse des Schutzes Dritter. Vorhersehbarkeit und Rechtssicherheit sind m.A.w. nach dem EuGH die zentralen Kriterien, die bei der Auslegung dieses Begriffs heranzuziehen sind (Rn. 33). Daraus folgt zunächst, dass der Ort des satzungsgemäßen Sitzes den Mittelpunkt des hauptsächlichen Interesses einer Gesellschaft darstellt, da dies die objektive Verordnung der internationalen Zuständigkeit für die Eröffnung eines Hauptinsolvenzverfahrens nahe legt und für Dritte erkennbar macht (Rn. 34). Dieses objektive Kriterium kann indes widerlegt werden, wofür der EuGH das Beispiel von Briefkastenfirmen nennt (Rn. 34, 35). Geht aber die Gesellschaft im Sitzstaat einer eigenen Tätigkeit nach, genügt die bloße Kontrolle von einer Muttergesellschaft mit Sitz in einem anderen Mitgliedstaat nicht, um die in der Verordnung aufgestellte Vermutung zu entkräften (Rn. 36). Wird in einem Mitgliedsstaat ein Hauptinsolvenzverfahren eröffnet, leitet der EuGH aus der 22. Begründungserwägung der Verordnung eine europäisch autonome Auslegung des Art. 16 EuInsVO dahingehend ab, dort sei die sog. Prioritätsregel[597] angesiedelt, nach der das in einem Mitgliedstaat eröffnete Hauptinsolvenzverfahren in allen übrigen Mitgliedstaaten anerkannt wird, sobald es im Staat der Verfahrenseröffnung wirksam ist. Grund hierfür ist der Grundsatz des gegenseitigen Vertrauens (Rn. 39). Problematisch ist, ob unter Eröffnung eines Insolvenzverfahrens auch die Bestellung eines vorläufigen Verwalters zu verstehen ist (Rn. 45 ff.). Mit Blick auf die unterschiedliche Dauer, die nach dem jeweiligen nationalen Recht eines Mitgliedstaates das Eröffnungsverfahren in Anspruch nehmen kann (Rn. 51), kommt der EuGH zu der Ansicht, bereits die Bestellung eines vorläufigen Verwalters wie die des professional liquidators im Eurofood-Fall könne ein Insolvenzverfahren in Gang setzen. Voraussetzung sei, dass ein Gesamtvermögensbeschlag oder Bestellung eines in Anhang C genannten Verwalters verwirklicht werde (Rn. 58).

Die Eurofood-Entscheidung des EuGH betont im Übrigen, dass es weiterhin Unterschiede in den nationalen Insolvenzrechten auf dem Feld der Beteiligung der Gläubiger am Insolvenzverfahren – insbesondere der Art ihrer Unterrichtung – geben wird. Solange überhaupt den Gläubigern die Möglichkeit einer Unterrichtung vom Verfahren gegeben wird, sind jedenfalls aus Gründen europäischen Rechts extensive Mitteilungs-, Akteneinsichts- oder gar Aktenübersendungsinstrumentarien nicht zwingend zu schaffen, damit das jeweilige Verfahren dem durch Art. 26 EuInsVO garantierten europäischen ordre public[598] entspricht. Zugleich wird damit deutlich, dass im Allgemeinen das europäische Vertrauen, das dem Prioritätsprinzip zugrunde liegt, sich auf die Rechtsordnung des anderen Staates und deren Regelungen des Insolvenzrechts selbst erstreckt. Der EuGH bestätigt, dass insofern ein Ver-

---

Neue Fragen des deutschen und internationalen Insolvenzrechts (Schriften zum Deutschen, Europäischen und internationalen Insolvenzrecht Bd. 1, 2006, 106, 115 ff.

596 Die Randnummern beziehen sich auf die in der Entscheidung des EuGH.

597 *Smid*, Deutsches und europäisches internationales Insolvenzrecht. Kommentar, 2004, EuInsVO Art. 3 Rdnr. 19.

598 Vgl. so auch *Smid* (Fn. 580) EuInsVO Art. 26 Rdnr. 5, 7.

stoß gegen den ordre public als Grund der Versagung der europäisch-automatischen Anerkennung der in anderen Mitgliedstaaten eröffneten Insolvenzverfahren nur in Fällen evidenter und nachhaltiger Verstöße die Mechanismen der EuInsVO suspendiert.

Für das deutsche Recht ergeben sich aus der vorliegenden Entscheidung eine Reihe von interessanten Erwägungen. War noch vor der Entscheidung des EuGH darüber spekuliert worden, ob gegebenenfalls der vorläufige Verwalter mit Verfügungsmacht (§ 22 Abs. 1 InsO) eine Stellung einnehmen könne, die das angelsächsische Recht mit Zustimmung des EuGH dem irischen provisional liquidator zuschreibt, sind derartige Überlegungen nunmehr obsolet: Denn der EuGH macht deutlich, dass es für die Beurteilung eines Verfahrens nicht allein auf die Person des Verwalters ankommt. Zwar ist der vorläufige Verwalter – und damit alle Formen des vorläufigen Verwalters nach §§ 21, 22 InsO – in Anhang C zur EuInsVO genannt und erfüllen damit die Anforderungen, die an einen Insolvenzverwalter i.S.v. Art. 1 Abs. 1 EuInsVO zu stellen sind. Der vorliegende Beschluss macht aber deutlich, dass dies für sich genommen noch nicht ausreicht, um ein Verfahren als eröffnetes Hauptinsolvenzverfahren zu qualifizieren. Denn neben der Bestellung eines Verwalters i.S.d. Anhangs C zur EuInsVO muss, damit von der Eröffnung eines Insolvenzverfahrens auszugehen ist, ein Gesamtvermögensbeschlag ermöglicht werden. Der EuGH geht davon aus, dass dies im Falle des irischen Verfahrens unter Bestellung des provisional liquidators der Fall ist. Diesem provisional liquidator vergleichbar ist mithin der nach § 56 InsO vom Insolvenzgericht eingesetzte Insolvenzverwalter – der ebenfalls solange „provisorisch" sein Amt versieht, bis die Entscheidung der Gläubigerversammlung nach § 57 InsO ihn endgültig in seinem Amt bestätigt, wie das BVerfG in seiner „Verwalterabwahlentscheidung" deutlich gemacht hat. Auch die Übertragung von Verfügungsbefugnissen auf den vorläufigen Verwalter genügt den Anforderungen nicht, die an die Eröffnung eines Insolvenzverfahrens in dem vom EuGH angesprochenen Sinne zu richten sind. Zwar wird das Vermögen des Schuldners zur Sicherung der Vermögenslage beschlagnahmt. Dies erfolgt aber nicht im Sinne einer haftungsrechtlichen Zuweisung an die Gläubiger. Diese setzt erst den nach § 27 InsO zu erlassenen Hoheitsakt voraus, an den allein statusrechtliche Wirkungen geknüpft sind. Dies wird durch die Regelungen des Eröffnungsverfahrens nur unvollkommen deutlich, spiegelt sich hier aber in den Vorschriften wider, die die Begrenzung der Rechtsmacht des „starken" vorläufigen Verwalters zum Gegenstand haben. Dieser darf eine Vermögensverwertung nicht vornehmen, und noch nicht einmal ohne die Zustimmung des Insolvenzgerichts einzuholen zur Sicherung der Vermögenslage etwaige Betriebsstilllegungsmaßnahmen vornehmen. Im Übrigen macht der systematische Zusammenhang zwischen Eröffnungsverfahren und dem schließlich eröffneten Insolvenzverfahren deutlich, dass ein haftungsrechtlicher Gesamtbeschlag des Vermögens durch das Eröffnungsverfahren nicht greift. Denn die konkursliche Beschlagnahme des Vermögens knüpft § 35 InsO an den Eröffnungsbeschluss an. Und erst aufgrund der Konstituierung des schuldnerischen Vermögens zur haftungsrechtlich auf die Gläubiger bezogenen Insolvenzmasse würden die entsprechenden Befugnisse der Organe der Gläubigerselbstversammlung ausgelöst (§§ 156, 157, 160 InsO), aufgrund deren Beschlüsse die Verwaltungs- und Verwertungstätigkeit des Insolvenzverwalters raumgreifen kann. Das deutsche Recht darf dies im Übrigen auch gar nicht anders sehen. Denn dass in Deutschland das lange Eröffnungsverfahren dem Erlass des Eröffnungsbeschlusses vorangeschickt wird, hat seinen Grund allein in der Finanzierung des späteren Insolvenzverfahrens durch das vor Eröffnungsbeschluss zu zahlende Insolvenzgeld: Das Insolvenzgeld kann und wird aber nur gezahlt, um den Ausfall von Arbeitsnehmern mit rückständigen Lohn und Gehalt zu kompensieren, der sich insolvenzrechtlich betrachtet als Ausfall der Arbeitnehmer mit Insolvenzforderungen darstellt. Da Insolvenzgeld die Ausfälle wegen rückständiger Lohn- und Gehaltsforderungen in den letzten drei Monaten vor Erlass des Eröffnungsbeschlusses abdeckt, wäre das ebenso filigrane wie heute funktionstüchtige System der Masseanreicherung durch Insolvenzgeldzahlungen ad absurdum geführt, würde Insolvenzgeld auf Lohn- und Gehaltszahlungen geleistet, die aus der Masse zu finanzieren wären. Dies wäre jedenfalls dann der Fall, wenn es sich bei dem Eröffnungsverfahren bereits um ein eröffnetes Insolvenzverfahren im Sinne europäischer Standards handeln würde. Es bedarf hier keiner Erwähnung, dass dann im Übrigen die Insolvenzgeldzahlung in noch stärkerem Maße beihilferechtlichen Bedenken ausgesetzt wäre, als dies bereits heute der Fall ist. Die Finanzierung der Masseanreicherung durch Insolvenzgeld und die dadurch bedingten langen deutschen Eröffnungsverfahren können also nicht zu eröffneten Insolvenzverfahren uminterpretiert werden, um zeitlich zwischen der in Deutschland erlassenen Anordnung nach § 21 InsO und dem schließlich erlassenen Eröffnungsbeschluss vorgenommenen ausländischen Eröffnungsbeschlüssen den prioritätsrechtlichen Wind aus den Segeln zu nehmen. Dass im Übrigen der EuGH aktivierbare Maßstäbe an die Feststellung des Mittelpunktes des hauptsächlichen Interesses angelegt wissen will, mindert die Chancen bzw. Gefahren nicht, die von der Konkurrenz deutscher und ausländischer Insolvenzrechtssysteme für die deutsche Praxis ausgehen. Solange das ausländische Gericht – sei es ein griechisches, estisches oder slowakisches oder ein englisches Gericht – davon ausgeht, der Mittelpunkt des wirtschaftlichen Interesses begründe seine internationale Zuständigkeit und dabei das Vorliegen von verobjektivierbaren Kriterien nach Maßgabe der vorliegenden Entscheidung des EuGH, ändert die Judikatur des EuGH nichts an den bisher aufgeworfenen Problemen.

Wie *Bela Knof* und *Sebastian Mock*[599] ausdrücklich festgestellt haben, hat der EuGH zu der von Generalanwalt Jacobs vertretenen Auffassung, Rückwirkungsfiktionen im nationalen Recht, wie sie der irische supreme court behauptet hat, seien auch im europäischen Insolvenzrecht für die Bestimmung des Zeitpunkts der Verfahrenseröffnung beachtlich. *Knof* und *Mock* meinen, die Auffassung dieser Autorität sei nunmehr unwidersprochen durch den EuGH in der Welt.

Knof und *Mock*[600] übersehen diesen Zusammenhang, wenn sie ausführen, jedenfalls im Falle der Bestellung eines vorläufigen starken Insolvenzverwalters sei davon aus-

599 Anm. zum EuGH ZIP 2006, 911, 912.
600 *Knof/Mock* (Fn. 582) 912.

zugehen, dass damit bereits ein Insolvenzverfahren i.S.d. europäischen Regelungen eröffnet sei. Diese Auffassung führt das deutsche Recht in Selbstwidersprüche, die schließlich die gegenwärtigen Formen der Insolvenzabwicklung nachhaltig in Frage stellen müssen.

Im Übrigen ist in diesem Zusammenhang im Wesentlichen daran zu erinnern, dass sich die Reichweite der sichernden Beschlagnahme des schuldnerischen Vermögens nach §§ 21, 22 Abs. 1 InsO auf der einen Seite und der durch Eröffnungsbeschluss nach §§ 27, 35 InsO auf der anderen Seite nachträglich unterscheidet. Wie der Gesetzeswortlaut in seiner zutreffenden Auslegung durch den BGH[601] und seine Bestätigung durch die restriktiven Reformbemühungen des Gesetzgebers deutlich macht, zählt ein großer Teil der im eröffneten Insolvenzverfahren beschlagnahmten Soll-Masse im Eröffnungsverfahren nicht zu den der Verwaltungs- und Verfügungsbefugnis des vorläufigen Verwalters unterworfenen Gegenständen. Während nämlich nach der Insolvenzrechtsform das sich im Besitz des Schuldners befindliche Absonderungsgut der konkurslichen Beschlagnahme unterworfen und der Verwaltungs- und Verfügungsbefugnis des Verwalters unterstellt wird (arg. § 166 InsO[602]), ist dies im Eröffnungsverfahren keineswegs der Fall.[603] Denn das Absonderungsgut ist in dieser Phase der Insolvenz des Schuldners der Verwaltungs- und Verwertungsbefugnis des vorläufigen Verwalters durchaus noch nicht unterworfen. Unter Geltung der InsO ist das Absonderungsgut aber zur Soll-Masse zu rechnen, für die der Insolvenzverwalter zuständig ist.[604] Es ist ihm nicht erlaubt, hierüber zu verfügen; vielmehr muss er sich hierzu mit den Sicherungsnehmern einigen.

b) *Zuständigkeit im Rahmen internationaler Insolvenzverfahren bei Sitzverlegung des Schuldners nach Antragstellung, aber vor Verfahrenseröffnung*

Der IX. Zivilsenat des BGH[605] hat in folgendem Fall die Sache dem EuGH vorgelegt:

> **Fall 118:** Die Insolvenzschuldnerin hat am 6.12.2001 Eigenantrag gestellt. Mit Beschluss vom 10.4.2002 lehnte das Insolvenzgericht die Eröffnung des Verfahrens mangels Masse ab, wogegen sich die Insolvenzschuldnerin zuletzt mit der Rechtsbeschwerde wendet. Nach Feststellung des Beschwerdegerichts hatte die Schuldnerin am 1.4.2002 ihren Wohnsitz nach Spanien verlegt, um dort zu wohnen und zu arbeiten.

Der Sachverhalt rief für den BGH die Frage nach einer Anwendbarkeit der Regelungen der EuInsVO hervor. Denn nach Art. 43 EuInsVO ist maßgeblicher Zeitpunkt für den Eintritt der Wirkung der EuInsVO das Wirksamwerden der Eröffnungsent-

---

601 BGH, Urt. v. 20.2.2003, IX ZR 81/02, DZWIR 2003, 332 = ZIP 2003, 632 = BGHZ 154, 72.

602 Vgl. *Smid*, Kreditsicherheiten in der Insolvenz des Sicherungsgebers, 2004, § 2 Rdnr. 4 ff.

603 *Smid*, WM 2004, 2373 ff.

604 *Smid*, Grundzüge des Insolvenzrechts, 4. Aufl. 2002, Kap. 8 Rdnr. 26; Zu den prozessualen Folgen *Smid*, Kreditsicherheiten, § 11 Rdnr. 28 ff.

605 BGH, B. v. 27.11.2003, IX ZB 418/02, DZWIR 2004, 83 = ZIP 2004, 94 = ZInsO 2004, 34. Hierzu *Mankowski*, EWiR 2004, 229 und *Liersch* NZI 2004, 141.

scheidung.[606] Abweichend von der Subsidiaritätsregel des Art. 254 Abs. 2 EGV, die bestimmt, dass eine Verordnung am zwanzigsten Tag nach ihrer durch Art. 254 Abs. 1 vorgeschriebenen Veröffentlichung im Amtsblatt der EG in Kraft tritt, bestimmt Unterabs. 1 ausdrücklich den insbesondere nach Art. 43 relevanten Tag des Inkraftttretens der EuInsVO.[607] Der BGH ist dabei der in der Literatur insbesondere von *Duursma*[608] vertretenen Meinung gefolgt, dass, soweit vor dem 31. 5. 2002 aufgrund eines Antrags Maßnahmen im Eröffnungsverfahren (z.B. §§ 21 ff. InsO)[609] ergriffen worden sind, diese die Anwendung der EuInsVO nicht hindern, wenn nach dem 31.5.2002 ein Eröffnungsbeschluss von einem Gericht nach Art. 3 Abs. 1 EuInsVO zur Eröffnung eines Hauptinsolvenzverfahrens erlassen worden ist.[610] Für den IX. Zivilsenat kommt es bei der Entscheidung über die Anwendbarkeit der Regelungen der EuInsVO darauf an, ob eine positive Eröffnungsentscheidung erlassen worden ist. Die Abweisung der Eröffnung mangels Masse wie im vorliegenden Fall zählt der IX. Zivilsenat nicht dazu.

In der Sache war der IX. Zivilsenat als Gericht der Rechtsbeschwerde gem. § 577 Abs. 2 S. 4 i.V.m. § 559 Abs. 2 ZPO an die Feststellung des Beschwerdegerichts gebunden. Zu entscheiden war vor diesem Hintergrund die Rechtsfrage, ob mit der Wohnsitzverlegung die Zuständigkeit eines spanischen Gerichts begründet oder ob für die Beurteilung der Zuständigkeit auf den Zeitpunkt der Antragsstellung abzustellen sei.

Der IX. Zivilsenat hat hierzu eingehend ausgeführt, die Ansicht der Rechtsbeschwerde habe für sich, dass es im Interesse eines ordnungsgemäßen Funktionierens des europäischen Binnenmarktes[611] liege, zu verhindern, dass den Beteiligten durch Sitzverlagerung oder Verlagerung von Vermögensgegenständen die Möglichkeit eines *forum shopping* gegeben werde.[612] Dagegen spricht für die Annahme eines Zuständigkeitswechsels, dass insbesondere bei der Insolvenz natürlicher Personen Unzuträglichkeiten auftreten, wenn der Schuldner sich in einem anderen Mitgliedstaat als dem das Verfahren durchführenden befindet. Eine „Abwägung" verbietet sich jedenfalls für die nationale Rechtsprechung.

Sitzverlegungen in der Krise werden im Übrigen durch die EuInsVO keiner besonderen Regelung unterworfen; die hieran geübte Kritik[613] erscheint aber nicht gerechtfertigt. Denn die bloße Sitzverlegung „hilft" dem schuldnerischen Unternehmensträger nicht bei dem Versuch eines forum shoppings. Denn entweder verlagert

---

606 *Smid,* Deutsches und Europäisches Internationales Insolvenzrecht, 2004, Art. 43 EuInsVO Rdnr. 2; krit. *Duursma-Kepplinger/Duursma/Chalupsky* Art. 42 Rdnr. 6, 7.
607 *Morscher* EuInsVO, 2002, 18; *Duursma-Kepplinger/Duursma/Chalupsky* Art. 42 Rdnr. 1.
608 *Duursma-Kepplinger/Duursma/Chalupsky* Art. 42 Rdnr. 12.
609 *Duursma-Kepplinger/Duursma/Chalupsky* Art. 42 Rdnr. 13.
610 Ebenso *Smid,* Deutsches und Europäisches Internationales Insolvenzrecht, 2004, Art. 43 EuInsVO Rdnr. 5.
611 Erwägungsgrund Nr. 4 der EuInsVO.
612 Krit. dagegen im Zusammenhang der im folgenden unter II., III. zu erörternden Judikatur englischer Gerichte *Braun,* NZI 2004, Heft 1 Seite V.
613 *Duursma-Kepplinger/Duursma/Chalupsky* Art. 3 Rdnr. 17.

sich im Sinne des Art. 3 Abs. 1 EuInsVO tatsächlich der Mittelpunkt der wirtschaftlichen Interessen – dann kommt es aber ggf. auf die Sitzverlegung nicht an. Dies wird aber schon deshalb nicht oft der Fall sein, weil eine Verlagerung des Mittelpunkts der Interessen i.S.e. faktischen Verlagerung der wirtschaftlichen Tätigkeit den Einsatz erheblicher finanzieller Mittel erfordern wird – woran derartiges in einer Liquiditätskrise regelmäßig scheitern wird. Wird dagegen eine Sitzverlegung mit Satzungsinstrumentarien vollzogen, und „zieht" der Mittelpunkt der wirtschaftlichen Interessen nicht „nach", bleibt es bei der ohnedies geltenden Regelung des Art. 3 Abs. 1 EuInsVO und das forum shopping des schuldnerischen Unternehmensträgers ist ebenfalls leer gelaufen.[614]

Weder aus der EuInsVO noch aus den ihr beigegebenen Erwägungsgründen und ihren Materialien[615] ergeben sich eindeutige Kriterien, aufgrund derer sich dies entscheiden ließe, wie der IX. Zivilsenat zutreffend festgestellt hat. Für die deutsche Rechtsprechung war damit der Weg zu einer „eigenen" Auslegung dieser Vorschriften aus europarechtlichen Gründen verstellt.[616]

Daher war die Sache dem EuGH nach Art. 68 i.V.m. Art. 234 EG-Vertrag[617] vorzulegen.

2. Wirkungen der Eröffnung eines Hauptinsolvenzverfahrens

a) *Verfahrensrechtliche Wirkungen vorläufiger Anordnungen des deutschen Insolvenzgerichts in anderen EU-Mitgliedstaaten*

Der EuGH hat entschieden, dass ein Leistungsverfahren gegen einen Unternehmensträger, über dessen Vermögen zwischenzeitlich das Insolvenzverfahren eröffnet wird, nach den Art. 3, 16, 40 EuInsVO unterbrochen wird.[618]

b) *Funktion von Sicherungsmaßnahmen: Vorläufige Insolvenzverwaltung nach § 22 Abs. 1 InsO*

Die Reichweite der einzelnen Regelungen der EuInsVO wird nunmehr zusehends durch die Gerichte der Mitgliedstaaten näher konkretisiert. So hatte der österreichische OGH[619] in einem Fall zu entscheiden, in dem es um die Reichweite der Unterbrechungswirkungen von insolvenzgerichtlichen Maßnahmen ging. Dabei handelte es sich – vereinfacht – um folgenden Sachverhalt:

---

614 *Smid,* Deutsches und Europäisches Internationales Insolvenzrecht, 2004, Art. 3 EuInsVO Rdnr. 14.

615 Namentlich dem Bericht von *Virgos* und *Schmit* (z.B. zit. in: *Stoll,* (Hrsg.), Vorschläge und Gutachten zur Umsetzung des EU-Übereinkommens über Insolvenzverfahren im deutschen Recht, Tübingen 1997).

616 *Smid,* Deutsches und Europäisches Internationales Insolvenzrecht, 2004, Vor Art. 1 EurInsVO Rdnr. 15.

617 *Smid,* Deutsches und Europäisches Internationales Insolvenzrecht, 2004, Vor Art. 1 EurInsVO Rdnr. 15.

618 EuGH 17.3.2005, C-294/02, Kommission/AMI Semiconducteur Belgium BVBA = ZIK 2005, 134.

619 OGH, 23.2.2005, 9 Ob 135/04, ZIK 2005, 94.

Fall 119: Die klägerische A-GmbH begehrte von der Beklagten vor den österreichischen Gerichten Zahlung. Nach Berufungseinlegung durch den verurteilten Beklagten gegen das erstinstanzlich abweisende Urteil, wurde vom AG Kaiserslautern mit Beschluss vom 13.4.2004 nach § 21 Abs. 2 Nr. 1 InsO ein vorläufiger Insolvenzverwalter bestellt und angeordnet, dass Verfügungen der schuldnerischen GmbH nur mit Zustimmung des vorläufigen Insolvenzverwalters wirksam sein sollten. Im Übrigen sollte der vorläufige Insolvenzverwalter die Verwaltungs- und Verfügungsbefugnis hinsichtlich der Bankkonten und Außenstände der schuldnerischen GmbH ausüben. In der Folgezeit wurde die Berufung vom österreichischen Berufungsgericht abgewiesen. Am 9.8.2004 eröffnete das AG Kaiserslautern über das Vermögen der A-GmbH das Insolvenzverfahren.

Das Erstgericht berichtigte am 16.9.2004 die Parteibezeichnungen und verfügte die Verfahrensfortsetzung. Gegen die Entscheidung des Berufungsgerichtes richtete sich die außerordentliche Revision der Beklagten.

Der OGH führt aus, dass nach Art. 15 EuInsVO für die Wirkungen des Insolvenzverfahrens auf einen anhängigen Rechtsstreit über einen Gegenstand oder ein Recht der Masse ausschließlich das Recht des Mitgliedstaates gilt, in dem der Rechtsstreit anhängig ist.[620] M.a.W. richtet es sich nach der *prozessualen* lex fori, unter welchen Voraussetzungen der Rechtsstreit nach Eröffnung eines Konkurs- oder Insolvenzverfahrens über das Vermögen einer Partei ausgesetzt oder fortgeführt wird. Art. 15 EuInsVO lässt keine kumulierte Anwendung von Konkursstaatsrecht und Prozessstaatsrecht zu.[621] Sieht daher die Rechtsordnung des Konkurseröffnungsstaates eine Prozessunterbrechung nicht vor, dann kann es zu einer solchen kommen, wenn das Recht des Prozessstaates die Prozessunterbrechung anordnet. Umgekehrt gilt, dass selbst dann eine Prozessunterbrechung im Prozessstaat nicht erfolgt, wenn dessen Prozessrecht dies nicht vorsieht, obwohl das Recht des Konkurseröffnungsstaates eine Prozessunterbrechung vorsehen würde. Der OGH zitiert in diesem Zusammenhang einen österreichischen Kommentar zur EuInsVO[622], wonach ein Anpassungsbedarf bestehe, wenn eine besondere Form von Sanierungsverfahren im Ausland eröffnet wird und der Anerkennungsstaat unterschiedliche Rechtsfolgen unter Bezug auf eine Verfahrensunterbrechung in vergleichbaren Fällen vorsieht. Der OGH meint nun, dass es sich beim Verfahren nach § 21 InsO um ein Sicherungsverfahren handelt, das in der risikobehafteten Zeit zwischen dem Eingang eines zulässigen Insolvenzantrages beim Insolvenzgericht und dessen Entscheidung über die Eröffnung dem Schutz des Bestandes der Masse vor Schuldner- wie Gläubigerzugriffen diene. Da dieses Verfahren Teil der staatlichen Garantiefunktion zur Erreichung der Insolvenzzwecke sei, sieht der OGH dies als einen dem Fall der Verfahrensunterbrechung bei Eröffnung des Konkurses nach § 7 österreichischer KO entsprechenden Fall an. Auch im Falle der Teilverwaltungs- und Verfügungsermächtigung nach § 21

620 *Smid*, Deutsches und Europäisches Internationales Insolvenzrecht, 2004, Art. 15 Rdnr. 9.
621 *Duursma-Kepplinger* in: Duursma-Kepplinger/Duursma/Chalupsky, EuInsVO Art. 15, Rdnr. 4, 5.
622 *Duursma-Kepplinger* in: Duursma-Kepplinger/Duursma/Chalupsky, EuInsVO Art. 15, Rdnr. 20, 21.

Abs. 1 Nr. 2, 2. Fall InsO i.V.m. § 22 Abs. 2 InsO gehen mit der Verwaltungs- und Verfügungsbefugnis die Prozessführungsbefugnis auf den vorläufigen Verwalter über, soweit seine Verwaltungs- und Verfügungsbefugnisse im Übrigen reichen. Daher meint der OGH, diese Fälle rechtfertigen es, zu einer entsprechenden Anwendung des § 7 österreichischer Konkursordnung i.V.m. Art. 15 EuInsVO zu gelangen. Da der OGH für die rechtliche Beschreibung der Stellung des deutschen Insolvenzverwalters auf die in Deutschland herrschende Amtstheorie zurückgreift, hat er im Übrigen auch für den vorläufigen Verwalter den Untergerichten eine entsprechende Rubrizierung aufgegeben.

Der österreichische OGH hat zutreffend erkannt, dass sich die Stellung des vorläufigen Insolvenzverwalters nach deutschem Recht bemisst – das freilich sehr differenzierte Regelungen trifft. Partei kraft Amtes in dem hier ausschlaggebenden prozessualen Sinne wird der vorläufige Verwalter nur, wenn die Verfügungsbefugnis über das schuldnerische Vermögen auf ihn übergegangen ist – also im Falle des § 21 Abs. 2 Nr. 2, 2. Var. InsO, § 24 Abs. 2 InsO[623]. Handelt es sich „nur" um eine „reine" Zustimmungsverwaltung, kommt eine Unterbrechung des Prozesses nicht in Betracht.[624] Das Insolvenzgericht kann zwar im Falle des § 22 Abs. 2 InsO konkrete[625] Prozessführungsermächtigungen anordnen; diese mag man im vorliegenden Fall in der Ermächtigung zur Einziehung von Aussenständen des Schuldners sehen. Der von § 24 Abs. 2 InsO und § 240 ZPO[626] vorausgesetzte *allgemeine* Übergang der Verwaltungs- und Verfügungsbefugnis des Schuldners auf den Verwalter findet hier jedoch nicht statt.

Die Entscheidung geht daher an der durch das deutsche Recht bestimmten Reichweite der vorläufigen Verwaltung nach § 22 Abs. 2 InsO vorbei.

---

623 Vgl. *Thiemann*, Die vorläufige Masseverwaltung im Insolvenzverfahren, 2000, Rdnr. 256; *Smid/Thiemann*, in: Smid, Insolvenzordnung, 2. Aufl. 2002, § 24 Rdnr. 9.

624 BGH, Urt. v. 21.6.1999, II ZR 70/98, NJW 1999, 2822 = ZIP 1999, 1314; MüchKomm-*Feiber*, ZPO § 240 Rdnr. 12 a. E.

625 BGH, Urt. v. 18.7.2002, IX ZR 195/01, DZWIR 2002, 470 = ZIP 2002, 1625 = BGHZ 151, 353.

626 MünchKomm-*Feiber*, ZPO § 240 Rdnr. 1.

Sachregister

(Die Zahlen neben den Stichwörtern verweisen auf die Seitenzahlen)

www.ingramcontent.com/pod-product-compliance
Lightning Source LLC
LaVergne TN
LVHW010649300926
849161LV00005B/1074